INDIOS
EN ESCENA

Purdue Studies in Romance Literatures

Editorial Board

Patricia Hart, Series Editor
Paul B. Dixon
Benjamin Lawton

Marcia Stephenson
Allen G. Wood

Howard Mancing, Consulting Editor
Floyd Merrell, Consulting Editor
Susan Y. Clawson, Production Editor

Associate Editors

French
Jeanette Beer
Paul Benhamou
Willard Bohn
Gerard J. Brault
Mary Ann Caws
Glyn P. Norton
Allan H. Pasco
Gerald Prince
Roseann Runte
Ursula Tidd

Italian
Fiora A. Bassanese
Peter Carravetta
Franco Masciandaro
Anthony Julian Tamburri

Luso-Brazilian
Fred M. Clark
Marta Peixoto
Ricardo da Silveira Lobo Sternberg

Spanish and Spanish American
Maryellen Bieder
Catherine Connor
Ivy A. Corfis
Frederick A. de Armas
Edward Friedman
Charles Ganelin
David T. Gies
Roberto González Echevarría
David K. Herzberger
Emily Hicks
Djelal Kadir
Amy Kaminsky
Lucille Kerr
Howard Mancing
Floyd Merrell
Alberto Moreiras
Randolph D. Pope
Francisco Ruiz Ramón
Elżbieta Skłodowska
Mario Valdés
Howard Young

 volume 48

INDIOS EN ESCENA

La representación del amerindio en el teatro del Siglo de Oro

Moisés R. Castillo

Purdue University Press
West Lafayette, Indiana

Copyright ©2009 by Purdue University. All rights reserved.

∞ The paper used in this book meets the minimum requirements of American National Standard for Information Sciences—Permanence of Paper for Printed Library Materials, ANSI Z39.48-1992.

Printed in the United States of America
Design by Anita Noble

Library of Congress Cataloging-in-Publication Data

Castillo, Moisés R.
  Indios en escena : la representación del amerindio en el teatro del Siglo de Oro / Moisés R. Castillo.
     p. cm. — (Purdue studies in Romance literatures ; v. 48)
  Includes bibliographical references and index.
  ISBN 978-1-55753-539-9
  1. Spanish drama—Classical period, 1500–1700—History and criticism. 2. Indians in literature. I. Title.
  PQ6105.C378 2009
  862'.30935297—dc22   2009028029

*A Carmen,
Julia y Sara*

Índice

ix **Agradecimientos**
1 **Introducción**
49 **Capítulo uno**
   Un drama de honor: *El Nuevo Mundo descubierto por Cristóbal Colón* de Lope de Vega
73 **Capítulo dos**
   La conquista de Chile y la reconquista de Brasil
   75 *Arauco domado por el Excelentísimo Señor D. García Hurtado de Mendoza* de Lope de Vega
   96 *El gobernador prudente* de Gaspar de Ávila
   106 *La bellígera española* de Ricardo de Turia (pseudónimo de Pedro Rejaule y Toledo)
   115 *Algunas hazañas de las muchas de Don García Hurtado de Mendoza, marqués de Cañete* de nueve ingenios
   126 *Los españoles en Chile* de Francisco González de Bustos
   136 *El nuevo rey Gallinato y ventura por desgracia* de Andrés de Claramonte
   149 *El Brasil restituido* de Lope de Vega
157 **Capítulo tres**
   La conquista del Perú
   158 *Todo es dar en una cosa* de Tirso de Molina
   165 *Amazonas en las Indias* de Tirso de Molina
   182 *La lealtad contra la envidia* de Tirso de Molina
   190 *Las palabras a los reyes y gloria de los Pizarros* de Luis Vélez de Guevara
207 **Capítulo cuatro**
   La conquista de México
   207 *La conquista de México* de Fernando de Zárate y Castronovo (pseudónimo de Antonio Enríquez Gómez)
223 **Capítulo cinco**
   Una comedia hagiográfica: *La aurora en Copacabana* de Calderón de la Barca
247 **Conclusión**

Índice

255 Apéndice
Traducciones al español de los pasajes en inglés
261 Notas
323 Obras citadas
349 Índice alfabético

Agradecimientos

Quiero expresar mi más profundo agradecimiento a Carmen Moreno-Nuño y a David R. Castillo por su ayuda, su estímulo intelectual y sus inestimables comentarios sobre las diferentes versiones del manuscrito. Mi más especial gratitud a Carmen por leer todo lo que escribo y ser mi guía y apoyo siempre.

Quiero agradecer también especialmente y con mucho cariño la ayuda de Carmen Nuño; sin ella no habría podido acabar el manuscrito.

Una primera versión del capítulo 1 fue publicada en *Bulletin of the Comediantes* 54.1 (2002): 57–90. También una primera versión del estudio dedicado a *Arauco domado* en el capítulo 2 puede verse en *Theatralia* 6 (2004): 49–76. Agradezco al editor de *Bulletin of the Comediantes* Edward H. Friedman y al director de *Theatralia* Jesús G. Maestro el permiso para incluirlas aquí.

Por último, doy las gracias a Trinity College por sufragar parte de los costos que hacen posible la publicación de este libro, y a los editores y lectores críticos de la serie Purdue Studies in Romance Literatures de Purdue University por su trabajo y comentarios.

Introducción

Honor de bárbaros

Este libro tiene como objetivo analizar la imagen del indio americano que se genera desde dentro de fenómenos culturales metropolitanos, y en particular, se concentra en estudiar los modelos de representación del amerindio en la comedia nueva del siglo XVII español. Por lo tanto, el tema de este estudio es literario y no antropográfico, no trata de problemas relacionados con el indio de carne y hueso,[1] las comunidades indígenas, su cultura, o sus formas de organización social; ni tampoco de desarrollos históricos que pudieran estrictamente integrarse a lo que llamaríamos el período colonial, sino que se ocupa de examinar cómo se representa la figura del indio en el teatro del Siglo de Oro. De esta forma, el indio ocupa una posición central en mi trabajo como un espejo deforme en el que podemos vislumbrar, al menos, una de las caras de lo que llamamos la cultura de crisis del Barroco. Desde el momento de su aparición en los productos culturales de la península, especialmente en el teatro, el indio se constituye en ese *Otro*[2] en el cual se proyectan las ansiedades, frustraciones, los miedos, los deseos e ideales alrededor de los cuales nace, se transmite y se rehace constantemente la cultura del Barroco. Es decir, como dirían Peter Stallybrass y Allon White, la posición periférica y marginal que hubiera de ocupar el indio se convierte paradójicamente en una posición simbólicamente central. Podríamos decir por lo tanto, que el indio nos interesa en este trabajo como "constructo," o como "síntoma" de la ideología imperial del XVII, en el mismo sentido en que el proletario era para Marx el síntoma por excelencia de la sociedad capitalista, es decir, su límite constitutivo, el *locus* más preciso de su violencia y de su sinrazón.[3] El indio

Introducción

es justamente el lugar común inventado, el espacio donde se van proyectando sin solución de continuidad y con frecuencia contradictoriamente las fantasías, los miedos, las aspiraciones de toda una comunidad, o al menos de algunos sectores privilegiados dentro de esa comunidad. Habrá de este modo que contestar a una serie de preguntas en torno a los atributos de este indio inventado, surgidas del análisis de las obras escogidas: qué es el indio, cómo se relaciona con "nosotros," qué características lo definen por oposición a ese nosotros, cómo nos ven los indios, cómo se relacionan con su propio mundo y en última instancia cómo se justifica nuestra presencia en ése que hasta ahora ha sido su mundo. Las varias obras de teatro que vamos a ver se plantean estas preguntas de una forma o de otra, y sugieren respuestas de diferente signo, a veces incluso, como vamos a apuntar, contradictorias. De hecho, las contradicciones entre los diferentes modelos de representación del indio en estas comedias constituyen asimismo un panorama de las contradicciones propias de la misma cultura que las genera. Sin embargo, conviene no olvidar que en la construcción literaria del indio, si bien van a confluir una serie de intereses dispares que pueden presentarse a veces en franca oposición, la respuesta que la comedia ofrece anula los potenciales problemas haciendo que los varios discursos aparezcan frecuentemente como complementarios.

Este libro analiza el *corpus* de comedias barrocas escritas en la península, las cuales abordan directamente y no por alusión la conquista y colonización del Nuevo Mundo, poniendo en escena en una acción dramática completa al amerindio como personaje. Lo que me propongo es tratar de responder a la (hoy en día) paradójica pregunta de cómo el amerindio puede ser considerado a la vez un ser "honorable" y "bárbaro" en versos contiguos dentro de una misma obra dramática. Es decir, la complejidad que algunos han interpretado como contradictoria (Ruffner) o subversiva (Carey-Webb; Ruiz Ramón, "El héroe," *América*; Kirschner, "Enmascaramiento," "Exposición") surge principalmente en el momento en que nos encontramos a un rey indio, Dulcanquellín —*El Nuevo Mundo* de Lope—, que hablando español y actuando conforme al código del honor, aún necesita aculturarse. Si es un ser racional capaz de hablar perfecto español y referirse a la mitología griega, ¿qué justificaciones aducen los españoles para su conquista?; o lo que es lo mismo, si es representado como valiente y honorable, ¿cómo se explica que sea al mismo tiempo considerado animal o bárbaro?[4]

En este sentido, estas obras ponen en escena el fenómeno "América" —como entidad semiológica— en continuidad con los parámetros barrocos españoles y su modelo discursivo del código del honor tal como éste aparece en el teatro, al mismo tiempo que representan al habitante de este universo, al indio, como una discontinuidad que hay que reparar, a saber: indio falto de Dios, siguiendo un modelo discursivo distinto que pertenece al código jurídico-teológico renacentista. Es decir, por un lado estas comedias representan a un indio americano que sigue todas las convenciones del teatro de la época: indio honorable que habla español y se comporta con arreglo a su posición y status; mientras que por otro, el indio es bárbaro, iletrado e idólatra, postura que tiene que quedar puesta de manifiesto si se quiere, como es el caso, defender la legitimidad de la conquista y colonización de las Indias acudiendo a la tradición teológica renacentista vitoriana y lascasiana, según la cual el indio es un *niño* que necesita la intervención del Estado e Iglesia españoles para superar respectivamente su infantilismo y desconocimiento tecnológico, convirtiéndose en súbdito, salvando su alma en Dios y engrosando las filas de la "única religión." En este sentido, este teatro propaga la idea de "América" y el indio al mismo tiempo como lo *Uno* —modelo del teatro como género: proyecciones ideales del honor y de las clases sociales—, y como lo *Otro* —modelo de la cruzada religiosa: lo bárbaro, lo grotesco e idólatra. Ambos discursos, el del género de la comedia y el de la cruzada, entran en colisión en estas obras porque no todos los elementos de uno pueden ser subsumidos por el otro, pero no producen subversión como algunos críticos han sostenido, sino que se muestran coherentes con dos códigos adoctrinadores igualmente utilizados por el absolutismo monárquico del siglo XVII. En otras palabras, este sistema de valores del teatro barroco se monta sobre la base de la no percepción de las contradicciones, trayendo como consecuencia que una misma "estructura histórica" (Maravall) contenga en sí dos modelos discursivos complementarios que, si en determinados puntos pueden entrar en conflicto, los dos generan modelos de interpretar el mundo que son coherentes con el sistema oficial monárquico-señorial. Así, América se va a ver a la vez como lo

Introducción

Uno y como lo *Otro*: en un sentido aparecerá como la prolongación del imperio, donde el indio es el nuevo súbdito; en otro, se nos representará como lo foráneo, lo extraño y lo bárbaro.

Siguiendo a José Antonio Maravall, podríamos decir que el Barroco es una estructura histórica; en nuestro discurso, un sistema que funciona como una red informática alimentada por conceptos matrices como el honor, la sangre, la honra, el rey y Dios. En el momento en que ese circuito se pone en contacto con el fenómeno indio, el sistema colapsa, se producen cortocircuitos, interferencias, contradicciones; lo indio no pertenece a la estructura histórica del Barroco y no se sabe cómo subsumirlo integrándolo dentro de la red general sin perturbar las coordenadas fundamentales de dicha red.[5] Ése es el trabajo de la comedia como catalizador químico, el disolver: *Katalusis* ("subsumir, asimilar") otros cuerpos sin sufrir él mismo modificación, esto es, disolver "lo indio" en el organigrama barroco sin alterar profundamente las coordenadas de éste que operan a través del drama. Las comedias aquí analizadas van a mostrar claramente el intento del sistema de llevar a cabo la "catálisis," la asimilación que se requiere: la apropiación e inserción del elemento "indio" (*Otro*) dentro de la red articulada de lo *Uno*, algo visto como necesario por el sistema mismo para que la red o estructura histórica funcione. Por tanto, la catálisis de ese elemento desestabilizador indio ayuda al sistema informático a re-articular y perpetuar de forma más efectiva sus modelos ideológicos. Consecuentemente, mi propuesta permite ver no sólo cómo la literatura lleva a cabo la asimilación de la entidad indio dentro del Barroco, sino que también nos proporciona un mayor conocimiento de los mecanismos que fundamentan la identidad de lo *Uno* —monarquía absoluta. Entender lo *Otro* exige aclarar lo *Uno*. Eso es lo que piensa Tzvetan Todorov cuando expresa que el descubrimiento de América funda nuestra identidad presente. De manera similar, aunque dentro del marco de la obra de Lope, Allen Carey-Webb dice que

> *El nuevo mundo*, then, allows us to consider the constructing of identity of both colonized and colonizer during the formative period of European nation and empire. (426) [1]

Es obvio que dicho proceso de asimilación y en última instancia de conquista lleva aparejados sufrimiento y violencia sobre el indio tanto en el mundo real como en la representación escénica. Pues bien, en un sentido cercano a la narrativa de la transformación y la re-generación propia del pensamiento alquímico, tan recurrente en esta época, se podría pensar que dicha violencia sobre el indio es entendida por el sistema como necesaria purificación para producir al nuevo cristiano: el amerindio tiene que ser conquistado y sufrir para "mejorar" y salvarse. Esta violencia surge de la necesidad de reconstruir la identidad de lo *Uno* que se siente amenazada tras la entrada de lo diverso, es decir, emana de repensar la idea de "España," y hacerlo entendiendo a ésta como única y homogénea. Como ha señalado George Mariscal, a la hora de reinventar la identidad nacional española a finales del XVI y en las primeras décadas del XVII es absolutamente primordial la integración simbólica de los grupos excluidos en un primer momento, sean éstos mujeres, campesinos, indianos o musulmanes, entre otros. Obviamente, como dice el crítico, no se trata de un gesto de apertura democrática, sino que tiene la finalidad de reforzar el aparato monárquico y la cultura aristocrática que lo sustenta ("Symbolic" ["Simbólico"] 147). El corral de comedias será un buen espacio donde este proyecto ideológico se despliegue, e incluso se extienda a nuevos grupos en posteriores décadas. El indio en ese momento es parte de esas figuras subordinadas previamente tildadas como *Otro* —indio bárbaro, salvaje— que necesita ahora pasar a primer plano tomando características de la cultura dominante —indio honorable. Esta estratagema, llevada a cabo a través de la práctica teatral y mediante la cual se cataliza la diferencia no sin dosis de violencia, convierte al indio en "capital simbólico" para re-articular los modos de dominación de las élites gobernantes. En palabras de Mariscal,

> the public playhouse was another site where this ideological project was realized, and characters marked as Other functioned as symbolic capital for the elaboration of that project [...] In the writing of the period, those figures previously marked as Other, that is, neither Catholic nor aristocratic male, moved to the foreground and in many cases took on the characteristics of the dominant culture even in those texts where early on they are cast as oppositional characters. The eventual violence directed against eccentric subjects on stage was an act of purification not in any simple sense—that is, a reimposition of the status quo—but rather an appropriation

of their potential for the reconfiguration and ultimate reanimation of the dominant ideologies. ("Symbolic" 147) [2]

Es en este contexto en el que por una parte, el género dramático dicta la entrada de determinadas convenciones propias del conflicto de honor, mientras que por otra, las implicaciones religiosas y el énfasis en la necesidad de conversión hacen perentoria la aparición del "salvaje." En otras palabras, si por un lado, al poner en marcha en el drama las convenciones de la comedia de honor el amerindio tendría posibilidad (potencia) de llegar a ser un buen súbdito (acto): "un buen español"; por otro, se representará claramente como un "bárbaro" en consonancia con el discurso jurídico-teológico renacentista: no es español, no está completo, presenta una falta, es un salvaje, un idólatra que necesita la "única religión verdadera" para alcanzar la mayoría de edad. En consecuencia, el despliegue de estos dos planos, de estos dos modos del discurso hegemónico en la misma obra, se constituye como el mejor intento de asimilación en la ficción de esa entidad "otra" que tiene que ser integrada en el sistema barroco. Por lo tanto, con este esquema se justifica plenamente la conquista del indio siguiendo la tesis de Vitoria por la que se trata de "niños" que alcanzarán su madurez, culminando en súbditos de la Corona y la Iglesia, no sin la crucial ayuda de los españoles. Además de este elemento común, la peculiaridad y complejidad de cada obra vendrá determinada, por ejemplo, por el énfasis en lo militar —exaltación de figuras de conquista, el indio como "bárbaro"—, o en lo religioso —comedia de santo, el indio como "niño" o "buen salvaje"— y la concreta utilización del discurso que en ese momento el dramaturgo ponga en escena. En ese sentido, y teniendo en cuenta que muchas veces las desavenencias entre los dos códigos se hacen patentes, reitero que la comedia sirve como intento de asimilación no consumado satisfactoriamente en la realidad pero sí en la ficción.

Salvajes, bárbaros, indios

El primero que llama a estos dramas "comedias de indio" es Oleh Mazur en su tesis doctoral escrita en 1966, aunque publicada en 1980, y dedicada no a trabajar las comedias de indio, sino más bien las comedias de salvaje y aquéllas de bárbaro en menor medida. Por lo tanto, hay tres tipos de personaje que si bien se hallan relacionados y comparten características, se corresponden con tres tipos de comedia. Aunque el propio Mazur en una página de su estudio se refiera al indio como un salvaje, hay que subrayar la insistencia del crítico a la hora de diferenciar el personaje del indio, del salvaje y del bárbaro a lo largo del teatro de los Siglos XVI y XVII:

> The discoveries of the New World neither provided the *salvaje* with a new location [...] nor induced the playwrights to regard the American Indian as a wild man. (*The Wild Man* [*El hombre salvaje*] 74) [3]

En otro momento recalca:

> It is also noteworthy that the *salvaje*, in the process of geographical allocation, did not gain a foothold in the New World; the Indies were reserved for the indios. (*The Wild Man* 86) [4]

Por lo tanto, los indios no son considerados "salvajes," al modo como éstos vienen siendo definidos y representados en el teatro del XVI y XVII, sino que ocupan un *status* especial para los dramaturgos. El indio posee una naturaleza propia como ente —ya que a los ojos de los españoles ocupa un nuevo espacio ontológico— y como personaje dramático. En la comedia, en cuanto ser humano, es un "niño," súbdito en potencia de la Corona y de la Iglesia; en tanto personaje teatral, va a ser dramatizado como honorable y bárbaro al mismo tiempo. Eso no quita que siguiendo las crónicas de Oviedo, Gómara o Acosta, los españoles vean a algunos indios más como bestias que como seres humanos. Se inclinan a describirlos conforme a los "Choromandi" de Plinio, los "Cynocephali" de San Isidoro de Sevilla, los "hombres feroces" de Honorio, las "creaturae" de Bacon, y "los salvajes de China" de Mandeville (Mazur, *The Wild Man* 163). Por lo tanto, hay una distancia muy grande entre la idea del indio que representa la comedia y la que retrata la crónica. Las enseñanzas y el amor del hombre más avanzado y civilizado dirigidos al inferior son los motores del cambio que el salvaje experimenta de "fiero" a "domesticado." Lo mismo va a hacer el español con el indio tras conquistarlo: "mejorarlo,"

Introducción

hacerlo súbdito de la Iglesia y del imperio erradicando su barbarie.[6] De esta manera y como consecuencia del descubrimiento, los dramaturgos peninsulares proyectan en sus salvajes, bárbaros e indios la idea de que poseen la luz natural que les inclina a buscar a Dios. Y es que la principal preocupación de los autores parece ser la justificación teológica de la conquista, como indica Mazur:

> The *bárbaro*'s conversion follows closely the prevailing attitudes in Spain towards the Indians of the New World. That nation's main need was apparently the theological justification of their colonial conquest. (*The Wild Man* 173) [5]

Eso explica en buena parte, el hecho de que, como se dijo al principio, las características del salvaje como viene siendo representado en las comedias del XVI no sean trasplantadas al indio del Nuevo Mundo, y sin embargo las del indio sí influyan en la recreación del salvaje.[7]

Después de Mazur van a trabajar el tema del salvaje José A. Madrigal y Fausta Antonucci. Los dos críticos se centran en estudiar esta figura en el teatro del XVII, de Lope a Calderón. Sin embargo, lo que principalmente nos interesa aquí de sendos trabajos son las definiciones que ofrecen tanto de "bárbaro" como de "salvaje," por cuanto se relacionan con nuestra investigación acerca del indio. Madrigal expone que entre todos los nombres que se le dan al hombre salvaje o se asocian con él en el teatro, el más usado es el de "bárbaro." Ése es el caso en las comedias de indio también. De acuerdo con Covarrubias, el "bárbaro" es cruel, tosco, grosero, ignorante, de malas costumbres, presenta una falta de razón, no admite comunicación de los demás hombres civilizados y su naturaleza lo inclina a los más bajos apetitos. Éstos son los principales apelativos que posee el salvaje/bárbaro en la comedia del Renacimiento y Siglo de Oro español (Madrigal 14–15).[8] Madrigal prueba cómo "fiera," "salvaje," "monstruo" y "bárbaro" son sinónimos en el teatro de estas épocas. El salvaje está enraizado con las figuras mitológicas de sátiros, centauros, faunos, silvanos, busgosos y Pan. Por su parte, Antonucci diferencia entre "bárbaro" y "salvaje," aunque defiende que los dos términos equivalen y se superponen en el vocabulario de las lenguas occidentales. Para ella el bárbaro es el extranjero que vive en comunidades organizadas pero en un lugar lejano, donde practica todo aquello que los "civilizados" no consienten: paganismo, crueldad, canibalismo. El salvaje en cambio es un individuo primitivo, que no forma parte de una sociedad, y que está aislado en lugares inhóspitos pero en su mayoría pertenecientes al espacio geográfico de los "civilizados" (Antonucci, *El salvaje* 34). Como veremos, al indio se le asociarán ambos términos, pero en la comedia predominantemente será sinónimo de bárbaro. Como dice Marcos Morínigo: "*Indio* es para todos la concreción de la barbarie, como *caribe* la de la inhumanidad y la antropofagia" (248).

Otro aspecto importante del trabajo de Madrigal es el recorrido que hace por los distintos niveles de significación asociados al vocablo "salvaje," los niveles mitológico, artístico, religioso y filosófico. A lo largo de la historia, las dos corrientes filosóficas que se asocian al salvaje son las del "salvaje noble" y el "salvaje innoble." Si Homero, Esquilo, Estrabón y más tarde Cicerón, Horacio y Séneca idealizan a los escitas como prototipos de hombres primitivos dignos de imitación, muchos son los que rechazarán a este hombre rústico en comunión ideal con la naturaleza. Tertulio, Claudio, Prudencio y San Isidoro de Sevilla rechazan al hombre primitivo por su falta de cualidades morales e intelectuales que piensan debe de tener todo ser humano. Estos desarrollos reverdecen y se revalorizan con el tratamiento del salvaje en el Renacimiento y el Barroco.[9] Es más, es el contacto con el recién descubierto amerindio y sus territorios lo que va a despertar la antigua polémica en torno a la figura del salvaje y justificar la ulterior presencia de éste en el teatro. Por un lado, el Renacimiento va a dar cabida a una serie de planteamientos utópicos, como los de More o Campanella, que promueven el escape de una sociedad a la que consideran corrompida por los efectos de la civilización, y miran al Nuevo Mundo —y a su salvaje edénico— como el posible ámbito de un nuevo re-nacimiento para el ser humano, una nueva oportunidad de comienzo y re-generación en contacto directo con la naturaleza. Por otro, ese nuevo espacio ontológico que ocupan el indio y su territorio va a ser objeto tanto de las proyecciones occidentales y de todas las diatribas en torno a la naturaleza del salvaje, bárbaro y caníbal, como de los debates sobre sus capacidades racionales y de su posibilidad o no de aceptar a Dios y engrosar las filas de la Corona y de la Iglesia. En fin, asistimos de nuevo a una serie

Introducción

de discusiones y luchas filosóficas que replantean la dialéctica "salvaje noble–salvaje innoble," conceptos que definitivamente influirán de lleno en los diferentes planteamientos que se esgrimen con respecto a la consideración y tratamiento del indio. Las ideas o los argumentos jurídico-teológicos de autores como Vitoria, Las Casas, Sepúlveda, y más tarde Vieira y Solórzano Pereira, se verán reflejados en el teatro en el momento en que el indio comparta escena con el peninsular.

América y el indio en el teatro y otros géneros

Siguiendo de cerca el estudio de Morínigo podemos decir que la primera referencia a América en la literatura española al parecer la encontramos en un poema de Fray Ambrosio Montesino de 1508 que hace alusión a esas tierras remotas y al esplendor de lo vivido en ellas. Más tarde, en el *Retrato de la lozana andaluza* de Francisco Delicado, escrito hacia 1524, se habla de un modo más mundano del "guayaco" o leño de las Indias, producto que se hará famoso en toda Europa por su poder aliviante de la sífilis, también llamada "mal francés" o "mal americano." En 1557, y claramente influenciado por los alegatos de Las Casas, los sermones de Antonio de Montesinos y por una visión del Nuevo Mundo erasmiano-humanista, aparece el auto de las *Cortes de la Muerte* escrito por Micael de Carvajal y retocado de forma mínima por Luis Hurtado de Toledo. En la escena 19 del auto, un grupo numeroso de indios liderados por su cacique, si bien se sienten agradecidos por haber sido convertidos, se quejan ante la figura alegórica de la Muerte —supremo juez de aquel tribunal— del infortunio de su esclavitud, de los malos tratos recibidos y de las masacres de indios que causa la codicia del oro entre los españoles. La Muerte les da la razón a los amerindios y les anuncia que Dios, lo mismo que les ha dado la luz y la gracia, los librará de esos "lobos robadores." Eso sí, al consolarlos, la Muerte también les hace saber que la venida de los españoles los ha hecho miembros del rebaño de Cristo. En esto aparecen San Agustín, Santo Domingo y San Francisco —defensores de los indios y los valores espirituales frente a Satanás, Carne y Mundo interesados en lo material— pidiéndoles a los indios resignación, paciencia y confianza. Lo interesante es que para los dos últimos santos, América es culpable del envilecimiento peninsular porque tiene en sí el oro que tienta a los españoles, algo parecido a cómo la belleza de la mujer en tantas ocasiones desencadena y es responsable de la lujuria del hombre. De otro lado, el cacique le pregunta a la Muerte por qué los españoles entran ensalzando y enseñando el cristianismo y acto seguido matan y roban a aquéllos que intentan convertir. También aparecen indios que tras este cúmulo de desmanes se preguntan si no vivían mejor cuando adoraban a sus dioses falsos, criticando de este modo los principios morales que mueven a los peninsulares. En conjunto, esta obra repudia la conquista por medio de las armas, e intenta paliar el sufrimiento de los indios y mejorar su situación de desamparo ante las tropelías producidas por la codicia peninsular que, según parece, ha generado la propia América. Ahora bien, esta actitud de protesta por parte del aborigen no deslegitima la conquista misma, pues el propio indio acepta que los españoles lo apadrinen. La escena del auto presenta un mensaje crítico de la codicia y la violencia sin duda, y a su vez uno de paz y amor en consonancia con la postura erasmiana-lascasiana que destila, sin perder de vista que sus autores dejan claro que no aceptan los bárbaros modos de vida del indio ni su idolatría y que los indígenas mismos agradecen la conversión. La crítica humanista se extiende a todos aquellos que ven en el oro un fin, olvidándose de toda conducta cristiana.[10] Morínigo nos informa que más tarde en el *Auto de la oveja perdida*, escrito alrededor de 1566 pero impreso en 1575, se ve de nuevo el pensamiento de cómo el oro contribuye a relajar la moral. Por otro lado, en el *Examen Sacrum*, auto jesuítico anónimo, escrito en el tercer cuarto del XVI, se hace referencia al gusto por la danza que tienen los indios americanos (Morínigo 52). Estos tres autos sacramentales constituyen probablemente todos los productos teatrales que nos han llegado del amerindio en el siglo XVI. Y es que el teatro peninsular en ese tiempo estaba todavía en proceso de desarrollo y la mayoría de las obras, excepto las farsas de Lope de Rueda, se limitaban o a imitar la comedia italiana o a representar temas religiosos, nada que demandara excesiva originalidad por parte de los autores (Ruffner 1). Sin embargo a partir de fines del XVI y principios del XVII, fruto de una decidida preocupación oficial por la historia americana, alentada entre otros aspectos por la difusión e impacto de la épica de Ercilla, se ordena el que se empiecen a

Introducción

escribir crónicas históricas que narren las hazañas de los peninsulares en Indias. Al mismo tiempo, se suceden una serie de comedias encomiásticas de las figuras ilustres que llevaron a cabo la conquista, obras en su mayoría de encargo que los herederos de dichos personajes, como los Hurtado de Mendoza o los Pizarro, mandan escribir con el objetivo de apoyar ante los poderes públicos las reivindicaciones por la continuidad de los títulos y privilegios de sus antepasados. Bajo este impulso, que mitifica y ennoblece tanto al español como al indio, comienzan a aparecer las obras que constituyen este proyecto, concebidas en un concepto de teatro que refleja el sentir popular, o en palabras de Morínigo, un teatro que "es para el pueblo español el espejo de su historia cotidiana, la caja de resonancias de sus creencias y preocupaciones, de sus angustias e ideales nacionales. En el teatro pues debemos buscar el reflejo de la nueva actitud de nación frente a los problemas americanos que ya hemos podido observar en la historiografía" (25–26).

No podemos olvidar que el fenómeno teatral del Barroco es, como ha señalado Maravall (*Teatro*; *La cultura*) entre otros, un espectáculo de masas cuya principal misión sería la de entretener y socializar a un público heterogéneo. Por supuesto, este hecho no puede obviarse a la hora de entender la función cultural del tema del indio en estos dramas, tema que es trabajado sobre la base de fórmulas de éxito contrastado tales como los dramas de honor, la comedia de santo o la mitológica, que permiten un amplio desarrollo de acciones espectaculares, temática sentimental, heroísmo, milagros, oráculos. Se trata, en definitiva, de una forma participativa en la medida en que el espectador es invitado a identificarse con las acciones y actitudes de ciertos personajes cuyos atributos e ideales reflejan los valores dominantes, las aspiraciones de esa comunidad imaginada que pueda ser la incipiente nación española, tal como aparecería por ejemplo en obras como *Fuenteovejuna*, o *Peribáñez*, por citar dos de las más exitosas comedias de Lope. Otros críticos, como Henry Sullivan, si bien no están de acuerdo con las posturas de corte maravalliano, defienden que la comedia, en tanto drama de la contrarreforma, sirve a una doble función en su sociedad:

> a) homeopathically to purge a doubtfilled collective conscience of its feelings of confusion, and b) to leave the spectator restored in himself at play's end by concluding on

a note of reaffirmation. Thus the *comedia* operated as a very effective safety-valve for all sectors of society and its success was correspondingly great. (*Tirso* 14)[11] [6]

Sin embargo, lo más sorprendente es que si bien dicho género refleja la abundancia creativa de los tres grandes: Lope, Calderón y Tirso, amén de otros muchos, a la hora de escribir cientos y cientos de comedias, la cantidad de dramas que ponen en escena la imagen del Nuevo Mundo y su figura central, el indio, en el teatro barroco peninsular es escasísima.[12] Igualmente, si se tiene en cuenta la importancia del descubrimiento, la profusión de cartas de viaje, crónicas, diarios, reglamentaciones políticas, disquisiciones y tratados jurídico-teológicos escritos acerca de las Indias, aun menos se entiende el porqué de tan paupérrima producción dramática. Quizá, el tema americano no vende y sus personajes no son atractivos para el público de los corrales, o quizá cuesta mucho llevar a escena algo de lo que no se tiene una idea clara —recuérdese que, que sepamos, los únicos que conocen América de haber estado allí son Tirso de Molina, Belmonte Bermúdez y Ruiz de Alarcón, además de Micael de Carvajal y Juan de la Cueva. En este sentido, podemos decir con J. T. Medina que se escribieron pocas obras por la ignorancia que el público tenía sobre los asuntos del Nuevo Mundo (*Dos comedias* xx–xxi), argumento que comparte J. H. Elliott para quien no sólo había una gran ignorancia acerca de América en Europa, sino que había poco interés en ella (*The Old World* [*El Viejo Mundo*] 8–20). Igualmente, Sydney Ruffner defiende que las obras se publicaban muy lentamente y la censura inquisitorial las prohibía (6, 7). Eso no quiere decir que hubiese pocos escritos en tal período sobre las distintas incidencias de la empresa en Indias, aclara Carlos Fernández-Shaw (676). Sin embargo, como dice Enrique de Vedia en *Historiadores primitivos de Indias* los dramaturgos estaban tan ocupados en adaptar la métrica italiana al verso español que no tenían interés ninguno en sondear los trabajos de cronistas e historiadores para adquirir nuevo material o nuevas y recientes fuentes de información (Ruffner 7). Sólo pocos autores estaban preparados para dar forma lírica a pedazos de estas historias, crónicas y aventuras, y menos aún se encontraban suficientemente motivados por el material (10). Por último se dice que el público estaba más interesado en comedias de capa y espada, milagros y

Introducción

figuras religiosas que en escenificaciones de las vidas de Colón, Cortés, o Pizarro (12). Quizá el único dramaturgo que tuvo versado conocimiento sobre los sucesos y crónicas de Indias y los incorporó convenientemente en toda su obra fue Lope de Vega, y así lo han constatado Fernández-Shaw y John Ward Hamilton. Stephen Gilman está de acuerdo, no obstante piensa que la ignorancia del público en temas americanos supuso el mayor impedimento a la creación dramática de Lope, y del mismo modo a la ulterior exploración de dichos temas en las tablas (110), lo que le lleva a decir que

> only habitual readers of *La araucana* (which, however popular, was hardly a shared and oral "romancero") could fully participate in "comedias" derived from it. (110) [7]

Gilman también piensa que a comienzos del XVII, en términos lopescos, la conquista misma estaba aún en su infancia histórica, esto es, no se había trabajado poéticamente y eso dificultaba la dramatización (107). Morínigo por su parte, uno de los que más detalladamente ha estudiado la presencia de América en el teatro de Lope, habla del "insuficiente prestigio militar de la conquista" (19), y de cómo el Nuevo Mundo quedó durante la mayor parte del siglo XVI "en un plano inferior al de las grandes empresas nacionales" (20). Thomas Case, interesado en el estudio de la figura del moro y el indio en la comedia, afirma que "el moro y la Reconquista eran temas colosales para el dramaturgo y el apetito de su público en 1592 y después y América simplemente no competía con los temas nacionales" (20–21). En cambio, Glen F. Dille ("El descubrimiento") apunta que la escasez de comedias vino causada por la relativa rapidez y facilidad con que los peninsulares doblegaron a las tribus amerindias (con excepción de los araucanos), algo que produjo cierto desdén por parte de los europeos con respecto a los indígenas que se dejaron conquistar tan fácilmente. Este desdén, unido al canibalismo y barbarie que se les suponía a los indios, frenó el interés en América de los autores. Además, Dille añade que existía igual menosprecio por los peninsulares que hacían las campañas en Indias, dada su falta de distinción social y los motivos que los movían a hacer la conquista: "Los logros increíbles de los primeros españoles también tenían un lado negro —los excesos de crueldad y explotación cometidos por este grupo que diezmaron y esclavizaron a los indígenas para enriquecerse y volver a la madre patria en mejores condiciones. Estos motivos eran bien conocidos y dificultaban la dramatización" ("El descubrimiento" 500–01). En esta línea, Robert Shannon va más allá, recoge probablemente estos argumentos para decir que para finales del XVI y principios del XVII muchos intelectuales españoles estaban convencidos de que había sido un error nacional colonizar América, y que sólo los más crueles obnubilados por la codicia y el poder hacían la travesía. La asociación entre por un lado América y la codicia por el oro, y por otro la falta de un héroe a la altura de la empresa, es la razón del relativo silencio de la conquista en el teatro, ya que como acaba defendiendo Shannon, en definitiva todo esto influye en la generalizada y negativa opinión que el público tiene de América ("The Staging" ["La representación"] 54).

Por el contrario, no se trata de la gran mayoría de estos supuestos tanto como de que hay otros elementos dramáticos y otros personajes que funcionan mejor para el público y en ellos se concentrará el esfuerzo de los dramaturgos y el interés de los empresarios. Me refiero a los enrevesados argumentos de las comedias de enredo, al dinamismo de las de capa y espada, a los milagros de las de santo, a la fastuosidad de las mitológicas, o a los grandes temas y figuras de las comedias heroicas centradas en las luchas contra los ejércitos europeos; temas, acciones y personajes que según parece mueven al auditorio a identificarse de manera más efectiva y empática con lo acontecido en la acción, al tiempo que mayoritariamente propagan los ideales fundamentales del conservadurismo monárquico. Puede que también así se explique la escasez de comedias de indio en el hecho de que la gran mayoría de estas obras sean, aunque enmarcadas en estos géneros, principalmente encargos dedicados a la alabanza de ilustres figuras españolas de conquista. Esto es, epopeyas laudatorias que no descuidan ninguno de los detalles característicos de los géneros en los que se insertan, y se aprovechan del exotismo y del clímax de acción que el encuentro entre los dos mundos provoca, pero que no parecen ser la mejor receta para el éxito dramático: primero, por las limitaciones del tema mismo, y segundo, por la complejidad y extrañeza de la problemática americana que fuerza al dramaturgo a reflexionar con mayor o menor profundidad sobre el fenómeno de la conquista dificultando la creación y la posibilidad de su exitosa dramatización. En definitiva, al parecer al público le gustan otros temas más cercanos y entretenidos y otros personajes más heroicos que los de los panegíricos de figuras de conquista que los dramaturgos les presentan.

Miguel Zugasti, uno de los críticos que recientemente más esfuerzos ha dedicado a estas obras, opina con tino que si estos dramas hubieran recibido una respuesta positiva por parte del público, los dramaturgos no habrían tenido problema en crear más comedias ambientadas en el filón de temas americanos ("Notas" 430). Ahora bien ¿por qué el descubrimiento y la conquista no calan en el público? Zugasti aduce una serie de razones que, por un lado, resumen varias de las posiciones mantenidas hasta la fecha por los estudiosos, y por otro, descartan algunos desenfoques. Primero, el Viejo Mundo y sus desafíos atraen mucho más que el Nuevo. Se valora más la conquista de Breda o de Nápoles que el descubrimiento del Perú. Segundo, es mucho más prestigioso luchar contra ejércitos europeos conocidos que contra hordas de indios desnudos, inferiores e incultos. Tercero, a partir del reinado de Felipe II colectivamente se tiene la idea de que España es salvaguarda del orden europeo y de la religión católica frente al peligro musulmán, y habría que añadir también, el protestante. Los problemas de los indios son pequeños si se los compara con los que generan aquéllos. Cuarto, la categoría social de los que viajan a Indias es mucho más baja que la de los que acuden a las campañas europeas. Los nobles luchaban en los ejércitos españoles contra el turco o el protestante; los hidalgos —Colón, Cortés, Pizarro, Valdivia— y villanos lo hacían contra los indios. Precisamente, la única manera que tenían los Colón, Cortés y Pizarro de ascender en la escala social a su vuelta a la península era conquistar las Indias, y de ese modo, competir en hazañas con los nobles peninsulares. De hecho, los tres conquistadores acabaron pleiteando con la Corona sus títulos y privilegios, y eso fomentó una gran desconfianza en la nobleza hacia los nuevos títulos y los nuevos ricos que compraban y vendían rangos e hidalguías con el dinero de América. Quinto, Zugasti desmiente la base del argumento repetido frecuentemente de que la desmedida sed de oro y la crueldad de la colonización incrementaron la mala fama de los conquistadores, haciendo que desde España se criticara mucho su actuación por el daño que producía a los indios. Para el crítico estas posturas enraízan en la leyenda negra anti-española. La actuación de los ejércitos españoles no se diferencia de la de los otros países en cuanto a los saqueos que se realizan o la crueldad contra los vencidos. Los reparos que no vienen de teólogos como Las Casas provienen de la nobleza y burguesía que envidiosamente critican no cómo se obtiene el oro, sino la facilidad con la que los indianos se enriquecen y posteriormente compran títulos a esos mismos nobles. Por lo tanto, la censura era más bien el maquillaje de la envidia que creaba el rápido enriquecimiento ajeno. La Corona, termina Zugasti, no le hizo ascos al oro de Indias y cobró siempre su quinto correspondiente ("Notas" 430–31). Se deduce que la actuación peninsular en América o la mala reputación de los conquistadores no fue puntualmente lo que frenó el ingenio de los poetas como varios estudiosos mantienen (José Sánchez; Dille, "El descubrimiento"; Laferl; Shannon, "The Staging," *El Nuevo Mundo*; Simson, "La función"). Más bien, el público español se interesaba por temas más cercanos: el Cid, Alejandro, los Reyes Católicos, las luchas contra los turcos, es decir, por hazañas más heroicas llevadas a cabo en territorios más conocidos y con mayor prestigio militar que las batallas contra los indios en América luchadas por una serie de individuos de poco nombre y muchas veces de baja ralea.

Además, el público estaba muy mal informado sobre América no sólo porque la mayoría era analfabeto, sino porque circulaban muy pocos libros sobre el hallazgo del Nuevo Mundo debido al escaso interés que despertó el suceso entre la élite humanista europea.[13] Así lo constata Marcel Bataillon en su libro *Erasmo y España* al decir que entre los principales espíritus de la época los descubrimientos, su trascendencia política y sus implicaciones morales ocupan un puesto de poca importancia. Ingrid Simson ("La función") lo ve desde otra perspectiva. Defiende que América fue un "asunto delicado" (311) durante el Siglo de Oro, y la conquista un "proyecto de gente humilde y en parte fuera de la ley" (313–14), alineándose con aquellas posturas que justifican la escasez de obras que representan América, no sólo literarias sino de toda índole, por la mala fama de los conquistadores. Además, Simson alude a que "el aspecto económico de la conquista entró en conflicto con la moral de la nobleza y de la iglesia" (314). La leyenda negra difundida por Inglaterra, Holanda y Francia a raíz de los escritos de Las Casas va a fomentar que el gobierno de Felipe II intensifique su censura, tanto en el interior como en las colonias, contra los textos que abordaban aspectos de la presencia española en América. Había que evitar darles más argumentos a los enemigos de España. Por eso es por lo que en la segunda mitad del XVI casi no aparecen publicaciones sobre América. Al parecer, muchos de los archivos se mantuvieron secretos. Siguiendo los trabajos de Juan Friede ("La censura") y de Georges Baudot, autores que estudian la censura de los textos sobre América llevada a cabo en el XVI, Simson afirma que: "fue el objetivo del gobierno proscribir el tema de América de la vida pública" ("La función" 314). Todo esto afectaría a la producción de textos de ficción sobre esos asuntos. De ahí que la crítico diga en otro artículo: "Por eso, la pequeña serie de comedias que se escribieron sobre la temática americana a principios del siglo XVII, comedias de autores como Lope de Vega, Tirso de Molina y otros, en su mayoría lleva un carácter panegírico" (Simson, "Poder" 178). De manera contraria, Horst Baader ya había criticado en 1978 posturas como las del historiador Juan Friede que a mitad del siglo XX defendían que la "opinión pública" durante el XVI ejercía presión en la Corte y era crítica con la actuación de los españoles en el Nuevo Mundo. Baader arguye que no existió tal "opinión pública" sobre los hechos de la conquista, como así también lo defiende Lewis Hanke años antes. Con respecto a la escasez de obras literarias que recreen los acontecimientos de Indias, Baader opina que "la 'opinión pública,' que normalmente se refleja con aureola poética en la literatura española del Siglo de Oro, es poco específica, vaga, desinteresada por los detalles que hoy nos parecen de importancia, manteniéndose en el marco de las generalidades carentes de todo compromiso" (169).[14]

Convendría señalar que durante estas épocas se trató únicamente de comprender América dentro de los moldes y organigramas peninsulares, esto es, se trató de comprender América como un "mito," en palabras de Baader. Consecuencia de la idea de que "para los hombres es mucho más fácil vivir aventuras en nuevos continentes que pisar nuevos continentes intelectuales" (Baader 175), la representación de América y el indio en el teatro del XVII es escasa y resultado de esa mitificación aludida, que no es sino la proyección de los esquemas peninsulares en los territorios y habitantes americanos. Baader coincide totalmente con la postura de Gilman de que la conquista misma todavía se encontraba en su "infancia histórica," por lo tanto, a los escritores no les era fácil recrear profusamente y con mayor atención y virtuosismo estos temas en la literatura. Asimismo, Baader hace referencia a cómo la envidia que se tiene del enriquecimiento rápido de los indianos crea una mala reputación sobre los asuntos de Indias y, en su opinión, explica que autores como el mexicano Ruiz de Alarcón no utilizaran en sus comedias su íntimo conocimiento del Nuevo Mundo y escribieran exclusivamente sobre temas españoles (171–72). Por otro lado, Souto Alabarce —tras hacer mención al comentario al parecer de Bryce Echenique de que a nadie le ha importado profundamente la llegada del hombre a la luna en este siglo, si atendemos a la poca repercusión que ha tenido ese acontecimiento en la literatura contemporánea— termina diciendo que en el XVI, para el español de entonces, América no era relevante, no importaba porque no repercutía directamente y de forma práctica en las vidas de los ciudadanos: "No deberíamos, pues, pedirles a los escritores españoles de los Siglos de Oro —esos escritores tan compenetrados con el hombre-masa de su tiempo—, un testimonio maravillado de lo que entonces no maravillaba a sus oyentes y lectores" (20). El crítico seguidamente se pregunta si la poca repercusión y la escasa significación del tema americano, la conquista y la colonización en la literatura áurea, se debe a la dispersión ante una realidad tan vasta, al desengaño, o al sentimiento de culpa. He aquí su respuesta:

> Se ha querido culpar a los tiempos de la violencia de la conquista, como si unos tiempos fueran más violentos que otros. Nada tiene el nuestro que reprochar a los pasados. Los crímenes de la conquista fueron juzgados como tales en el instante mismo de su ejecución. Están presentes en la conciencia de los cronistas, de los evangelizadores, de los poetas. No faltó conciencia ni vergüenza, como tampoco ahora falta ante crímenes parecidos. Quizá lo mejor del teatro indiano, por ejemplo, consista en esa conciencia. Una conciencia, sin embargo, que no fue lo suficientemente profunda ni lo bastante extendida para calar hondo en su auditorio. En último término, entonces como ahora, se justificó la culpa por razón de estado. (Souto Alabarce 14)

Introducción

Ahora bien, como han dicho recientemente Zugasti ("Notas") y Brioso Santos (Introducción), no debemos identificar la escasez de "comedias indianas," o "comedias americanas," como ellos las llaman, con la carencia absoluta. Zugasti defiende que hay más de dos docenas de comedias dedicadas a las Indias. En ellas incluye las que nos interesan, es decir, las que recrean hechos o temas de la conquista y representan al indio, y aquéllas cuya trama se ambienta en su mayor parte en tierras del Nuevo Mundo o en temas y personajes estrechamente vinculados con él, pero que no ponen en escena al amerindio. Excluye las "comedias de indiano," ya que sólo aluden a la riqueza de éste y suelen desarrollarse en España sin ningún otro punto de contacto con América. En total, Zugasti habla de un listado de veintitrés comedias conservadas: diecisiete de asunto histórico, cuatro de vidas de santos y dos más de género de aventuras. Brioso Santos, por su lado, se afana en resaltar la abundancia del tema de América en el teatro áureo, poniendo la comedia en perspectiva con respecto a otros géneros y subgéneros llamados menores, como el teatro breve. Alude a que ya se han tocado las piezas de asunto indiano de Lope, Calderón, Tirso y otros, pero no las de autores de menor fuste y en géneros como los entremeses, jácaras, loas, follas, bailes, romances, coplas, seguidillas, que contienen ingredientes americanos y que aún deben de ser estudiadas con detenimiento para poder evaluar la cuestión del tema de América en el teatro áureo. Brioso Santos incita a otros críticos y se aplica él mismo, en el vasto repertorio teatral del Siglo de Oro, al rastreo de situaciones, personajes, productos, vocablos o alusiones americanas por pequeñas que sean.

Quede claro que este libro no está dedicado al tema de América en el teatro del Siglo de Oro en general —asunto que preocupa a Brioso Santos entre tantos otros críticos—, ni va a estudiar aquellas obras que, si bien se refieren a América, no representan al amerindio —caso de muchas incluidas en la lista de Zugasti. Este estudio se concentra en examinar la imagen del indio en las comedias barrocas peninsulares que lo representan como personaje en una acción teatral. La lista se reduce entonces a trece comedias de "teatro propagandístico histórico-legendario" como lo ha llamado Brioso Santos (Introducción xx).

Pero antes de entrar ahí, se debe incidir brevemente en la repercusión que tuvo el tema de América y el indio en otros géneros del Siglo de Oro. En términos generales podemos decir que aunque las alusiones literarias a las Indias en muchos géneros, en lo que toca a puntos geográficos, noticias, cartas, productos, personajes, léxico y libros, son variadas y abundantes —como han dejado claro recientemente Rípodas Ardanaz, Brioso Santos y Zugasti—, el tema del indio y la conquista como tales tienen un menor calado en los autores áureos. Se produce así una falta de poemas heroicos sobre la conquista, como ha puesto de manifiesto Mercedes Cobos. La poesía nacional no va a cantar el descubrimiento colombino, aunque se va a encargar de subrayar sus nefastas consecuencias: la relajación de las costumbres y la codicia que ha traído aparejadas (Cobos 18–19). La prosa novelesca moralizante que va desde Suárez de Figueroa a Gracián lidia con América, y los géneros burlescos o satíricos: el entremés, la jácara, la mojiganga, el baile, el romance burlesco, en términos generales aluden accidentalmente a la realidad indiana y fugazmente critican, parodian o se burlan de lo americano, muchas veces ofreciendo una imagen literaria que poco tiene que ver con América pero que nos ofrece una estampa de aquellas tierras, como apunta Brioso Santos (Introducción; "Lo peor").[15] Si hay una figura popular conectada con el Nuevo Mundo en el Siglo de Oro es la del indiano, pero hay que decir que mayormente se tenía una opinión muy negativa de él, como muestra el juicio de Cervantes en *El celoso extremeño*. Se le acusaba de esquilmar las tierras del Nuevo Mundo, de comerciar sin escrúpulos y en definitiva de no tener conciencia. En general, los nuevos ricos indianos se representan en muchos géneros como enamoradizos, generosos e ingenuos, cayendo muchas veces en robos y estafas de mujeres viles (Dille, "Estudio introductorio" 15–16). Muchas opiniones negativas que se tienen sobre ellos evidentemente surgen de la envidia de sus fortunas amasadas en América, pues se trata de segundones de familias hidalgas, mayormente del norte de España, que hacen las Indias y que en tantas ocasiones regresan con más capital que el de muchos nobles asentados en la península. El dinero traído de Indias, como dice Dille ("The Plays" ["Las comedias"]), causaba conflicto con las viejas y rancias estructuras sociales y económicas peninsulares. Más aún, en palabras de Américo Castro, "enriquecerse en el Nuevo Mundo ponía en peligro la limpieza del linaje, convertía al indiano en

Introducción

un posible judío, interesado en acumular una fortuna individual y secular" (322).[16]

Por su parte los indios aparecen también en mascaradas y danzas teatrales —callejeras, profanas o sacramentales— en las diferentes fiestas conmemorativas o religiosas. Las danzas de "la conquista de las Indias" se dan junto con las de negros americanos y moros y, mostrando la sujeción de estos personajes a España, le dan un tono de color y exotismo al Corpus granadino o sevillano. Asimismo, la exótica figura alegórica de "América" aparece en el Barroco normalmente asociada a otro ente alegórico como es la "Idolatría" en las representaciones de comedias, pasos, autos y loas, además de en pinturas y grabados. Continuamente América anuncia al mundo y ofrece al hombre sus riquezas a la par que se somete a la Cruz y a la "verdadera religión" gracias a la labor de España. Muchas veces se presenta en actitud de ofrecer sus esmeraldas, perlas, oro y plata a los reyes de España directamente. Por consiguiente, América como personaje alegórico sirve a los propósitos evangélico y de conquista españoles. Es también clásico, según Zugasti ("La alegoría"), el que la figura de América sea recreada formando parte del cuadro cuaternario iconográfico que compone junto con Europa, Asia y África, interactuando así las cuatro partes conocidas del orbe.[17] Comúnmente, se representa desnuda y exótica, con plumas, aljaba y flechas y un lagarto o caimán a los pies. "América" como personaje alegórico aparece en solitario en dos comedias que se analizan en este trabajo: *Las palabras a los reyes y gloria de los Pizarros* de Vélez de Guevara y *El valeroso español y primero de su casa* de Gaspar de Ávila. En ambas piezas de encargo, dicho personaje es acicate para ensalzar las gestas de los conquistadores Pizarro y Cortés respectivamente.[18]

Por otro lado, el tema de América no fue popular en el romancero del XVI y principios del XVII, y aparece exiguamente en las misceláneas. A Clementina Díaz y de Obando le sorprende que se venga hablando de que hubo muchos romances de hazañas de conquistadores y circunstancias peculiares de la conquista y sin embargo no llegaran a popularizarse ni hacerse tradicionales. Cuando entonces se pregunta por el poco arraigo de los romances sobre el Nuevo Mundo termina respondiendo que, por un lado, siguiendo a Menéndez Pidal, existían varias dificultades dado que las empresas españolas en Europa y el Nuevo Mundo "desplazaban el brío español muy lejos de su hogar, fuera de su ambiente secular y lo diversificaban en exceso" (206). Por otro lado, y siguiendo a Luis Santullano, afirma que no hay ambiente en España que suministre el calor indispensable para la idealización que exige el romance. España después de ocho siglos de reconquista se encontraba embotada para reaccionar poéticamente ante los sucesos americanos. Ahora bien, las principales razones que aduce la crítico en cuanto a la limitación del romancero sobre Indias tienen que ver con la actitud de la Corona española. El estado no quería desde el principio de la conquista que los conquistadores se convirtieran en héroes populares. Por eso había que acallar las proezas de estos hombres por peligro a la sedición y rebelión que se pudiera generar.[19] Arturo Souto Alabarce incide en que los romances más populares en el XVI y XVII son los fronterizos o moriscos. América no entró en los romances nuevos. Según el crítico, se escriben "tres sobre Cortés —en la colección de Agustín Durán— y uno sobre una harpía americana" (19). El resto es sobre los sitios de Granada o de Málaga, la guerra de las Alpujarras, o las guerras caballerescas entre moros y cristianos. Tampoco va a ser popular América en las misceláneas, cuando pudiera pensarse lo contrario atendiendo a las especificidades de este género. Los textos misceláneos, ideales para la transmisión de los nuevos conocimientos, curiosidades, inquietudes e intrigas, van a silenciar notablemente el tema de América. Así ocurre en las conocidas *Silva de varia lección* de Pedro de Mejía, o el *Jardín de flores curiosas* de Antonio de Torquemada. Lo mismo cabe decir de las populares Relaciones de sucesos donde tampoco parecen abundar los temas americanos.[20] De todos modos, Lina Rodríguez Cacho dice que "el interés por la riqueza de las Indias fue sin duda uno de los principales motivos por los que se habló de América en las misceláneas" (171). La riqueza natural del Nuevo Mundo propició comentarios en torno a tres temas: las importaciones de plantas medicinales, la llegada del oro y metales preciosos, y el asunto del indiano adinerado junto con el dinero mal ganado a los indios (172). Sobre este último tema se encuentran algunas referencias en diálogos misceláneos muy posteriores a las principales crónicas, como los *Diálogos familiares* de Juan de Pineda, donde se discuten temas como el

Introducción

que "los indios no pueden ser despojados de sus haciendas." Sin embargo, Rodríguez Cacho nos presenta otros textos misceláneos que contrastan frontalmente con estas actitudes críticas sobre la actuación peninsular en América, textos como el de Andrés de Valdecebro que exaltan los beneficios lucrativos que se derivan de la conquista y que presentan a América como el principal sustento de la grandeza de España (172–73).

Como ha dicho Daisy Rípodas Ardanaz ("Presencia: España del XVII"), los libros sobre América que quizá se leían por gentes no necesariamente cultas eran los de asunto religioso, ya que los de historiadores, viajeros o cronistas se revisaban en círculos mucho más restringidos de personas doctas que tenían curiosidad sobre esas tierras. En cuanto a la presencia de América en el teatro, la crítico defiende que en las comedias de indio se exaltan el cristianismo y la evangelización como valores supremos, valores que se patentizan en el actuar ejemplar de los futuros santos, o en los milagros desplegados para celebrar el triunfo de la fe. Igualmente, muchas de estas obras glorifican los ideales monárquicos y el coraje de los conquistadores, sin esconder la codicia y lujuria que muchas veces mueve a los miembros más bajos de la tripulación (799). Algunas van a mostrar también la crueldad de los conquistadores. Los indios, todos valerosos en estas piezas, los hay buenos y malos, opina Rípodas, unos bárbaros y crueles, y otros nobles salvajes aptos para la conversión. Un rasgo común de estas comedias es que le ofrecen al público del XVII, que vive circunstancias político-económicas exigentes, la "ocasión de evadirse momentáneamente de esa realidad para instalarse en un pasado exitoso en que los logros de la religión y de la Monarquía, notables en las Indias, fortalecían el sentimiento patriótico" (Rípodas, "Presencia: España del XVII" 800). Ese tipo de mitificación de un pasado heroico remoto escogido y proyectado para cerrar las heridas del presente histórico se convirtió en elemento muy común en la comedia nueva.

Las comedias de indio

Hay que preguntarse por qué gran parte de las comedias del repertorio que compone este libro no han sido suficientemente trabajadas por la crítica. Las razones más simples quizás sean

Introducción

las más certeras: son muy pocas obras, de algunas de ellas hasta hace muy poco hemos carecido de ediciones modernas siendo muy difícil su búsqueda, y otras se han considerado o están perdidas. Además algunos investigadores, con razón, las han desdeñado por falta de calidad estética, porque a veces están mal escritas o porque están cargadas de una notable inverosimilitud.[21] El tema de la biografía de los conquistadores es demasiado espeso para dramatizarlo en tres actos y los muchos contenidos históricos impiden la fluidez de la trama. En muchos casos se quedan en simples encomios sin más. También, en gran medida no han sido tenidas en cuenta suficientemente debido a las complejidades y contradicciones discursivas que encierran y que trataré de dilucidar en este trabajo, con el propósito de revelar la importancia de su puesta en escena en conexión con el marco general de su producción.

Las comedias que nos ocupan recrean sucesos que van desde 1492, cuando Colón llega a Guanahaní, asunto representado en la obra de Lope, hasta aproximadamente 1562–63, año en el que Calderón ambienta el último acto de *La aurora en Copacabana,* que tiene como colofón la creación de la imagen de la Virgen de Copacabana. Por lo tanto, este teatro realiza un recorrido por los principales hitos de la conquista militar y evangélica del territorio americano y sus gentes, además de aludir a las luchas por conseguir poder, fama y riquezas que la empresa trae consigo y los dramas escenifican. La sucesión de los diferentes capítulos que componen este libro responde a criterios cronológicos y temáticos, es decir, se organiza atendiendo a la fecha de publicación de las obras estudiadas y en relación a las diversas tierras conquistadas.

Las comedias más trabajadas por la crítica han sido, por supuesto, las escritas por los tres grandes: *El Nuevo Mundo* de Lope, la *Trilogía* de Tirso y *La aurora en Copacabana* de Calderón. De otro lado, *Las palabras a los Reyes y gloria de los Pizarros* de Vélez de Guevara se ha dicho en más de una ocasión erróneamente estar perdida, y *El nuevo rey Gallinato y ventura por desgracia* de Andrés de Claramonte probablemente no la habríamos conocido si no hubiera sido por la edición de 1983 de Mª del Carmen Hernández Valcárcel. Por lo tanto, se hace necesario un estudio que abarque el total de las obras y que promueva un renovado interés por todas ellas en conjunto como síntomas de una época. De hecho, en los últimos veinticinco años se han venido editando muchas de estas comedias, sobre todo alrededor de la conmemoración del Quinto Centenario del "descubrimiento" en 1992, lo cual ha generado un incremento considerable en el número de estudios críticos en la última década. Varias tesis doctorales hay que añadir a los libros clásicos de J. T. Medina (*Historia*; *Dos comedias*), Aurelio Miró Quesada Sosa (*América*), Marcos Morínigo, Ángel Franco (*El tema*), y Valentín de Pedro (*América*) sobre la imagen de América y sus habitantes en el teatro del Siglo de Oro. Eduardo Neale-Silva fue el primero que en 1935 dedicó su tesis doctoral a la imagen del Nuevo Mundo generada por estas comedias.[22] Posteriormente, Ruffner hizo lo mismo, concentrándose en hacer acopio de alrededor de veintidós obras que tocan el tema americano, proponiendo un análisis de fuentes, temas, estructuras e influencias históricas, con el marcado propósito de dar estas piezas a conocer. Joan M. Hill hizo un estudio en profundidad de *La aurora en Copacabana* de Calderón, y Patricio Lerzundi (*La conquista*; *Arauco*) hizo lo propio con los temas, fuentes, lenguaje, estilo, personajes y argumentos de las obras que representan la conquista de Chile. Más recientemente, Robert Shannon (*Visions* [*Visiones*]) ha investigado las fuentes historiográficas que determinan la composición dramática de las tres obras de Lope de Vega con temática americana. El mismo año sirve para que Mary Gladys White Navarro (*The Imaginary* [*El imaginario*]) analice en su disertación el cambio que produce el tránsito entre el siglo XVI y el XVII en lo que se refiere a la representación dramática del Nuevo Mundo. Si el indio en la primera mitad del XVI —las *Cortes de la muerte*— es visto como una representación empírica del idealismo erasmiano humanista-utópico del Renacimiento, al final de ese siglo —*La araucana*— y durante el XVII —*Arauco domado*, *La aurora en Copacabana*— se proyectarán sobre él y su mundo los desafíos y complejidades de una España en transición hacia el emergente estado moderno. En sentido afín, mi propuesta trata de ahondar en los mecanismos de los cuales se sirve ese incipiente estado moderno para asimilar al "salvaje" americano sin alterar en un ápice las coordenadas del absolutismo monárquico. Mónica Lee en 1993 estudia las cinco comedias y el auto sacramental que tratan sobre la conquista de Arauco: *Arauco domado* de Lope,

Introducción

La bellígera española de Ricardo de Turia, *El gobernador prudente* de Gaspar de Ávila, *Algunas hazañas de las muchas de Don García Hurtado de Mendoza, marqués de Cañete* de nueve autores encabezados por Belmonte Bermúdez, *Los españoles en Chile* de Francisco González de Bustos y el auto *La araucana* atribuido a Lope. El análisis de estos textos muestra de qué modo la comedia al escenificar determinados hechos históricos, en este caso las guerras araucanas, contribuye de manera decisiva y sutil a crear la idea de "América" en la España de la época y favorece la emergencia de figuras heroicas chilenas. También durante los noventa Nancy Posner analiza en su tesis las dos comedias históricas de Lope y Correa que relatan la recuperación de Bahía —eventualmente en manos de los holandeses— para España por parte de las tropas hispano-portuguesas en 1625. Por su lado, James Abraham realiza una edición multimedia de *Los españoles en Chile* de Bustos, y por último, ya en este siglo Kenneth Bender se ha dedicado a estudiar la representación del Otro en tres comedias de Lope, incluyendo *El Nuevo Mundo* y *Arauco domado*.

Este libro analiza las comedias áureas peninsulares que representan al amerindio como personaje. La excepción la constituye la primera de la Trilogía de Tirso: *Todo es dar en una cosa*, comedia que aunque no representa al indio o por la misma razón a América, sí exhibe y anticipa tanto la significación cuanto las consecuencias de la conquista. Sin su inclusión el estudio de la Trilogía del mercedario quedaría incompleto, como igual ocurriría con el *corpus* americano de Lope de no analizar una obra que trata de acontecimientos posteriores al período de conquista cual es *El Brasil restituido*.[23] Asimismo, se ha incluido *El valeroso español y primero de su casa* de Gaspar de Ávila, obra que no pone en escena al amerindio, para completar el análisis en torno a la figura de Cortés en *La conquista de México* de Fernando de Zárate. Del mismo modo, se estudia la comedia histórico-religiosa de Fray Alonso Remón titulada *El español entre todas las naciones y clérigo agradecido* (1ª parte), ya que en el segundo y tercer actos se narran algunas de las andanzas americanas del viajero y clérigo jiennense Pedro Ordóñez de Ceballos y someramente sus contactos con los indios. Finalmente, se ha hecho necesario incluir también las dos comedias de santo que tienen como protagonista a San Luis Beltrán.

Introducción

Tanto *La batalla de los dos* escrita por Francisco de la Torre y Sevil, como la *Vida y muerte del santo Fray Luis Bertrán* de Gaspar Aguilar ponen en escena brevemente al amerindio, más que nada como excusa para exaltar los milagros del primer santo afamado de aquéllos, como Santa Rosa del Perú, que vivieron y predicaron en América.

Quede claro que en el resto de comedias americanas que se vienen citando como pertenecientes a este elenco no intervienen los indios: *Santa Rosa del Perú* de Agustín Moreto y Pedro Lanini; la anónima *La mejor rosa de Lima*; *El rufián dichoso* (segunda jornada) de Cervantes; *Más la amistad que la sangre* de Andrés de Baeza; *Pérdida y restauración de la Bahía de Todos los Santos* de Juan Antonio Correa; y *La monja Alférez* de Pérez de Montalbán.[24]

En resumidas cuentas, este libro lleva a cabo una exposición de un marco de lectura aplicable a todo un subgénero del teatro barroco, el de la "comedia de indio." Reivindico el apelativo "comedias de indio" para las trece obras que hasta el momento nos han llegado, puesto que constituyen un *corpus* delimitado de dramas que ponen en escena al indio como personaje, centrándose en las relaciones y luchas entre éste y el español en el ámbito más amplio del proceso de colonización y conquista de América. Asimismo, hablo del surgimiento de un subgénero porque definitivamente creo que la presencia del indio genera un "momento de crisis" en el paradigma barroco —de forma similar a como para Raymond Williams, apoyándose en Kuhn, determinadas teorías en el campo de los estudios de la literatura a principio de los ochenta cuestionan la perspectiva marxista o estructuralista produciendo un punto de ruptura en el modelo paradigmático. En este sentido el indio es una tenaz "anomalía," alguien o algo que desde el punto de vista ontológico es una entidad extraña, y en cuanto personaje teatral no se sabe específicamente su función. El caso es que, en esta ocasión, la anomalía amenaza al paradigma y la comedia responde dando lugar a un subgénero de obras donde se pruebe el sistema a sí mismo en la reordenación necesaria que garantice la asimilación del elemento extraño, reforzando así la coherencia del sistema mismo. Por consiguiente, lo que este estudio propone es encontrar la dinámica de cómo funciona dicho subgénero que representa al indio en un escenario, cual es la tensión entre dos de los discursos de la misma estructura histórica, el discurso teatral del honor y el teológico-jurídico, que redundan en el esquema: indio honorable *versus* no honorable, bárbaro o idólatra. A su vez, unido a este marco de interpretación que centra su mirada en el indio, las varias obras aquí analizadas revelan en su complejidad dramática y escenográfica dos formas de comprender, dentro de un contexto más amplio, los fenómenos de descubrimiento y conquista, a saber, una visión apologética y sin reservas de la manera en la cual se lleva a cabo la empresa, y una problemático-crítica con respecto a la actuación de los españoles en Indias; dos modos de poner en escena eso que Ruiz Ramón llama la doble función del teatro, por un lado la "función celebradora" de los logros de un pueblo, y por otro la "catártico-conjuradora" de todos aquellos demonios que se hallan en el inconsciente colectivo ("El héroe" 246). De esta forma, mientras el marco de interpretación de la entidad "indio" que engloba el total de las obras analizadas se mantiene invariable, y el cariz de su despliegue depende de la exaltación épica concreta y el género en el que se inserta, la visión apologética y/o crítica que los diferentes autores presentan del modo en que los españoles llevan a cabo la conquista varía considerablemente de autor en autor.

Si bien estoy de acuerdo con Ruiz Ramón en esa doble función del teatro, en esa conciencia dividida que muchas de estas obras van a escenificar y que surge desde su misma génesis dramática, no comparto sus conclusiones, como tampoco las de Carey-Webb o Teresa Kirschner; es decir, no me parece que Ruiz Ramón acierte cuando aduce que "las posibles discordancias construidas en el interior del sistema de concordancia de cada texto, [...] desde dentro de él, pueden poner en cuestión la concordancia misma del sistema representado" (*América* 16). En otras palabras, algunos de estos textos son críticos, pero no necesariamente subversivos; esto es, denostan y condenan la actuación egoísta y la codicia que muchos conquistadores muestran al llegar a tierras americanas, puede que también su lascivia, su crueldad o sus malas políticas, pero con muy pocas excepciones, en mi opinión, no ponen en duda la legitimidad de la empresa de conquista y colonización. Quizá, como se sostiene en el capítulo 4, la única excepción la constituya *La conquista de México* de Zárate. No creo por tanto que estos

Introducción

textos pudieran funcionar "a menudo como instrumento de desmitificación, poniendo a prueba el sistema de significación y los códigos de interpretación que servían para legitimar el poder como fuente indiscutible de autoridad" (Ruiz Ramón, *América* 17). Al contrario pienso que estas comedias sirven a los objetivos del conservadurismo monárquico en su ansia de "hacerse con el indio." Zugasti en su edición de la Trilogía de Tirso reacciona a esa doble función del teatro a la que alude Ruiz Ramón y concretamente a su teoría de la "conciencia de culpa" por parte de los españoles en estas obras: "Pienso que es difícil saber con seguridad si lo que primaba en aquel entonces era una 'conciencia de culpa,' un deseo realista de esbozar las varias caras de la colonización o incluso una necesidad técnica de mostrar unos antihéroes que iban a ser dominados por los protagonistas principales. En cualquier caso sí es cierto que esta dualidad existe en la mayoría de las comedias indianas del Siglo de Oro" (Zugasti, *Trilogía* 98). Este teatro trata de mostrar de forma natural la doble faz de la colonización, ésa que a veces rompe una lanza en favor del indio y critica la codicia de los peninsulares, pero que no cuestiona la empresa de conquista. En este sentido, David McGrath alude certeramente a los límites de la recreación de esta dualidad en el teatro cuando afirma:

> Es en esta capacidad de la comedia para afirmarse y cuestionarse simultáneamente en lo que residen sus mayores potenciales dialécticos. Sin embargo, la justificación o interrogación de la sociedad que la dio a luz exige cierto espacio para colocar este discurso dentro de los límites que prevengan cualquier difusión nociva. En las obras planteadas, son los indios, en su *status* de *otros*, quienes lo avalan. Todos los indios son manipulados por el diablo y son idólatras, y esta calidad es el *sine qua non* de su representación en la escena. Todas sus acciones radican en el error en que viven, incluso las atrocidades, los gestos heroicos (que son muchos) y las protestas lascasianas que caracterizan su diálogo con los invasores [...] El espectador —el cristiano, el no-idólatra— se define por medio de su propia diferencia con respecto al *Otro* endemoniado al que ve en las tablas. La idolatría del *Otro* refuerza y justifica su reducción al imperio, pese a los abusos que la acompañan y que quedan satirizados por los dramaturgos. La representación de los indios y su idolatría en estas obras es la manifestación de cómo funciona el poder a través del arte. (162)

Introducción

Y es que, mientras parece lógico suponer que las contradicciones que vive el sujeto en el mundo moderno tendrían necesariamente que provocarle un conflicto interno, lo cierto es que el sujeto puede adoptar simultáneamente posiciones contradictorias. De hecho, como ha señalado Joan Cobjec, un modelo de organización social puede estar fundado sobre la ausencia de reconocimiento de sus propias contradicciones (154). Éste es el caso de la sociedad barroca a la que se está haciendo referencia. Es más, hay que decir con Maravall que en la cultura del Barroco el "desorden responde a un sentido, está regulado y gobernado" (*La cultura* 141). Es importante incidir en este tema sin olvidar que, si el teatro cumple su función propagadora de la ideología es por el hecho de que es un género que envuelve al espectador durante un tiempo en un universo creado, lleno de imágenes, representación, efectos acústicos y escenográficos, decorados, personajes, sueños, todo eso que el espectador va a ver como un cosmos unificado que no presenta contradicciones. Nótese que no se piensa aquí la comedia de indio o la cultura del Barroco como fenómenos cerrados y unívocos, exentos de disidencia, heterogeneidad o crítica. Lo que claramente se recalca, es que la aparición en escena del indio, incluso cuando éste se queja del tratamiento al que es sometido por parte del español, no supone desafío simbólico alguno al proyecto de colonización y conquista imperiales. Al contrario, la representación de la figura subordinada del indio sirve para asimilar aquello que sea su otredad y para así re-animar los objetivos ideológicos de los sectores dominantes. En este contexto, Mariscal subraya algo con lo que estoy totalmente de acuerdo:

> My sense of the problem, given the social processes of early modern Spain which both produced and were produced by theatrical practice, is that whatever "subversion" we find here is a consequence of our own historical appropriation of the text. ("Symbolic" 157) [8]

Entonces, ¿cómo reacciona la comedia ante el tema de América y el amerindio? ¿Cómo se representa al indio sin conocerlo? La gran mayoría de estas comedias son panegíricos escritos por encargo para ensalzar figuras ilustres de conquista. Es decir, nos presentan un héroe épico. Pues bien, bajo las convenciones de la comedia nueva, que el propio Lope se encargaría de explicitar,

Introducción

la manera más apta de recrear el material épico es bajo el molde de la comedia histórica que funciona de acuerdo a la lógica estructural del drama de honor. Consecuentemente, al amerindio se lo va a escenificar según las convenciones teatrales propias de este tipo de drama, haciendo de él un personaje honorable y distinguido, si se trata de un destacado cacique, o uno inferior, si se trata de un villano, exactamente igual que si de personajes teatrales peninsulares estuviéramos hablando. El problema surge entonces cuando se intenta adecuar América y el indio a las convenciones de género, esto es, cuando nos encontramos con un "indio honorable," o dicho de otra forma, cuando nos enfrentamos al sinsentido que viene provocado por la imposición de la práctica o convención del género del honor en un personaje totalmente extraño a la cultura en la que esta convención se crea —cosa que ya se había hecho con otros personajes en el teatro pero no con uno que es concebido a la vez como animal y como súbdito. Éstas son las dificultades que marcan este teatro y que suponen el desafío para los críticos. El género del honor es el molde sobre el cual los dramaturgos crean y recrean América y sus habitantes. No extraña entonces que críticos como Dille expresen que la percepción peninsular de la conquista y de los conquistadores tenía poco que ver con lo que las comedias indianas representaban. Lope, Calderón, Tirso, Vélez de Guevara, Gaspar de Ávila, todos ellos piensan al amerindio de la misma forma, como un bárbaro honorable. Así, el personaje adquiere no sólo la altura teatral que se necesita para ser digno enemigo del peninsular que se quiere ensalzar, sino que los dramaturgos lo colocan en la mejor posición para ser un nuevo español, un nuevo súbdito del imperio y de la Iglesia. He aquí el porqué de que todas estas comedias acaben de forma triunfalista legitimando la empresa de conquista, conmemorando el triunfo de la evangelización y distinguiendo a los agentes que la llevan a cabo: conquistadores, rey y Dios. Esta es la manera en la que se re-escribe la historia de la conquista para el auditorio que asiste a la representación.[25]

Con todo, conviene aclarar que la puesta en escena de un "indio honorable" puede producir conflictos o situaciones incluso potencialmente problemáticas en las tramas o en el desarrollo de las obras en cuestión, en lo que tiene que ver con los desa-

Introducción

fíos que generan las relaciones políticas entre la metrópoli y la colonia. Un ejemplo de esto puede ser el que los amerindios en algunas ocasiones les pregunten a los conquistadores el porqué de su venida, o el motivo de la servidumbre o esclavitud a la que son sometidos por los que se llaman cristianos. Sin embargo, hay que entender que ese tipo de conflictos son centrales en las comedias de tema histórico, o son parte crucial del motor de acción en los dramas de honor. Por lo tanto, el hecho de que aparezcan conflictos en el desarrollo de la trama no significa necesariamente que estemos ante una obra crítica de la empresa de conquista, pues en última instancia los problemas y contradicciones que se generan dentro de las obras tienden a resolverse en el final apologético triunfalista característico de todas ellas. La lógica estructural de estas comedias nos lleva a la solución paternalista al final de las mismas, sustentada en la visión ordenadora aristocrático-cristiana que tanto explotó, entre otros, Lope. Lo cierto es que, con la excepción quizá de la obra dedicada a la conquista de México, las demás no se distinguen demasiado de lo que suele ser habitual en los desarrollos de la comedia histórica tradicional. Estas piezas claramente defienden el providencialismo que a la postre lleva a Indias los valores del absolutismo monárquico.

Donde sí podemos encontrar una singularidad de estas piezas con la comedia histórica tradicional es en el hecho de que dado que las obras se desarrollan en territorio americano y representan no sólo al conquistador sino al amerindio, el tema mismo exige a los dramaturgos el escenificar a este indio como un "bárbaro," conforme a los desarrollos de los debates jurídico-teológicos iniciados en el Renacimiento y continuados en el Barroco. Se trata así de poner en marcha la estratagema teatral que, si por un lado, marca la distancia ontológica que separa al español del indio, por otro, conecta a éste con el peninsular en tanto nuevo cristiano recientemente apadrinado por el conquistador. Al representar al indio como "bárbaro" en escena todas estas obras en su misma génesis dramática se hacen eco de los discursos jurídico-teológicos en torno a la realidad ontológica del recién descubierto indio. El bárbaro, el idólatra en la comedia, muestra su pundonor como digno enemigo en las batallas contra el español, pero no es en el fondo más que un "niño" —español

Introducción

en potencia— que necesita del civilizado y católico peninsular para hacerse hombre y salvarse en Dios. Ésta es la savia de las ideas de autores como Vitoria y Las Casas, frente a los argumentos que defienden la esclavitud natural del indígena propugnados por Sepúlveda, ideas que son esenciales para comprender la dialéctica mediante la cual se representa al personaje teatral del indio en estas obras.

Como es sabido, los debates que tuvieron lugar en Valladolid entre 1550 y 1551 no zanjaron las disputas en torno a la actuación que se debía llevar a cabo en los territorios descubiertos del Nuevo Mundo (prueba de ello es que se continuara leyendo el *Requerimiento* durante todo el siglo XVII), pero sí sirvieron para recapitular medio siglo de dudas, controversias y luchas sobre lo que significaba la posesión de los territorios de las Indias y sus pobladores, y cómo no, en el debate mismo se vivió la tensión de las consecuencias jurídicas, políticas y teológicas que de tan magno acontecimiento se derivaban. Dos fueron los contendientes en Valladolid, Bartolomé de Las Casas y Juan Ginés de Sepúlveda. Las Casas salió victorioso en teoría —no así en la práctica porque la falta de fallo de la Junta autorizaba tácitamente las guerras de conquista—, pero el verdadero vencedor en la sombra fue Francisco de Vitoria, teórico de la colonización perteneciente a la escuela de Salamanca.[26] Los argumentos esgrimidos por Vitoria en su tratado *De Indis* (1539) —*Relectio* que circuló bastante fuera y dentro de la universidad de Salamanca pero que no aparece en imprenta hasta 1557— van a ser al final los únicos que hagan justificable la incursión de los españoles en los asuntos y en el proyecto de Indias, porque como veremos, ni la propuesta de Sepúlveda ni la de Las Casas propiamente darían carta de legitimidad a la intervención de la Iglesia y del estado en tamaña empresa. De este modo, Sepúlveda en su *Democrates secundus* (1544) reduce toda diferencia de los indios a minusvalía, falta e inferioridad,[27] llegando a sostener la tesis del "indio sin alma," postura defendida por aquéllos que necesitaban la "esclavitud natural"[28] de los indios para favorecer sus intereses particulares. Al mismo tiempo, aplicando el término ya utilizado por Teofrasto Paracelso en sus *Tres tratados esotéricos,* concluyó que el amerindio, el según él salvaje, es un "homúnculo," semi-hombre completamente irracional, en muchos casos incapaz de conseguir la salvación y por lo tanto una bestia que tiene que ser constreñida y castigada. Si el indio no tiene alma, como el homúnculo, la empresa evangelizadora está injustificada. Los indios son bárbaros, no tienen derechos, hay que evangelizarlos por la fuerza o esclavizarlos sin más y no hay que preocuparse por hacerlos súbditos libres de la Corona. He aquí sus tres tesis en palabras de Anthony Pagden (*The Fall* [*La Caída*]): 1. los indios son culturalmente inferiores y requieren vigilancia y tutela; 2. sus crímenes contra natura les quitan el derecho a auto-gobernarse; 3. las bulas papales de donación —*Inter caetera*, *Eximiae devotionis*, *Piis Fidelium* y *Dudum siquidem*— que en 1493 concedieron el derecho de conquistar y esclavizar a los habitantes de las Antillas, son la mejor razón para legitimar la conquista (119).

Por otro lado, el llamado "defensor de los indios" va a sostener en su *Brevísima relación de la destruición de las Indias* (1552) el argumento de base cristiana por el que todos somos iguales por el bautismo; los indios tienen valor en tanto ejemplifican las cualidades cristianas —son bondadosos, buenos, dóciles, pacíficos—, por tanto la conquista debe de hacerse de la manera menos violenta posible y en aras de la evangelización. Las Casas se instituye desaforadamente en vindicador de los indios, muchas veces en franca oposición contra la mentalidad y los poderes fácticos de la época, como demuestra la lectura de sus grandes obras no terminadas *Historia de las Indias* (1527–) y *Apologética historia* (1551–). Así, el dominico concibe, no sin grandes problemas en mente, la utopía de formar una sociedad perfecta en el Nuevo Mundo con medidas sociales y económicas humanamente viables, y paralelamente sostiene un Providencialismo según el cual la conversión al cristianismo es la última etapa en el desarrollo de las sociedades. Las Casas se mueve entre dos posiciones difícilmente reconciliables: la necesidad de defender al indio como persona racional, libre y legal dueño de su tierra; y el Providencialismo, manifestación de la gracia divina, que anima la conquista y colonización y que hace del español tutor y responsable de la salvación del indio. Con todo, el proyecto lascasiano pretende quitarle poder a los conquistadores y a los colonos para que la Iglesia consiga el mando en el manejo de los indios y las cuestiones americanas y de este modo difundir la doctrina. Ésa será también la mejor manera de conseguir súbditos, como muchas veces el dominico le reiterará

Introducción

al rey. Su tesis es la siguiente: escuchar a los monjes los pone (a los indios) al servicio de la Corona de una manera pacífica. En el fondo, Bartolomé de Las Casas defenderá lo que algunos han llamado un "proyecto moderno," o lo que es lo mismo, una guía de adoctrinamiento por la que se fomenta que se controlen los indios a sí mismos. La guerra no sólo se lucha fuera cuerpo a cuerpo, como se había hecho por siglos, sino dentro de la conciencia del indio. Con la intención de que el pueblo "salvaje" internalice las enseñanzas y normas cristianas, los dominicos van a ejercer autoridad sobre los cabecillas indios para que esta élite indígena se ocupe de convencer y obligar a los suyos. Nos encontramos por tanto, en el tipo de violencia sutil que ejerce la ideología, por eso es por lo que podría considerarse el proyecto de Las Casas un proyecto moderno —eso sí, pasando por alto una importante salvedad, como ha señalado Mariscal ("Bartolomé"), la de que el pensamiento moderno implica un grado de secularización que el dominico nunca tuvo.

Hay que aclarar que el pensamiento del obispo de Chiapas atraviesa por diferentes fases. Así, en la *Brevísima relación*, la obra que más influyó en la creación de la leyenda negra, Las Casas nunca cuestiona ni el derecho del rey a las Indias ni la empresa colonizadora, muy probablemente porque sintiera que ésa era la mejor manera de defender su plan frente a las ideas y el entorno político de Sepúlveda. Asimismo, en algún momento, estuvo a favor de la esclavización de los negros y no de los indios ya que sólo los últimos son cristianos en potencia —en esta última doctrina será deudor de Francisco de Vitoria. La esclavización de los negros supone para el dominico incorporar mano de obra más fuerte para trabajar las tierras, liberando a los indios de ese yugo y por ende que atiendan mejor a la doctrina y se conviertan más rápido. Sin embargo, en su no acabada *Historia de las Indias*, y sobre todo en sus dos últimas cartas que dirige al Papa Pío V y al Consejo de Indias respectivamente el año mismo de su muerte, 1566, el dominico va a criticar de manera rotunda no sólo la intervención armada en Indias para supuestamente liberar al amerindio de la idolatría, sino la colonización no orientada a la predicación misionera, la evangelización por medios no pacíficos haciendo uso de la encomienda y la usurpación de la tierra y posesiones indígenas.[29] Quedan atrás las ideas de la *Brevísima relación* y la sombra de la esclavización de los negros. Ahora, en su vindicación del indio, Las Casas llega a concederle el derecho de defender con la sangre su vida considerándolo un acto justo. No obstante, aunque por un lado en varios momentos la apología lascasiana otorgue numerosos derechos al indio, como el derecho a la propiedad privada, a la resistencia, a emprender una guerra contra los españoles que sería "justa" por los numerosos motivos que éstos les han dado, a no ser evangelizado con el uso de la fuerza y sin su consentimiento, o a que le restituyan todo lo que le han robado; por otro, no existe una relatividad cultural en el discurso del dominico que le llevara a ver al indio práctica y ontológicamente como un igual, por muy bien que éste ejemplifique las cualidades del peninsular, pues los españoles siguen siendo culturalmente superiores por gozar del don de la fe. Las ambivalencias de sus textos, que oscilan entre la defensa desaforada del indio y su subordinación como ser inferior —más bien infantil— al que hay que cuidar, se explican desde el momento en que el ser del indio es concebido —haciendo uso de la teoría aristotélica— como una potencia, como una semilla que debe desarrollarse para llegar a ser acto, lo cual se producirá mediante la evangelización de la Iglesia católica, instrumento elegido por Dios para ello. De otro lado, uno de los aspectos más importantes a resaltar viene cuando Las Casas habla, no de la naturaleza del indio, sino de su ser moral. El indio tiene conocimiento pleno de lo que sea el bien y el mal; su acción, por tanto, está justificada sin la fe. A esta postura llegó en más de una ocasión Las Casas en su apología del indio como ser racional y completo con la intención manifiesta de que llegara a formar parte de la Corona en calidad de súbdito. De aquí se deduce que si el infiel no necesita la fe para actuar bien moralmente, la intervención evangelizadora de los españoles en el Nuevo Mundo aparece deslegitimada.

Existen dos posturas fundamentales respecto a los indios: la de Las Casas, por la que los indios fueron objeto de una horrible esclavitud injustamente en nombre de Dios y del Evangelio; y la de Francisco López de Gómara, mediante la cual se sustenta que la colonización se justifica como "la redención de los pueblos más primitivos de la tierra" (Gómez-Moriana 103). No obstante, ambas posturas mantienen una ideología común: la existencia de una misión religiosa en el Nuevo Mundo, y

Introducción

la descripción de sus habitantes como distintos —*Otro*, sean "buenos salvajes" o "bárbaros"— a los españoles. Mientras que Las Casas aplicaba las tres facultades que en la teología tomista se veían como específicas del ser humano a los indios, Sepúlveda parece no haber sopesado que si los indios no fueran del todo humanos entonces tampoco podrían recibir el bautismo. El hecho es que Sepúlveda, como se ha afirmado repetidamente, hace difícil la justificación de la empresa colonizadora. El caso de los textos lascasianos, empero, es más complejo: puesto que si por un lado abogan por la necesidad de la mediación del misionero en el proceso de redención del indio, en aquellos casos en que se acercan más a posiciones de corte vitoriana, hay otros momentos en que su insistencia en la capacidad racional y moral del indígena y su autonomía como legal dueño de su tierra parecen deslegitimar el proyecto colonial.[30]

Quizá sea precisamente el dominico Francisco de Vitoria, el que haya aportado el modelo más coherente de justificación del proyecto evangelizador y de colonización imperiales.[31] En efecto, haciendo uso de sus vastos conocimientos sobre la filosofía tomista en boga que lo habían llevado a ser catedrático de Summa en Salamanca desde 1526, y de los contactos que mantuvo con posturas humanistas tales como el Nominalismo de Guillermo de Ockham, o el anterior Voluntarismo de Duns Scoto, Vitoria surge como el tipo de hombre renacentista capaz de crear un espacio intermedio que justifique la conquista, en realidad un nuevo espacio ontológico en el cual el amerindio es definido como un ente a caballo entre el hombre y la bestia.[32] Vitoria dedicó cuatro de sus tratados al estudio de los asuntos de Indias: el primero, su *Comentario a la Secunda secundae* (1526–29), después vino *De la obligación de convertirse a Dios al llegar al uso de razón* (1535), posteriormente *De temperantia* (1537) y finalmente *De Indis* (1539).[33] En *De Indis* —una de sus *Relecciones Teológicas* (1527–41) las cuales constituyen el primer tratado judicial moderno en la Historia— el nombrado padre del derecho internacional moderno arguye que el indio es un *niño* que ha de ser educado en la fe para salvarse, vislumbra la razón pero no tiene fe, por lo tanto su razón no es completa. El indio es el vacío que existe entre el hombre y la bestia; siguiendo a Aristóteles, un ser que no es todavía hombre y que necesita ser dirigido a su fin o a la perfección que le es propia, constituirse como hombre para salvar su alma en Dios. Ésta será la única posición que justifique plenamente tanto la evangelización cuanto la intervención pacífica en el Nuevo Mundo.[34] Las Casas se hará eco de ella para luchar contra Sepúlveda en los debates de 1550–51, en los términos planteados por el "doctísimo Vitoria" y al final sería esta defensa del indio lascasiana la que saldría airosa ante el Papa, los teólogos y los reyes. Por otra parte, Vitoria no sólo mantiene posturas tomistas a la hora de entender los problemas generados por el recién descubierto "salvaje," sino que ha sido conectado con corrientes humanistas, en términos cercanos a Ockham, Molinos o Vives para quienes las obras conducen a la salvación. El Concilio de Trento, haciéndose cargo de la aporía inevitable consecuencia de no casar fe y razón resolverá, volviendo a posturas escolásticas, que es imposible la salvación si las acciones no son asistidas por la fe y referidas a ella. Esto marcará el posterior curso del catolicismo y el protestantismo. La naturaleza del indio tiene que ser redefinida dentro de los límites de este intermedio espacio ontológico, y para tal propósito Vitoria, lejos de escoger el concepto tomista de bárbaro, el cual le llevaría explícitamente a justificar la esclavitud de la población indígena sirviendo a propósitos "educacionales,"[35] adopta la teoría aristotélica de la potencia y el acto (*Potentia/Actus*) para definir al "salvaje" como un "niño" que necesita ser guiado a su perfección, lo cual no es otra cosa que la salvación en Dios. Consecuentemente, la Iglesia se encargará de ser esa luz que lleve al "niño" a su madurez. En más de una ocasión, Vitoria expresa el deseo de que los reyes ejerzan su dominio —tutelaje— sobre los indios hasta que éstos hayan superado la pubertad racional, después de la cual deben vivir libres —lo que no se nos especifica es cuándo y bajo qué circunstancias se piensa que son adultos. La consecuencia de la teoría de Vitoria es clara: para que el indio sea libre y legal dueño de su tierra, así como para que sea capaz de alcanzar la salvación, tiene que hacerse súbdito de la Corona española. En términos prácticos esto significa la intervención armada con propósitos evangelizadores. El dominico abraza los antecedentes de "guerra justa" según habían sido formulados por San Agustín y Tomás de Aquino para luego hacerse eco de esta tradición y establecer los títulos legítimos de intervención. Más tarde en el XVII, dichos títulos de guerra justa serán

Introducción

defendidos por Juan de Solórzano Pereira en similares términos, en *De indiarum jure*, con el fin de asegurar la expansión y posesión colonial españolas sobre la base de que el Papa tiene la responsabilidad moral de cuidar y salvar a los bárbaros idólatras.[36] Particularmente considero que la creación de esta mediación, por la que el bárbaro indio es concebido como un "niño," fue el único modo de justificar la intervención de las instituciones de la Iglesia y del estado ofreciendo la legitimación teológica para la conquista y la colonización del Nuevo Mundo, al mismo tiempo que demarcó un lugar central para una teología que intentara preservar tanto los derechos del indio como aquéllos que se arroga la Corona española.

Así, estos tres autores se debaten en el definir lo que sea el indio, coincidiendo en la importancia de su participación en el proyecto colonial. Aunque, como ha quedado de manifiesto, cada uno tiene su propio programa, todos son hijos de su tiempo, una época llena de conflictos de intereses, de contradicciones, de confusión, de teologías al servicio del poder, de luchas intestinas entre la Iglesia y los sectores civiles, de complejas formaciones discursivas que están emergiendo con el advenimiento del estado moderno y sus nuevos métodos de establecer obediencia. Todas estas posiciones formarán parte del imaginario de los dramaturgos del diecisiete, encontrando en la propaganda del teatro barroco un nuevo caldo de cultivo. Numerosos y muy importantes elementos de los discursos teológico-jurídicos del Renacimiento principalmente, van a entrar a formar parte de las nuevas representaciones no sin provocar altas dosis de conflicto al chocar con las convenciones de otro modelo discursivo, el del drama de honor, en el multidimensional ámbito del espectáculo escénico. El amerindio bárbaro, al mismo tiempo honorable, de la comedia será en muchos casos este "niño" vitoriano del que se harán eco los dramaturgos para justificar la conquista. Con todo, dependiendo de diferentes obras, autores, y principalmente del tema que el escritor escoja como sobresaliente para representar en las tablas, se acabará por ejemplo, infantilizando al indio: *El Nuevo Mundo descubierto por Cristóbal Colón* de Lope; o utilizándolo como trasfondo para propagar el discurso oficial a la vez que se celebra el triunfo de la fe: *La aurora en Copacabana* de Calderón; o tachándolo de "bárbaro" Otro: *Trilogía de los Pizarros* de Tirso, *El gobernador prudente* de

Ávila. Todo ello en relación a la parte del modelo discursivo que se quiera recalcar a tenor de la intención épica particular y el grado de glorificación que se imprima a las diversas figuras de conquista. Asimismo, notaremos en las obras distintos niveles de intensidad en la presión a ejercer para dominar o cristianizar al indio, como también distinguiremos en los varios autores diversos énfasis: el énfasis en el viaje de Colón como proeza y encuentro paternalista con el indio y su cristianización: Lope en *El Nuevo Mundo*; la conquista y sus consecuencias en las vidas de los héroes y los conquistados: Tirso en la Trilogía, Lope en *Arauco domado*; o la evangelización de América, la erradicación de la Idolatría y el fervor religioso, en suma, lo teológico-religioso: Calderón en *La aurora*. También tendremos obras que más que nada pretenden que pasemos un buen rato sin más, como *Los españoles en Chile* de González de Bustos.

Ahora bien, ¿cuál es la imagen que los dramaturgos del siglo XVII presentan de los indios, los conquistadores y los colonizadores?, ¿cómo valoraban los autores ideológicamente la conquista? O como se ha preguntado Christopher Laferl: "¿Se veían en el escenario la conquista de América y el sometimiento violento de pueblos y culturas extraños únicamente como una victoria para festejar tal como sucedía en los desfiles triunfales de la época?, ¿o se exponían modelos alternativos, ejerciéndose quizás incluso críticas a las crueldades de los europeos?" (174). Todas éstas son preguntas cruciales que necesitan respuesta. Varios son los críticos, como Simson ("La función") o Laferl, que defienden que a pesar de la valoración en última instancia positiva que estas obras hacen de la conquista, en realidad los dramaturgos dudaban de ella. El problema de si la empresa era justificable o no, dicen estos críticos, se hallaba presente en la opinión pública y en la conciencia colectiva. De esta manera, la puesta en escena por parte de los diferentes autores de escenas y figuras alegóricas —la Idolatría, la Providencia, América, la Virgen, la Religión—, dice Simson, sirve a un propósito didáctico de enseñar al público lo que acontece en la acción, en consonancia con el objetivo de defender la política peninsular en el Nuevo Mundo. Sin embargo, la crítico añade, esto no es más que una tapadera para "protegerse de la sospecha de crear una obra crítica en contra de la política de la Corona española en América" ("La función" 311). En la misma línea, Laferl hace

Introducción

mención al hecho de que "Al leer las obras se tiene siempre la impresión de que los autores se sentían obligados interiormente a justificar los hechos de los conquistadores" (262). Dichos autores, piensa Laferl, reaccionan y se defienden así del legado de la leyenda negra, que ha hecho mella en ellos, proponiendo la defensa del catolicismo y desmintiendo las acusaciones protestantes. Este punto es crucial, ya que en mi opinión, en la mayoría de las comedias donde importan estos planteamientos ideológicos y políticos, no parece que se dude, y consecuentemente no se critica la empresa colonial o la política de la Corona, como se ha dicho, sino el modo en el que se lleva a cabo dicha empresa. Desde finales del XVI y principios del XVII se entiende que sin conquista no puede haber evangelización. La perspectiva humanista de mediados del XVI no se puede sostener ante las necesidades políticas y económicas del estado moderno a finales de ese siglo y en el XVII. El indio es necesario como súbdito tanto para el estado como para la Iglesia. El gobierno y su estabilidad dependen demasiado del oro y plata americanos y de los brazos que los extraen,[37] y el éxito de la Contrarreforma, tras lo consensuado en el Concilio de Trento, depende enormemente del incremento y retención del número de fieles que ofrezcan resistencia a la amenaza protestante. Por consiguiente, ya no se piensa como en el auto de las *Cortes de la Muerte* que se puede evangelizar sin ejercer violencia. Los indios se dice comúnmente son bárbaros y crueles y los españoles se ven obligados a tener que doblegarlos con la fuerza. El teatro nacido de esta cosmovisión favorece esta dinámica ideológica ayudándose con fórmulas típicas del artificio y ampulosidad barrocos. De ahí que la comedia represente el heroísmo y la valentía del guerrero amerindio que defiende su tierra; su infantil y noble condición para aceptar el mensaje cristiano y el tutelaje español; su deficiencia cultural y técnica que necesita remedio; y cómo no, el exotismo de las Indias, su canibalismo, la sensualidad de sus mujeres, la recreación del asombro del indígena, su atractiva vestimenta, la grandeza de los milagros que ayudan a los españoles en su "noble objetivo evangélico." La meta es redimir al indio de su barbarie e idolatría y hacerlo súbdito de la Corona, si eso lleva consigo o implica la explotación y la violencia —aspectos que no se desmienten en las comedias pero que normalmente aparecen sólo asociados al comportamiento de los malos españoles— dichas viles actuaciones son entendidas como un precio necesario para el fin más excelso que se persigue: la cristianización.[38] Ninguna de las comedias de indio, quizá con la excepción de *La conquista de México*, pone en tela de juicio la universalización imperial y la difusión del cristianismo a todo el orbe. La Providencia como personaje alegórico expresa en *El Nuevo Mundo* de Lope que el interés por el oro por parte del conquistador está justificado por Dios mismo si con ello se difunde la doctrina y se ganan almas. Es decir, Dios piensa que la riqueza es un medio para conseguir un fin más alto: la evangelización. En la mayoría de estas piezas la conquista es vista como un logro de la grandeza de España con la cual se expande la fe a América. Los dramaturgos pueden criticar la actuación española —su codicia, su crueldad, su doble trato— pero no critican la conquista en sí, el modelo apadrinador que justifica la intervención y el poder imperiales, como no se cuestiona la evangelización. Y es que una cosa es no silenciar las atrocidades de la conquista y otra muy distinta reprobarla por sus atrocidades.

Tanto énfasis van a poner estas obras en la evangelización como motivo que lleva al conquistador a Indias que muchas de ellas van a recrear en escena no ya una conquista de América, sino una "re-conquista" de esos territorios y de sus habitantes. Se trata de una "re-conquista" que Dios ha iniciado para gloria de Él mismo y de España. De esta forma, cuando hablo de re-conquista entiendo: que Dios, como no podría ser de otro modo, tuvo conocimiento y posesión de ese Nuevo Mundo desde siempre; posteriormente permitió que la idolatría (Mal) reinara en él, puesto que si no, se incurriría en el error teológico de poner en duda o bien la omnisciencia y omnipresencia divinas, o su omnipotencia; por último, en el plan divino la salvación de América estaba prevista que fuera llevada a término por el imperio español elegido como redentor de ese caos para una mayor gloria de Dios. De hecho, apoyándose en esta re-conquista, hay obras que nos introducen la cruzada, el móvil evangelizador, antes incluso de conocer la tierra y saber que hay individuos que la habitan, caso de Colón en *El Nuevo Mundo* de Lope. Artículos como el de Thomas Case conectan la Reconquista peninsular, la expulsión de los judíos y moros, y las constantes luchas con el turco, con el viaje a Indias y la

Introducción

colonización americana.[39] Lo cierto es que, dentro del Plan Providencial hay que entenderlo así, como se encarga el propio Colón de recordarnos en su *Diario de a bordo*. En esta obra Colón pone en correlación su viaje a Indias con la toma de Granada a los moros y la expulsión de los judíos. De modo que para el navegante, y para muchos después de él, la conquista territorial y evangelizadora no ha terminado y continúa en Indias en la cruzada contra los infieles idólatras. Después se tratará de una re-conquista como argumentamos. Autores como Fray Luis de León han reforzado esta idea al reinterpretar textos bíblicos del Viejo y Nuevo Testamentos como profecías del descubrimiento y conquista. Paralelamente, otros muchos cronistas (Oviedo, Las Casas, Durán, Sahagún) y misioneros (Calancha y Ramos Gavilán) hablan de un Tomás apóstol que predicó en América el Evangelio entre los idólatras antes de la venida de los españoles. Después, dichos religiosos, al conectar la venida del apóstol con el origen del mito de creación del primer rey y dios inca, Viracocha, no sólo ponen en fervorosa continuidad el catolicismo con las religiones indias, sino que explicitan, una vez más, la conquista como una re-conquista evangelizadora de unos territorios donde ya se predicó la doctrina antes de la llegada de Colón. Estas comedias de indio fueron escritas en un periodo, el XVII, y a la vez se refieren a otro, el XVI, en el que la opinión pública se encontraba vitalmente preocupada por la salvación espiritual del hombre, y cuando se perseguía la conversión del infiel en todos los frentes con intenso vigor. De ahí que muchas de estas comedias presenten milagros, intervenciones de figuras religiosas y la caracterización de los distintos héroes de conquista como santos.

Pero ¿por qué el indio, por qué hacer una cruzada contra el indio y no contra el judío o el moro? Porque el indio es concebido cual *tabula rasa* sobre la que imprimir o crear un nuevo cristiano, aumentando así los números de católicos que se opongan a las hordas herejes protestantes en constante alza en Europa. Nótese que el indio vitoriano-lascasiano no presenta problema ninguno a la hora de convertirlo: al tener uso de razón, vislumbra la fe y por tanto casi se encuentra en estado de gracia a la espera de su confirmación efectiva tras el bautismo. El judío está maldito por su ceguera ante Dios, pues no ha sabido ver al Cristo, al Mesías. El moro, por su parte, es enemigo de tantos siglos y continúa siéndolo. Al fin y al cabo, tanto judíos como moros son monoteístas de gran tradición y raigambre cultural, no inferiores idólatras como los recién descubiertos amerindios. Asimismo, a los judíos y a los moros les costaría mucho más renunciar a sus religiones, pues han probado ser ante el católico notablemente más constantes en la defensa de su "errónea" fe y consecuentemente más obcecados e intransigentes que los indios a la hora de aceptar la revelación cristiana. La consecuencia lógica para los peninsulares es seguir haciéndole la guerra al turco y al protestante y mirar ahora hacia el nuevo pagano, el "inocente" amerindio, como posible nuevo súbdito de la Iglesia y vasallo del imperio. En más de una ocasión y ya desde las *Cartas* de Colón se menciona que los amerindios se convertirán rápida y fácilmente, pues incluso se llega a decir que no tienen secta ninguna, ni son idólatras. Como sabemos, esto se dice mayormente en los primeros encuentros con el indio para justificar su buena disposición a la hora de ser adoctrinado. Pues, en el momento en que haya que justificar la presencia redentora de los españoles en el Nuevo Mundo, el indio tendrá que pasar a ser un bárbaro idólatra. En las comedias que se analizan en este libro todos los indios son engañados por el demonio y son idólatras. Tanto es así, que McGrath afirma que "el teatro del Nuevo Mundo muestra la más prolífica presencia del Diablo de todos los subgéneros" (159). No puede ser de otro modo, ya que el indio tiene que ser bárbaro idólatra para que el español lo redima. Además, la idolatría y el demonio son fuerzas esenciales y necesarias al plan divino, pues sin ellas no se justificaría la conquista. O debemos decir re-conquista, al entender que es Dios mismo el que ha dejado que Luzbel reine en Indias para poder después reconquistarlas con la ayuda del católico español.[40]

En cuanto a la visión de los problemas del indio que de estos dramas se puede extraer, hay que decir con Ángel Franco que, aunque aparecen reflejados en las obras, en líneas generales los autores no se preocupan profundamente de los problemas vitales del indio: los sistemas de encomienda, la esclavitud, los repartimientos, pues todos estos asuntos son trabajados desde un mero punto de vista teatral, como dice Franco: "bien sea como elemento dramático, o cómico; y a lo sumo, como consecuencia natural de la conquista" (393–94). Franco hace este comentario refiriéndose específicamente a la obra de Lope, pero

Introducción

podemos extenderlo a la mayoría de los autores. Muchos de los dramaturgos no parecen querer entrar en las polémicas indigenistas, pero eso no los frena para defender en las tablas posturas de base lascasiana y criticar con mayor o menor grado la actuación y las políticas de determinados españoles en el Nuevo Mundo. Cada dramaturgo va a ver al indio desde su atalaya, pero en realidad las miradas no van a ser fundamentalmente diferentes y todas van a estar enfocadas en el despliegue de la evangelización y del dominio político españoles. Eso redundará en que no haya prácticamente diferencias entre los varios personajes indios y sus culturas representados en las comedias. Los indios como personajes desde el punto de vista del género de la comedia no se distinguen del español, pero tampoco se distinguen etnográficamente entre ellos mismos, excepto contadas excepciones como las aparecidas en *Los españoles en Chile*, *Algunas hazañas* y *Arauco domado*. Así, caribes, incas, aztecas y mapuches, indios y también negros caen bajo las mismas categorías, aspectos y generalizaciones. En la mayoría de los casos son tipos dramáticos con caracteres bastante comunes, de manera que son intercambiables araucanos con caribes, o incas con tlascaltecas, sin que se note o el drama sufra. Al teatro no le importan realmente las diferencias entre las varias culturas indígenas, todos son bárbaros, esto es, idólatras no cristianos. Podríamos decir que el *Otro* en el fondo es siempre el mismo. Ahora bien, mientras el presentar la dificultad del negro o el morisco para hablar era una práctica extendida, sobre todo en villancicos y otras obras de teatro menor, con el propósito de mostrar su inferioridad y divertir al público, nunca en las comedias que representan América se escenifica a ningún indio hablando en jerga enrevesada y con fines degradantes. El indio puede comunicarse en la lengua del imperio. Podría pensarse, como hace Morínigo, que la razón reside en que el humorismo no tiene sentido, puesto que el auditorio desconoce tanto la lengua materna del indígena como el español que éste es capaz de proferir. Sin embargo, más bien se trata de una buena prueba de que estas comedias quieren transmitir que el indio no es radicalmente distinto, en tanto en cuanto, es en potencia un súbdito de la Corona. El indio, si bien es bárbaro idólatra, es presentado como honorable español en potencia, y como tal habla el idioma peninsular con propiedad. De ese modo el indio, y no tanto el negro, se acerca más a lo que se quiere conseguir de él: su perfecta integración en el organigrama barroco. Eso no impide que, para añadir sabor local en algunas escenas, los indios de Lope, más que ningún otro, profieran ciertas palabras y exclamaciones en supuestos dialectos indígenas que en la mayoría de los casos son pura invención de los poetas.

Por lo que se refiere a si sabemos cómo, dónde y cuándo se representaron estas comedias de indio, hay que decir que no. En la mayoría de los casos, como pasa con tantas obras en el Barroco, nos faltan los datos sobre las circunstancias de la puesta en escena, tan sólo escasamente sabemos la fecha aproximada de creación y/o representación de las mismas. Ahora bien, se tiene evidencia de que a partir de la conquista y durante el virreinato se representó mucho "teatro de evangelización" bajo diferentes géneros con la intención clara de adoctrinar a grandes masas de indígenas y de ese modo dominarlos.[41] No sería descabellado asumir, como ya algunos tienden a hacer, que algunas de estas obras fueran representadas en América para un diverso auditorio.

Por lo que respecta a los aspectos escénicos y escenográficos, son piezas que por su tema se ven forzadas a desplegar mucha artificiosidad: playas a las que arriban los conquistadores, luchas entre ejércitos de indios y peninsulares, escenas donde figuras alegóricas como Providencia, Religión e Idolatría discuten sus posiciones ideológicas, milagros o apariciones de santos y vírgenes que ayudan en la conquista del indio, entre otros. Sin embargo, las acotaciones escénicas en muchas de ellas son muy pobres, con lo cual es difícil sacar conclusiones sobre este aspecto de su representación. Destacan por su elaborada escenificación las obras de Lope y sobre todo la de Calderón, como ha mostrado J. M. Ruano de la Haza y John J. Allen (*Los teatros*).

Desgraciadamente, estas obras no han recibido a lo largo del tiempo la atención que merecen debido probablemente al tema que escenifican, las relaciones entre españoles e indios, y a la complejidad de códigos que tienen que poner en juego para su representación. Esto, añadido al hecho de que, según los críticos, no tuvieron ni la misma altura poética ni el éxito de *El burlador de Sevilla* o *La vida es sueño*, hace que hayan sido olvidadas y poco trabajadas por la crítica prácticamente hasta hace muy poco. Sin embargo, estas comedias nos proporcionan

Introducción

más información acerca de la imagen que se tenía en la España del XVI y XVII del indio americano que las pseudo-crónicas o relaciones de religiosos, conquistadores y viajeros. Pues, como ha dicho Laferl, por un lado las obras son espejo de la actitud y el pensar predominantes de una época ante estos temas; por otro, tendrían de seguro un impacto más generalizado en el auditorio, en su mayoría analfabeto, que las cartas e informes que sólo leían unos pocos.[42]

Finalmente, si por una parte este proyecto se enclava en el campo de los estudios coloniales, dada la naturaleza de su tema: la conquista como empresa imperial, la conversión del indio, su otredad, etc.; por otra más obvia aparece enmarcado dentro del teatro barroco del XVII. Se trata de un teatro creado y pensado para ser representado en la península, deudor de todas las características políticas, históricas y sociológicas del período, que además cumple con las convenciones dramáticas que acompañan su tiempo y que hace en mayor o menor medida una relectura de las crónicas y planteamientos jurídico-teológicos del siglo XVI. Teniendo todo ello en cuenta, este estudio incide en ambos campos del hispanismo al reevaluar estas comedias con la intención de mostrar la importancia que poseen en tanto indicadores de los parámetros histórico-culturales de una época, en la que los dos códigos arriba mencionados son coherentes dentro de una "cultura dirigida" fundada en los valores nobiliarios, la cristianización y el temor de Dios.

Capítulo uno

Un drama de honor

*El Nuevo Mundo
descubierto por Cristóbal Colón*
de Lope de Vega

Hablar de *El Nuevo Mundo descubierto por Cristóbal Colón* (1598–1603)[1] de Lope[2] supone probablemente hacerlo de la primera comedia que se escribió y que nos haya llegado con tema americano, y en la que aparece el indio como personaje en una acción dramática completa y no por alusión. En ella se nos narran escasamente las vicisitudes del primer contacto entre los españoles y los indios y se escenifica el evento de la conquista. Por lo tanto, es a Lope al primero que le toca enfrentarse con ese nuevo personaje teatral y "real" cual es el indio, supuestamente tal como viene siendo representado a través de las crónicas y debates de la época,[3] trayéndolo al escenario de la comedia barroca. Eso hace que numerosos elementos, entre ellos la figura del indio, su exotismo, su desnudez, su inferioridad, su barbarie e idolatría, su calidad y capacidad para ser súbdito de la Corona (honorabilidad), y de manera más importante su diferencia con respecto al español, encuentren espacio en el teatro.[4]

El Nuevo Mundo escenifica al indio y la conquista dentro del marco estructural del drama de honor que trae todas las convenciones del género, pero al mismo tiempo se nutre de los elementos del discurso teológico-jurídico renacentista despertado por el "salvaje"; de tal modo, que en su intento de catalizar la realidad del indio numerosos elementos de ambos ámbitos no van a poder ser integrados en un todo uniforme, en una representación que no muestre desavenencias, produciendo extrañamiento. Esa extrañación, consecuencia de la puesta en escena de un indio honorable y bárbaro al mismo tiempo, genera un tipo de discurso que, lejos de producir contradicción, conflicto o subversión en cuanto a lo que significa la legitimidad de la conquista (Carey-Webb; Kirschner, "Exposición"; Dille, "The Plays," "El descubrimiento"; Soufas; Cañadas; Susan Castillo),

Capítulo uno

funciona como el mejor intento de asimilación en la ficción de esa entidad *Otro*, el indio. Dicha entidad se concibe como absolutamente necesaria para la continuidad y el robustecimiento del sistema de valores dominante legitimador del modelo de autoridad monárquico-señorial del Barroco. Sendos discursos, el de la cruzada (indio bárbaro) y el del género de la comedia (indio honorable), que despliega Lope en el drama y que respectivamente esclavizan y ennoblecen al indio,[5] son complementarios dentro de la misma estructura histórica y como tal son percibidos por un auditorio acostumbrado al aleccionamiento de ambos. Así, tanto la honorabilidad o ennoblecimiento del indígena —potencialidad de ser súbdito de la Corona— como su barbarie —aquello que justifica la presencia redentora de la Iglesia en Indias— producen el mismo resultado: la "negación del indio," esto es, su completa asimilación dentro del sistema monárquico-señorial.

Pero antes de hablar de los elementos del discurso teológico-jurídico que surgen a la vez que aquéllos que ponen en marcha la preceptiva de género, atendamos primeramente a lo que ocurre en la acción. En el primer acto nos encontramos a Cristóbal Colón —por primera vez protagonista de una obra teatral (Flint 169)— y a su hermano Bartolomé buscando mecenas para su viaje. La situación no es nada prometedora particularmente cuando el genovés le cuenta al rey de Portugal cómo han llegado a sus manos unas cartas de marear, entregadas por un marinero vagabundo, que indican la existencia de una tierra nunca vista, nunca imaginada o explorada, pero que contiene pueblos a los que subyugar y riquezas sin límites. De hecho Colón realiza la primera de sus proyecciones y habla de dar a Portugal un Nuevo Mundo que al estado rinda parias, mejore su economía con piedras, perlas, oro y plata y de él se extraigan súbditos que le guarden obediencia. El rey lusitano cree que es cosa de locos y no consiente hacerse cargo de un viaje que cualquier cartógrafo abortaría por infundado e imposible. Desgraciadamente le ocurre lo mismo en Inglaterra con Enrique VII a Bartolomé, y en Castilla al Almirante ante los duques de Medinaceli y Medinasidonia. Pero cuando todo parece salir mal, entra la Imaginación (de Colón) en escena, recoge al navegante y lo eleva a un trono donde Providencia, Idolatría, Religión y el Demonio discuten el derecho o la falta de derecho que tiene de

Un drama de honor

realizarse este viaje a Indias, esta conquista santa. Al punto que se nos narran los acontecimientos finales de la toma de Granada por los Reyes Católicos se nos avanza su posible aceptación de tamaña gesta. Efectivamente, el acto termina con el respaldo personal y económico que Fernando e Isabel proporcionan a Colón y la mención de todos los logros consecuencia de la conquista.

En el segundo acto se cuentan las dificultades por las que atraviesa Colón durante el motín a bordo de la carabela y su llegada a Guanahaní, donde tiene lugar su primer encuentro con el indio. Un indio que si bien es antropófago y anda en guerras internas se presenta pacífico, iletrado, astuto, miedoso del español y semi-adoctrinado. Colón se encargará de clavar la cruz de evangelización y conquista, y los "salvajes" en poco tiempo le rendirán homenaje llamándola "árbol santo." Luego, mientras algunos marineros parecen más interesados por el oro que los indios les traen de buen grado a cambio de espejos y cuentas, el genovés apostilla que el propósito del viaje es fundar la fe en el Nuevo Mundo.

El tercer acto comienza plasmando la codicia de los marineros que Colón ha dejado en la isla; continúa con los amoríos ilícitos de la india Tacuana y el español Terrazas que a la postre desencadenarán el conflicto de honor, el cual lleva a Dulcanquellín incitado por el Demonio a matar a muchos de los españoles; y termina con la completa y definitiva aceptación de la religión cristiana por parte de todos los indios tras el milagro del renacimiento de la cruz. Fray Buyl y los militares esforzados se han encargado de evangelizar por entero el territorio, además de esquilmar el oro. Colón mientras tanto, de regreso en Barcelona con los Reyes Católicos, recibirá todos los parabienes y títulos consecuencia de haber proporcionado indios súbditos y oro a tan cristianos soberanos. El colofón lo constituye el bautizo de unos dóciles y adoctrinados indios que el navegante ha traído consigo.

Lope estructura sus obras conforme a tres actos, proponiendo muchas veces un comienzo —orden—, un nudo con un conflicto de honor que produce el caos, y un desenlace feliz que restablece el orden. En *El Nuevo Mundo* este esquema se repite, haciendo de la obra un drama de honor en el que irrumpen materiales pertenecientes a otro discurso que voy a tratar en breve.

Capítulo uno

El orden lo establece la preparación y puesta en marcha del proyecto evangelizador y lucrativo para la Corona. El desorden: el conflicto de honor, algo que puntualmente causa la matanza de los españoles. Y la reordenación final viene cuando Dios restituye la cruz, y Colón recibe honores y vítores por su hazaña.

La obra posee una extraña manera de empezar según la cual Colón sabe antes de llegar a puerto que arribará en un Nuevo Mundo. Claramente se demuestra que Lope no está interesado en narrar una "verdadera historia,"[6] de ahí también que los indios no tengan ningún problema a la hora de entender o hablar el idioma de la conquista. Sus pretensiones entiendo que son puramente dramáticas, pues como expresa Gilman "to discover America poetically one had to create it rather than describe it or decorate it" (110) ["para descubrir América poéticamente uno tenía que crearla más que describirla o decorarla"]. El tema exigirá ciertas convenciones para su desarrollo, trayendo de suyo extrañeza, pero en ningún momento estamos ante una obra subversiva, ni con respecto al género, ni con respecto a la actuación de los españoles en Indias. Kirschner ("Exposición") piensa lo contrario cuando alude a "la subversión del discurso hegemónico" que presenta Lope al escenificar la voz "de la colectividad india" (51, 58). En este sentido, habla del enfrentamiento que se da entre el Viejo Mundo de los navegantes peninsulares, caótico, dividido y lleno de rencillas, y la "armonía del universo" del Nuevo Mundo indígena (53). La crítico parece obviar que lejos de un mundo armonioso y homogéneo, el del indígena es al principio antropófago y violento, en el cual Lope representa al aborigen enfrascado en luchas internas por conseguir el poder, algo que, por otra parte, no le supone al indio el más mínimo problema para aceptar la fe.

Si bien Kirschner ha sido la más ardua defensora en lo que respecta a las ideas subversivas contenidas en *El Nuevo Mundo*, no ha sido la única. Carey-Webb defiende:

> the established view of Lope de Vega as consistently orthodox and highly nationalistic has led scholars of his work to miss the conflictive, disruptive, or even subversive ideas found in his writing, and to fail to consider the mechanisms by which such ideas may be contained, controlled, or framed. Walter Cohen argues that putting the history of the nation on stage and representing different and latently conflictive voices establishes the possibility of evaluation and judgement of national action. (427)[7] [9]

Por su parte, Teresa Soufas afirma: "Lope's play represents the hybridity of the discovery that he problematizes" (330), aseverando:

> It is imperative to argue for an understanding of Lope's play as a revisionist drama that instantiates the same discursive field as the narratives of anti-conquest by means of its representational point of intersection through sexual conduct that converges in dramatized issues of gender, ethnicity, nationality, and social estate. (322) [10]

En esta línea, Kirschner aboga por un Lope subversivo con respecto al discurso hegemónico en pro de la conquista. Según ella, Lope en su dramática subvierte las fuentes históricas "con un doble fin: presentarnos a un Colón limpio de toda mancilla y defender el derecho a la conquista por la propagación de la fe," y sin embargo al mismo tiempo el autor nos "dramatiza y representa el discurso sobre el indio en las tablas de una forma tan positiva y atractiva que con ello socava y contradice el mismo discurso hegemónico que está exponiendo" ("Exposición" 46); es decir, "Al discurso hegemónico, Lope contrapone el discurso de la colectividad india que denuncia la explotación y los abusos del Viejo Mundo en el Nuevo" (58).[8] En 1992, la misma autora recalca:

> La puesta en escena de *El Nuevo Mundo* gira alrededor de dos montajes simbólicos (el trono y la cruz) que funcionan como ejes estructurales portadores de la dialéctica ideológica del código dominante del imperio. Mas esos mismos montajes los usa Lope también para subvertir el código del explotador y propiciar con ellos el discurso del indio explotado. ("Enmascaramiento" 52)

Por otro lado, Jorge Campos comentará el escepticismo del dramaturgo con respecto a la conquista al decir que en *El Nuevo Mundo* es "donde se pinta codiciosos a los españoles y se les traslada a la escena con una actuación que se acerca más a los alegatos de Las Casas que a cualquier otro texto" (751). Asimismo, Glen Dille opina que *El Nuevo Mundo* cuestiona el proyecto imperial al aducir que: "El escepticismo de Lope se limita a las consecuencias políticas y económicas del descubrimiento" ("El descubrimiento" 500). Con estas palabras, este crítico sintetiza lo que ya había expuesto un año antes al hablar de la obra de Lope y de qué manera el dramaturgo denuncia el efecto negativo que supone la conquista en el tipo de economía y sociedad peninsulares: "the getting of wealth and bringing it home [to Spain] will disrupt established economies and fixed social orders" ("The Plays" 91–93) [11]. Dille encuentra tanto en *El Nuevo Mundo* como en *La conquista de México* de Fernando de Zárate sendas opiniones disidentes, y concluye subrayando que "las dos comedias muestran dudas en cuanto a los motivos y resultados del descubrimiento y conquista de las Indias" ("El descubrimiento" 497–98).[9]

Si bien estoy de acuerdo con la postura crítica que representa la obra de Zárate y no así *El Nuevo Mundo* de Lope, pienso que en ningún caso se están poniendo en duda los resultados y menos los motivos de la conquista, sino los modos en los que los peninsulares la llevan a término. Tampoco pienso que en *El Nuevo Mundo* el pensamiento de Lope en cuanto al descubrimiento sea "contradictorio" (Dille, "El descubrimiento" 498); únicamente escenifica la codicia que caracteriza a las clases más bajas de soldados que movidas por el ansia de acaparar riqueza les roban a los indios y se divierten con sus mujeres, algo que por otra parte en la época todo el mundo conoce o se imagina después del calvario que supone realizar el viaje y el tipo de individuos que se enrolan —"*Pinzón*: Esto es nuestro de justicia, / y a nuestro trabajo igual" (vv. 1996–97). De ahí que Lope concluya haciéndole decir a la Providencia: "Dios juzga de la intención: / si Él, por el oro que encierra, / gana las almas que ves, / en el cielo hay interés, / no es mucho le haya en la tierra" (vv. 775–79).[10] Así es que, Vicente Rodríguez Casado utiliza esta última cita para aducir:

> Los detractores de nuestra historia sólo ven en el descubrimiento y conquista de América la obra de la osadía puesta al servicio de una desmedida codicia de dinero. Los panegiristas escriben, en cambio, de muy diferente modo. Lope resuelve la situación conjugando las dos tendencias en admirable alegoría. No son términos contrapuestos la noble ambición de extender a otras latitudes el alma española y procurar al mismo tiempo conseguir un bienestar material acomodado al peligro y a la exposición. (253)

Tzvetan Todorov señala lo mismo al hablar de que no son mutuamente excluyentes la necesidad de riquezas y la evangelización; entre las dos hay más bien "una relación de subordinación: la primera es un medio y la segunda, un fin" (20). Más recientemente, Case expresa ante "la rapacidad de algunos cuyo interés es el oro" que "Lope no hace caso omiso de este materialismo, que es el precio en términos humanos por una conquista tan importante" (16); y continúa: "Con tramoyas, Lope refuerza la idea de que el descubrimiento abría la puerta a la evangelización más que a la explotación de la riqueza de América" (16).

Bien es verdad que si al final del primer acto se presentan los tres motivos de la conquista, a saber, la evangelización, la posibilidad de hacer súbditos de la Corona a los indios y la riqueza derivada del oro y la plata, no hay que olvidar otro motivo importante, la búsqueda de la fama que Colón hace patente desde el principio —"ser el primero argonauta" (v. 124)— y que al final consigue.[11] De todos éstos, el más remarcado por Lope es el proyecto evangelizador.[12] Los Reyes Católicos quisieron expandir a todo el orbe la cristiandad, y con esta imagen pone Lope fin a su obra:

> Don Fernando   Su honor y el nuestro confiesa.
> Vamos á dar el bautismo
> a estos primitivos dones;
> sacrificios y oraciones
> a Dios, y el corazón mismo.
> Hoy queda gloriosa España
> de aquesta heroica victoria,
> siendo de Cristo la gloria
> y de un genovés la hazaña.
> y de otro mundo segundo
> Castilla y León se alaba.
>   (vv. 2962–72)

Los indios desde un primer momento aceptan la fe. Todas las acciones en la isla se desarrollan con absoluta normalidad hasta el punto que los españoles no tienen ni siquiera que forzarlos lo más mínimo para que recen el Credo y el Padre Nuestro. La duda razonable que hay en el indio proveniente de su precariedad intelectiva —aristotélica falta de Naturaleza— se erradicará en el momento en que los curas y frailes puedan ganar el territorio predicando el Evangelio. No obstante, Dulcanquellín, el máximo representante de los indios, se va a ver forzado a escuchar por última vez a su dios Ongol —recuérdese que este "ídolo-demonio,"[13] en boca de los conquistadores, solivianta al cacique cuando éste se dispone fervorosamente a oír misa— figura que le informa de que los españoles no vienen con buenas intenciones. Pues bien, el desorden aparece en este momento cuando, como en la mayoría de los dramas de Lope, surge un conflicto de honor. Terrazas, uno de los miembros más bajos (villano) de la tripulación española, llevado por la avaricia, no se contenta con el oro sino que además se acuesta con Tacuana, raptada por el cacique Dulcanquellín de su marido Tapirazú al ganarla en una lucha. El mismo líder, en este punto sabedor por el Demonio del suceso, mata a la gran mayoría de españoles que se encuentran en la isla, dado que ha perdido su honra: "*Dulcanquellín*: ¿Rodrigo con Tacuana?" (v. 2761).[14] El juego de opuestos que presenta Lope aquí no es tanto el de cristiano *versus* bárbaro, sino el de personaje honorable *versus* no honorable. El propio Dulcanquellín habla de la deshonra que conlleva el que le mancillen a uno "la propia mujer" en el segundo acto en estos términos:

Dulcanquellín	Que a un hombre es cosa insufrible
	quitar la propia mujer;
	que es del honor y el querer
	el sufrimiento terrible.
	Mas porque de mí no creas
	que todo bárbaro soy,
	mi fe, Tacuana, te doy
	de cumplir lo que deseas.

(vv. 1304–11)

Quede claro, entonces, que la guerra o más bien el amotinamiento mediante el cual Dulcanquellín aniquila a muchos de los españoles, no se produce por la barbarie o por la falta de fe, sino en cambio, por el conflicto de honor generado por la lujuria de Terrazas, algo que enajena al indio momentáneamente cegando su fe.[15] En este sentido, Isabel Castells habla de dos fuerzas en litigio: "no se trata tanto del cristianismo contra la idolatría o de la civilización contra la barbarie, sino de la cruz contra la carne, y sólo un milagro puede solucionar el conflicto" (90). Al mismo tiempo considero que no es la codicia española en *El Nuevo Mundo* la que puntualmente desata el conflicto (Shannon, "The Staging" 54–55; Lauer, "The Iberian" ["El íbero"] 35), pues nunca hasta ese momento se cuestiona entre los indios que los peninsulares no vengan con buenas intenciones, incluso después de que se apoderen del oro conforme los naturales se lo traen al final del segundo acto. Tampoco denuncian los indígenas en ningún contexto antes de la batalla que el propósito de los europeos sea forzar a sus mujeres o esquilmarles el metal amarillo, algo esto último que sí veremos claramente en *Arauco domado* del propio Lope, en *La conquista de México* de Zárate, en *La bellígera española* de Turia y en *El gobernador prudente* de Ávila. La causa principal e inmediata de la guerra es el robo y mancha de la mujer del honorable Dulcanquellín convenientemente avisado por la Idolatría, un conflicto de honor que seguramente coloca al indio en una posición que el público podía admirar y con la cual se tendería a identificar.[16]

Incluso cuando Carey-Webb defiende a un Dulcanquellín que se rebela contra el peninsular no por su naturaleza bárbara sino por estar herido en su honor, concluye que la comedia suscribe la opinión de aquéllos que sostienen los argumentos de Sepúlveda:

> Despite the persuasive articulateness of Dulcanquellín's address to Bartolomé, the movement of the drama undermines tolerance and supports the position of those who like Ginés de Sepúlveda argued for a holy war against the *indios*. (436) [12]

Al contrario, Jack Weiner afirma que *El Nuevo Mundo* supone "la conquista espiritual de los indios por el amor cristiano" ("La guerra" 70), y destaca la benevolencia de Lope para con los indígenas. Weiner tiene claro que Lope comparte absolutamente los argumentos lascasianos, según los cuales los amerindios deben ser traídos a la fe con paciencia y amor y no con violencia: "El mensaje de Lope en esta obra no puede ser más claro: que el amor del cristianismo convierte mientras que la fuerza y el pecado repugnan" ("La guerra" 69). En similares términos, Victor Dixon recalca:

> Lope clearly does not agree with Gómara that the killing and enslavement of countless Indians must have been God's scourge for their sins, but he seems to echo Gómara's further comment: "On the other hand the earliest Spaniards bore very great guilt in the matter by treating them very badly, lusting rather for gold than for their neighbour's good."

Capítulo uno

> The self-interest of which Idolatry accuses the Spaniards in the Indies is for Lope, though he exonerates the crown, the Church and the Discoverer, a shameful fact that cannot go unrecorded. Providence does not deny or excuse it, though insisting that it served a higher purpose, the dissemination of the Faith. From a devoutly Catholic and strongly monarchical Spaniard of 1600, we could hardly expect more sympathy for the Indians, or a sharper critique of many of his compatriots. ("Lope and America" ["Lope y América"] 259) [13]

Que Lope conocía las ideas de Las Casas, aunque las obras del dominico se publicaron más tarde, es algo verosímil —pero no probado— si tenemos en cuenta su biblioteca, sus conocidos y parientes y el conveniente trabajo que realizó ocupando el cargo de secretario del Presidente del Consejo de las Indias. Lewis Hanke en sendas obras afirma que la polémica entre Las Casas y Sepúlveda se mantuvo viva en los tiempos de Lope (*Aristotle* 91; *La lucha*).[17]

En lo que al honor/honra respecta, a lo largo de *El Nuevo Mundo* se ejemplifica numerosas veces la honorabilidad de los indios caciques, Dulcanquellín, Tapirazú y Tacuana, probando una vez más que desde el punto de vista del género, las oposiciones que se crean son las de personaje honorable *versus* no honorable, mientras que desde la mirada del discurso teológico-jurídico la lucha se da entre lo cristiano y lo bárbaro. La dificultad estriba en que, en su intento de representar al indio, o lo que es lo mismo, de asimilarlo dentro del orden social dominante, ambos códigos brotan a la vez entremezclándose en el escenario del corral, como prueban estas palabras: "*Dulcanquellín*: que es del honor y el querer / el sufrimiento terrible. / Mas porque de mí no creas / que todo bárbaro soy..." (vv. 1306–09). El indio, por tanto, es honorable y bárbaro en versos contiguos. En este sentido, Carey-Webb aclara:

> As a popular form, the *comedia* tends to make the Other comprehensible; it naturalizes, "de-exoticizes." The *indio* in *El nuevo mundo* speaks Spanish and even refers to Greek mythology. As the centripetal forces of generic convention pull the Other toward the self, the identity of the constructed Native American subject almost seems to merge with that of the traditional Spanish hero. (429) [14]

Kirschner ve en este conferir al indio "los ideales y atributos europeos del caballero valiente y generoso y los de la dama fiel y honrada" ("Exposición" 54) un alegato subversivo contra el poder o el orden social dominante, al contrastar severamente con la ambición y el latrocinio que muestran algunos peninsulares. Efectivamente, como dice la crítica, con ello Lope "está intentando mostrar la humanidad del 'otro mundo' y la semejanza de ese mundo nuevo con el propio" (54), pero eso conforme hemos explicado no tiene nada de subversivo, sino que completamente al contrario favorece la integración del *Otro* en el *Uno*; el indio cuanto más honrado y parecido al español —discurso de género— tiene más capacidad de ser súbdito, y con esta idea Lope, lejos de criticar, alimenta el discurso colonizador de conquista. Sorprendentemente, la propia Kirschner en un trabajo anterior parece implicar esto último cuando declara:

> Lope, con una lógica absoluta, al querer enaltecer la conquista, mantener la pureza de la fe y la escrupulosidad de la monarquía en los asuntos de Indias, se convierte en el defensor del indio al otorgarle un puesto dignificado como súbdito de la monarquía protectora. ("Enmascaramiento" 64)

Reitero que eso último es exactamente lo que este teatro refleja con el doblete escénico: indio honorable–indio bárbaro. En este sentido, el teatro de Lope representará el modo de introducir y asimilar el elemento *Otro*, el amerindio, dentro del sistema monárquico, de manera parecida a como lo hará el dramaturgo con la figura del campesino rico. Indio honorable y campesino honrado se constituyen entonces en dos pilares esenciales para la persistencia y el fortalecimiento de la monarquía absolutista. El uno, porque es súbdito en potencia; el otro, porque su contribución económica es vital para la continua financiación de tamaña empresa.[18]

Así, si el noble Tapirazú debe batirse en duelo con Dulcanquellín por su honor y por el de su esposa (vv. 1364–74), Tacuana habla del conflicto de contraponer razón y apetito (vv. 1288–95). El cacique amerindio también es representado digno de honor y palabra: "*Dulcanquellín*: Pues esa palabra aceto" (v. 1328) y le espeta al Demonio que quiere asistir a misa reiterando: "porque ya lo prometí" (v. 2735). Además, en el tercer acto

Capítulo uno

observamos cómo se fía del honor de un español cuando hablando precisamente con el que lo traicionará, Terrazas, le pregunta: "*Dulcanquellín*: ¿Que la palabra me das / de cobrar mi esposa? *Terrazas*: Digo / que la traeré. *Dulcanquellín*: Pues, Rodrigo, / ésa me basta y no más" (vv. 2422–25). Sin embargo, y a pesar de su marcada honorabilidad, el indio, no olvidemos, se llama a sí mismo bárbaro, practica la antropofagia y el español habla de él y de sus tierras como "desta falsa Idolatría" (v. 1613), "bárbaro polo" (v. 1627), "bárbara gente" (v. 1637), "bárbara lengua" (v. 1666), "bárbara fama" (v. 1713) y "bárbaros suelos" (v. 2071), siguiendo los modos del discurso de cruzada. Irónicamente, los indios consideran a los españoles humanos hermosos y amorosos (vv. 1656–57). Lope, por consiguiente, apoya la imagen de Las Casas por la cual los indios son "niños," como queda probado cuando se asustan de sí mismos al verse en el espejo, o cuando desconocen la escritura y creen que los papeles hablan.[19] De hecho, es obvio que el indígena posee alma[20] y suficiente intelecto cuando al final del segundo acto, al intentar arrancar la cruz que los españoles han clavado en sus dominios, se asusta, hace referencia a "Dios" y a la Virgen, "Señora" (v. 1842), y clamando misericordia y perdón empieza a adorarla: "*Tacuana*: no nos mates por tu ofensa / que ya todos te adoramos" (vv. 1850–51). Los indios de Lope, así, no sólo poseen uso de razón, sino que están adoctrinados de antemano, como lo demuestra el pasaje en el cual Tacuana, sin haber tenido contacto alguno con el español, alude al misterio de la muerte de Cristo en la cruz (árbol santo) y su sacrificio por la humanidad para proporcionar a los hombres una vida eterna:

> Tacuana Ansí de estos agujeros
> mane un licor, árbol santo,
> más que el linaloel y acanto
> y aromáticos maderos,
> que sane cualquiera herida
> o mal peligroso y fuerte,
> y que pueda de la muerte
> volver a segunda vida.
> que de nosotros te duelas.
>
> (vv. 1874–82)

Igualmente parecen estar evangelizados cuando dice Fray Buyl: "Mi cruz les quiero sacar: / ya la empiezan a adorar" (vv.

1935–36). Los indios hablan de buen grado de la llegada de los españoles: "*Dulcanquellín*: ¿Qué buen hado los conduce / adonde nadie ha llegado?" (vv. 1904–05) y se refieren a ellos como "huéspedes de paz" y "visita del cielo" (vv. 1887–91).

Ya en el tercer acto cuando los indígenas han tenido un continuado contacto con los españoles, se nos van a mostrar perfectamente dóciles y adoctrinados, de tal forma que, aunque para Arana son "bárbaros bueyes" que necesitan ser domados por el rey (v. 2023), en opinión de Pinzón están preparados para recibir el maná de Dios junto a los cristianos (vv. 2134–38). En el siguiente pasaje, Lope realiza en boca del indio la proyección más completa de todos los deseos de los españoles, tanto los evangélicos como los mercantiles, aduciendo de manera nítida el raciocinio, la benevolencia del "salvaje" y el deseo de mezclar su sangre con la del español con la intención de ser el mejor fiel (Iglesia) y el más servidor súbdito (imperio):

> Tacuana   valerosos españoles,
> [...] ansí veáis esta tierra
> sujeta a vuestros pendones,
> y este vuestro Dios y Cristo
> triunfador de nuestros dioses;
> y la cruz que nos predica
> aquese bendito monje,
> que la trujo en sus espaldas
> por la redención del orbe,
> desde Haití a la hermosa Chile
> generalmente se adore,
> y la misa que esperamos
> mueva nuestros corazones;
> y así veáis esas barbas,[21]
> que acá tal espanto ponen,
> hasta la cinta crecidas,
> por tan larga edad se logren;
> y volváis a vuestras patrias,
> y que vuestros hijos pobres
> jueguen ricos al tejuelo
> con el oro de estos montes,
> o los traigáis a casar
> con nuestras hijas, adonde,
> mezclándose nuestra sangre,
> seamos todos españoles.
>   (vv. 2165–95)

Capítulo uno

Tacuana pide justicia a los valerosos españoles, igual que lo hiciera Laurencia en *Fuenteovejuna* a Frondoso y a su padre, clamando: "Que me libréis del tirano / cacique, bárbaro y torpe" (vv. 2196-97). Con estas palabras la india acusa a su propio líder de bárbaro porque la tiene secuestrada. Nótese en este punto, que aunque finge cual dama, la india desea enormemente que Terrazas la posea: "*Tacuana*: fingiendo tales razones, / vengo a sus brazos rendida / porque así me lleve y robe" (vv. 2261-63). Por todo ello, vemos cómo se mezclan los dos discursos en esta obra. Es decir, por un lado el indio entiende de honor, tiene palabra y habla la lengua con pulcritud, amén de adoptar las noblezas y defectos de todos aquellos que protagonizan los dramas de honor —súbdito en potencia de la Corona—; por otro, aunque acepta de buen grado la religión y se muestra convertido no puede ser más que un bárbaro, un salvaje que justifica así la presencia y evangelización eclesiásticas.

A partir de aquí, veamos todos esos elementos heterogéneos que entran dentro de la preceptiva del género produciendo potenciales problemas. Estos materiales narrativos extraños vienen de los debates teológico-jurídicos del Renacimiento y del desarrollo que los elementos de estos debates han tenido en las ya consagradas comedias de santo. Merecen especial mención algunos de esos recursos escénicos como la presentación visual del milagro de la cruz saliendo de la tierra al final de la obra, o los diálogos de la Providencia con la Idolatría. Ciertamente, cuando Dulcanquellín mata a casi todos los españoles arrancando el símbolo de conquista, la cruz —que había funcionado durante toda la obra como la luz, Dios, la Verdad— surge misteriosamente otra, motivo del poder de Dios: "Salga una cruz, con música, de donde la otra estaba, muy semejante a ella; suba poco a poco" (42). Por otro lado, se nos hace partícipes de esta magnificencia y de la misión redentora del descubrimiento de América por medio de acotaciones como ésta: "Levántele (a Colón) en el aire y llévele al otro lado del teatro donde se descubra un trono en que esté sentada la Providencia, y a los lados la Religión cristiana y a la Idolatría" (10).[22] En la conversación entre la Religión y la Idolatría en frente de la Providencia, la Idolatría se muestra como dueña de las Indias donde —"Tras años innumerables / que en las Indias de Occidente / vivo engañando la gente / con mis errores notables" (vv. 728-31)— le entrega la posesión al Demonio. Es en ese momento cuando se nos presenta la cruzada, el motivo de la gesta evangelizadora.

En lo concerniente a este tema, resulta crucial examinar los argumentos que despliega Lope para justificar teológicamente la conquista en dos pasajes de su *Nuevo Mundo* que cuentan con la intención, no sólo de respaldar fervientemente la empresa en Indias, sino de intentar acallar las voces, protestantes en su mayoría, que tildaban a estas incursiones de sangrientas e injustas, ya que se llevaban a cabo por el interés.[23] Así, parto de la base de que *El Nuevo Mundo descubierto por Cristóbal Colón* no nos recrea una conquista, sino más bien lo acontecido en una "re-conquista" que Dios ha iniciado para gloria de Él mismo y de España y que cuenta con Colón como profeta. Es por eso por lo que nuestro navegante sabe de antemano en el primer acto y está tan seguro, después de tan pocos datos como posee, de que existe un Nuevo Mundo, que en él hay gentes y que está lleno de riquezas.[24] Más aun, apoyándose en esta re-conquista, la obra nos introduce la cruzada, el móvil evangelizador antes incluso de avistar tierra y saber que hay individuos que la pueblan. De esta forma, cuando hablo de re-conquista entiendo: que Dios lógicamente conocía y poseía ese Nuevo Mundo desde siempre; posteriormente permitió que la idolatría (demonio) reinara en él, ya que si no, se incurriría en el error teológico de pensar a un Dios no omnisciente u omnipresente, o dudar de su omnipotencia; por último, en el plan del Creador el imperio español figuraba como el elegido redentor de América para una mayor gloria de Dios. Se prueba que se trata de una re-conquista si se atiende a la frase que la Idolatría pronuncia después de que la Religión le increpe: "De la Fe las Indias son"[25] (v. 752), la cual es: "Ya no tiene redención" (v. 755). Teniendo esto en cuenta, si ahondamos en el significado de "redimir" encontramos que significa "comprar de nuevo una cosa que se había vendido, poseído o tenido por alguna razón o título."[26] Consecuentemente, Dios intenta adquirir, recobrar, redimir, esas tierras que desde un principio fueron suyas. Obviamente, la Idolatría contesta que ya no hay devolución (redención) y la Providencia sigue utilizando este revelador lenguaje mercantilista por el que afirma: "Pues de lo que está cobrado / por la falsa Idolatría / no hay hablar, Religión mía; / vaya a mal lo mal ganado. / Esta conquista se intente, / que para Cristo ha de ser" (vv. 756–61). La Providencia,

Capítulo uno

por tanto, ve como solución justa al litigio la conquista, o mejor dicho la re-conquista de lo que fue suyo. En otras palabras, qué mayor y mejor justificación del proyecto de colonización que el deber de reconquistar lo que al parecer perteneció y pertenece a Dios. A partir de aquí, ni en el texto ni en la escena se hablará, ni se entenderá de "viaje," sino de conquista.

Sin salir de este esquema mercantilista, la Idolatría insulta a los españoles delante de la Providencia diciéndole a esta última que con la excusa de la religión es la codicia la que los mueve. El Demonio mismo más tarde especifica: "No los lleva cristiandad, / sino el oro y la codicia" (vv. 798–99). Por su parte, la Providencia cierra el juicio de tan importante negocio —téngase en cuenta que la escena comienza refiriéndose a este asunto en iguales términos, cuando la Imaginación le insiste a Colón: "Atiende en aquesta audiencia / de tu negocio el cuidado" (vv. 712–13)— afirmando que el cristianismo y la evangelización son lo que importa al fin de esta empresa, aunque al principio todo se agilice por la ganancia: "*Providencia*: Dios juzga de la intención: / si Él, por el oro que encierra, / gana las almas que ves, / en el cielo hay interés, / no es mucho le haya en la tierra" (vv. 775–79). Posteriormente Lope, a través del personaje Providencia, anula la mala conciencia que pueden tener los españoles, vindicando al cristiano de Fernando y la limpieza de sus intenciones. No extraña entonces que lo primero que haga el Católico al conquistar Granada sea dedicar la mezquita a Dios; la cruzada ha sido consagrada como deber: "*Providencia*: La conquista se ha de hacer" (v. 809). Más adelante, al igual que en *La lealtad contra la envidia* de Tirso, se considerará santa. Con escenas como ésta que vienen de la comedia de santos no se pretende verosimilitud sino dotar de un carácter extraordinario, majestuoso, a la acción y de ese modo difundir la doctrina.

Por otra parte, el segundo pasaje donde Lope justifica la conquista teológicamente como una re-conquista se halla al final de la obra, y lo prueba el hecho de que el Demonio diga que se encuentra reinando en las Indias porque Dios se lo mandó:

> Demonio   Como en puercos estaba entre esta gente,
> que así me lo mandaste, y ya me arrojas
> desde sus cuerpos a otro mar profundo
> no me llame su dios eternamente.

Un drama de honor

> Pues hoy del nombre y reino me despojas,
> tuyo es el mundo; redimiste el mundo.
> (vv. 2784–89)

Como se ve, Dios le dio posesión al Demonio de las Indias con la finalidad de que los españoles tuvieran razón y propósito de redimirlas para Él (cruzada). Y es que, como han dejado claro Edmundo O'Gorman en *La invención de América: El universalismo de la cultura de occidente* y Tzvetan Todorov en *La conquista de América: La cuestión del otro*, "descubrir América" implica presuponer el *a priori* de su existencia. Para O'Gorman y desde un planteamiento más puramente ontológico, defender la tesis del "descubrimiento" significa concebir a América como una cosa en sí, siendo su aparición "el resultado de un acontecimiento que, desde afuera, le 'pasó' a un ente ya dotado con un ser" (91). Por su parte Todorov, aplicado más en las repercusiones epistemológicas del descubrimiento colombino, afirma que "Colón no tiene nada de un empirista moderno: el argumento decisivo es un argumento de autoridad, no de experiencia. Sabe de antemano lo que va a encontrar; la experiencia concreta está ahí para ilustrar una verdad que se posee" (26). Entonces, según el planteamiento de Todorov, "descubrir" implica la noción de que se sabe lo que se va buscando y cuando se encuentra se re-conoce. El almirante sigue una estrategia finalista, mediante la cual no descubre América, "la encuentra en el lugar donde 'sabía' que estaría" (Todorov 31). En este sentido, "des-cubrir" significa propiamente, tanto volver América a su ser (ontología), cuanto "des-velar" el ser de América (epistemología), y de ese modo que vuelva a ser conocida, re-conquistar su sentido, aquél que había sido en-cubierto por la Idolatría. Los personajes de Lope en esta obra, tanto Colón como la Religión y en última instancia la Providencia, se afanan en re-conquistar las Indias con el propósito claro de redimirlas, de recobrarlas para Dios. Por consiguiente, nos encontramos ante la justificación teológica de la re-conquista de América. Y qué si no, implican las palabras del propio Colón citadas por Todorov:

> Colón mismo, después de los hechos, atribuye su descubrimiento a ese saber *a priori*, que identifica con la voluntad divina y con las profecías (a las que, de hecho, recurre mucho

en este sentido): "Ya dije que para la ejecución de la empresa de las Indias no me aprovechó razón ni matemática ni mapamundos; llenamente se cumplió lo que dijo Isaías." (31)

Lope ha inventado América siguiendo, entre otros, a Oviedo, quien considera que la aparición del Nuevo Mundo es "un don de la Providencia para hacer factible la realización del destino ecuménico del pueblo español" (O'Gorman 131).

Por otro lado y en el mismo sentido, *El Nuevo Mundo* escenifica la cruzada que se está siguiendo contra los moros.[27] Al final del primer acto se representa el día dos de enero de 1492, día de la toma de Granada por los Reyes Católicos, poniendo en relación la expulsión de los enemigos judíos y moros con la conquista de Indias y el proceso de evangelización.[28] Los Reyes Católicos no pueden ayudar a Colón hasta que Granada caiga en manos cristianas. Lope recrea en Mahomed, que en realidad es el rey Boabdil ("rey chico"), la leyenda granadina que alude al llanto del joven monarca: "Irme pretendo a Almería, / [...] donde llore..." (vv. 840–42), al tener que abandonar Granada, donde desde la atalaya del a partir de entonces llamado "Suspiro del moro" su madre le recriminará: "llora como mujer lo que no has sabido defender como hombre." Lo interesante es que Lope, contrariamente, nos presenta a un moro que siendo derrotado, no sólo acepta al Rey Católico —"*Mahomed*: Tú, generoso rey mío" (v. 847)— sino que lo alaba —"*Mahomed*: Y vos, heroica señora, / gozad del mejor marido / que hay del ocaso al aurora" (vv. 860–62). Esto sucede muy probablemente porque el soberano no ha actuado con él con la furia ni de Don Rodrigo mata-moros ni del Gran Capitán, quien en esta obra es el nuevo Cid. Igualmente, el alcaide moro Celín reconoce que su dominio y posesión del reino de Granada es una "arrogancia injusta y loca" (v. 550). Una constante en la comedia va a ser tachar al moro, al judío, y como hemos visto al recién descubierto indio, como lo *Otro*, lo femenino, lo provocador del desorden. El ejemplo de esto lo tenemos cuando Tacuana nos habla de los brazos de Dulcanquellín como "brazos disformes" (v. 2199) o alude a la costa de su territorio llamándola "playa sin orden" (v. 2203). Los españoles se encargarán de imponer la forma (orden-espíritu) a la materia indio, proporcionándole el fin que le es propio: su salvación en Cristo. El orden se impone en lo imperfecto y salvaje.

Junto con todos estos elementos que los discursos teológico-jurídicos del Renacimiento y la comedia de santo traen a *El Nuevo Mundo* de Lope, tenemos que añadir las referencias del Demonio hablando a los humanos y las tríadas que aparecen durante toda la obra, símbolo de la Santísima Trinidad tomado por los Padres de la Iglesia del tres griego como número perfecto. En el siguiente pasaje, el indio Auté ejemplifica estas tríadas diciendo de los españoles:

> Auté   No pude entender la suya,
> aunque en todas sus palabras
> Dios, tierra y Virgen decían,
> que deben de ser sus casas,
> si no es que Dios y la Virgen
> su padre y madre se llaman,
> y la tierra algún amigo
> que anda ausente de su patria.
>   (vv. 1507–14)

Tres son las "casas" (v. 1510) en las que llegan los españoles; tres personas la Santísima Trinidad; y tres son padre-Dios, madre-Virgen y tierra-nación. Convenientemente, tripartita también va a ser la división del orbe en la geografía clásica patrística, medieval y moderna: Europa, Asia y África, "estructura del Viejo Mundo y base del europeocentrismo cultural" (O'Gorman 107).[29] En este contexto, América se pensará como "la cuarta parte del mundo," pero la división tripartita subsistirá incluso después de la aparición del nuevo continente. Por otro lado, se describe a los españoles como alegres y discretos, vestidos, con barba y arcabuces. Luego la impresión es totalmente favorable, y aunque se pone de manifiesto el desconocimiento de la lengua por parte del "salvaje," el fenómeno de la incomunicación se salda muy benévola y fervorosamente al pronunciar el indio "Dios" y "Virgen," y aludir a que deben de ser padre y madre de los conquistadores. La "cruz verde" que planta por primera vez el fraile en tierra de indios, simboliza la esperanza y la vida del proyecto de Dios en el Nuevo Mundo. "¡Qué milagro tan patente, / que estos animales rudos / la adoren ciegos y mudos!" dice el monje (vv. 1942–44). Léase "ciegos" porque no ven la luz de Dios, y "mudos" porque no hablan castellano. En el mismo sentido la "blancura" de los españoles es el signo de la pureza. De otro lado, al principio del segundo acto Fray

Capítulo uno

Buyl intenta contener el motín a bordo de la carabela diciendo a los marineros que, si tienen fe en lo que se supone ha sido revelado a Colón, verán "la tierra." Luego, se hace una comparación o paralelismo con la peregrinación de Moisés a la Tierra Prometida. Y si bien por un lado es la bárbara tierra donde habita la Idolatría, por otro el Nuevo Mundo representa esa Tierra Prometida, de ahí que Colón creyera haber llegado al Paraíso.[30]

Dulcanquellín, igual que el resto de los indios que esperando la misa rezan el Credo y el Padre Nuestro, se halla enteramente convertido, diciéndole a Bartolomé Colón: "que de ellos mismos nacerá sin duda / dar por el suelo con los mismos ídolos, / en triunfo y gloria de ese Dios tan alto, / tan poderoso y fuerte" (vv. 2556–59).[31] Lope va a defender posturas lascasianas por las cuales los indios, aunque salvajes, son hijos de Dios también: "*Terrazas*: que le costasteis su sangre" (v. 2654); al mismo tiempo estima, en la línea del dominico, que para convertir a los naturales no hace falta la violencia sino buenos argumentos. He aquí la razón de por qué Terrazas se ofrece para explicarle al cacique la naturaleza del Dios católico, eso sí dejando claro de antemano lo que la corriente vitoriano-lascasiana había puesto tantas veces de manifiesto, esto es, que el entendimiento de este "indio-niño" no está del todo preparado para percibir las sutilezas de la religión verdadera, necesitando de la intervención española, como prueba el soldado al dudar de la capacidad del "bárbaro":

> Terrazas ¿Quieres que en breve te declare y muestre
> quién son tus dioses y quién es el nuestro,
> así en grosero modo, porque entiendas
> de su naturaleza alguna cosa,
> cuanto la puede percibir un bárbaro?
> (vv. 2573–77)[32]

Dulcanquellín contesta, "No deseo otra cosa" (v. 2578), para más tarde concluir con rotundidad, "seguir a Cristo es mejor" (v. 2729). El amerindio llegará a tan beata conclusión autoconvenciéndose con razones ciertamente elaboradas de la religión: "mas ¿Quién busca a Dios por miedo / si por amor se ha de hallar?" (vv. 2719–20).

Además, en la obra se presentan dos esquemas repetidos de notable importancia que refuerzan, si cabe, la propaganda conservadora que el drama escenifica. Cuando los españoles llegan a tierra de indios y clavan su cruz, elevan una oración conjunta de alabanza a ésta, de acción de gracias, donde aparecen gran parte de las imágenes religiosas que el discurso teológico ofrecía. Se dice de la cruz que es: "cama ilustre," "árbol de la nave," "vara de Moisés," "farol, norte, luz, espejo," "verde laurel de Victoria," "arpa de David" (vv. 1570–1637). Momentos más tarde se repite la estructura; sin embargo ahora los que le rinden homenaje a la cruz son los indios, en los siguientes términos: "Palo santo, palo hermoso / Dios en ti no conocido," "Palo más rico y suave / que el cinamono y canela," "Arbol seco, así te veas / con fruto, si le deseas," "Planta del sol soberano," "árbol santo" (vv. 1846–75).

De modo parecido, y en conexión con la blancura, se van a suceder una serie de metáforas acerca de la luz en clara referencia al discurso teológico en boga. Un ejemplo entre otros puede ser cuando dice Colón: "Padre, dadme aquesa cruz, / que aquí la quiero poner; / que éste el farol ha de ser / que dé al mundo nueva luz" (vv. 1570–73). Las metáforas de la luz son ampliamente utilizadas en la teología porque ayudan a explicar el funcionamiento del entendimiento agente agustiniano y posteriormente tomista que constituye la piedra de toque —participación del entendimiento divino en el humano— sin la cual es imposible la teoría epistemológica tomista, postura oficial de la Iglesia. Terrazas se refiere específicamente a esa participación de la luz de Dios en el hombre cuando le exclama a Dulcanquellín: "*Terrazas*: Dios te inspire / entendimiento, y luz su luz te envíe" (v. 2579). Sin la luz del entendimiento agente estamos ciegos, no entendemos la *forma* de las cosas, su *perfección*, aquello para lo que sirven. Con respecto a la naturaleza y funcionamiento del entendimiento agente, Etienne Gilson, uno de los más conocidos estudiosos del pensamiento de Tomás de Aquino, nos dice:

> El entendimiento agente que posee toda alma humana es, de nuestras facultades normales, aquella por la que más nos aproximamos a los ángeles. Sin embargo, nuestro entendimiento no nos proporciona ya especies inteligibles completamente elaboradas; el haz de luz blanca que proyecta sobre las cosas es capaz de iluminarlas, pero él mismo no proyecta ninguna imagen. [...] Tal es precisamente la misión del

> entendimiento agente. Volviéndose hacia las especies sensibles y proyectando sobre ellas su rayo luminoso, las ilumina y transfigura, por así decirlo; como participa él mismo de la naturaleza inteligible, descubre en las formas naturales y abstrae de ellas lo que aún conservan de inteligible y universal. (499–500)

Podemos deducir entonces, que el funcionamiento del entendimiento agente en los niños es bastante precario por falta de desarrollo en sus capacidades intelectivas y de costumbre a la hora de dirigirlas al objeto sensible. Por el contrario los adultos encaminan con mayor precisión y menor dificultad el entendimiento agente a su objeto; tienen una mejor capacidad abstracta o intelectiva porque han cultivado más sus potencias. Estas disquisiciones tendrán una crucial importancia a la hora de que el español conceptualice al amerindio y justifique así su inferioridad considerándolo "niño," "bárbaro," "semi-adulto," "criatura inocente..." en el marco de la creación de un nuevo espacio ontológico que legitime su explotación.

Las metáforas de la luz continuarán siendo utilizadas durante todo el Renacimiento hasta la Ilustración, donde Kant sostiene en su teoría del conocimiento que los conceptos sin intuiciones están vacíos y las intuiciones sin conceptos son ciegas. En la introducción a la Lógica Trascendental de su *Kritik der reinen Vernunft* (1781) [*Crítica de la Razón Pura*] afirma:

> Ninguna de estas propiedades es preferible a la otra: sin sensibilidad ningún objeto nos sería dado y, sin entendimiento, ninguno sería pensado. [...] Por ello es tan necesario hacer sensibles los conceptos (es decir, añadirles el objeto en la intuición) como hacer inteligibles las intuiciones (es decir, someterlas a conceptos). Las dos facultades o capacidades no pueden intercambiar sus funciones. Ni el entendimiento puede intuir nada, ni los sentidos pueden pensar nada. El conocimiento únicamente puede surgir de la unión de ambos. (93)

Por otro lado, cuando los indios arrancan la cruz al final, otra nueva vuelve a surgir de la tierra. Estamos ante la mejor imagen del poder de Dios: se crea de la nada. La nueva cruz es la nueva verdad. Todos los indios entonces se postran, entendiendo por completo el milagro y aceptando al Dios español sin ninguna duda. "Sin duda que es verdadera / la cristiana religión; / quien dijere que no, muera" (vv. 2808–10), dice Dulcanquellín. Para terminar, es importante mencionar que Colón, el profeta que ha enviado Dios como adelantado de esa re-conquista, aparece en Lope limpio de toda avaricia: "*Colón*: La salvación desta gente / es mi principal tesoro" (vv. 1978–79).[33] Al igual que en *Amazonas en las Indias* y en *La lealtad contra la envidia* de Tirso se hiciera con Francisco Pizarro, en *El Nuevo Mundo* se compara a Colón con Cristo, y casi con Dios: "*Fernando*: algo de Cristo ha tenido" / [...] "santo / de estos mares" (vv. 2870–72); "*Isabel*: luz de este mundo primera" (v. 2954). De hecho, Cristóbal, el portador de Cristo y patrón de los viajes, parece ser el nombre del elegido por Dios mismo para portar la luz de tal gesta. Su apellido Colón, que quiere decir poblador de nuevo, añade a ése que lleva a Cristo el rasgo de colonizador.[34]

En conclusión, todos estos elementos pertenecientes o bien al código teológico propiamente, o bien a la comedia de santo, justificadores de la labor de evangelización de los españoles en Indias, entran a formar parte de un drama de honor. El conflicto de honor genera la violencia, no la sublevación religiosa de los indios que probaría las posturas de Ginés de Sepúlveda: indios bárbaros u homúnculos violentos. Asimismo, como espero haber demostrado, la puesta en escena de un indio honorable y bárbaro en versos contiguos es probablemente el mejor modo de asimilar su otredad en la ficción, sirviendo a los intereses jerárquicos y expansionistas del conservadurismo monárquico. Además, *El Nuevo Mundo* de Lope celebra el móvil de Colón: la victoria universal del cristianismo, representando fervientemente sobre las tablas la re-conquista de América. La tercera parte constituyente de la estructura de los dramas de honor del Siglo de Oro, ésa que tiene que ver con el restablecimiento del orden, se pone en juego cuando la cruz nace de nuevo. Castilla y León son dueños de un Nuevo Mundo, los indios se encuentran adoctrinados, se les proporciona el bautismo, y con júbilo en los reyes finaliza la obra.

Capítulo dos

La conquista de Chile
y la reconquista de Brasil

A finales del XVI y comienzos del XVII, España empieza a interesarse de forma oficial por la historia americana fomentando el que se escriban crónicas históricas que detallen las hazañas de los peninsulares en el Nuevo Mundo. En parte, mucho de este interés por América es fruto del éxito e impacto de *La araucana* de Alonso de Ercilla (1569, 1578, 1589), poema épico de gran difusión que inspiró un número notable de obras tanto directa como indirectamente.[1] Al mismo tiempo y en parte también motivadas por *La araucana* —como sostiene Gilman— aparece una serie de comedias que narran las gestas de los héroes peninsulares que llevaron a cabo la conquista. Ya hemos visto la primera, *El Nuevo Mundo* de Lope. A ésta seguirán, en la primera mitad del XVII, un grupo de dramas sobre las heroicidades peninsulares en América escritos por los mejores dramaturgos del momento. En general, se trata de epopeyas laudatorias, obras de encargo que, en el caso de Chile, los herederos del general Hurtado de Mendoza mandan escribir para que favorezcan sus intereses en los distintos litigios que los dichos herederos tienen abiertos contra los poderes públicos en lo relativo a la continuidad de los títulos y privilegios de sus antepasados. La mayoría de las obras que nos ocupan en este libro son de esta índole y las que tratan sobre la conquista de Chile específicamente superan en número al resto.

Seis y no cinco son las comedias de tema araucano en el teatro español del Siglo de Oro, pues *El nuevo rey Gallinato* de Andrés de Claramonte desarrolla su trama en el reino imaginario de Cambox, actual Camboya, territorio que geográficamente el autor sitúa en un lugar cercano a Chile, lo cual no es para nada peregrino en su tiempo como prueban Barbara Tadman y Frederick de Armas ("Fashioning" ["Confeccionando"]). Sin embargo, cinco comedias son las que propiamente escenifican la reconquista de Arauco llevada a cabo por las tropas peninsulares comandadas por el "mozo capitán acelerado" —como lo llamaría Ercilla— García Hurtado de Mendoza, marqués de Cañete. También se ha incluido en este capítulo *El Brasil restituido* de Lope por cuestiones cronológicas; con esta obra de 1625 cierra Lope su recreación del tema de América y el indio en el teatro. Asimismo, para completar este estudio se ha analizado la Primera Parte de *El español entre todas las naciones y clérigo agradecido* de Alonso Remón, pues representa de forma fugaz al amerindio en escena, más que nada como trasfondo para ensalzar la vida y heroicidades del viajero y clérigo andaluz Pedro Ordóñez de Ceballos.

Por lo que se refiere a Chile, hablamos de reconquista en los términos en los que lo ha planteado también Robert Lauer ("La conquista"), porque en definitiva se trata de la pacificación, tras la rebelión mapuche, de los territorios araucanos antes conquistados por los españoles. Todas las comedias reciben influencia directa de *La araucana* de Alonso de Ercilla y *Arauco domado* de Pedro de Oña para exaltar y ennoblecer las hazañas de los peninsulares y en particular las del adelantado marqués. Cuatro de ellas funcionan dentro de la categoría de las tragicomedias históricas y las otras dos lo hacen en la de la comedia de enredo. Lo que resulta evidente es que en todos los dramas se prueba la hipótesis que he venido manteniendo. De un lado, las convenciones del código de los dramas de honor se encargan de presentar al "salvaje" con los atributos de un posible súbdito de la Corona: el indio posee honor, habla español, se enamora del peninsular, tiene alma, sabe del Dios cristiano y elogia el poderío de quien lo esclaviza. De otro lado, el indio no puede ser más que un bárbaro idólatra —en este caso además un salvaje traidor sublevado—, si se quiere defender, como es obvio, la conquista y colonización de esas tierras en los términos planteados por la teología vitoriano-lascasiana que hace del amerindio un "niño" que necesita del español para llegar a adulto y salvarse en Dios. De forma paralela, todas estas comedias de indio que tratan asuntos de Chile, si bien no cuestionan la legitimidad de la conquista, muestran una doble conciencia. Es decir, al tiempo que encomian la labor de figuras como Don García o Diego de Almagro en lo que se refiere a la pacificación de los territorios rebelados, también exponen una aguda crítica a la sevicia, codicia y malas políticas peninsulares, hasta tal punto que, según Lauer, en estas obras el español y el indio son criticados por igual: "lo que no se logra ver en estos dramas es una visión clara y única sino, al contrario, dos posturas opuestas en las cuales las acusaciones de crueldad, tiranía y rebelión se pueden aplicar tanto a uno como a otro grupo" ("La conquista" 103). No obstante, todas estas comedias representan a un español que es humana y técnicamente en todas las facetas superior al indio. Además, en estas piezas se legitima la reconquista de esos territorios, la evangelización y la redención de los indígenas.

Arauco domado por el Excelentísimo Señor D. García Hurtado de Mendoza de Lope de Vega

Arauco domado[2] de Lope de Vega[3] es claramente una obra escrita para alabar los logros y la figura histórica del gobernador Hurtado de Mendoza,[4] como su misma dedicatoria muestra. La tragicomedia claramente está inspirada en la obra del mismo título que escribió Pedro de Oña (Lima, 1596; Madrid, 1605),[5] y mayormente en *La araucana* de Ercilla (1569, 1578, 1589), donde fruto de las rencillas entre autor y marqués no se encumbra como se pudiera haber pensado al joven Adelantado.[6] El tiempo de la acción de la comedia es de dos años, el periodo transcurrido entre la llegada del marqués a Chile en 1557 y la muerte del jefe indio Caupolicán en 1559. Todos los críticos coinciden en decir que la obra de Lope fue, al igual que la mayoría de las comedias de este capítulo, una obra de encargo, más aún después de conocer las relaciones familiares y laborales que unían al dramaturgo con los Hurtado de Mendoza. Al parecer, a Lope se le pagó en 1599 para que la escribiera cuando estaba al servicio del sobrino de Don García, el marqués de Sarriá y futuro conde de Lemos (Dixon, "Lope and America" ["Lope y América"], "Lope de Vega, Chile"), de cuya noble casa, en 1602, salió el padrino de bautismo del hijo de Lope (Corominas 162). En definitiva, que "es muy posible que Lope —a semejanza de Pedro de Oña— quisiese escribir para enaltecer la postergada figura de aquel victorioso capitán, y... también —veleidades cortesanas del gran Lope— congraciarse con la familia de los Marqueses de Cañete, sus protectores"

(Toda Oliva 50). En opinión de Victor Dixon ("Lope de Vega, Chile"), *Arauco domado* es la mejor obra encomiástica de una campaña publicitaria promovida por los familiares del marqués, que empezaría con la llegada del ilustre a la península en 1596 y terminaría mucho después de su muerte en 1609, una campaña de propaganda que inicia él mismo y su hijo Juan Andrés, para ensalzar su imagen de egregio gobernador y para reconocer y premiar unos méritos que Ercilla ensombrece. Durante más de treinta años, padre e hijo lucharán por recibir la recompensa y el favor que nunca encontrarían. Eso sí, según Dixon, su esfuerzo y financiación nos dejaron un largo elenco de obras de los más diversos géneros: historia, biografía, ficción, verso y drama. Entre las comedias, a *Arauco domado*, como primera y más destacada, se unirán *El gobernador prudente* de Gaspar de Ávila (1613?) y *Algunas hazañas de las muchas de Don García Hurtado de Mendoza, marqués de Cañete* (1622) de nueve autores: Antonio Mira de Amescua, el conde del Basto (hijo del marqués de Belmonte), Luis Belmonte Bermúdez, Juan Ruiz de Alarcón, Fernando de Ludeña, Jacinto de Herrera, Diego de Villegas, Guillén de Castro y Luis Vélez de Guevara.

Siguiendo al total de la crítica podemos decir que Lope se siente influenciado y bebe de los elementos épico-trágicos del poema de Ercilla y de los épico-líricos del de Oña,[7] creando una comedia que en desarrollo y fuerza dramática supera con creces a sus cuatro competidoras: las dos arriba mencionadas, más *La bellígera española* de Ricardo de Turia (1616) y *Los españoles en Chile* de Francisco González de Bustos (1652?). Con ánimo de añadir mayor plasticidad y atraer a la audiencia, Lope, igual que Zárate en *La conquista de México* (1661?), hace pronunciar a las indias Gualeva, Millaura y Quidora palabras que parecen ser bebidas y comidas en la lengua amerindia. De esta manera, oímos vocablos como: "Madí," "Perper," "cocaví," "muday," "ulpo" (610).[8] Dixon piensa que de algún modo todas las referencias gastronómicas incluidas por Lope, tanto en *Arauco domado* como en *El Nuevo Mundo*, establecen parecidos entre el modo de representar a los indios y el modo de representar a los labradores idílicos y pintorescos de las comedias campesinas de Lope ("Lope and America" 265). Por otro lado, el dramaturgo incluye expresiones a ritmo que simula haber traído de los tradicionales areitos indios y que constituyen una estupenda forma de incluir lo popular: "Piraguamonte," "piragua," / "Piragua," "jevizarizagua" (631).[9] Esto último puede reforzar la idea planteada por Romero Muñoz (*La conquista*) de que Lope fuera realmente el autor de *La conquista de México*.

Arauco domado comienza igual que *Algunas hazañas* mencionando que los araucanos no están dispuestos a dejar que los gobiernen como los reinos del Perú y de Nueva España. La actitud de esos fieros rebeldes mapuches contrasta enormemente con la de sus vecinos, los indios yanaconas como Tipalco que celebran la llegada del ilustre gobernador diciendo: "Mucho me agrada el ver que en todo ordena / Nuestra justicia y paz, pues nos alivia / Á los indios de paz de tanta pena" (601–02). El soldado Rebolledo explica que fue la lucha por el poder de Aguirre y Villagrán después de la muerte de Valdivia la causante de la rebelión mapuche, para incidir en la magnificencia del recién llegado Don García, persona profundamente pía que lleva siempre a Dios allá por donde va. Lo curioso es que aquí Don García participa en la procesión que se hace en su honor humillándose, tendiéndose en el suelo ante el paso de la Custodia para que ésta transite sobre él, actuación que en palabras de su hermano pasa por "hazaña santa," y sorprendentemente en las del soldado Ercilla por "divino ejemplo," al servir de modelo de respeto al español y al indio. Don García, de este modo, es el defensor de la fe y ha venido a Chile para conseguir dos objetivos: "*García*: ensanchar / La fe de Dios," y "Reducir y sujetar / De Carlos á la coyunda / Esta tierra y este mar" (602–03); por eso es por lo que manda a Aguirre y a Villagrán presos al Perú y luego a España.

En el lado indio, mientras Caupolicán y Fresia se divierten tranquilamente tomando un baño juntos —en versos con todo el aditamento de la pastoril y en los cuales se trasluce el mundo mitológico europeo de Lope más que la selva araucana[10]— Tucapel, Rengo, Talguen, Orompello y el anciano Pillalonco consultan al ídolo Pillán. El viejo es el encargado de conjurarlo usando un tronco y un hilito de lana. Al instante sale el demonio encarnado en dicho ídolo, y con la cara medio dorada y la cabeza llena de rayos les dice cuán grande es la sangre y la bravura del español que en menos de dos años los conquistará venciendo en nueve batallas y fundando siete ciudades. Igual que en *El gobernador prudente* se dice que mejor lo llamen "San García," porque como expresa el mismo demonio, que sabe muy bien de Dios: "Yo sólo seré el que pierda, / [...] Pues si entra la cruz de Cristo, / Luego mis banderas rompo" (605). Paralelamente a cualquier narración de gesta española, los indios se infunden valor unos a otros hablando más y más del daño que le harán al conquistador. Entonces, Caupolicán, que ha visto en las aguas de la fuente al demonio augurándole su muerte, se ve incitado por el maligno a luchar contra los españoles antes de que Don García se haga general de todos los que vienen en su ayuda para formar un ejército. Además, Ercilla, previniendo al marqués del inminente ataque de los indios, le recuerda que hay en el campo veinte mil, lo que supone una proporción de trescientos indios por cada español. Los araucanos se acercan cantando a coro que vencerán a los colonizadores y les espetan:

> Tucapel   Ladrones, que á hurtar venís
> El oro de nuestra tierra,
> Y disfrazando la guerra
> Decís que á Carlos servís,
> ¿Qué sujeción nos pedís? (608)

Este tipo de comentarios, como veremos en siete ocasiones más, refleja el tono crítico con el que la obra se enfrenta al modo de conquistar codicioso y ruin de algunos de los peninsulares.[11] Después de atacar el fuerte, salen Don Felipe luchando con Rengo, y Caupolicán con Don García, el cual cae desmayado a causa de una pedrada, pero se recupera y anima a los suyos con el grito: "¡Cierra España!" (609). La primera batalla la gana el gobernador defendiendo el fuerte. Los indios huyen, entre ellos Caupolicán y Tucapel heridos, y queda Rebolledo de guardia, como en *Algunas hazañas*, para vigilar que los "salvajes" no emprendan un nuevo ataque mientras los españoles descansan. El soldado, recomendado por Ercilla a Don García para que haga ese trabajo, se duerme y es descubierto por el marqués que ante tal afrenta lo condena a la horca. Posteriormente, la intervención de su hermano y el buen humor de Rebolledo harán que Don García lo perdone. Lope pone instantes antes en boca del reo las siguientes palabras de alabanza que muestran las puras y honestas intenciones del general a diferencia de la codicia de muchos:

La conquista de Chile y la reconquista de Brasil

> Rebolledo Los que las Indias hallaron,
> Vinieron por oro y plata;
> Halláronla tan barata,
> Que por vidrios la compraron.
> No viene así Don García,
> Ni plata intenta buscar;
> Que viene á pacificar
> Su bárbara rebeldía. (612)

Ésas serán sus ansias al exclamar al final del primer acto: "*García*: ¡Chile, yo he de sujetarte, / O tú quitarme la vida!" (613). Dicha sujeción pasa por evangelizar al salvaje y hacerlo súbdito de la Corona; cosa que se intenta llevar a cabo en la comedia representando al indio al mismo tiempo como un ser honorable y como un ser bárbaro. Indio y español se igualan en heroísmo, algo que como recalca Vicente Rodríguez Casado no le es ajeno al público peninsular: "La imagen del indio, cortés y valiente, expresa sin duda el sentir de los españoles de la península. La visión del Padre Las Casas no es más benévola. El araucano defiende su vida independiente y libre con alegría fiera, compañera inseparable del heroísmo" (256).

De este modo, la honorabilidad del indio queda probada en numerosas ocasiones, como en ésta donde Gualeva siente la obligación de corresponder a los que la han honrado, es decir, muestra que es una india noble porque se afirma como sujeto poseedor de honra al reconocer sentirse sujeto de obligación:

> Gualeva Con todos aquestos dones
> Y mil honras que me han hecho,
> Con que traigo en alma y pecho
> Cadenas de obligaciones,
> Me envía, querido esposo,
> Á tus brazos don García. (627)

En *Arauco domado*, nos encontramos ante un indio araucano fiero, lujurioso, con gran capacidad para ser convertido al cristianismo, amante devoto de sus congéneres, de su país y de su libertad. Además, si bien ya ha estado bajo el dominio español y conoce los arcabuces y los caballos (604), en ocasiones habla igual que el conquistador usando expresiones típicamente peninsulares y vocablos en otros idiomas: "*Pillarco*: ¡Oh caro amigo! / ¿Qué hay de fiesta?" (602). Igualmente, nombra a Alejandro Magno y Aquiles (624), mostrando un conocimiento de la historia del continente euroasiático que le es impropio. Asimismo, el indio hace suyas las virtudes del honor y la honra: "*Tucapel*: Y aunque herido yo vencí, / Pues basta decir que entré, / Para estar con honra aquí. / [...] Que si es Mendoza español, / Yo soy Tucapel, que al sol / En nobleza desafía" (615). Por eso, a Caupolicán, como indio cacique, no le gusta en absoluto que lo llamen bárbaro puesto que se considera a sí mismo "grave" y noble general: "*Caupolicán*: Pues trata á los hombres graves / Como te tratara á ti / Si se trocara la suerte" (632); "*Caupolicán*: Mal he hecho en no morir, / Pues para morir sin honra / Quise, españoles, vivir" (634). El indio habla de lo que es "justo y honesto" (618), y se refiere a su nobleza y honor en muchas ocasiones. Además, los indios caciques se distinguen por tener un gran conocimiento de la historia, de la religión y de la teología españolas. Caupolicán reconoce la piedad de Don García a la hora de guerrear y gobernar, y Rengo "su pulicía, / Su lenguaje, su hidalguía, / Su república, sus leyes" (617), además de saber y citar todos los nobles que pelean con el marqués (618). Por otro lado, Tucapel parece saber de los reyes de España cuando hablando con Rebolledo, dice del linaje de Don García: "Pues como ponga / Un rey de España en su sangre, / No le pidas mayor gloria" (627). De la misma manera, los salvajes indios conocen a Cristo (605) y a Dios (611, 617). También llaman al dios indio "Santo Apó" (618, 632) y distinguen entre cuerpo y alma (624, 614); Gualeva dice tener "alma varonil" e insulta a Rengo, llamándolo afeminado (611). Por último, el indio habla del discurso y de la Razón (636), de que el Bien se halla en la Razón (617) y de la inmortalidad del alma (635). Hay que recordar que este tipo de proyecciones peninsulares en los personajes y el mundo indígenas no son exclusivas de la comedia —aunque sea en este género donde se den con notable frecuencia—, pues también las observamos, por ejemplo, en *La araucana* de Ercilla. Mónica Lee señala cómo en el poema heroico, Caupolicán, igual que si de español se tratara, se siente interpelado por la "pureza de sangre" y rechaza al verdugo designado para matarlo porque éste es de raza negra.

No obstante, al mismo tiempo que el indio es escenificado como noble, es presentado y se presenta a sí mismo como bárbaro a lo largo de toda la obra. Ya desde el principio habla Rebolledo de esta "gente bárbara" (601) y Tipalco, indio yanacona —es decir, mozo que sirve a los españoles—, insulta a los araucanos identificándolos con serpientes venenosas o fieras salvajes diciendo: "Están más fieros que áspides en Libia" (602). Pillalonco dice de Pillán que es un "monstruo" (605), y "fieras" los llama el propio Ercilla (609). Los indios se llaman a sí mismos "fieras, con veneno" (617); y Caupolicán no solamente les dice a sus congéneres "bárbaros" (634), sino que se insulta diciendo: "Aunque bárbaro, bien siento / Los consejos que me dan" (635). Esta obra hace referencia también a la antropofagia indígena. Y es que no debe sorprender que se llame "bárbaros" a los mapuches, pues hasta el propio Ercilla en *La araucana* lo hace.[12] De esta forma, los araucanos "Actúan con un primitivismo salvaje y libérrimo, pero razonan y especulan y arguyen como héroes renacentistas" (Toda Oliva 58).

Entrado el segundo acto, mientras Don Felipe y el capitán Alarcón alaban el sagaz modo de combatir de Hurtado de Mendoza, se vuelve a criticar la codicia de los peninsulares. En medio de la narración de la gesta laudatoria, el propio Don Felipe intercala el siguiente pasaje en donde dos mil indios cargan sobre Don García y los suyos diciendo:

> Don Felipe   ¿Adónde venís, ladrones
> Cobardes por vuestra infamia?
> Con esta paz os recibe
> La tierra mal conquistada.
> Venid, que como á Valdivia
> Os sacaremos las almas,
> Donde la codicia viene
> del oro antártico y plata. (614)

El "salvaje" demuestra poseer semejantes prácticas políticas a las del español al convocar una junta con sus iguales en la cual se discute el actuar futuro. En ese consejo, Caupolicán no sabe si rendirse al valor y la piedad de Don García, o continuar luchando, porque no quiere tampoco ser vasallo de nadie: "*Caupolicán*: ¿Quién ha de poder sufrir / Que estos indomables brazos / Sujete el yugo español / Ni el imperio de hombre humano?" (617). Al final termina dejando la decisión en manos de sus hombres, que no tardan en criticar duramente la venida

Capítulo dos

de los conquistadores en tres nuevos pasajes que protagonizan Tucapel y Rengo:

> Tucapel   Pueda el veros esclavos, araucanos,
> De extraños hombres, á tan justa hazaña
> Mover el pecho y levantar las manos
> Hasta morir con honra en la campaña.
> ¿Por qué vienen á Chile los cristianos,
> Pues que no vamos los de Chile á España?
> ¿Que vengan por mil mares no es bajeza,
> Á ponernos los pies en la cabeza?
> Si el soberano Apó juntar quisiera
> Chilenos y cristianos españoles,
> No con tan largo mar nos dividiera,
> Un sol nos diera luz y no dos soles,
> Acá y allá de un alba amaneciera;
> Mas cuando aquí se ven sus arreboles,
> Allá es de noche; luego quiere el cielo
> Que se sustenten en distinto suelo. (617)

Como puede verse, Tucapel sustenta parte de los argumentos con los cuales incita a los suyos a seguir luchando por la libertad en razones científicas basadas en la Astronomía. El indio critica la venida interesada del español y grita con exasperación contra el ejercicio de la dominación y la esclavitud. No obstante, ¿cómo conoce el indio tal ciencia astronómica? Una vez más, el español proyecta en el "salvaje" su universo. Tanto es así, que bajo esas supuestas razones físicas, Lope pone de manifiesto, igual que en *El Nuevo Mundo*, una idea más importante: el Dios cristiano quiso que el demonio reinara en las Indias para poder re-conquistarlas con ayuda de los españoles. Se recrea el tema del Angel caído ya presente en *La araucana* de Ercilla. Dentro del plan providencial, Apó, Pillán y Don García son igualmente necesarios, en tanto personajes en el drama que sirven a los mismos designios de cruzada mediante los cuales Dios Cristo se propone reconquistar esos territorios. Pillán, mera encarnación del demonio, les ha vaticinado a los indios desde el principio que "San García" los vencerá en batalla y que la cruz de Cristo lo derrotará a él mismo. Cristo se ha decidido a lanzar la ofensiva que solucione las dudas del indio, es decir, que impere la luz de "un sol" y "no dos soles" —metáfora para el monoteísmo/politeísmo— y que mediante esa luz se hermanen el indígena y el español en una "única verdad." En realidad, todo esto es preludio de lo que ocurrirá al final con la muerte de Caupolicán.

Tucapel piensa que es un cobarde el que abandone ahora y acepte el yugo del avariento español convirtiéndose en esclavo. Si alguno lo quiere así, allá él, pero deje a los demás actuar con valentía:

> Tucapel   Razón es que miréis que Dios se ofende
> Que os sujetéis á un hombre, y hombre extraño,
> Que enriquecerse del sudor pretende
> De nuestra mina de oro y fértil año. (617)

Rengo, por su parte, desde una perspectiva mucho más práctica y pacificadora, admite la superioridad, o en sus términos "las grandezas" (617) de los que luchan con Don García, tanto en la guerra como en su política, lenguaje, hidalguía, o leyes (617). Pues entonces, por qué no ser súbditos de los cristianos, "reyes / De cuanto el sol mira y cría" (617), teniendo en cuenta que:

> Rengo   No es sujetarse á cristianos
> Bajeza, si ellos son tales,
> Que han llegado por sus manos,
> Desde sus septentrionales
> Montes, á nuestros indianos. (617)

Si bien Lope legitima la conquista, adviértase cómo desliza su crítica a través de Rengo, dirigiéndose a aquéllos que bajo el nombre de cristianos no se comportan como tales y a la hora de conquistar lo hacen más con la codicia que con la fe. Y si al principio el guerrero Rengo, secundado por Orompello, es de la opinión de que rendirse y pedir la paz es lo mejor; al final piensa lo contrario al enfrentarse con la violencia y temeridad de Tucapel, diciendo: "*Rengo*: Acomete á Don García, / No entienda que es cobardía / La paz que propongo aquí" (618). Después, mostrando un conocimiento histórico abrumador, enumera en detalle todos los nobles que van con el marqués y concluye que se encargará personalmente de traer la cabeza de todos ellos. Caupolicán sale del consejo igual que entró, indeciso sobre la conveniencia de atacar o no. Luego, forzado por el orgullo de los suyos, decide atacar de nuevo a los peninsulares, pero esta vez de madrugada para cogerlos de improviso.

Capítulo dos

Don García muestra su devoción religiosa cuando se dispone ya de mañana a celebrar el día de San Andrés con vítores, salvas y honores acompañado de Felipe y Alonso de Ercilla. Rebolledo lleva a Gualeva —hecha prisionera anteriormente— a que finalmente conozca a Don Felipe. Éste la adula y ella se comporta cual dama española, es decir, frívolamente, expresando su intención de ver al marqués. De este modo, el indio se ha asimilado nuevamente a la imagen que el español tiene de él. Después, cuando los indios intentan atacar por sorpresa oyen las salvas que los militares dedican a San Andrés, creyendo entonces que éstos estaban prevenidos. Peninsulares e indios batallan con denuedo y sabemos por Engol, hijo de Caupolicán, que la victoria fue de los conquistadores y que los indios tuvieron que salir huyendo. Igual que en *Algunas hazañas* la mujer de Caupolicán, en esta obra Fresia, no acepta la derrota de su marido, o lo que es lo mismo, que vuelva vivo y sin honra. La india manda a su hijo para que, si es así, le haga saber al cacique que no tiene esposa; y si éste ha muerto, que después se suicide su heredero: "*Fresia*: Porque no te quiero vivo / Si Caupolicán es muerto" (624). Engol entonces parte con su madre a luchar contra Don García. Caupolicán aparece herido, recostado en un árbol diciendo dejar Chile en manos del rey de España. En ese momento, se abre mágicamente el tronco y aparece Lautaro que desde la muerte le anima a que pelee con la vida que le queda porque es mejor la "muerte honrosa" que una vida "sujeta, esclava y triste" (625). El general acepta el reto y vuelve a la carga. Hay que hacer notar que mientras en la obra de Oña el espíritu de Lautaro se describe como la aparición de un fantasma grotesco, aquí en Lope, con reminiscencias a la poesía de Ovidio, toma la forma de un melancólico árbol (Gilman 111).

Ya en el tercer acto, Don García manda que le corten las manos a Galvarino, prisionero de los españoles por haber matado según dice a traición a Juan Guillén, exclamando: "Tomen ejemplo, y entiendan / De la suerte que castigo, / [...] Que ¡Vive Dios, que han de ser / De Carlos de Austria, ó que á todos / Así los he de poner!" (625-26). Adviértase que esta crueldad de Don García se refleja en *Algunas hazañas* —aunque es un soldado quien le corta las manos a Galvarino— pero no así en *El gobernador prudente*, obra menos crítica con la figura de Don

La conquista de Chile y la reconquista de Brasil

García. De manera paradójica, Galvarino exclama aceptar como "justo" el castigo, exacerbando aun más si cabe su propia postura de vencido, de esclavo, de víctima de una sevicia atroz dentro del marco terriblemente ensalzador de la figura del marqués que supone esta comedia: "*Galvarino*: Tú has hallado justos modos / De castigar y vencer" (626). En ese mismo sentido Gualeva, tras haber sido honrada y regalada por Don García, vuelve a Arauco para rogarle a su esposo que convenza a Caupolicán de que todo Chile se rinda al soldado español: "*Gualeva*: Que más justamente goza / El laurel de capitán / En esta edad" (627). Tucapel, movido por su dama y habiendo oído de Rebolledo la grandeza del linaje de Don García, se hermana con el primero y lo libera del cautiverio indio que había sufrido desde el segundo acto y que casi lo lleva a morir asado.

Los indios se reúnen por segunda vez en consejo. Tucapel aboga por rendirse a "las glorias / Del español, que en vitorias / Tan prósperas le han honrado" (628); Rengo queda sorprendido de ver desaparecida la fiereza del araucano, mientras que Engol le recrimina su cobardía incluyendo una nueva crítica al modo de conquistar español:

> Engol   Di, Tucapel,
>   ¿Eres tú el soberbio y fiero
>   Que tantas veces bebiste
>   Sangre de aquestos ladrones,
>   Que de remotas naciones
>   Vienen donde libre fuiste,
>   Solamente á hacerte esclavo? (628)

Igual que en *Algunas hazañas*, en *Arauco domado* se dice que el cráneo de Valdivia sirvió como copa y, de hecho, el propio Caupolicán pretende que todos beban en ella la sangre de un español para continuar luchando, más todavía cuando Galvarino llega con las manos cortadas y los alienta a pelear cual soldados gallardos hasta morir. Nos encontramos ante tres nuevos ejemplos de un discurso crítico contra los conquistadores:

> Galvarino ¿Cuánto mejor es morir
>   Con las armas peleando,
>   Que vivir sirviendo un noble
>   Como bestia y como esclavo? (629)

Capítulo dos

Y continúa:

> Galvarino ¡Desdichados de vosotros,
> Araucanos engañados,
> Si vendéis la libertad
> De vuestra patria á un extraño,
> Pues que pudiendo morir
> Llenos de plumas y armados,
> Queréis morir como bestias,
> En poder destos tiranos! (629)

Para concluir:

> Galvarino ¿Será mejor que esos hijos
> Vayan de leña cargados,
> Y que sus madres les den,
> Con vuestra afrenta y agravio,
> Siendo amigas de españoles,
> Otros mestizos hermanos,
> Que los maten y sujeten
> Con afrentas y con palos?
> Mirad lo que hacéis, chilenos,
> Morid con honra, araucanos. (629)

Haciendo referencia a los problemas y violencia derivados del mestizaje que la conquista trae consigo, resultado de los abusos que sufrirán tanto los indios —"palos"— como sexualmente las indias —"afrentas"—, Lope está proyectando las consecuencias reales futuras de tales cuestiones en los desarrollos de la obra. Sin embargo, sorprendentemente estos mismos versos han sido escogidos por Rodríguez Casado para justificar cristianamente la conquista:

> Esta visión del indígena americano es bien distinta de la que poseen otros pueblos europeos sobre los primitivos habitantes de sus colonias. El indio tiene una brillante personalidad; es necesario protegerle, cristianizarle, "hispanizarle." Nada hay aquí de esos vicios asquerosos de que nos habla con su acostumbrada claridad Gonzalo Fernández de Oviedo. (258)

Para este crítico, el indio no necesita nada porque es civilizado; sin embargo, paradójicamente es necesario tutelarlo, alumbrar su intelecto en Dios, cristianizarlo para hacerlo español. Ade-

La conquista de Chile y la reconquista de Brasil

más, este estudioso parece olvidar que los araucanos de Lope beben sangre española en el cráneo de Valdivia, son caníbales y asesinan a sus propios hijos por orgullo heroico, caso de Fresia. Luego sí practican esos "vicios" de los que habla el cronista.

A la vez que Don García recibe unas cartas donde se le comunica que Carlos V ha abdicado en Felipe II, sus soldados le advierten que los indios se están agrupando para batallar, con lo cual Don García manda a Avendaño que los rodee, convencido de que es el mejor momento para hacerlo. Los indios cantan, bailan y beben sangre humana en el cráneo engastado en oro de Valdivia. Entonces, los soldados del gobernador atacan por sorpresa, dándoles el Santiago. Alonso de Ercilla captura a Caupolicán y aunque el general herido en su orgullo de guerrero quiere morir, Don Felipe lo encarcela, a lo que contesta el indio con ironía: "*Caupolicán*: Libre nací, / La libertad defendí / De mi patria y de mi ley; / La vuestra no la he tomado" (633). Don García sabe que tiene que castigar a Caupolicán por instigar la rebelión y no puede perdonarle la vida: "*García*: Pésame, Caupolicán, / Que perdonarte no puedo" (634). Por su parte, Fresia asesina cruelmente a su hijo menor, puesto que según exclama, no quiere criar el vástago de un cobarde que permitió lo prendieran sin darse antes la muerte.[13] Asimismo habla de matar a Caupolicán con sus propias manos si no hay español que lo haga. Sorprendentemente, pero en consonancia con la vertiente apologética a la cual nos tienen acostumbrados estas obras, Caupolicán desea que el marqués lo instruya en lo que el indio mismo llama "la verdad" (635) y lo apremia a que le mate el cuerpo para dar vida al alma: "*Caupolicán*: Da muerte al cuerpo en castigo, / Da vida al alma, que es más; / […] Piérdase el cuerpo, que es tierra: / Gánese el alma, que es cielo" (635). Don García expresa la convicción, por otro lado común en la teología vitoriano-lascasiana, de que Caupolicán tiene "entendimiento" (635) suficiente para conocer a Dios. De ahí que el "salvaje," cual "niño" en los términos de Vitoria o de Las Casas, conteste:

>Caupolicán   Capitán,
>Aunque bárbaro, bien siento
>Los consejos que me dan:
>Inmortal alma tenemos,
>Ya que la vida acabamos,

Capítulo dos

>   De darla al alma tratemos;
>   Serás mi padrino.
> Don García   Vamos;
>   Y este parentesco haremos. (635)

Después de estas pías palabras, Don García acepta pues ser su padrino de bautismo, mientras Engol lo llama cobarde sin honor por dejarse prender.

A diferencia de *El gobernador prudente* y de *Algunas hazañas*, en *Arauco domado* Don García es pleno y único responsable no sólo de la tortura de Galvarino, sino también del empalamiento del traidor Caupolicán, pues él mismo lo ordena: "*García*: Mataste á Valdivia, echaste / Muchas ciudades por tierra; / Tú diste fuerza á la guerra, / Tú la gente rebelaste, / Tú venciste á Villagrán / Y tú morirás por ello" (634). Además, el resto de los indios no se arrepiente, pidiendo el agua bautismal al ver bautizar y morir a su líder, incluso algunos expresan su furia en la venganza contra el peninsular, caso de Fresia y Engol. A este respecto, Lee expresa que "Esta postura los aísla de los demás, partidarios de una solución pacífica después de las derrotas sufridas en el campo de batalla" (141). Por consiguiente, por un lado Lope subraya que la guerra, la evangelización y la supuesta pacificación no han concluido, debido a la codicia y a los despropósitos de los gobernadores anteriores, como apuntó en el primer acto el propio Rebolledo. Engol jura vengar la muerte de su padre matando a Hurtado de Mendoza y derrocando a Felipe II en España. Sin embargo, por otro lado, Caupolicán muere del todo adoctrinado, expresando en sus últimas palabras y antes de ser torturado argumentos teológicos traídos a la luz por Vitoria y Las Casas, como aquél por el cual no pueden pecar los que no conocen a Dios, o la imagen de la luz del entendimiento agente que ilumina su arrepentimiento y posterior confianza en el Padre:

> Caupolicán   Señor, si yo era bárbaro, no tengo
>   Tanta culpa en no haberos conocido;
>   Ya que me han dicho lo que os he debido,
>   Sin pies á vuestros pies clavado vengo.
>   Yo confieso que tarde me prevengo;
>   Pero dicen que estando arrepentido,
>   Debo creer que en este día he nacido;
>   Perdonadme, Señor, si me detengo.

La conquista de Chile y la reconquista de Brasil

> Pasé adorando al sol mis años tristes,
> Contento de mirar sus rayos de oro;
> Pero ya sé que vos al sol hicistes.
> Mi edad pasada arrepentido lloro:
> ¡Oh Sol, autor del sol, pues luz me distes,
> Con esa misma vuestro rayo adoro! (636)

Caupolicán tras cantar este soneto ha muerto empalado y flechado igual que en *La araucana* de Ercilla, pero con la entereza de un héroe, con ese estoicismo católico del que se sabe salvado que nos recuerda el Caupolicán-Cristo que el mismo Lope propone en su auto posterior, *La araucana*. La cosa es clara para Valentín de Pedro cuando al hablar de *Arauco domado* afirma:

> La conversión de Caupolicán permite a Lope incorporar al héroe de Arauco al orbe cristiano. Y más aún: hacer de aquella mítica figura del mundo recientemente descubierto, —el mundo que en virtud de la conquista se incorpora a la civilización occidental—, una contrafigura del Divino Redentor, un Caupolicán-Jesucristo [...] Lope de Vega, al igual que Darío, admiró la grandeza del héroe de Arauco. Pero Lope era un poeta español del siglo XVI, un poeta católico, cuyo ímpetu lírico estaba en la fe en lo divino, y vio a Caupolicán con sus ojos de poeta español de su tiempo, es decir, lo vio transfigurado. ("Homenaje" 10–11)

"Caupolicán-Cristo," una imagen que Menéndez Pelayo ha tachado de "absurdo delirio," "farsa tan irreverente y brutal" (cit. en de Pedro, "Homenaje" 12), no es, a mi parecer, tan peregrina.[14] Obviamente, que el cacique indio en el drama se sacrifique por los pecados de su pueblo es algo inverosímil, pues no acepta, cual Cristo, la captura y el castigo —al menos este último hasta avanzada su conversión en escena. En cambio, sí me parece que ese Caupolicán-Cristo representa en la comedia de Lope ante el auditorio una personificación alegórica del valor, del arrepentimiento, del sacrificio y de la regeneración que lleva aparejado, y de la confianza en Dios. Caupolicán ha sido elevado al plano heroico en el que se encuentra Hurtado de Mendoza —como hiciera en *La araucana* Ercilla en su día ensalzando tanto al soldado español como al indio, aunque concretamente el marqués no fuera santo de su devoción.[15] Ambos, aguerridos héroes, lo han dado todo por sus respectivos pueblos e ideales, ideales que, tras la conversión del indio, coinciden. Don García

Capítulo dos

habla de formar "parentesco" con el amerindio. Fijémonos: ser su padrino, esto es *senso estricto*, ser un segundo padre, tutelar su aprendizaje y educación moral.[16] Y aunque hemos visto que Engol y Fresia no se someten y juran venganza, comienza aquí el capítulo definitivo de la pacificación/evangelización de Arauco —aunque en realidad, históricamente, los españoles nunca lograron dominar a los araucanos por completo. De este modo, mediante el pío arrepentimiento del cacique que se lleva a cabo en escena, Lope conecta al indio con el español, al nuevo súbdito con su también nuevo monarca, al hijo con el Padre, al personaje con su público, a América con España. Esta conexión culminará posteriormente con la presentación de la figura de Caupolicán-Cristo en su auto *La araucana*, de modo tal que Cristo es también americano, Cristo es definitivamente universal. Por lo tanto, coincido con Dixon cuando mantiene sobre *Arauco domado*:

> His (Lope's) play was undoubtedly written to order, to extol don García's triumphs. Without diminishing, however, but rather enhancing his protagonist's stature, he contrived to create among that protagonist's formidable Indian opponents a tragic hero whose fall could also be shown as a triumph. ("Lope and America" 268) [15]

Autores como Corominas inciden en que ninguno de los dramaturgos, poetas (Oña) o historiadores (Suárez de Figueroa) que cantó las hazañas de Hurtado de Mendoza consiguió lo que se propuso, esto es, elevar al marqués a figura mítica. Y es que Ercilla "lo dejó de tal manera amarrado dentro de lo humano, con rasgos de héroe y a la vez antihéroe, que nadie, ni la pluma de Lope, han conseguido desamarrarle" (169). Los crueles actos de Don García, yo diría, frenan, pero no "quitan toda posibilidad de mitificación del héroe" (170), como afirma Corominas. No olvidemos que son los indios mismos los que repetidas veces llaman al prudente "San García," y que Lope canta ampliamente no sólo sus virtudes y servicios, sino su inigualable capacidad de evangelización, algo que vemos repetido hasta en *La Dragontea*, donde también Lope dedica unas estrofas al heroísmo de Hurtado de Mendoza. De modo que "El héroe español está presentado, en efecto, como expresión máxima de las virtudes militares, políticas y religiosas, que constituyen el

La conquista de Chile y la reconquista de Brasil

núcleo del sistema de valores al que hace referencia la ideología de la comedia" (Antonucci, "El indio" 27).

Por otro lado, Lauer ("La conquista" 103), que no ve en estas obras una visión clara y única sino el choque de dos posturas opuestas igualmente defendidas y enconadas donde las acusaciones de crueldad y tiranía caen de los dos lados, subraya en éste y en el resto de los dramas sobre Chile un elemento claramente unificador desde el plano humano: el amor, amor o enamoramiento entre español e india. En mi opinión existe otro elemento unificador: el triunfo final de la fe mediante la conversión, es decir, el amor metafísico.

Es curioso que Francisco Ruiz Ramón ("El héroe") haga referencia también a otro tipo de amor, el "amor sublime," para referirse a "la admirable pasión de la libertad" (231) del pueblo araucano frente al conquistador. Para el crítico el drama no es más que "un canto a la libertad del vencido, el cual es ofrecido escénicamente a la admiración del público como héroe, no como antihéroe, con todas las implicaciones ideológicas que esto comporta" (234). Como se ha señalado, en este drama el indio va a ser visto desde el principio además de como bárbaro, como héroe y honroso enemigo, por su valor, por su arrojo, por sus ideales libertarios; pero eso no significa crítica alguna a la legitimidad del proceso de conquista y evangelización, como insinúa Ruiz Ramón. No deja de sorprender que el crítico no evalúe los versos de contrición de Caupolicán en las tablas, su apadrinamiento con el español en frente del auditorio y las implicaciones de la presentación de la figura de un Caupolicán-Cristo, figura a la que simplemente valora de "significativa y fascinante" (239). Tampoco tiene todo esto en cuenta Viviana Díaz Balsera al subrayar que Arauco no ha sido domado y que el deseo en el indio de sacudirse el yugo español es ahora más fuerte y firme que nunca, añadiendo:

> García, in spite of his saintliness, impeccable bravery, and loyalty to the King, has failed to eradicate the Araucanians' disruptive desire for freedom. He does not rule over their self-image. The promise of another uprising cracks the colonizer's fantasy of a spiritual conquest in which his dazzling superiority would finally move the barbaric Other to occupy voluntarily the position of subaltern so that his civilizing process may finally begin. (35) [16]

Capítulo dos

Y yo me pregunto: ¿Y qué es la más que admirable conversión de Caupolicán sino un magnífico ejemplo de esta voluntaria posición subalterna con la que el proceso civilizador del indio comienza de acuerdo con la óptica lopesca? Por su parte, Barbara Simerka habla del discurso anti-épico del *Arauco domado* en lo que supone la combinación del género épico —aquél que celebra el heroísmo en la batalla— y trágico —evocador del sangrante precio que supone la conquista. Esta indeterminación genérica, además de la aparición de la voz de los vencidos, implica una notable crítica al imperialismo peninsular. Simerka observa esto en el análisis conjunto de *La Numancia* de Cervantes y *Arauco domado* de Lope:

> In these two plays, the deployment of multiple genres functions to collapse the boundaries between the genres; and the ascription of conflicting genres to the events and ideologies represented, without closure, further problematizes the identification of a generic dominant or of a definitive political statement. The potential for subversive ramifications outside of the theater is implicit in this open-ended staging of the controversies concerning imperialism that engaged the period. (66) [17]

Arauco domado no tiene un final abierto, ni representa la actuación militar en Chile como injusta, bárbara —en tal caso, cruel— y mucho menos anticristiana, como escribe Simerka en la página 59 de su ensayo. El hecho de que el indio jure venganza significa que Arauco no está todavía del todo domado como quisiera la Corona, más que nada por las malas políticas y abusos de Aguirre y Villagrán al suceder a Valdivia. Lo que sí se implica es que con la intervención de Don García y los suyos el rey/cacique indio ha sabido ver su error, y ha sabido rendirse al "verdadero Dios" para gloria del monarca español. Se ha dado el cierre, se ha cumplido lo que la dedicatoria del drama decía y lo que el demonio Pillán anunciaba: "San García" ha introducido definitivamente la cruz en esos dominios y ha apadrinado al indio tras su conversión en las tablas. Miró Quesada (*América* 65) habla de un patriótico "fin feliz" que satisface al público y Case ve en estas "escenas místicas" cómo "*Arauco domado* posee algunas características de una comedia de santos" (17).[17]

Claudio Cifuentes Aldunate, en un estudio dedicado al mito de Caupolicán, habla de que en Ercilla el cacique muere una "muerte de monarca al morir temido más allá de la muerte" (64). Ercilla así, mediante la conversión del araucano, mediante un "sincretismo," un hermanamiento, iguala el heroísmo y la moralidad de Caupolicán a los de Don García. Esto es lo que consigue Lope en *Arauco domado* y lo que se había propuesto previamente Ercilla, si atendemos a lo que nos dice Cifuentes Aldunate a propósito de *La araucana*:

> Este relato de primer grado constituye la primera noticia sobre Caupolicán. En él se construye una historia (mito) que pretende resolver la contradicción conquistador/conquistado a través de un sincretismo en el que "el mejor" de los naturales de Arauco se reviste de virtudes que lo hacen "el mejor" según el sistema axiológico español. (64)

Y es que la construcción positiva que se hace del *Otro*, tanto en Ercilla como en Lope, si bien sirve para denunciar los excesos de los peninsulares, no subvierte en modo alguno el discurso del colonizador.[18] Asimismo, al aceptar el cristianismo, Caupolicán se coloca bajo el discurso universalista-providencialista del conquistador, lo cual no cuestiona, sino que definitivamente refuerza la empresa de conquista.[19]

Algunos estudiosos, como Jack Weiner, interpretan el episodio de la muerte del cacique en el drama como una crítica al conjunto de la actuación militar peninsular en tierras araucanas: "Para Lope la muerte cristiana de Caupolicán y la falta de caridad de don García en no perdonarle la vida aunque Caupolicán había aceptado la fe cristiana, simbolizan la ceguedad de los españoles" ("La guerra" 71). El crítico no tiene en cuenta que para ser mártir (Caupolicán-Cristo) hay que entregarse a la muerte. Caupolicán, una vez capturado, ha ansiado su muerte al entenderla como justo castigo a sus faltas, las cuales son su idolatría y su traición a la Corona. En esto sí veo una diferencia radical entre Lope y Ercilla. En *La araucana*, Caupolicán pide clemencia a Reinoso aduciendo que la paz común se destruye con su muerte. El cacique promete ser el medio para la instauración del cristianismo en Arauco si se le perdona la vida. Sin embargo, después de aceptar el bautismo es sentenciado al empalamiento. En este caso, perdonarle la vida tras el bautismo probablemente hubiera sido la mejor solución para los píos intereses peninsulares. Por el contrario, en *Arauco domado* el jefe indio no sólo no pide piedad, sino que clama porque le maten

Capítulo dos

el cuerpo para unir su alma a Dios. Así, Ercilla piensa que el cruel empalamiento de Caupolicán provoca la desconfianza del pueblo araucano y socava la legitimidad de la conquista espiritual española, ya que los indios se ganarían del todo con un buen liderazgo cristiano. Sin embargo para Lope, la muerte del noble cacique, voluntariamente aceptada como martirio, funciona como un símbolo del triunfo del cristianismo y el genuino comienzo de la evangelización que lleve al vasallaje a ese pueblo indómito. En este sentido, la ejecución del cacique en ambas obras sucede como castigo ejemplar por la rebelión que el indio instiga, por sus cultos idólatras, por la matanza de españoles ilustres y por el salvajismo que entrañan actos como el canibalismo o el infanticidio que vemos en Lope y no así en Ercilla. Quede claro que estas últimas crueldades que colocan al indio fuera de los límites de la civilización no pasan desapercibidas en el auditorio, como tampoco lo hará el hecho de que sean los suyos los primeros que quieran acabar con el líder indio de no hacerlo los españoles. Además, la comedia de Lope, en este momento de la ejecución y muerte del jefe indio, bebe de los acontecimientos "históricos" cantados por Ercilla. Por tanto, creo que habría sido contraproducente darle un sesgo a la supuesta crónica para exonerar a Caupolicán. En este caso no importa tanto quién muere en las tablas, sino mucho más cómo muere: el clímax dramático trágico y la repercusión de sus palabras. No olvidemos que Caupolicán, a pesar de sus gentes, deseaba la paz: "*Caupolicán*: Aunque, ¡por Dios! que no he sido / Quien más los ha rebelado; / Que á todo acudí forzado, / Y de sus ruegos vencido" (634). El triunfo total del cristianismo se hace patente en el ejemplar y devoto discurso de arrepentimiento que el cacique, cual Cristo, cual "*pharmakos* [remedio] arquetípico" (Case 17), pronuncia al auditorio. La muerte de Caupolicán "is in this sense an *imitatio Christi*, not of course an unjust martyrdom but a punishment accepted as a penance" (Dixon, "Lope and America" 268) ["es en este sentido una *imitatio Christi*, por supuesto no es un martirio injusto sino un castigo aceptado como penitencia"].

No es para nada gratuito que Lope escriba estos versos sobre la contrición de Caupolicán ante su nuevo Dios y por tanto sobre el comienzo de su vasallaje a la Corona española, al lado de los que instantes después y con ayuda de un retrato se dedican a la alabanza y gloria del absolutismo de Felipe II, reciente rey de España. Sin embargo, contrariamente, Kirschner denuncia que la presentación de esta imagen doble en escena, rey español e indio empalado, socava el aparente final triunfante de la comedia:

> The superimposition of images in the same location of the stage, a location that, because of its recess and its being concealed by a curtain is often used to bring forth the element of surprise, points out and emphasizes that the true perpetrator of savagery is the Spanish Crown and, by delegation of power, its representatives in the Indies. ("Encounter" 38–39) [18]

No puede estar en mayor desacuerdo Glen Dille cuando defiende:

> Lope may well have initially undertaken the work as a result of or in hopes of patronage from the Mendoza's, but we see again and again its focus displaced from the victorious general and the heroic Araucanians to someone much grander, to the ultimate imposer of yokes, the monarch and the empire he represents [...] In the last scene his likeness is revealed to symbolically accept the Araucanian submission and to ratify the acts of the commander, Don García (121) [...] Clearly apotheosis and mystification are present in the *Arauco domado* as the Spanish troops and defeated Indians kneel before King Philip's statue. ("America Tamed" 124) [19]

Por nuestra parte decir que en *El Brasil restituido*, escrita al parecer no mucho tiempo después, Lope vuelve a presentar la imagen del rey en escena saliendo de la cortina y perdonando a los herejes, en un claro ejemplo del mayor apoyo al conservadurismo monárquico reinante. Fernández-Shaw opina acertadamente que con esta comedia Lope "tributa el merecido homenaje a la valentía de los araucanos, no sin acabar trayendo a colación la superior calidad de los españoles y de su caudillo, y la justicia que hubo, por tanto, con su victoria final" (680–81).

Resumiendo, *Arauco domado* presenta un doble discurso que contiene elementos encomiásticos y a la vez críticos con respecto a la actuación peninsular en América. Por un lado, ensalza a "San García" y a sus nobles; por el otro, denuncia su excesiva crueldad. Asimismo, la obra escenifica a un indio honorable y bárbaro al mismo tiempo, estrategia que sirve a los intereses de la Iglesia y el estado españoles. Igualmente, la obra denuncia la codicia y ambición peninsulares que cantan los araucanos, pero que sorprendentemente no vemos en la acción dramática. Lope ha subrayado el valor, el heroísmo y el amor a la libertad del pueblo araucano, pero patrióticamente ha terminado su comedia glorificando religiosamente el compromiso evangélico que la cristiana monarquía tiene a la hora de abordar el encuentro y conquista de esos pueblos: "El final del drama se instaura, como es de rigor en el teatro de Lope, sobre la concepción ordenadora sustentada en la ideología del aristocratismo cristiano de la generación de Felipe III" (Romanos, "La construcción" 192). Más aún, Lope es quien mejor lleva a las tablas la heroicidad de los araucanos anteriormente consagrada en la épica de Ercilla. Además, la postrera imagen de un Caupolicán-Cristo coloca al indio bajo el discurso universalista-providencialista del conquistador, y eso no cuestiona, sino que da alas a la empresa de conquista. Al tiempo que se celebra el "fin de la rebelión" y el "triunfo definitivo" de España en Chile, Don García expresa su idea de llevar a cabo el repartimiento de los indios para que sirvan en las encomiendas de los ilustres que lo han acompañado en tan relevante hazaña dedicada ahora al joven rey Felipe.

El gobernador prudente de Gaspar de Ávila

Ciertamente la obra de Ávila manifiesta esa doble visión con respecto a la conquista: su propósito encomiador de la figura de Don García, noble ilustre que lleva por fin "la paz" y "la verdad" a Arauco rebelado, sirve en notable medida como plataforma para criticar la actuación negligente y avariciosa de los militares que hasta entonces habían gobernado ese fiero territorio.

El primer acto de *El gobernador prudente*[20] empieza con la discusión entre Caupolicán y Tucapel por el liderazgo del pueblo araucano recién rebelado. Colocolo interviene poniéndose de parte de Caupolicán, porque ha confirmado tras la prueba de la viga —que viniendo de Ercilla se nos narra en *La bellígera* con detalle— ser más fuerte que ningún otro. Además el resto de los indios lo quiere así. Entonces, el viejo cacique arenga

La conquista de Chile y la reconquista de Brasil

a los amerindios para que luchen contra el español mediante el sacrificio de su sangre que todos los lugartenientes beben. Guacolda, enamorada de Tucapel y Lautaro, no sabe a quien dar su amor, especialmente cuando ya inclinada por Lautaro, el mago Fitón le vaticina que el joven indio morirá muy pronto. La dama pregunta a Caupolicán quién de los dos es más valiente y el líder responde a favor de Tucapel, lo que encoleriza a Lautaro de tal manera que decide hacerse traidor y luchar a favor de los peninsulares. Guacolda con esta salida del guerrero se siente ahora más atraída por él. En la parte española, Villagrán y Aguirre convencen a Valdivia de que ataque la rebelión porque de lo contrario los indios se crecerán. Entonces, cuando Lautaro pelea codo con codo junto a Valdivia, forzando a los indios a retirarse, sucede lo que en *La bellígera* de Turia, el indio se da cuenta de su error y motivando a sus paisanos a que den la vuelta derrota a los españoles. Caupolicán lo nombra teniente y le concede a Guacolda por esposa. Al final, ofreciéndole la cabeza de Valdivia a Eponamón, un Demonio les insiste que no aguanten la esclavitud del bautismo y que se rebelen contra el nuevo mando que está por llegar, Don García Hurtado de Mendoza.

En el segundo acto, a la par que se nos muestra lo fuertes y valientes que son los araucanos, se alaba a los Mendoza y toda su genealogía, mientras Don García Hurtado, nuevo gobernador y parte de esta dinastía, está en camino. El joven de veintidós años, una vez en Arauco, critica la codicia de los anteriores en el poder y habla de sus proyectos para mejorar la situación que ha llevado al indio a rebelarse. Entre estos proyectos se encuentran: la creación de un hospital para los indios enfermos y escuchar las quejas que tengan los "salvajes" sobre el abuso de sus soldados. A este respecto, Don García mandará a Aguirre y a Villagrán a que sean juzgados en el Perú. Después asistimos a un diálogo entre Colocolo, el más viejo cacique que intenta distraer y confiar a los españoles para vencerlos, y Don García sobre el derecho que tienen los españoles a conquistar y expandir la doctrina. Don García se da cuenta del ardid del viejo y el acto concluye planeando el ataque que mitigue completamente la rebelión.

El último acto se inicia con la reacción de "buen salvaje" de Colocolo por la que, una vez ha conocido a Don García, les pide a sus paisanos que lo venzan, pero que no lo maten. Guacolda

Capítulo dos

llorando le contará su ensoñación a Lautaro, donde ve a Arauco vencido y a él muerto de un flechazo. En poco tiempo veremos cumplida la visión de Fitón y su sueño. Caupolicán desafía en duelo a Don García para al final terminar huyendo al enfrentarse con él. En ese momento, Bocafría muestra el primer signo de crueldad de los españoles cortándole las manos a un aborígen por venganza. Guacolda desea morir al quedarse sin Lautaro y, como en *La bellígera*, vuelve a ser motivo de disputa entre los lascivos españoles hasta que el ilustre Don García interviene dándoles una lección de honor. Posteriormente, se produce la confrontación entre el crucifijo del gobernador y el dios indio Eponamón que se salda con el arrepentimiento de Guacolda y su aceptación del Dios cristiano. Al tiempo que Bocafría pide casarse con ella los indios de Arauco son los únicos que se mantienen rebelados mientras que los de otras numerosas regiones ya han aceptado al gobernador, trabajan en las minas y pagan gustosamente los tributos. Luego, en la ceremonia de bautismo de Guacolda, los indios planean su ataque definitivo intentando sorprender a los españoles, algo que es imposible donde se encuentre Don García. El ejército español vence definitivamente al araucano que se entrega rendido tras nueve batallas y la ocupación de diez ciudades —historiadores, poetas y dramaturgos según J. T. Medina hablarán sólo de siete batallas y nueve ciudades fundadas (110). Por último, mencionar la muerte de Caupolicán cruelmente empalado a manos de Reinoso que produce gran conmoción en el más pío Don García y la petición de Guacolda de querer ser monja, eventos ambos que cierran una obra atravesada de situaciones netamente inverosímiles y que si bien es defensora de la conquista de Arauco, se muestra crítica con la actuación de algunos de los españoles.[21]

Colocolo es el primero que al principio del primer acto exhorta a sus compatriotas para que luchen contra los españoles, que no son dioses sino avaros mortales: "*Colocolo*: Hombres son, y como tales / codiciosos y mortales [...] sedientos adquieren / nuestros preciosos metales" (16). A la vez se pregunta: "¿por qué os han de reducir / a mísera esclavitud? (16), para concluir el argumento reiterando que no les permitan "domesticar a sus fueros / vuestra exempta libertad" (17). En ese sentido el indio vuelve más tarde a decir: "*Colocolo*: Noble Arauco, patria amada, / pedid al Sol libertad, / pues dél estáis reservada" (19). De igual manera, al final de la batalla y con la cabeza de Valdivia en la mano se hace una pequeña referencia, insignificante en comparación con la obra de Turia, a la codicia del gobernador, interés por el oro que Medina niega que Valdivia tuviera "que nada quería para sí y todo para la empresa de fundar un estado español en este rincón de la tierra americana" (41). Indudablemente, tal imputación viene en estos autores de haberlo hecho antes Ercilla en su épica.[22] Posteriormente, el jefe araucano le ofrece la cabeza del gobernador a su dios Eponamón. Entonces, el Demonio sale para instigarles que luchen contra "esta gente de España, / que con tan falsos preceptos / os quiere tener sujetos, / os supedita y engaña" (43) y avisar a los indios de que Don García Hurtado de Mendoza se halla en camino para ayudar a los suyos. Sin ninguna duda, todas estas críticas al comportamiento de los españoles son percibidas por el público que asiste a la obra. Más todavía, cuando a la llegada de Don García, las tropas le ofrecen unas barras de oro como presente, y el joven inmediatamente comienza un largo discurso en el que critica a los peninsulares puesto que deben servir sólo de tutores y no ser usurpadores de lo que los indios no les den (54). Don García además incide en que:

> Don García   Demás de que los cristianos
> siempre han de mostrarse humanos,
> que son prudentes acciones
> conquistar los corazones
> antes de rendir las manos.
> Y a mí en efecto me envía
> aquí el Marqués, mi señor,
> con su intención y la mía,
> si, a castigar con rigor,
> a obligar sin tiranía. (55)

El marqués añade que va a crear un hospital dedicado a los indios de Arauco enfermos, aquéllos de los que no se ocupan los que allí rigen. Por último lanzará un pregón para que los araucanos que se quieran quejar de la actuación de los soldados en ellos lo hagan, lo cual precisamente llevará a Aguirre y a Villagrán ante la Audiencia del Perú. Un indio se queja de que Villagrán le robó dos barras de oro de su buhío. Don García se las restituye y le regala las doce que él recibió diciendo que "Lo primero, al gobernar, / se sigue el restituir / y luego el distribuir, / sin ofender ni quitar" (66). Si la rebelión de los araucanos, como prueba el mismo Don García, parece iniciarse por los abusos de los españoles, he aquí dos de los mejores ejemplos de dichos abusos: primeramente, Bocafría le corta las manos a un indio por venganza, reminiscencia de lo que hacen los soldados españoles con Galvarino, crueldad que luego observaremos exacerbada en *Los españoles en Chile* de Bustos; segundo, Caupolicán acaba siendo empalado por Reinoso, eso sí, después de haber recibido el bautismo, como relata también *La araucana*. Don García lo cataloga de "hecho tan inhumano" (111) que quiere castigar a Reinoso, pero Guacolda recién bautizada le ruega que lo perdone.

No obstante, lo que merece una atención especial es la reveladora entrevista entre Colocolo y Don García al final del segundo acto, dada la calidad de los argumentos que se esgrimen. Por primera vez en estas comedias, dos personalidades, un español y un indio, tienen una entrevista donde relajadamente sentados debaten críticamente el actuar de ambos. El indio con un lenguaje riquísimo, desde el cual muestra ser sabedor del honor de los Mendozas y de la doctrina que profesan, le pregunta a Don García —aunque la pregunta no es genuina, sino que tiene por finalidad hacer que se confíen los españoles para atacar inadvertidamente— qué derechos tienen los peninsulares para adquirir y gobernar esos territorios: "*Colocolo*: aquí es justo introducir / vuestro imperio soberano?" (70). Al mismo tiempo, se muestra crítico con el hecho de que le impongan otra religión: "que le dáis, juzga prudente, / a nuestro espíritu ardiente / culto de otra religión / cuando es ya rigor impío / obedecer mandamientos, / de extranjero señorío, / que siempre han de estar exemptos / los actos del albedrío" (71). Para terminar, el salvaje habla de Adán, de sus almas inmortales, iguales a las de los peninsulares y de tener la misma naturaleza humana que el conquistador, todo lo cual le lleva a preguntarse "¿qué razón / fuera de injusta intención, / os determina y consiente / desta región de Occidente / tan amplia jurisdicción?" (71). Del mismo modo, Colocolo en el tercer acto volverá a criticar el gobierno de los españoles pues "el dominio natural / es el que el cielo consiente" (83). Al final, el cacique le dice al nuevo gobernador que si lo convence mostrándole algún derecho que justifique la colonización y la conquista piensa arrodillarse ante Felipe.

La conquista de Chile y la reconquista de Brasil

Don García, por su parte, comienza llamando a la idolatría del indio: ciego error, y continúa aseverando que su imposición es de una "justicia evidente" (72) —"evidencia" como la definiría otro hombre del XVII, Descartes, es aquella cosa que se presenta al intelecto con los rasgos de claridad y distinción—, es decir igual que la "ley natural," no se necesita mucho tiempo para conocerla, o lo que es lo mismo, compelidos por esta justicia no tardamos en captar su validez y ajustarnos a ella. Don García reconoce que los tributos impuestos hasta ahora por los otros gobernadores han sido excesivos y "Esta razón nos condena" (72). El problema de los tributos y la explotación de los indios en las encomiendas y minas fue denunciado en el Canto III de la obra de Oña, y en el Libro I de los *Hechos de Don García* de Suárez de Figueroa. Ambos autores defienden que con la llegada de Don García a Arauco cesaron los abusos. Después, el marqués le explica al indio que la introducción del Papa y el rey Felipe supone la justa ley religiosa "con preceptos amorosos" (73) que los araucanos aprenderán a guardar, pues ambos líderes europeos tienen "inmediatos de Dios, / poder para reducir" (72), es decir, el Papa tiene poder para imponer la religión —"instruir"— y el rey la sujeción —"oprimir / con fuerza." No extraña que Caupolicán, en el tercer acto, reciba la misma respuesta cuando pregunta: "¿En qué se funda, quisiera / saber, esta acción primera / del dominio de tu Rey?" y Don García contesta: "En instruiros la Ley / de Dios, que es la verdadera" (87). Seguidamente, la comedia a través del personaje de Don García revela las razones de conquista que los discursos jurídico-teológicos habían desplegado durante el siglo anterior y en adelante: el español es superior al indio "en el conocimiento, / en la Fe y en el intento" (73), o sea, en la determinación para resolver algo, si no también en el coraje. Y así, con esfuerzo, no sólo todo ello lleva al peninsular a saber lo que es mejor para el indio, sino más incluso a dar la vida por su redención: "*D. García*: Y esto sin argumentar / se puede aquí comprobar / el quereros redimir, / pues venimos a morir / por no dejaros errar" (73). La explicitación de este discurso apologético-moralizante, sin duda, tendría un potente poder adoctrinador en el auditorio. Por eso es conveniente recalcar que el propósito de la obra de Ávila consiste en sacar a nueva luz lo sabias de las medidas de Don García que no sólo atajan los excesos de los peninsulares, sino

Capítulo dos

que traen el "mejor y más pío gobierno" al territorio mapuche. Baste para documentar la piedad de Don García el hecho de que en el segundo acto se postre en el suelo, humillándose delante de un indio cuando éste está a punto de recibir el bautismo. Pedro de Oña hace referencia también a este episodio en su Canto III. Por esa razón, al principio del segundo acto se ensalza a los Mendoza trazando un recorrido detallado por su genealogía, algo que veremos también en el tercer acto de *Arauco domado* de Lope y que según J. T. Medina fue tomado en ambos casos de los *Hechos de Don García* de Suárez de Figueroa.

Pero antes de alabar la sangre de los Mendoza, Ávila nos recuerda, a través de Villagrán y Don Luis, lo fuertes y valientes que son los araucanos. Aunque se muestran bastante fieros bebiendo sangre y cortando cabezas, cosa que los españoles igualarán con el empalamiento de Caupolicán, salen también caracterizados como de los más inteligentes, como ha quedado de manifiesto en el diálogo entre Colocolo y Don García. Al indio se lo considera idólatra, "bárbaro bruto" (24), a lo largo y ancho del texto en boca de los conquistadores y de los mismos indios. Tucapel llama bárbaro a su propio pueblo porque ignora su valor (14) y Guacolda hace lo mismo para que acepten el bautismo y se conviertan:

> Guacolda   los que a un ídolo han creído
> que glorias no perderán?
> Tómate cuenta a tí mismo,
> Arauco, en tu barbarismo,
> que el vencimiento mayor
> es el conocer tu error
> con la crisma del bautismo. (109)

Sin embargo, a la vez que el indio presenta un "error," es decir adolece de "la verdad" que lo convierte en adulto, se nos muestra profundamente cultivado y honorable al nivel de cualquier súbdito español que se precie de serlo, esto es, que se rija por el código del honor. De esta forma, el indio sabe de honor, tiene alma y conoce la dialéctica que ésta mantiene con el cuerpo, alude a diferentes facultades, entre ellas la voluntad y parece entender conceptos como la fe. El indio posee buenos sentimientos, revelando con nitidez la postura del "buen salvaje," tal y como sugiere Colocolo a sus guerreros después de su entrevista con Don García:

La conquista de Chile y la reconquista de Brasil

> Colocolo   y si puede el enemigo
> obligarnos a respeto
> y amor, claramente os digo
> que le soy en lo secreto
> del alma inclinado amigo.
> Y si habéis de hacer por mí
> algo, sólo os pido aquí,
> que si vivo le podéis
> rendir, que no le matéis
> Caupolicán   Yo te lo prometo así. (80)

Todo parece apuntar a que el indio mapuche posee *de facto* las capacidades que le hacen ser digno de recibir "respeto y amor," algo que también quedará probado en la obra de Turia.

Numerosas son las semejanzas y diferencias entre *La bellígera española* y *El gobernador prudente*, y vale la pena hacer mención a algunos de los pasajes que las dos recrean en escena. Así, mientras en Ávila la traición de Lautaro se explica porque delante de Guacolda lo tengan en menos valiente sus paisanos, en Turia la motiva el malentendido amoroso con la india. Y si al principio decide, herido en su orgullo, luchar de parte de los cristianos para que los suyos midan propiamente su valor enfrentándose a él, poco después se dará cuenta de quién es, exclamando: "*Lautaro*: ¿Qué dirá el mundo de mí, / si por mí queda ofendida / mi patria? Un enojo leve / me ha de hacer, que vengativo / a Chile deje cautivo?" (39), algo parecido a lo que ocurre en *La bellígera*. Igualmente, una vez los españoles están haciendo huir a los indios, Lautaro les incita a que no abandonen y luchen contra los cristianos derrotándolos. Caupolicán entonces reconoce el valor de su guerrero y le promete a Guacolda, no sin antes condecorarlo como el artífice de la victoria que Lautaro justifica en la sangre que bebió de su jefe. Por otro lado y ya en el tercer acto, Guacolda llorando le dice a Lautaro que ha tenido un sueño, igual que al final del Canto XIII de *La araucana*, donde ha visto la derrota de Arauco y a él muerto de un flechazo, evento, que en breve va a tener lugar. En *El gobernador prudente* el mago Fitón es el que le dice a Guacolda que Lautaro morirá prontamente, sin embargo, en *La araucana* ese augurio proviene del sueño de Guacolda, al que se referirá más adelante la comedia, y en *La bellígera* será visión tanto de Valdivia como de la misma india. La misma escena aparece en la obra de Turia más teatralizada y adornada de detalles. Ávila, en este sentido, sigue más de cerca *La araucana*, donde se deja en suspenso, una vez herido, el fin que tuvo Lautaro.

Caupolicán, como cuenta Ercilla, en otro de los pasajes más adoctrinadores, desafía a Don García a un duelo. El Prudente, al empezar la lid, se ofende de ver en la cabeza de Caupolicán una corona de rey —corona de oro que le ha dado Eponamón a través de su esposa—, reacción curiosamente contraria a las palabras del guerrero momentos antes cuando decía: "*Caupolicán*: que corona que un Dios da, / a nadie puede ofender" (82–83). El caso es que en ella Don García ve a un "Católico sujeto" (87), condición en la que el indio en absoluto se le compara. Inmediatamente, el español implica que el llevarla es símbolo de "injusta tiranía" (87), esto es, rey que no es católico es tirano. Ése es el tipo de unión Iglesia (Papa)–estado (rey) que le revelaba Don García a Colocolo en la conversación anterior.

También en el tercer acto se nos narra exactamente la misma escena que en *La bellígera* de Turia, en la cual Hurtado y Ortiz luchan por Guacolda, y Don Pedro tiene que darles mil pesos para saciar su codicia y que la dejen libre. Ahora, en la obra de Ávila van a ser Don Felipe y Don Luis los que discutan por la india en calcados términos. La diferencia, sin embargo, es que aquí Don García, el gobernador prudente, no sólo no les compra la inclinación, sino que piensa que se trata de una debilidad y un reprobable deshonor —"*D. García*: que se reduce a delito / el gusto donde hay honor, / flaquezas del apetito / entorpecen el valor" (91–92)— y zanjando de este modo la cuestión libera a la india. Guacolda, igual que en *La bellígera*, quiere morir porque ha muerto su amado. Lo interesante e irónico es que se dirija a Don García, después de lo ocurrido, en términos tan apologéticos de la colonización y conquista peninsular —"*Guacolda*: Capitán prudente y sabio, / a cuyos valientes hechos, / la restauración de Chile / tiene reservado el cielo" (92)— para luego intercalar cierta crítica al citar el pensar de un ídolo —"*Guacolda*: Arauco seguro y libre / de vuestro tirano imperio" (94). Una vez más observamos cómo se mezclan en la composición dramática la visión crítica y la conmemorativa en estos autores. Sin embargo con la ilustradora escena que Don García pone al uso, en la que confronta al demonio de la india con el Dios de su crucifijo, termina Ávila remarcando la visión más institucional de la empresa, al tiempo que prueba la "ciega

La conquista de Chile y la reconquista de Brasil

idolatría" del "salvaje" y su "torpe entendimiento" (95), bastiones de todo el discurso jurídico-teológico de conquista:

> Don García   Demonios son vuestros dioses,
> y con engañoso intento,
> por asegurar las almas,
> os lisonjean los hechos.
> Solamente nuestro Dios
> es, Guacolda, el verdadero,
> y el que nos hizo de nada,
> estando siempre en sí mesmo. (95)

Sucede entonces la escena traída de la comedia de santo por la que el Dios cristiano acalla al demonio indio Eponamón y Guacolda termina fielmente aceptando la doctrina: "Desengañada y temblando, / postrada a tus pies, te ruego, / que arrepentida me admitas / en la Ley de tu Evangelio" (96). Estas palabras bien podrían fundirse con las que pronuncia Don García después de decir de bautizar a la amerindia, pues revelan para muchos el *deber ser* de la conquista: "*D. García*: Y este, sí, es glorioso triunfo, / que en más estimo y más precio / darle a Dios una alma sola, / que a mi Rey un mundo entero" (96). El punto álgido lo constituye el que los indios llamen a Don García "San García" (99), tal como Bocafría refleja y ya lo había apuntado Oña en su *Arauco domado*. Queda claro el tipo de "prudencia" que lleva a un noble español a conseguir almas, súbditos y territorios en América: un pragmatismo político bajo el que se justifica la intervención en tanto cruzada religiosa. Una de las muestras de esta prudencia y pragmatismo políticos se da hacia el final cuando, ante la pregunta de Don Felipe sobre el tributo que han de pagar los indios, Don García contesta que "Sólo aquel que ellos quisieren / voluntariamente dar" (102), para luego explicar que así darán más porque se sentirán más libres y mejor gobernados. Después puntualmente se especifica: "*Don García*: Y cuando de nada pueda / servir esta cortesía / nuestro derecho nos queda / a salvo" (102), es decir, si no pagan, nosotros los forzaremos a hacerlo. Posteriormente, Don Felipe le anuncia al gobernador que los indios obedecen y que le pagan el doble de lo que a Valdivia, con lo que Don García prueba que cuando anteriormente no lo hacían, no era porque no pudieran, sino porque estaban maltratados y peor gobernados. Algunos indios de diversas regiones, según Don Felipe y Don Luis, se disculpan de su error diciendo que la guerra la causó Caupolicán —algo que dramáticamente le cuesta el empalamiento— y la rebelión el maltrato del gobernador anterior: "*D. Felipe*: que, a tratarlos con agrado, / ellos supieran sufrir, / obedecer y servir" (101). Algo esto último que Guacolda acepta gratamente, toda vez que sabe las oraciones muy bien y escoge llamarse María en su bautismo como en *La aurora en Copacabana*. Los araucanos atacan por última vez y se encuentran con el grito de cruzada de los peninsulares, ¡Santiago, y cierra España! (re-conquista). La india acaba completamente adoctrinada, llamando bárbaros a los congéneres que no quieren aceptar el bautismo y elogiando a Don García en su valor, prudencia, religión y grandeza:

> Guacolda   Vuestra señoría; señor,
> vino con su gran valor
> a redimir esta tierra;
> y así a un mismo tiempo aquí
> nos da cuidadoso a mí
> el bautismo de su ley,
> mayor poder a su Rey,
> y laurel eterno a sí. (108)

Colocolo se rinde, Arauco está domado y pide perdón al gobernador prudente que termina dejándolos libres. Entonces se precipita el final con dos acontecimientos, el empalamiento de Caupolicán y el rogar de Guacolda de que la hagan monja. De esta forma, los dos personajes que en el primer acto mostraban más inquina contra los peninsulares acaban de muy diverso modo: Caupolicán arrepentido, bautizado y muerto, sujeto de cruel, pero "necesario" y pío ejemplo de la violencia española; y Guacolda monja y rezando por la victoria de los españoles, reflejo del poder de adoctrinamiento y de la excelsa labor de los españoles en Indias.

La bellígera española de Ricardo de Turia (pseudónimo de Pedro Rejaule y Toledo)

La bellígera española[23] revela esa conciencia dividida: por un lado en ella, apologéticamente, se cantan las gestas de la conquista de Arauco —concretamente el asalto a Concepción— a

La conquista de Chile y la reconquista de Brasil

cargo de la belígera Doña Mencía de los Nidos, para lo cual Turia echa mano del recurso dramático que supone el despliegue en escena de las visiones de tres de los personajes principales, Valdivia, Lautaro y Guacolda, logrando así una mayor mitologización de esa épica; por otro, se critica la codicia de los peninsulares, incluyendo altos mandos, a la hora de llevar a término la cruzada. Ambas posiciones van a adquirir su desarrollo dentro del marco notablemente conservador de una comedia de enredo con altas dosis de elementos de la comedia hagiográfica y la mitológica. Para Antonucci: "En un plano ideológico, así como en la construcción de la intriga, *La bellígera española* se queda a mitad del camino entre un drama de hechos famosos (con las batallas, las hazañas y los milagros necesarios) y una comedia de enredo" ("El indio" 26). Una "tragicomedia histórico-novelesca" la llama Lerzundi (en Turia, *La bellígera* xv).

Turia, al parecer, se inspira para concebir el drama en un personaje ficticio, Doña Mencía de los Nidos, figura inventada por Ercilla, ya que no hay ninguna mención a su nombre en la lista de españoles que tomaron parte en el sitio a la ciudad de Concepción, como han apuntado Medina (*Dos comedias*) y Ruffner. Turia hace de Doña Mencía la líder de la contraofensiva peninsular después de la derrota sufrida por los hombres de Villagrán en el combate de Marigüeñu (1554), cerca de Concepción. Doña Mencía, según se cuenta en el poema épico, se ocupó en vano de arengar a la población, que abandonaba Concepción tras el levantamiento araucano, para que no huyera a Santiago y defendiera sus tierras y bienes hasta morir. El personaje sale de Ercilla y como expresa Lee "reaparece en la crónica de Góngora Marmolejo, mas no en las obras de Lobera/Escobar, de Oña, o de Suárez de Figueroa" (165–66). En esta obra de teatro sus palabras sí surten efecto e infunden valor en los españoles que con ayuda de la Virgen derrotarán a los indios.

Antes de entrar en el análisis de la pieza hay que hacer referencia al hecho de la no aparición de Don García Hurtado de Mendoza en esta obra. En todo caso, si Don García se halla en la comedia es bajo el nombre de Hurtado y es representado como un soldado común, incluso avariento. Todo esto es prueba de que Turia no pretendía hacer ningún encomio de los Hurtado de Mendoza.

Capítulo dos

En el primer acto, en plena rebelión araucana contra los españoles, Turia nos narra las cuitas amorosas entre Lautaro, Rengo y Guacolda. Al tiempo que Rengo rapta a Guacolda, amada de Lautaro, descubre este último un papel donde ella habla de que quiere a Rengo, cosa que una vez confrontada Guacolda negará siempre, porque como sabremos en el segundo acto, el papel lo ha escrito Hipalca para estar cerca de Rauco, criado de Rengo. Despechadamente, Lautaro desprecia a Guacolda —que denigra su condición de mujer— y decide marcharse a la guerra tras el varapalo amoroso. Hasta aquí, como se ve, toda una comedia de enredo. En opinión de Lerzundi:

> Guacolda (a pesar del título de la obra) es la protagonista de la misma. Es la inocente manzana de la discordia entre Lautaro y Rengo; es leal, bellísima y bastante inteligente a pesar de su ignorancia. Es la epítome de la salvaje inocente que, consciente de su inferioridad, no puede (como Doña Mencía) sobreponerse a su condición genérica y se lamenta estoicamente: "¿Para qué nacéis al mundo / nunca creídas mujeres." (*La bellígera* xviii)

Como apunta también Laferl (225), la valiente Doña Mencía no parece ser para Turia la protagonista del drama, pues no aparece hasta la mitad del segundo acto. La mayor parte del drama se concentra en las vicisitudes de los indios. En este sentido, se cuenta cómo todos los caciques de esa tierra se unen con Caupolicán al frente para rebelarse de una vez por todas de la esclavitud española y su codicia. Lautaro, primeramente, comienza la guerra de parte de las tropas de su padre, Pillán, y de Gracolano, el padre de Guacolda, los cuales ofrecen sus hombres, siendo leales a Valdivia y en contra de su propio pueblo. Pero más adelante, el joven guerrero se da cuenta de quién es, noble araucano, y luchando desaforadamente contra los españoles alienta a los suyos hasta matar a Valdivia. El General español antes de morir le augura que una flecha lo matará a él y que Rengo se casará con su amada.

En el segundo acto aparece Guacolda, vestida de español —recurso del disfraz que ya veremos en Bustos—, con la intención de que la encuentre Lautaro, que denodadamente lucha contra los conquistadores. Sin embargo, se topa con Rengo que otra vez la quiere para sí. Doña Mencía y Don Pedro salen a escena coincidiendo con ellos. Guacolda disfrazada a la española les pide ayuda y mientras Doña Mencía lucha con Rengo, la joven india desaparece y éste al advertirlo huye. Después, Alvarado, herido, les cuenta a Don Pedro y Doña Mencía la terrible derrota que sufrió Villagrán, lugarteniente de Valdivia, y cómo todos los peninsulares intentan escapar de la crueldad de los araucanos. Cuando llegan despavoridos corriendo adonde Doña Mencía se encuentra, ésta les exhorta que no teman, que vuelvan a sus tierras y que luchen contra el enemigo araucano puesto que la Virgen los defenderá del bárbaro atrevido. Los españoles que la escuchan se convencen, como si de un sermón se tratara y la nombran caudillo. Lautaro se dispone a matar a todos los peninsulares que se encuentre, más aún cuando el diablo Eponamón se le aparece incitándolo a ello. Seguidamente, como en una guerra de dioses, aparece la Virgen de la Concepción, tal como predijo Doña Mencía, diciéndoles a los indios que desistan de su actitud bajo peligro de muerte, pues los cristianos son dueños de toda esa tierra. Los indígenas, notablemente asombrados de verla, huyen y los conquistadores ensalzan a las dos figuras femeninas artífices de la victoria, la Virgen y Doña Mencía.

El tercer acto comienza con los intentos de Don Pedro de conquistar el amor de Doña Mencía y con la traición del indio Rengo a su pueblo por la cual promete lealtad al mando español. Rengo, con la mirada puesta en Guacolda, decide ir a matar a Lautaro para lo que le pide permiso a Doña Mencía. Ésta acepta porque de esa forma conducirán al ejército español a una nueva y contundente ofensiva contra los indios, si a causa de la presencia de Rengo en el fuerte se rebelan de nuevo. Lautaro y Rengo luchan sin descanso, pero cae la noche y pactan continuar al día siguiente. Esa noche Lautaro presencia en una visión premonitoria su muerte y Guacolda también. La tragedia está servida para que se cumplan los vaticinios de Valdivia, que no tardan en materializarse. Rengo, Doña Mencía y Don Pedro arrasan el fuerte araucano haciéndose por entero con el territorio y sus gentes. Lautaro muere a manos de una flecha perdida y Guacolda acaba casándose con Rengo, eso sí según el *Aparte* para darle muerte. Con este final en el cual también Doña Mencía se une a Don Pedro se nos muestra la perseverancia y el brío del pueblo araucano que a tantos españoles les costará someter.

Capítulo dos

Resulta excesiva en esta obra la referencia constante de los indios a la mitología clásica. Con ella se enaltecen los atributos y el poder de los héroes que participan en la batalla. Numerosas son las referencias a lugares y figuras mitológicas que se citan, pero entre ellas baste nombrar a Ulises, Circe, Lothofago, Marte, Belona, Phitón, Baco, Régulo, Camila, Zenobia y Diomedes. De igual manera, la altura del lenguaje que ponen al uso los "salvajes" sólo tiene parangón en algunas de las obras que ya hemos analizado. El esquema que pone en juego Turia no es, por tanto, el de indio bárbaro *versus* español, que podría fácilmente deducirse del conflicto bélico entre ambos; sino más bien, el de personaje honorable *versus* no honorable, claramente acentuado por los elementos épicos que se incorporan provenientes de *La araucana* de Ercilla. Cual comedia de enredo se tratara, los amerindios hablan de celos de amor (144) que llevan a la sinrazón (149), o de fuegos de amor que oscurecen la luz de la razón (145); los "salvajes" poseerán honor —"*Guacolda*: puso al tablero mi vida, o mi honor, prenda querida, / pues no hay vida sin honor" (164)— y desde el principio luchan incansablemente por protegerlo. De ese modo, cuando Rauco le pregunta a Lautaro quién es, éste contesta: "Soy quien pone en residencia / a quien mina la inocencia / de tan honestas mujeres" (143). Pero Turia va más allá, de manera que Guacolda se refiere al honor de Lautaro exactamente en los mismos términos que la comedia de honor barroca, donde el robo de la dama mancha el honor del que la protege: "*Guacolda*: No quiero, esposo y señor, / que hoy rindan palabras mías / las gracias a tu valor, / pues volvías por tu honor, / si por mi ocasión reñías" (149). Inmediatamente la india habla de la diferencia cuerpo/alma y Lautaro también parece saber de libre albedrío, de la honra y además conoce a Dios.

Al mismo tiempo, la barbarie del indio queda manifiesta, pero no solamente en boca del español sino en la del propio amerindio. Los indios se llaman a sí mismos unos a otros "bárbaros" cuando no actúan conforme al código del honor. Además Lautaro defiende su honorabilidad fundamentándola en su origen (padre), como si de súbdito español se tratara, y su padre le contesta —"*Gracolano*: Hijo querido, / báculo de mi vejez / y vengador de mi afrenta [...] está mi honor a tu cuenta" (151)— decidiendo ponerse de parte de Valdivia porque le debe favores y su honor lo obliga a defenderlo como amigo. Es decir, Turia al parecer sin reparo alguno, pone en boca de los indios todo lo que pondría en la de los españoles.

Por otro lado *La bellígera española*, conteniendo numerosos elementos de *La araucana* de Ercilla, su "fuente directa y única" (Lerzundi, *La bellígera* xiv), resulta ser bastante crítica con el modo en que los peninsulares conquistan Arauco. Ya en el primer acto se describe la tierra indígena, sus caciques, el abundante oro, el buen clima y la valentía (Marte) de sus hombres, con muchas influencias del Canto II de *La araucana*. En este pasaje es donde se elige al rey Caupolicán para iniciar la guerra contra los españoles —"*Laupí*: que son / dioses con humanas formas" (153)— y donde, por primera vez, se expresa el grito de libertad de los indios: "*Laupí*: ¡libertad! ¡libertad! ¡mueran / los que la tierra nos roban!" (155). El mismo Valdivia reconoce que la culpa de la rebelión de Arauco la tiene su propia codicia que ha hecho que Dios se indigne, algo que queda probado cuando en su lecho de muerte el General se lamenta:

> Valdivia   Mi codicia siempre hambrienta
> de adquirir y atesorar,
> en esto había de parar;
> en vano doy en la cuenta
> cuando a Dios la voy a dar. (160)

Igualmente, el ejército entero se halla bajo sospecha, como demuestra en el tercer acto la escena donde los soldados hablan de lo robado y se pelean avarientos por Guacolda: "*Hurtado*: de cuanto habemos robado, / Ortiz, no quiero otra cosa / sino esta mujer" (202). Don Pedro, acostumbrado a estas villanías entre sus hombres, les ofrece mil pesos a cada uno para que la dejen en paz, pues está seguro de "que la hubieran deshonrado" (203). Y en plena guerra coincide el indio con el español diciendo:

> Indio   Ah, flacos hombres, tenidos
> por dioses injustamente,
> más por el oro luciente
> a nuestra tierra venidos,
> que porque la fe se aumente. (158)

Asimismo, Lautaro arenga a sus compatriotas cuando a voces dice que prefiere la muerte a la esclavitud —"¿Cómo la muerte

Capítulo dos

no es, cuando es honrosa, / más que la esclavitud dulce y sabrosa?" (159)— y decide en vez de luchar contra su patria, hacerlo contra los españoles por su libertad. Los indios gritan: "¡Muera el Cruzado cabiloso bando!" (160). Lautaro si va a morir tiene que ser matando, porque el indio guerrero en esta obra —siguiendo el discurso del honor— es lo mismo de valiente que el español, algo que observamos en *La araucana*.

Junto a estos momentos claves que enfatizan la visión crítica sobre la manera de conquistar española, el final del segundo acto y el tercero constituirán el gran desarrollo de la visión celebradora de la empresa. Eso sí, en dos ocasiones más se intercala la crítica a la avaricia española. La primera, cuando Alvarado vuelve a recordar que la codicia de Valdivia fue la distracción que provocó una más ardua rebelión: "*Alvarado*: Valdivia en cierto puesto, / se fue a ver con vista aguda, / aunque de cudicia ciego, / sacar de unas minas suyas / el rubio metal de Febo," y más adelante: "Valdivia por ir al oro / cometió infinitos yerros" (173). En la segunda, Lautaro, rememorando figuras como la del rey Rodrigo de la historia de España afirma: "Que no es cosa nueva, no, / para la arrogante España / lo que con industria y maña poco a poco acaudaló, perder con presteza extraña" (178).

A partir de ese momento, se nos describen la derrota de los peninsulares —donde se sigue muy de cerca el Canto V de *La araucana*— y los acontecimientos que llevan a Doña Mencía de Nidos a acaudillarlos. La heroína española, que aparece en el Canto VII del poema de Ercilla, posee un valor e intrepidez notables pues como ella dice "No nací para sujeta, / para sujetar nací" (169). Según Lerzundi: "La principal razón de ser de doña Mencía es la fama que puede adquirir a través de la conquista militar" (*La bellígera* xviii). Desde ese coraje de amazona, les exhorta a sus congéneres que no huyan, que sean valientes y sigan luchando contra los araucanos. De su discurso merece la pena destacar dos pasajes. El primero, cuando la dama les habla a los soldados de "volved a vuestra patria" (176), en vez de la patria araucana, como si por derecho esas tierras le pertenecieran a la Corona española. El segundo tiene que ver con las palabras que utiliza para hacer que le recen a la Virgen: "*D. Mencía*: Que os acordéis de vuestra madre os ruego, / [...] pues quien el oro da, nos lo da todo" (176). El verso quiere decir

La conquista de Chile y la reconquista de Brasil

que quien nos da la vida, igual que el oro, nos lo da todo; pero también se puede interpretar desde una perspectiva intencionadamente mercantilista, por la cual, quien nos da el oro, nos lo ha dado todo sin restricciones. El metal es español, nos lo ha dado la divinidad, más cuando termina diciendo: "y a estos fieros araucanos lo ya ganado quitar" (181).

Asistimos a las apariciones enfrentadas de las divinidades, imagen típicamente traída de la comedia de santos, que al igual que el recurso de las visiones más adelante exacerba el carácter apologético de la comedia. Por un lado, tenemos la aparición del demonio Eponamón, dios araucano en forma de dragón alado que procede del Canto IX de *La araucana* y que vomitando fuego y humo les alienta a los suyos a que acaben con los españoles. Por otro, seguidamente, aparece la Virgen de la Concepción en el aire rodeada de sus virtudes —igual que en el poema épico— y dirigiéndose a Lautaro le dice:

> Virgen   ¿A dónde con tal crueldad
> caminas, bárbaro ciego?
> Vuélvete, Lautaro, luego,
> no ofendas a mi ciudad
> que Dios les da a sus cristianos
> mando sobre ti; y advierte
> que, en no haciéndolo, la muerte
> te está esperando en sus manos. (178)

Lautaro, el que antes una vez ganada la tierra expresaba su deseo de no dejar persona viva, huye atemorizado junto con toda su tropa haciendo referencia a esa lucha de dioses: "*Lautaro*: ¿Qué mucho que nos venzáis, / españoles venturosos, / pues que tal dicha alcanzáis / que a vuestro favor bajáis / los dioses más poderosos?" (179). El indio describe a la Virgen como doncella que baja de una nube, "fuente de luz pura" (180) y Doña Mencía, animada a erradicar lo indígena, acabará exclamando: "¡Ea, fuerte gente, ea! / muera esta infame nación, y la sacra Concepción / de hoy más tu apellido sea" (180–81).

Tras las dos visitas de las divinidades se suceden dos fenómenos sobrenaturales, sendas visiones. En una, la que tiene Lautaro, se nos muestra la muerte como personaje apuntándole con una flecha y comunicándole que morirá en breve. En la otra, algo que sólo ve Guacolda, Lautaro lleva la flecha clavada

Capítulo dos

y cuando la india intenta abrazarlo la imagen desaparece. Momentos después así morirá en los brazos de su amada, en una escena cargada de emotividad, pues Guacolda agarrando su espada quiere acompañarlo. Al salir Rengo a escena, Guacolda le recrimina su traición al pueblo araucano: "pues hoy por cumplir tu gusto / has vendido tu nación" (203). Del mismo modo que Lautaro, que por no cumplir su gusto de estar con Guacolda, se fue a la guerra y se convirtió en traidor. Queda así claro que se trata de una pseudo-comedia de enredo que contiene un triángulo amoroso: Lautaro-Guacolda-Rengo, donde, como Lautaro mismo expresa, la desdicha de Guacolda —generada por el papel que escribe su criada para Rengo en la primera escena—, y la traición a los araucanos de sus dos pretendientes, Lautaro en el primer acto y Rengo en el tercero, desencadenan la derrota de los indios a manos de los pocos y avaros españoles que se descuidan en minas de oro, caso de Valdivia. No hay que olvidar que el coraje de Doña Mencía, que trae consigo a la Virgen de la Concepción, es lo que el español piensa —y con él probablemente el auditorio— que le ha dado la victoria. Para Lee:

> En definitiva, tal como hiciera Gaspar de Ávila, Turia utiliza el trasfondo de la conquista chilena para crear una pieza dramática dentro de las convenciones teatrales propias de la época. *La belígera española* explora los tópicos del amor, el honor, la valentía, así como el triunfo del bien sobre el mal. En este sentido el mal está claramente representado por el mundo araucano dominado por la traición a la patria, las bajas pasiones y la adoración de falsos ídolos, todas ellas actitudes condenables en el contexto de la ideología dominante. (182–83)

Sin duda alguna, no hubiera habido conquista de Arauco sin la participación de la Virgen y sin el pundonor de la belígera española, quien para Rengo resucita la memoria de las fuertes amazonas.

En tanto comedia de enredo la obra posee un intento de re-ordenación al final por el cual Doña Mencía, la máxima representante del ejército español, incita a Guacolda —que previamente enajenada de amor ha querido suicidarse— a que acepte al recién leal Rengo por esposo, mientras que la belígera misma accede a casarse con Don Pedro. La india lo hace, cumpliéndose la maldición de Valdivia, pero lo que no se imaginan es la porfía de la noble araucana que en el *Aparte* nos comunica que su sí no es más que una treta para dar muerte a Rengo. Laferl ha interpretado este gesto de la india como uno del que no cabe esperar la paz que supuestamente promulga la comedia al final. El crítico piensa que:

> Sin criticar abiertamente la conquista, Pedro de Rejaule cuestiona también el proceder de los conquistadores españoles [...] La obra de Rejaule, como la de Gaspar Aguilar [*Vida y muerte del santo Fray Luis Bertrán*], parece haber sido escrita en la tradición humanista del siglo XVI; pero sería la última que se ocuparía críticamente de la conquista pues todas las demás seguirían el camino trazado por Lope de Vega. (228; la aclaración es mía).

En realidad, queda demostrado y glorificado el poder divino de los españoles del que tanto se quejan los indios, puesto que con su fe atraen a los poderosos que les ayudan en sus empresas, es el caso de la Virgen de la Concepción, mientras al mismo tiempo cumplen lo que sus agüeros vaticinan, como ocurre con Valdivia. Ante la valentía de la belígera y el despliegue de poderes tan extremos, más vale someterse.

Algunas hazañas de las muchas de Don García Hurtado de Mendoza, marqués de Cañete **de nueve ingenios**

Algunas hazañas[24] se compone para ensalzar las glorias de Don García en Chile y está dedicada a Don Juan Andrés Hurtado de Mendoza, su hijo, marqués de Cañete. Se trata de una obra completamente encomiástica de la conquista y colonización de Chile sin la menor crítica a la actuación española en dicha empresa. En las palabras introductorias del autor principal, Luis Belmonte Bermúdez, dedicadas al lector, ya se nos avanza lo fieros que eran los araucanos, "indomables bárbaros de Chile" (487) que podrían derrotar hasta a los mismos romanos con todo su poderío militar: "El estado de Arauco, breve en el sitio, pues contiene solas diez y ocho leguas, está labrado con huesos de españoles; que con menos soldados de los que ha costado Chile se hizo Alejandro señor de todo Oriente" (488). Las mismas

Capítulo dos

palabras resonarán más adelante cuando los coros de indios nos avisen de la derrota de Valdivia y Villagrán. De no haber sido entonces por el "invencible atrevimiento y prudencia militar del español caudillo" (488) Arauco no habría sido nunca domado. Y es que esta obra presenta numerosos ejemplos no sólo de la valentía del "salvaje," sino de su honorabilidad y barbarie. De ahí que Gualeva le refiera al español que se engaña si piensa que la virtud peninsular es más grande o si cree que los araucanos son tan poco valerosos como los aztecas o los incas. Una vez más, la hipótesis de lectura que vengo barajando y que fragua todas estas obras se muestra de manera patente aquí en un contexto exclusiva y tediosamente bélico.

Belmonte Bermúdez escribió la mayor parte de la obra, esto es, una dedicatoria al hijo de Don García, otra al lector, los últimos 813 versos del primer acto y los últimos 150 del tercero. Ahora bien, el autor que comienza la obra es Antonio Mira de Amescua con los primeros 260 versos, después le seguirán el conde del Basto (hijo del marqués de Belmonte) con 144, Juan Ruiz de Alarcón con 367, Luis Vélez de Guevara con 372, Fernando de Ludeña con 163, Jacinto de Herrera con 352, Diego de Villegas con 230 y Guillén de Castro con 344 versos (Lee 184). Como indican los críticos, siguiendo a Medina (*Dos comedias*), la pieza está basada fundamentalmente en *La araucana* de Ercilla, pero presenta marcadas influencias de las obras de Oña y de Suárez de Figueroa (Ruffner; Vega García-Luengos) y en gran medida de *Arauco domado* de Lope (Lee). También hay que recalcar que la múltiple autoría fragmenta y deslabaza el hilo argumental y las conexiones internas de la acción para dar como resultado una comedia muy pobre. Tan deshilvanada está que se producen tediosas repeticiones: Gualeva se queja de la cobardía de Caupolicán en los versos de Diego de Villegas y en los de Guillén de Castro. Es una comedia mediocre y así lo piensa Menéndez Pelayo que tacha a la obra en conjunto de "monstruosa," o Rodolfo Usigli que añade: "Vergonzoso engendro en general; se perciben todas las junturas, y caracteriza en su falta de unidad y en su desequilibrio los defectos capitales del teatro romántico español y ninguna de sus virtudes líricas" (ambos cit. en Lerzundi, *La conquista* 326–27). Además, como dice Germán Vega García-Luengos: "Más pendientes de hablar que de actuar, los guerreros andan huidizos y los enamorados se despistan. Toda la acción se resuelve en conatos de enfrentamiento, en idas y venidas de espías, traidores, desertores y amantes" (207).

La jornada inicial de esta obra de encargo cuenta desde la derrota de Valdivia y Villagrán hasta la primera batalla del recién llegado Hurtado de Mendoza. Los indios celebran su fiereza bebiendo la sangre de su líder mezclada con las cenizas de Valdivia, exclamando que nunca verán a Arauco domado. El viejo cacique Colocolo se encarga de advertir a los araucanos de lo ilustre de la genealogía de Don García y de la valentía de sus gestas. Los españoles, por su parte, construyen un fuerte en el que el marqués trabaja a su llegada igual que cualquiera de sus soldados. Después de numerosos escarceos en los cuales unos espían a los otros y se dan lecciones de honor y de coraje, acaban enfrentándose en la primera batalla que termina con los españoles tocando sorprendentemente a retirada al tiempo que Don García luchaba a solas con Caupolicán.

En el segundo acto asistimos de nuevo a todos los preparativos de una gran batalla. Mientras el marqués manda a dos hombres para que espíen al enemigo, se presentan Tucapel y Nacol ante "el prudente" con dos alternativas que tienen como finalidad detener la guerra. La primera consiste en proporcionarle al marqués oro y plata en abundancia para que vuelva a su patria rico; la segunda, el permitirle vivir en Chile pero sin traspasar las lindes araucanas. Don García, por supuesto, no acepta ninguna pues la única forma de poner fin a la guerra dice, es obedecer al rey de España. Nacol entonces, sicario de Tucapel, decide acuchillar al marqués mientras le ofrecen algunas dádivas que han traído con ellos con ánimo de mostrar respeto en la entrevista. Sin embargo, al indio se le cae la daga al punto que la quería utilizar descubriéndose la mascarada. El gobernador en vez de ajusticiarlos los deja marchar y de ese modo humilla su honor, algo que Tucapel dice hacerle sufrir más que la muerte misma. Seguidamente, Gualeva sale al encuentro del ilustre para avisarle de los cuarenta mil fieros araucanos que tendrá que vencer y le recuerda que está a tiempo de aceptar el oro y marcharse. Don García paralelamente ensalza la valentía y el heroísmo del elenco de españoles que luchan junto a él. Los ejércitos marchan, Rebolledo es encontrado por Guacolda desfallecido al intentar cruzar el río para batallar. Rengo lo quiere matar y Guacolda

Capítulo dos

se interpone porque al parecer le gusta el español. Entonces, Caupolicán interviene y deja libre al soldado mostrando la misma cortesía y honorabilidad que Don García con Tucapel en la escena anterior. Los ejércitos están listos para combatir.

El tercer acto describe las últimas batallas de españoles e indios en lo que culminará con el cese de la rebelión y la dominación de Arauco. Sorprende al principio —aunque ya lo hayamos visto en *Arauco domado* de Lope— la aparición sobrenatural de un oráculo indio que, dirigiéndose a sus congéneres, les previene de quién es Don García y cómo llegará a ser gobernador; además les apremia a que depongan las armas, pues lo contrario los llevará al caos. Los indios entran en combate. Caupolicán es capturado por Reinoso rindiéndose al Dios cristiano y al poder español, pues según dice, los peninsulares no son hombres sino dioses. Gualeva, esposa del preso, herida en su orgullo porque Caupolicán ha sido rendido y vive, le increpa que es un cobarde y no es digno de ser araucano, a la vez que mata a su hijo por ser vástago de tan deshonroso padre. Cuando los españoles parecen perder la batalla, el general interviene y la derrota de los salvajes se asegura. Entonces acontece el bautismo de Caupolicán previo a su empalamiento, cruel ejecución que Don García admite deshonrosa para un general, políticamente imprudente y eventualmente amenazadora de hacer rodar la cabeza de Reinoso, soldado que ha perpetrado el castigo —versión ercillana. El indio se muestra después de ser bautizado totalmente adoctrinado y al morir nombrando a Jesús es digno de alabanza doblemente: por los españoles que admiran su valor y piedad, y por los indios que rinden sus cabezas al gobierno español y a la "religión verdadera." La guinda la ponen el casamiento de Rengo y Guacolda —donde el marqués será el padrino— y la generosidad de éste, el cual promete pagar con creces todos los esfuerzos de la tropa que ha abortado la rebelión.

En términos generales estoy plenamente de acuerdo con la valoración que Melchora Romanos hace de esta obra al aducir:

> Se reiteran situaciones tomadas en su mayor parte de *La araucana*, se las hilvana sin darles la coherencia interna necesaria a la vez que se acentúan y destacan con excesiva ponderación las bondades del personaje de don García. El resultado del planteo no se aleja, en el plano de la interpreta-

ción ideológica, de las líneas trazadas para el *Arauco domado*: la solución propaterna surge a partir de la aceptación del orden monárquico que propicia la conversión religiosa que salvará a los indios. ("La construcción" 197–98)

Efectivamente, el indio a lo largo de la comedia se muestra sumamente leído —Colocolo lee en libros las hazañas de Don García—, es ilustre, noble y honorable, algo que Caupolicán exhibe muy a gala cuando en el siguiente pasaje le salva la vida al español Rebolledo diciendo:

> Caupolicán   No es valerosa
> Hazaña: nadie le ofenda;
> Que cuando solo se arroja
> Por el honor que ha perdido,
> Matarle tantos no es honra. (495)

Merece la pena atender a la vasta cantidad de ejemplos que prueban la preparación y honorabilidad del amerindio en esta tragicomedia histórica, como la llama Lerzundi (*La conquista*). Primeramente, el indio habla de la virtud (489) para seguir defendiendo que es persona y no animal (489). Más adelante citará a los griegos y romanos cuando hace referencia a Faetón, Neptuno, Glauco, Júpiter (490), Apolo, Marte y Palas (491, 501); también menciona a personajes históricos como Aníbal y Pompilio (502), y lugares geográficos: Rubicón, Roma, Cartago (502), Citia y Libia (504). El indio sabe de fe, nobleza (497–98), caballerosidad (501) y amor (498) y habla de Don García como "Aquel rayo español de ilustres godos" (490), "Que entre valores humanos, / Brota respetos divinos" (502). Sin duda, el indio sabe del Dios cristiano y alude a la guerra de cruzada. El amerindio además alude a su razón (502), su alma (489, 490) y a su honorabilidad (496, 497). Por consiguiente, *Algunas hazañas* es una obra exageradamente apologética, lo prueba lo honorables que son los indios para que de resultas los españoles lo sean aún más y la cantidad de veces que se les llama "bárbaros" en la comedia subrayando su diferencia. Otredad que al final se matiza con el bautismo de Caupolicán.

Igual que en *El gobernador prudente*, Caupolicán da de beber su sangre a los guerreros para infundirles valor. Lo distinto en este caso es que mezcla esta sangre con las cenizas

Capítulo dos

de Valdivia colocadas en el cráneo del conquistador que utiliza como copa. Es la "bebida que mató a la muerte" (490). Los mapuches en ese ritual hablan de su libertad y de que Arauco debe ser libre siempre, "*Caupolicán*: Y nuestro fuerte estado / nunca del español será domado" (490). Al tiempo que sabemos por boca de Rengo que Lautaro ha muerto y Guacolda llora por él, Galvarino sale con las manos cortadas —en *El gobernador* no se especifica a qué indio le corta las manos Bocafría, pero sí en *Arauco domado*— y anuncia la llegada de Don García a Chile. Colocolo nos relata —de igual modo que otros personajes habían hecho en la comedia de Ávila y en la de Lope— toda su genealogía exaltando las gestas de tan ilustre sangre. *Algunas hazañas* sigue en esto los *Hechos de Don García* de Suárez de Figueroa; lo interesante es que aquí las gestas las narra un indio —mientras que en Ávila lo hace Don Luis y en Lope, Rebolledo— añadiendo así un grado más a la gloria que supone la empresa de los peninsulares.

Son muchos los episodios de *Algunas hazañas* que tienen una función marcadamente laudatoria y en ellos voy a poner el énfasis. Don Felipe, hermano del marqués, les ordena a sus soldados que construyan un fuerte, en el que el propio Don García trabaja a su llegada a Arauco para de esta manera animar a la tropa. Don García prueba su humildad y generosidad poniendo en servicio sus fuentes de plata como espuertas para construir el fuerte, exclamando: "Siembro en la tierra humildades / Para coger obediencias" (492). Rebolledo, por su parte, habla del sinsentido que supone tener honor y no valor; entonces el propio Don García se encarga de darle una lección de coraje. Rebolledo, movido por las palabras del general, descubre honor y valor en su noble pecho y el marqués impresionado por el discurso del renovado soldado consiente en que Don Felipe lo nombre su alférez. Éste, más adelante, probará ante el marqués su valor tanto en el campo de batalla, como dominando sus pasiones ante la bella Guacolda, que al pedirle que se vaya con ella, oye: "*Rebolledo*: La honra / Es en hombres bien nacidos / Más que el amor poderosa" (494). Sorprende observar en esta obra a un Don García más cruel que en *El gobernador prudente*, o *Arauco domado*, pues el general intenta ahorcar a Rebolledo, tortura a Coquín enfrente de Guacolda para que diga la verdad de su venida y quiere decapitar a Reinoso por matar a Caupoli-

La conquista de Chile y la reconquista de Brasil

cán, una brutalidad que hace decir a Guacolda: "No publica esa crueldad / La fama" (493), y a Don Felipe: "No estás militando en Flándes, / Hermano, para que mandes, / Con ejemplo tan cruel" (493). Parece ser que, atendiendo al desarrollo posterior de la obra, el cruel es más bien justiciero, un noble de coraje y fortaleza increíble que incide en el afán que todo ilustre tiene de honrar su sangre diciendo: "El derecho de las gentes / Dar honra á los descendientes" (496).

Prueba de su lealtad es la contestación que da a los indios que vienen a sobornarlo. El general rotundamente no admite ninguna de las opciones que le ofrecen porque, según defiende, el fin de la guerra pasa por deponer las armas y aceptar el yugo de la soberanía española. Esta respuesta no les gusta a los indios que, acto seguido, intentan asesinar al noble conquistador al tiempo que le regalan un collar de perlas. El gobernador prudente vuelve a proporcionar a los araucanos una lección de honor y de clemencia por la cual perdona la vida a sus agresores y los deja marchar. Tucapel dirá, "Guárdete el cielo, español, / Que envidia y amor engendras," y Nacol, "Tu valor aborrecía, / Y adoro ya tu nobleza" (498). Nótese, que si bien en *El gobernador prudente* Don García se ofende de ver en la cabeza de Caupolicán una corona de rey, aquí rehúsa que se la impongan los indios ya que, igualmente, no es digno de ella como Felipe.

Caupolicán y Tucapel animan a sus soldados de la misma forma que lo hace el marqués con los suyos, dándose en el contexto de las batallas numerosas estructuras paralelas. Por otro lado, la obra posee su toque morboso cuando Guacolda y Quidora descubren a Rebolledo atrapado, nadando en la corriente del río que lo arrastró cuando intentaba cruzarlo. Las indias, por lo visto antropófagas, pretenden sacarlo para comérselo y así vengar la muerte de Lautaro.[25] Sin embargo, la escena gira a romántica cuando Guacolda advierte que se trata de Rebolledo. Rengo los ve juntos y oye sus lisonjas, con lo que se desencadena la típica disputa de amor. Al fin, Caupolicán, al ver a Rebolledo solo para luchar contra tanto indio, lo deja libre, igualando la honorable actuación anterior de Don García con Tucapel. En definitiva, indios y españoles compiten en cortesía caballeresca durante toda la comedia.

En otro orden de cosas, asistimos a la espectacularidad de un elemento más con resonancias de las comedias de santo: el oráculo de un viejo mago araucano, Leocotán, el cual recostado sobre las faldas de una india, surge de dentro de una roca que cae al escenario rompiéndose en tres pedazos. Mientras momentos antes, el marqués les gritaba el "Santiago" a los mapuches, el viejo oráculo comienza a hablarles a los suyos recriminándoles que por sus salvajes actos vinieron los españoles: "Indómitos araucanos, / Cuyos ciegos barbarismos / Irritaron a los cielos" (502). Seguidamente, a la vez que la india que llegó con él vuela por el escenario, les anuncia que viene a avisarles de su fatal desdicha. Leocotán comienza enumerando las nueve victorias y sendas ciudades que han fundado las cruzadas banderas de la "nación que de Cristo / Toma famoso apellido" (502) para posteriormente defender la gloriosa llegada del marqués, al decir: "*Leocotán*. Desta provincia: á la una / Honró con el nombre antiguo / del estado de su padre, / Dignamente merecido, / Cañete de la Frontera / la llamó, inmortal la hizo" (502). Prosigue el viejo diciendo que Don García será gobernador "esparciendo prodigios, [...] Ya riguroso, ya pío, / Como Aníbal en Cartago / Y como en Roma Pompilio" (502) y que tendrá un hijo, Don Juan, tan ilustre como él y toda su sangre. Luego, la obra celebra toda la estirpe de los Mendoza. Para el viejo mago, no aceptar el gobierno de los españoles supone el caos, la impugnación a la geometría aristotélica:

>
> Leocotán   ¿No miráis que el oponerse
> A su dicha y á su brío
> Sería querer parar
> De los influjos divinos
> Las poderosas corrientes,
> Poner nuevos epiciclos
> A las benignas estrellas,
> Y descompuestos los quicios
> Del general firmamento,
> Todos los orbes divisos,
> Volver á su cáos primero
> Este esférico edificio? (503)

El mago les pide que se rindan y se humillen a los pies del español, después desaparece hundiéndose en la tierra y provocando una tempestad.

Ambos ejércitos batallan. Es así como Reinoso encuentra a Caupolicán y quiere acabar con él. El jefe indio después de

La conquista de Chile y la reconquista de Brasil

luchar con el conquistador se rinde, aceptando el Dios cristiano y la soberanía española: "*Caupolicán*: De ese Dios que alumbra el día / Es infinito el poder. / Tu esclavo soy" (503). Gualeva, herida en su honor porque Caupolicán haya sido capturado y rendido, le increpa que no es digno de ser el líder de los araucanos y aborreciéndolo por cobarde mata al hijo de ambos lanzándolo por un precipicio. Después, incita a su pueblo a que vuelva a la carga contra los españoles. Chilindrón avisa a Don García de que los indios son catorce mil por doscientos españoles. El marqués contesta que estando Dios de su parte no teme nada y exclama: ¡Santiago y cierra España! Los españoles parecen retirarse ante el empuje de los indios, entonces, el general decide pelear también y los indios huyen. De repente, un soldado avisa a Don García de que Caupolicán ha sido sentenciado a muerte por Reinoso. Rebolledo encuentra "la resolución cruel" (507) y el marqués castigo excesivo, por eso decide marchar a liberarlo. Nos encontramos al final de la obra, en el momento en el que se abre una cortina en el escenario, como si se tratara de una escena sobrenatural, y aparece Caupolicán bautizado con el nombre de Pedro. Es este "Pedro," a imagen y semejanza de la figura bíblica, el personaje sobre el que Don García edificará la evangelización de todo el territorio. Caupolicán-Pedro expresa lo que siente al pertenecer a la comunidad de Dios diciendo:

> Caupolicán Y tan diferente
> Soy de lo que fui, que siento
> Dar á mi entendimiento,
> De otro sol resplandeciente,
> Cuyo hermoso rayo llega
> Con tan divinos despojos
> A mi alma y á mis ojos,
> Que me alumbra y no me ciega.
> Y sabiendo desta suerte
> De su luz esclarecida
> Que me lleva á mejor vida
> El tránsito desta muerte,
> Estoy tal, que sin sentir
> Lo que en ella me acobarda,
> Pareciéndome que tarda,
> Muriendo estoy por morir. (507)

Nótese cómo el indio explicita perfectamente, como en *Arauco domado* de Lope, el modo en que funciona el entendimiento agente: hermoso rayo de Dios que alumbra su alma, sus ojos, siendo la luz del entendimiento. Al mismo tiempo, esta luz le lleva "á mejor vida" mostrando una fe calcada a la de Santa Teresa, pues si el indio clama "Muriendo estoy por morir," la Santa en 1571 reiterará esta misma paradoja en su poema "Que muero porque no muero." La imagen del Caupolicán-Cristo del auto *La araucana* de Lope se cambia aquí por la de un Caupolicán-Pedro. Ambas sirven como personificaciones alegóricas del arrepentimiento, de la fe y de la confianza en Dios.

Gualeva (la Fresia de *Arauco domado*) de nuevo interviene para espetarle a su marido la deshonra que conlleva su bautismo y le grita que lo matará. Caupolicán en cambio como "un padre piadoso" le habla entonces de la renovación que supone aceptar "el único Dios verdadero," implicando la esperanza de vivir después de la muerte —tal y como lo observamos en los versos de la Santa—, y le suplica que abandone la barbarie, dejando de ser salvaje "tigre" para ser en este caso mujer:

> Caupolicán   Gualeva,
> Vuelve en ti, pues te prevengo
> Que dichosamente tengo
> Honor nuevo y alma nueva.
> Deja los rebeldes bríos;
> No seas tigre, sé mujer;
> Y para poderlo ser,
> Toma los ejemplos míos.
> El gran Dios de los cristianos
> Es solo Dios verdadero,
> Y en su confianza muero
> Para vivir en sus manos. (507)

Después se corre la cortina y Gualeva se siente aturdida, pero termina diciendo a Guacolda que: "ya me venció, y venció / A la ira la terneza" (507), como queriendo decir que ha quedado convencida por las palabras de su esposo al que acaban de empalar. Es increíble el poder de adoctrinamiento que tienen los españoles para llegar tan fácilmente al corazón de los indios, tanto como la capacidad de estos últimos que siguiendo la teología de la época se convierten al vislumbrar la llama del cristianismo.

La conquista de Chile y la reconquista de Brasil

Por último, Don García le recrimina a Reinoso su crueldad y la deshonra de matar a Caupolicán preso y no en el campo de batalla; además le recuerda el prudente que la vida del indio era esencial para "la paz del Estado" (508) —como en su épica defendiera Ercilla—, con lo que decide cortarle la cabeza como castigo —algo que no se dice, pero parece que no se lleva realmente a cabo tras los ruegos de su hermano. Don Felipe de Mendoza intenta impedir la ejecución recordando al general por qué lo hizo —se supone que porque Caupolicán mató a su tío Valdivia— y lo valioso que es Reinoso como soldado. Después el conquistador descorre la cortina con la intención de ver a Caupolicán, el cual alaba le hayan bautizado porque de esa forma va seguro al cielo. Nótese cómo en este pasaje se le da la vuelta a *La araucana* de Ercilla para mostrar panegíricamente a un Don García misericordioso con la muerte de Caupolicán. Y es que como dice Whalen, en esta comedia Alonso de Ercilla brilla por su ausencia (18). Con todo, como señala Vega García-Luengos, Don García no llegó a convertirse en mito áureo, pues entre otras razones "esta historia que rematan los nueve, ha sido una empresa de todos contra Ercilla, pero con Ercilla, con sus armas y con su admiración" (210). El indio muere diciendo "Jesús," y Don Felipe y los soldados cubren su cuerpo admirando su piedad. Para terminar, el resto de los indios se postra ante el marqués que asegura que los gobernará en libertad en nombre de Felipe, "El príncipe más benigno / Y celebrado que el mundo / Ha respetado y temido" (508) y les deja que pidan lo que quieran. Como dice Antonucci: "Esta presentación bien puede ser el resultado de ideas abrigadas al menos por alguno de los nueve autores, acerca de cómo tratar a los indios y en general a los vasallos: no olvidemos que entre ellos figuran el mexicano Ruiz de Alarcón, Belmonte Bermúdez que había vivido en el Perú, y Guillén de Castro, que tanta atención siempre había prestado en sus comedias a los temas de la tiranía, de la relación rey-vasallo y del 'perfecto caballero'" ("El indio" 34). Tucapel pide clemencia para el reino araucano, Rengo, a Guacolda por esposa. Guacolda acepta y el marqués se ofrece de padrino. El colofón lo pone Don García generoso, celebrando a quienes le han ayudado en tan fatigosa victoria y pagando de su bolsillo a la tropa lo que el rey no premie.

Capítulo dos

Los españoles en Chile
de Francisco González de Bustos

Si bien *Los españoles en Chile*[26] se concibe como un drama apologético de las figuras que lograron domeñar la rebelión mapuche, por otro lado se presenta altamente crítico con el general que se hace cargo de la expedición, García Hurtado de Mendoza. Mientras en Ercilla y Oña aparecen referencias a los abusos de los españoles causados por la avaricia de conseguir oro, en la presente obra de Francisco González de Bustos no hay ni la más ligera mención a la búsqueda de riqueza. Sin embargo, eso no es óbice para que *Los españoles* resalte la máxima crueldad atribuida a Don García en todas estas comedias. Bustos refleja claramente que los principales y más sádicos actos de violencia cometidos en el drama son perpetrados por el general. De hecho, como explica Tucapel, la violencia araucana de querer ajusticiar a los prisioneros peninsulares viene provocada como reacción a la brutalidad del marqués que empala a Caupolicán, ahorca a doscientos caciques, les corta las manos y les saca los ojos a dos indios y posteriormente a más de doscientos, para luego al final perdonarlos a todos conforme los bautiza. Quizá tenga que ver toda esta exageración con "el punto de vista de un autor medianamente dotado de las postrimerías del Siglo de Oro" (Laferl 235); o quizá tenga que ver toda esta crítica con el planteamiento de un Bustos almagrista, dado el protagonismo que recibe Don Diego de Almagro, personaje galán que sustenta el núcleo de la teatralidad de la comedia, siendo parte esencial de todas las escenas que hacen de esta obra una peculiar comedia de enredo barroca. Tanto es así, que como dice Antonucci ésta es la razón de que en la obra haya "una utilización desenfrenada del 'aparte' (76 acotados)" ("El indio" 40). En *Los españoles* el autor recalca mediante los apartes todos los referentes especiales y todos los contenidos que la acción de la obra requiere para su resolución. Mediante apartes nos enteramos, por ejemplo, del amor de Fresia por D. Diego (2) y de que D. Diego es amado también por Juana (5). Para Lerzundi (*La conquista*) la comedia pertenece al género de comedia histórico-novelesca.

La acción transcurre como sigue: en el momento que Caupolicán y Fresia se hayan en pláticas de amor, Colocolo, viejo mago, les advierte que ahora es el momento de derrotar al marqués de Cañete, Don García, totalmente cercado por las fuerzas

La conquista de Chile y la reconquista de Brasil

araucanas. Del mago volvemos a escuchar cómo el orgullo de Carlos V lleva a los españoles a conquistar un Nuevo Mundo, en el cual México y Perú han sido sujetados, pero donde también la fiereza mapuche se ha rebelado contra el yugo peninsular asesinando a Valdivia, labrando una copa con su cráneo y derrotando a varios de sus capitanes. A partir de aquí y dentro del marco de las batallas entre españoles e indios, Bustos nos recrea los típicos amoríos de una comedia de enredo. Lo interesante es que los escarceos se dan entre araucanos y peninsulares sin mayor problema. Fresia y Don Diego se quedan prendados la una del otro al conocerse en la lid y Doña Juana, disfrazada de soldado español, y por quien se interesa Gualeva, ha viajado desde el Perú enamorada para encontrarse con el capitán Don Diego, dueño de su honor. Desgraciadamente, la española ha caído prisionera en manos de las fuerzas indias, lo cual utilizará en su favor para, despechada y tras el disfraz, vigilar los movimientos del ligero Don Diego.

El segundo acto comienza con el miedo de Doña Juana a ser descubierta, tanto por su amante Don Diego como por su hermano Don Pedro de Rojas, en lo que sería un doble deshonor. Al mismo tiempo, Fresia sufre igual presión al decir amar a Caupolicán y flirtear con Don Diego en secreto. Tucapel escondido y enamorado también de Fresia, oye sus lamentos y termina reprobando su conducta como "ofensiva" no sólo contra sí misma sino contra el pueblo araucano igualmente. La dama india, intentando zafarse de la deshonra, le cuenta a Tucapel que el llamar a Don Diego con esas palabras de amor no era otra cosa que atraer su atención para matarlo. Tucapel no la cree, pero aprovecha la coyuntura para ofrecerse a brindarle la cabeza del español, librándose así de su rival en el amor y enemigo en la guerra. Con esta intención viaja hasta el fuerte peninsular y reta a Don Diego. Entonces, el marqués Don García le impide vengar su honor al valeroso capitán pues ordena que nadie salga esa noche del fuerte convencido como lo está de que los indios atacarán. Sin embargo, el prudente una vez dada la orden y a la caída del sol, decide restaurar el pundonor de Don Diego haciéndose pasar por él en el duelo con Tucapel. El capitán por su parte, desobedece las órdenes saliendo al campo en busca del lugar fijado por el indio para la lid. Al llegar allí se encuentra con el marqués al que finge no reconocer y los dos

Capítulo dos

pelean gallardos por el deseo y derecho de batirse con Tucapel alegando ambos empecinadamente ser "Don Diego de Almagro." Desafortunadamente para el marqués, Tucapel reconoce al rival verdadero y lucha con él mientras el otro se retira. De repente, y cuando Don Diego había dado visos de poder vencer al indio, oyen tocar a guerra y ambos deciden dejar la contienda para mejor ocasión. Acto seguido, Caupolicán se acerca y captura prisioneros a Mosquete y a Don Diego.

En el tercer acto se repite la estructura, Gualeva, amada por Rengo, se declara a "Don Juan" que no es otro sino Doña Juana disfrazada. Rengo, que escondido lo ha oído todo, le pide explicaciones de tan vil comportamiento, a lo que la india contesta, aconchabándose con el supuesto español, que "Don Juan" no es un hombre sino una mujer. Fresia que oye lo que intenta su prima y ha pasado por lo mismo decide cubrirla sosteniendo igual argumento. Por último, el propio Don Juan también refrendará la mascarada, que por otra parte, lo devuelve ocasionalmente a su género. Fresia, aprovechándose del favor que le ha hecho a Doña Juana, la manda a la prisión donde se encuentra Don Diego para que le comunique en su nombre, que si accede a casarse con ella la dama india lo libertará, volviéndose cristiana y yéndose a España con él, pero si dice que no, entonces lo dejará morir en la cárcel. Tucapel va a visitar a Don Diego al que le informa de lo cruel del castigo que Don García inflige a los araucanos, ahorcando a doscientos caciques y cortándoles las manos y sacándoles los ojos a muchos otros. Por esa sevicia le hace saber que se ha decidido matar a todos los cautivos como él, de modo que su fin está cerca. Lo que no le dice es que él mismo piensa librarlo esa misma noche para saldar el duelo que tienen pendiente. En éstas, Don Diego se acuerda de su amada Doña Juana y arrepentido clama por verla de nuevo. Sorprendentemente, aparece ella fingiendo serlo vestida de india, con la intención de castigar sus correrías. Al comunicarle las intenciones de Fresia, el capitán contesta que no acepta casarse con la india, no porque no estuviera contento de ser su marido, sino porque allá en su tierra tiene dama. Doña Juana oye esto y se enternece, pero no revela su identidad. De otro lado, un indio cautivo de los españoles les dice que matarán a Don Diego quemándolo vivo. El marqués se dispone a atacar decididamente al día siguiente mientras Don Diego exclama que perdiendo a Doña Juana, la muerte le sirve de alivio.

La conquista de Chile y la reconquista de Brasil

Se desencadena el final cuando dicha dama vestida de hombre consigue la llave de la prisión y libera a Don Diego sin que Mosquete, su criado, se percate de nada pues se encuentra asustado. Tucapel llega con el propósito de excarcelar al capitán, de manera que pueda luchar con él y conseguir matarlo en lance de honor, pero libera a Mosquete que se hace pasar por su amo hasta que momentos después el araucano descubre su villana identidad. Al alba comienza la batalla en la cual los españoles cercan a Caupolicán y lo rinden, y el marqués ayudado por Don Diego doblega a todas las fuerzas enemigas. Todos los bárbaros se convierten y piden el bautismo al tiempo que Caupolicán ha sido empalado por orden de Don García. Don Pedro de Rojas que ha descubierto a su hermana corre tras ella queriendo lavar su honor, y Don Diego, reconociendo a su dama, sale a defenderla también empuñando la espada contra quien su honra agravia. En la última escena se producen todas las negociaciones para solventar los conflictos de honor: Don Diego le ofrece la mano a Doña Juana que acepta gustosa; el marqués les da su bendición y perdona la insubordinación de Don Diego; Fresia y Tucapel se casan con lo que no hay razón para acabar el duelo entre español e indio; Gualeva y Rengo hacen lo propio y el marqués manda que todos vayan al templo a dar gracias a Dios, con lo que concluye el drama.

En realidad, nos encontramos en una comedia de enredo dentro del poco común marco militar americano que la hace posible. El tono épico ercillano desaparece y no queda nada del heroísmo de Caupolicán o Don García. Bustos parte de Ercilla, pero inventa la mayoría si no todo el trasfondo histórico que su comedia contiene. En este sentido, Bustos hace protagonista de esta obra a Diego de Almagro, muerto en el Perú en 1538, unos diecinueve años antes de la llegada de Don García a Chile. En palabras de Franco "es obra de muy mal gusto. El estilo gongorino y artificioso no cuadra con el carácter ni con la civilización casi rudimentaria de los hijos de Arauco" (119–20). Posee tres momentos de acción que se dan de forma consecutiva: un momento de orden en el que se describe la rebelión araucana y los contendientes, al mismo tiempo que empiezan los enredos amorosos entre españoles e indios; el desorden, que lo constituye el conflicto de honor después de que los "salvajes" caigan derrotados en la batalla, pierdan su honorabilidad como guerreros frente a los españoles y se sientan defraudados por su dios

Capítulo dos

Apolo; y el momento de reordenación al final cuando el marqués, representante del poder de la Corona, les proporciona el bautismo a los infieles, casando a Doña Juana con Don Diego, a Tucapel con Fresia y a Rengo con Gualeva.

En *Los españoles en Chile*, Caupolicán, Fresia, Colocolo, Rengo, Tucapel, hablan un castellano pulido, pero lo que es más importante, desde la segunda página Bustos nos describe como "naturales" los deseos ilícitos de la dama india Fresia con el galán español Don Diego:

> Fresia   A tu noble fineza agradecida
> estoy, Caupolicán: tuya es mi vida,
> quando á quien menos que tu aliento fuera,
> mi altiva presunción no se rindiera;
> (miento mil veces, que mi afecto extraño,
> con D. Diego, es verdad, con este engaño,
> firme mi fe le entrego) *ap.* ciego. (2)

Estos amores, que anteceden a los de la india Gualeva con Doña Juana —que aparece disfrazada de hombre—, constituyen la trama de enredo central a la comedia en el trasfondo de las luchas entre araucanos y españoles. El momento de caos comienza cuando al final del segundo acto y principio del tercero los españoles mutilan a unos prisioneros indios, posteriormente y de manera súbita Don Diego es hecho prisionero y todo parece indicar que va a ser ajusticiado sin que Tucapel pruebe su honor en duelo con él, o Doña Juana que ha tenido que superar tantos peligros para estar a su lado pueda acompañarlo en la muerte. Al final todo vuelve a la normalidad, los españoles vencen y los indios se convierten a la "religión verdadera" celebrándose las nupcias deseadas. Lo que es bastante excepcional —tan sólo lo veremos en *Amazonas en las Indias* de Tirso— es la promesa que le hace Fresia a Don Diego, a través de Mosquete, por la que la india no sólo se convertiría, sino que se iría a tierra de españoles si Don Diego aceptara casarse con ella. Es decir, se trata tan en gran medida de una comedia de enredo, que el amor trasciende las barreras de raza y religión. Durante el desarrollo de la acción Fresia ama a Don Diego y Don Diego adora su hermosura, pero cuando se trate de reestablecer el orden al final, el amor entre india y español será imposible, no podría soportarse una afrenta tal a la pureza de sangre. Es por ello por lo que Tucapel interviene diciéndole a Fresia que entregando el amor a un español, a un cristiano, se ofende a sí misma (15); y del mismo modo al principio del tercer acto, Rengo recrimina a Gualeva de tan vil comportamiento con "este alevoso Christiano": "*Rengo*: Tú á un vil esclavo rendida, / burlándote de mi aliento? / á tan baxo pensamiento / te abates?" (25). Nótese cómo el indio en su honorabilidad usa los apelativos —"vil esclavo"— que los peninsulares en todas estas obras le aplican a él.

Merece especial mención el uso abusivo que hace Bustos del recurso del disfraz a lo largo de toda la obra. Don Diego se niega a ver a Doña Juana vestida de india, ya que ese traje sería indigno de su obligación. El disfraz de Doña Juana se torna un recurso escénico impresionante para mantener el curso de la acción y el enredo de la trama, al punto que, en un momento dado, para salvar su honor las indias hablan de ella como mujer aunque la consideran hombre, mientras los espectadores la han estado observando desde el principio como mujer disfrazada de hombre. Éste es el clímax de acción que provoca el recurso del disfraz. Además, ayudada de este recurso Doña Juana encaja en el prototipo de la "mujer varonil" desarrollado por Melveena McKendrick (261). La crítico defiende que el personaje de Doña Juana desafía las convenciones de su tiempo, específicamente las del código del honor, usurpando el rol del hombre en el mantenimiento del orden social y criticando de ese modo la superioridad masculina.

Por otro lado, el tema de la re-conquista y pacificación de Arauco exige de suyo la representación de un indio guerrero, un indio capaz de luchar a la altura que lo hacen las tropas españolas. Ese indio al que consideran bárbaro e incluso "perro"[27] a lo largo del texto, porque si no, no se justificaría la presencia de los españoles en el Nuevo Mundo, es un indio honorable, valeroso e inteligente. En boca de los capitanes españoles los indígenas saben defenderse y no son animales, manejan perfectamente los caballos y las armas y son extremadamente fuertes —se hace mención al episodio de la viga. Con todo, ese salvaje defraudado de su dios Apolo y renegando de él, pues no sólo no le ayuda a vencer sino que es a España a quien "calienta con sus rayos" (27), suplicará por su bautismo. Nótese que la guerra misma es una cuestión de honor para los españoles y como el propio Tucapel exclama, el motivo de conquista es la honra:

Capítulo dos

"*Tucapel*: Ea, Españoles, si el valor / ambicioso de honra tanto / puede con vosotros, que / de otro mundo á aqueste os traxo, / salir conmigo á campaña" (18). Se desvela así lo históricamente cierto: muchas de las personas que se embarcan hacia el Nuevo Mundo lo hacen con el anhelo de ser alguien (honra), adquirir títulos y tierras. Merecen especial mención las escenas entre el indio Tucapel y Don Diego, cuando ambos reservan sus ansias de matar al enemigo para así hacerlo en justo duelo de honor. He aquí algunos de los ejemplos que hacen patente la honorabilidad de los indios:

> Tucapel   Pero ya que estás resuelta
> á quererle, pues le envías
> á llamar, desprecio haciendo
> de mis hidalgas fatigas,
> hoy á tus ojos prometo
> traer su cabeza misma. (15)

En la misma escena nos dice Fresia, al haber sido descubierta por Tucapel amando a Don Diego:

> Fresia   Aquí importa mi valor; *ap*.
> de escucharle estoy corrida
> pero mi rigor con él me disculpe, pues peligra
> mi honor, si le riño ahora
> con blandura su osadía.
> Dos delitos, Tucapel,
> con tus razones indignas,
> has cometido: primero,
> que estando en presencia mia,
> sin el respeto debido
> a mi honor, [...]
> ciego me declares ese
> bárbaro amor que publicas.
> El segundo, [...]
> que á un Español rinde Fresia
> su amor, quando no mitigan
> mares de sangre Christiana
> la sed insaciable mía. (15)

Los amores se dan entre españoles e indios, —adviértase cómo los indios incluso hablan de "amores bárbaros" designando aquéllos que son ilícitos— ahora bien lo que importa en presencia del resto, tanto de indios como de españoles es el qué dirán,

La conquista de Chile y la reconquista de Brasil

la honra. En este sentido entendemos las palabras del marqués al intentar suplantar a Don Diego en su duelo con Tucapel: "*Marqués*: es una razón de estado, / que la siente la opinión" (21). Por su parte, Tucapel no quiere manchar su espada en sangre que no sea noble como es la de Mosquete (el gracioso): "*Tucapel*: Por Marte, que te matara, / á no ensuciar el acero, / villano, en cosa tan baxa" (34).

Los españoles en Chile hace uso, de manera muy pobre, de las mismas metáforas de la luz que el discurso religioso trae a la escena. Caupolicán en su alabanza a Fresia se refiere a ella como una diosa en las siguientes palabras: "*Caupolicán*: A Fresia por Deidad que luz reparte [...] A Fresia, pues me ciega su luz pura, [...] si á dar á este Orizonte nueva vida / tu soberana luz a madrugado" (1). Las metáforas de la pureza y la limpieza son utilizadas aquí por los indios para referirse a los españoles en los mismos términos despectivos que habían usado antes los españoles con ellos. Otra de las cosas que más sorprende es que los amerindios tengan como deidades a Marte, Venus, Júpiter y Apolo. Bustos quiere hacer cercanas las creencias idólatras de los nativos al público del corral y es por esto por lo que utiliza a Apolo como dios de los indios. Esta es la única obra, junto con *El Brasil restituido*, que representa a Apolo como dios indio. Adviértase, por otra parte, que los romanos no dejan de ser un pueblo culto, respetable y valeroso que terminó convirtiéndose en su evolución histórica al cristianismo. De cualquier forma, Bustos no tiene en cuenta para nada la verosimilitud, lo que le importa es mover al público. De hecho, Bustos pone como coetáneos en la batalla a Aguirre, a Villagrán y al marqués Don García, cuando en Ercilla, Lope u Oña se tiene más en cuenta la supuesta crónica histórica. De este modo la india Gualeva exclama, como si de una dama española se tratara: "Santos Cielos" (5); también al parecer los "salvajes" poseen fe (14) y alma (16, 26, 33); Fresia entiende de albedrío (13, 14) y Tucapel dice idolatrar a Fresia (18). Además, en la obra aparecen referencias que ilustran el infierno, detalles de la cosmología medieval muy usada en la teología de la época. De igual manera, durante el drama oiremos la expresión estandarte usada en la cruzada contra los moros y los judíos: "Santiago y cierra España." He aquí otra vez el tema de la Reconquista peninsular que se prolonga en la re-conquista de las Indias.

Capítulo dos

En otro orden de asuntos, las palabras de Don Diego son un buen ejemplo de la mezcla de códigos a la que estamos aludiendo cuando le dice a Fresia: "*Diego:* ¿Quién eres, divino monstruo? / ¿Quién eres, que como Diosa, / hoy á tus plantas me postro?" (12). Los requisitos del género exigen estas palabras de alabanza en los requiebros, pero en este caso aparecen atravesadas de los elementos que trae el discurso jurídico-teológico redundando en la patente contradicción "divino monstruo." En otro momento, Fresia habla del capitán diciendo: "hallo en él quanto la idea / me propuso" (12), haciendo uso de la concepción platónica por la cual el mundo sensible, donde se dan los objetos, es una versión participada, una copia, del mundo inteligible en el que se encuentran las ideas que actúan como formas ideales de esos objetos —veremos este recurso con mayor nitidez en *La aurora* de Calderón. El ideal creado de "Don Diego" ha sido corroborado en su presencia. Además, Bustos más adelante pone en boca de Fresia una referencia a "la soberana idea" (25) que indudablemente no es otra cosa sino el Dios cristiano.

En lo que respecta a las influencias de lo que podría llamarse el discurso historiográfico, nos gustaría comentar algunas de las cuestiones que trae ese discurso al hilo del trabajo de Shannon (*Visions*). *Los españoles en Chile* de Bustos es una obra que definitivamente tenemos que poner en continuación con *La araucana* de Ercilla, *Arauco domado* de Oña y *Arauco domado* de Lope. Si nos permitimos una ligera incursión en las conexiones que estas obras tienen entre sí descubrimos problemas muy interesantes. En este sentido, la primera escena de la obra de Bustos en la que Caupolicán se deshace en requiebros por Fresia sabemos que aparece en el *Arauco* de Lope, y de una manera más sugerente y sensual en la obra de Oña. Del mismo modo, aparece un dios araucano que le avisa a Caupolicán de que los españoles los están cercando. Es curioso que mientras Lope en este punto bebe de Oña —hablando del dios Pillán—, Bustos parece estar tomándolo de Ercilla porque utiliza el mago-dios Colocolo. Por otro lado, observamos que en la obra de Bustos los españoles les cortan las manos y les sacan los ojos a dos indios primero (27) y luego a más de doscientos (29), mientras que en Lope y Oña se le amputan las manos a un indio llamado Galvarino exclusivamente por haber matado al soldado espa-

La conquista de Chile y la reconquista de Brasil

ñol Juan Guillén. Bustos no aclara que sea por haber matado a ningún soldado en particular, como del mismo modo parece hacer Ercilla, donde tampoco se nos da motivo puntual de tan cruel acto, incluso cuando el autor de *La araucana* fue testigo de estos acontecimientos. Bustos en este caso sigue a Oña o Lope, aunque añade lo de sacar los ojos y ahorcar a muchísimos indios, que al parecer no está en ninguno de sus antecesores. Podríamos interpretar que Bustos con Ercilla y en defensa del indio, tiene una mayor conciencia del tratamiento que estaban dando los españoles a los amerindios y los critica en sus excesos. Sin embargo, no notamos, como en otras comedias estudiadas, la explicitación del proyecto político-religioso de don García, o de otro líder peninsular en su defecto; no aparecen figuras alegóricas, ni hay milagros que apoyen dicho proyecto, ni tampoco en Bustos tenemos constancia de que Caupolicán sea bautizado antes de su ejecución, como en Lope. Tampoco los indios cuestionan los motivos ideológicos de la conquista. Lo único que sí tenemos es al marqués de Cañete siendo el padrino de bautismo y las alianzas de amor de las parejas indias, una vez muerto Caupolicán. Aunque, contrariamente, en la edición de García de la Iglesia, y fruto del protagonismo que esta obra concede a Don Diego en detrimento del marqués, sea el capitán y no "el prudente" el padrino de bautismo de los indígenas. Por otra parte, Bustos sigue a Lope y a Oña en el hecho de que no hay ningún español que se sienta condolido por la muerte de Caupolicán, sin embargo Ercilla sí expresa su desacuerdo. Todo lo cual nos hace pensar que *Los españoles en Chile* tiene someramente en cuenta las fuentes, pero no se preocupa realmente por los problemas del indio y la conquista, aunque los destile, sino más bien de narrar una serie de enredos amorosos en el épico marco de los duelos de honor entre españoles e indios. La obra parece mostrar ya en la segunda mitad del siglo XVII una mayor distancia histórica con los acontecimientos. Así, coincido con Laferl cuando afirma: "Está claro que González de Bustos sólo quería escribir una pieza de entretenimiento, y no polemizar con los grandes problemas que la conquista suscitaba" (235).

En conclusión, Bustos crea una complicada comedia de enredo en América, con ciertos ecos de cruzada que vienen del discurso jurídico-teológico. El orden se restablece cuando el marqués bendice las alianzas de amor entre Doña Juana y Don Diego, o entre Tucapel y Fresia, y estos últimos expresan su total aceptación del sistema de valores barroco, haciendo suyo el código del honor tan bien como un peninsular —"*Tucapel*: Procedes como quien eres" (36)—, así como la religión y el vasallaje: "*Fresia*: Tuyas serán nuestras almas" (36). Los indios están todos sujetos y se avasallan al yugo del marqués clamando porque los bauticen. Don García los perdona como un padre: "Llegad, llegad á mis brazos" (35), y se encarga de ser su padrino de bautismo. Dios a través del marqués es el productor del orden, aquél que disuelve los conflictos entre los dos aparentemente enfrentados discursos.

El nuevo rey Gallinato y ventura por desgracia de Andrés de Claramonte

En *El nuevo rey Gallinato*[28] Claramonte lleva una típica comedia de enredo sobre las desventuras de amor de una pareja de hidalgos y un tercero a tierras indígenas para que se resuelva felizmente allí, lo cual no deja de ser forzado y extraño. Pero una vez en América, recogiendo el testigo de todas aquellas literaturas que ensalzan la búsqueda de la riqueza y la fama, construye una comedia de indio, donde el valor y el honor en territorio de "salvajes" lleven al humilde protagonista a superar su desgracia, mejorar su honra y caudal y convertirse en heroico modelo de súbdito-conquistador español.

La obra posee elementos de comedia de enredo y de asunto religioso y ha sido considerada por Antonucci "comedia de tema araucano" ("El indio" 22), no tanto porque represente a los mapuches, sino porque la acción tiene lugar en Cambox —actual Camboya, que el autor coloca cercana a Chile—, en España, en Chile y en Perú. Gracias al revelador estudio de Zugasti ("Pegú"), hemos podido desentrañar lo que hay de histórico, de imaginario, de equivocación y de recreación en la pieza de Claramonte, al respecto de una leyenda que circula a finales del XVI y comienzos del XVII sobre un tal Juan Juárez Gallinato —"Rodrigo" en la comedia. Según Zugasti, Claramonte, a la hora de escribir su exótica comedia de conquistadores, confunde o mezcla las Indias Orientales —reino del Pegú, limítrofe con el de Camboya— con las Indias Occidentales y su Perú.

La conquista de Chile y la reconquista de Brasil

Los hechos que se recrean son eco de los protagonizados por varios españoles en las costas del Índico y en lo que tuvo que ver con la conquista de Camboya. Sin embargo, Claramonte, siguiendo los pasos de una leyenda recién creada alrededor de lo acontecido en Asia y en torno a un tal Gallinato —por otro lado el menos destacado de la expedición—, transforma la conquista de Camboya en la conquista de Cambox (Zugasti, "Pegú" 450–51).

De esta manera, sea de forma intencionada o por desconocimiento geográfico, con este argumento teatral y bajo ese reino de "Cambox," Claramonte crea un espacio exótico, asiático-americano si se quiere, que se halla repleto de tesoros y de indígenas a los que evangelizar, espacio en el que se proyectan también las esperanzas peninsulares de cambio individual y ascenso social, y donde merced a la conquista y en matrimonio con el *Otro* se concreta la posibilidad de un nuevo comienzo.

De Armas ha tratado de revalorizar esta comedia, centrándose en analizar precisamente el efectismo de su novedosa representación de la geografía de pueblos remotos, lo que él denomina: la "hibridez monstruosa" de la pieza, y con ella, su exceso. En este sentido, la obra se sitúa en el "ámbito del nuevo canon dramático lopesco, que predicaba un teatro híbrido, un 'monstruo cómico'" ("*Oikoumene*" 37). En la comedia se confunde Asia y América; se confunden seres bárbaros, españoles y dioses; y también encontramos una fauna híbrida de caimanes que producen ámbar y dromedarios caníbales. Además, se yuxtaponen los términos americanos y asiáticos y al final se produce el matrimonio entre Gallinato y Tipolda, el híbrido que significa la creación de algo nuevo e inusitado. Alfredo Rodríguez López-Vázquez lo ha visto de forma parecida cuando dice:

> Frente a Tirso o a Calderón, que pondrán énfasis en los aspectos de conquista (la Trilogía de los Pizarros) o de evangelización (*La aurora en Copacabana*), Claramonte intuye que el verdadero mito americano es la nueva tierra de igualdad en la que el Estado y la Sociedad no van a ser una cortapisa que impida el progreso individual y el reconocimiento al mérito y al esfuerzo. El plan dramático de la obra ordena las secuencias de aventuras y el continuo cambio de escenario de manera que integra la visión clásica del *Fatum*

Capítulo dos

> o el Destino dentro de una concepción moderna optimista: la Tierra de Promisión se alcanza después de sufrir una serie de avatares y penalidades que incluyen la renuncia al antiguo amor (María) y la renuncia a la antigua tierra. (61)

La obra, denostada por la mayoría de la crítica por su mediocridad e inconsistencia,[29] es marcadamente apologética, ya que desde el principio no sólo los españoles alaban sus hazañas y logros en América, sino que los indios se hermanan con los peninsulares, considerándolos en todo momento humanos dioses y santos, hasta terminar clamando que los gobiernen. La mezcla de los dos códigos a la que vengo aludiendo se hace patente a lo largo del texto.

En el primer acto, la acción nos sitúa en el reino remoto de Cambox[30] donde la india cacique Tipolda adora al dios Sol al tiempo que su séquito le incita a que se case con él. Mientras imploran en una atalaya para que el Sol se manifieste, aparece Doña María en escena, de modo que mediante este recurso la peninsular se convertirá en dios-sol —o mejor Virgen "María"— para los indios. Inmediatamente, se cambia la escena y la española de Zamora comienza a narrar su historia. María cuenta cómo se enamoró de ella "un hidalgo bien nacido / que por serlo nació pobre; / Rodrigo de Gallinato / era su apellido noble, / que por venir de Galicia / el Gallinato se pone" (1.252–57). Al ser las dos familias de hijosdalgos humildes, sus padres prohibieron la boda: "*María*: porque un matrimonio pobre / es para dos nobles almas / infierno que las corrompe" (1.295–97). Por un tiempo, a ella la mandan a un convento y él se va a luchar a Flandes y Nápoles donde persigue fama. Posteriormente vuelve como alférez, acompañado de su amigo y capitán Pedro de Oña, con la intención de raptar a la dama y casarse con ella. Efectivamente, la rapta. En un percance en el camino, Rodrigo se queda luchando con brío mientras su amigo pone a salvo a María. Oña se encariña de ella y traicionando a Rodrigo le reitera a ésta que tendrá que ser su esposa. María para evitar que le haga daño le dice que sí y el traidor la lleva a Sevilla, desde donde comienzan viaje embarcándose con rumbo al Perú temiendo a Gallinato. En medio de la travesía los sorprende una tormenta que hunde el barco, haciendo que María arribe a las costas indias en una tabla. La desdichada vivirá treinta días comiendo hierbas y caracoles marinos hasta que descubre a la hija del rey indio

La conquista de Chile y la reconquista de Brasil

Guacol, rodeada de sus vasallos, ofreciéndole alabanza al Sol y rogándole que se manifieste. María le implora a la "salvaje" que como soberana reina, al ser mujer, la ampare y la recoja. Su suerte es que los indios la toman por el astro rey que anhelaban que se apareciera, dios español María, al que Tipolda hace que le besen los pies y le canten.

De repente, de vuelta en la península, sabemos que a Gallinato lo rodea la desventura, pues se encuentra en una gresca resultado del juego y al instante en otra, en la cual sale en defensa de un almirante. Dicho personaje le pregunta quién es, al haberle salvado la vida, y el desafortunado cuenta del mismo modo que María sus avatares. Estuvo en Orán, Flandes, Nápoles y después de que falsamente lo acusaran de organizar un motín, volvió a Zamora a por su amada y le empezaron a ocurrir las mayores calamidades que le describe al almirante en Sevilla. Su estrella no mejora un ápice cuando tres soldados lo asaltan y mata a uno de ellos. De nuevo el almirante sale a escena y al ver lo sucedido le aconseja que se marche con él, precisamente al Perú, para evitar la justicia. Lejos, en Cambox, sale Oña andando por la arena de la playa en busca de gente con vida. El traidor, al divisar a tres indios dispara su arcabuz con el propósito de que se asusten, lo tomen por dios y de ese modo consiga la comida que los amerindios transportan. No tarda en ocurrir lo planeado. Los tres vasallos de Polipolo, rey de Chile, le cuentan a su jefe que Ongol ha bajado del cielo con gran estruendo (arcabuz); a lo que contesta el cacique que se trata del dios de Guacol, ser que habrá que destruir para derrocar al indio rival y hacerse con el poder.

Al comienzo del segundo acto, Don Juan de Velasco en Perú elogia el poderío de los reyes españoles que, apoyándose en sus capitanes Colón y Cortés, doblegan a los bárbaros rebeldes sujetando esta tierra "a sus leyes santas" (2.31), y poniéndola en manos "de personas de sangre y de gobierno" (2.33) se aseguran que les rindan parias. Mientras tanto Guacán, enviado del rey Guacol de Cambox, se reúne en embajada con los peninsulares, a los que en principio no sabe si considerar dioses u hombres —"españoles, que sin duda / traéis vuestra descendencia / y vuestro origen del cielo" (2.52–54). El indio les cuenta las dimensiones de Cambox, detalles sobre sus habitantes y las cantidades ingentes de oro, plata, diamantes, perlas,

Capítulo dos

algodón y seda que posee. Además, narra cómo a Tipolda, la hija de su rey, le pidió la mano el mapuche Polipolo, "hombre de espantosas fuerzas, / el cual un tronco de un árbol / con una mano sustenta" (2.141–43) —referencia a la prueba de la viga, traída de *La araucana*, que ya vimos en *La bellígera*, *El gobernador prudente* y *Los españoles en Chile*. Al negarse la india, Polipolo juntó a trescientos mil de los suyos para enfrentarse a Guacol cruzando el río que divide sus reinos. En el momento que el rey y su hija huían, el "dios María" los auxilió con sus armas y animó a que continuaran luchando —recordándonos a *La bellígera*. Guacán viene al Perú, por tanto, a pedir ayuda de los dioses españoles —ayuda que se parezca a esa que Doña María había prestado con anterioridad—, para socorrer a su rey contra los hombres del chileno Polipolo, ofreciendo a cambio cien marcos y cien mil flechas de oro. Olmedo entonces resume lo que Argote, Velasco y Salcedo piensan: "Yo digo que es honra nuestra / y que es interés del rey / ayudarle en la defensa" (2.213–15); y Don Juan después de preguntar al alférez Gallinato le hace saber al indio que hará lo que le pide, pero le adelanta "con tal condición / que eternas las parias sean" (2.234–35), pues su intención implícita estriba en conquistar todo el territorio para Dios y su rey. En esto, la Imaginación desde dentro le aconseja a Rodrigo que no vaya a tierra de indios, que son gente bárbara que le engañará y le dará muerte, de manera que le convence que se vaya a España y se ponga al servicio del Duque de Lerma. Desgraciadamente la flota que le habría de llevar ha partido, con lo cual se tiene que quedar y afrontar una vez más su desventura.

Los españoles desembarcan en Cambox y mientras Don Juan de Velasco y Salcedo quieren volverse al Perú, pues sufren la baja del capitán Argote al parecer muerto en la travesía, Gallinato opta por quedarse con ansia de agrandar su fama: "es razón que nazca agora / Rodrigo Gallinato, / para borrar del mundo su maltrato" (2.566–68). Su honor y lealtad a Don Juan le llevan ahora a arengar a la tropa para que conquiste todo el "bárbaro polo." Sus hombres se dirigirán a él a partir de este instante como capitán. Ya en la costa se topan con Oña, otro que había sobrevivido al naufragio y que disfrazado de salvaje y remedando la lengua indígena intenta huir para que no lo reconozca Gallinato. Rodrigo y sus soldados son recibidos por el

La conquista de Chile y la reconquista de Brasil

rey Guacol, Tipolda y Doña María. El monarca indio le implora al peninsular que le ayude a aniquilar a Polipolo y da su palabra de proporcionarle todas las riquezas anteriormente acordadas con Guacán. Antes de que termine el acto, Doña María reconoce a Rodrigo Gallinato y ambos se sorprenden de verse tan lejos de España. Ella le dice que se terminó casando con Oña quien probablemente ha perecido en el mar, pero el nuevo gobernador, fiel a su honor, decide no amarla hasta no saber si es viuda. María se desconsuela ante el rigor del honor.

Otra que va a sufrir de amores va a ser la india Tipolda en el acto tercero, donde prendada de Gallinato le declara su querer. Rodrigo, como un caballero, la rechaza delicadamente para más tarde argumentar que su sangre no puede mezclarse con la de una idólatra. Luego, salen el rey Polipolo y Gallinato luchando y como hemos visto otras veces desafiándose con palabras que contrastan su valor y fuerza. Sin embargo, al primer encontronazo el indio se rinde diciendo: "Grande valor te acompaña. / En todo el mundo no hay hombres / como los hombres de España. / Ah, España dichosa y bella / que tal hombre has engendrado" (3.165–69). Polipolo le besa los pies y le pide, cual honorable español, un favor, "pues es el hacer mercedes / de la sangre testimonio" (3.212–13). Esa merced consiste en decir que se mató antes de ser vencido a manos del enemigo —en realidad, lo que quiere es que le den muerte para no tener que vivir con la deshonra. A cambio le ofrece todo tipo de riquezas. Mas el español le expresa que es bajeza dar muerte a un rendido y que le llevará ante Guacol como ha prometido, con intención de que le rinda parias y tributo. Rodrigo le entrega el detenido a Guacol y le ruega que no lo mate, pues es rey al fin. Luego convence a Polipolo de que le rinda parias a su rival si quiere su libertad; e incluso casi convence a los dos indígenas de que la mejor manera de asegurar la estabilidad del reino pasa por casar a Polipolo con Tipolda, algo a lo que el rebelde se niega. Con todo, los indios hacen por completo aquello que Rodrigo les sugiere con exagerado gusto. Tanto es así, que el rey Guacol le ruega al peninsular que ocupe su lugar en el trono y Tipolda añade que se case con ella. Después de la negación lógica, refiriéndose al deber que le ha traído a Cambox y su lealtad al virrey, les expone de nuevo que no le es lícito a un cristiano casarse con idólatras. Los indios en ese mismo momento renuncian a su religión,

Capítulo dos

dicen adorar a Cristo y claman por el bautismo. Gallinato, una vez bautizada Tipolda, acepta el casamiento convirtiéndose al mismo tiempo en rey de Cambox. Tan sólo queda para terminar la obra hacer que los indios prometan obediencia a España y que el mundo se entere de su ventura y hazaña.

Pronto en el primer acto, Claramonte comienza a desarrollar sus imágenes sobre la "iluminación" que necesita el salvaje. De este modo, Tipolda y sus indios imploran en una atalaya para que el dios Sol se les manifieste: "tú que nos alumbras / con tu resplandor / y cuando te escondes / todo es confusión" (1.112–15). Se pone en marcha la metáfora de la luz iluminadora que proporciona verdad y conocimiento, paralelamente a la de la Virgen en *La aurora* o en *El Nuevo Mundo*. No tardarán los indios mucho en cambiar la luz del Sol por la de Cristo, en el momento que conozcan a los españoles. Cambio parecido va a experimentar, aunque Claramonte dramáticamente lo dé por hecho, la propia Doña María, que al arribar a la costa de Cambox expresa el miedo peninsular ante el *Otro* "bárbaro":

> María   Canciones bárbaras siento,
> [...] que aquesta gente inhumana
> que habita esta galva indiana
> de sangre humana está hambrienta,
> y pienso que se sustenta
> contino de sangre humana
> [...] en salir mi gusto fundo,
> que aunque gente sin razón,
> el más bárbaro del mundo
> suele tener compasión. (1.122–41)

Y sin embargo "paradójicamente," pocos versos más tarde se halla hablando con Tipolda como si la india fuera dama peninsular. María hace uso de un discurso altamente glorificador para hablarle a Tipolda de la cristiandad de Felipe III, explicando cómo los condes, marqueses y duques en España se sujetan a él, que con razón merece los dos orbes. Además María le dice que aunque es mortal como ella la aventaja en ser cristiana y le explica quién es Cristo. La india instantáneamente profiere: "*Tipolda*: Pero si es dios español / muy más hermoso será. / Verle, María, confío" (1.437–39). Véase de qué manera contrastan todos estos versos con los que María había dedicado a la sinrazón, antropofagia y barbarie de los amerindios. Otra

La conquista de Chile y la reconquista de Brasil

característica que explota Claramonte en esta obra es el tema del travestismo y el de la "sexualidad aberrante" entre bárbaros, esto es, la homosexualidad entre indios. En el primer acto se recrea una escena en la que al parecer Tipolda, que piensa se ha casado con el indio sol-María, besa a la peninsular. Ceremonialmente hemos asistido a un matrimonio entre dos personas del mismo sexo en las tablas.[31] Poco después de expresar querer ver a Dios, la salvaje habla de sentir en su "alma" que Doña María vive en "el cielo" entre las "estrellas santas," y cediéndole sus andas afirma: "Si ansí son los españoles, / por el soberano Ongol / son todos mis ongoles; / y si es nuestro dios el Sol / ellos desde hoy son mis soles" (1.414–18). Tipolda comienza a tener actitudes y palabras de creyente. Y es que, como dice de Armas, "The Indians' belief in María's powers will make it easier for them to accept Christianity, since this god María would be linked in their minds to Mary, mother of the Christian God" ("Fashioning" 4) ["La creencia de los indios en los poderes de María facilitaría que acepten el cristianismo, puesto que en su mente conectarían a este dios María con la virgen María, madre del dios cristiano"]. Por otro lado, paralelamente Oña tendrá la misma reacción que tuvo su mujer al pisar la arena de las playas indígenas: "el cielo aquí me ha enviado / aquesta gente sin ley" (1.1010–11), gente que al parecer practica sacrificios humanos (1.1022) y posee dromedarios devoradores de hombres (2.167). Queda claro, Claramonte no escatima ningún elemento que pueda añadir extrañeza y exotismo a la acción. Sin embargo, estos caciques salvajes tienen el alma sujeta al español desde que lo ven, poseen palabra y nobleza, como apunta Gallinato: "Indio noble, tus palabras / bien que dicen, verdad muestran" (2.244–45) y de nuevo con palabras como las que siguen avanzan su posterior conversión:

> Guacán   Si vosotros no sois dioses
> disfrazados en la tierra,
> creer no puedo, señores,
> que dioses los cielos tengan. (2.260–63)

Y si bien Gallinato, al oír comentarios de este tipo, habla de juntar su alma a la del indio en estrecha amistad, también es verdad que cataloga su empresa como "una expedición a tierra de bárbaros." Si hace un momento los indios poseían honra y nobleza, ahora no les cabe más remedio que ser bárbaros.

Capítulo dos

Polipolo es honorable, como señalan sus sacerdotes al advertirle: "Si no defiendes tu honor... / [...] Recelo / tu ruina" (2.402–05) y cual romano, celebra unos juegos entre su gente exclamando que antes que llegue la noche matará al rey Guacol. Asimismo, Guacán entiende de honor (2.931) y Tucapel le pide la palabra a su rey (2.447). Por consiguiente, los salvajes tienen palabra y honor para defenderla. Y si Doña María ataviada de arco y flechas ayuda a Tucapel a luchar contra Polipolo, convenciendo al rey de que no huya y se mantenga con sus tropas, el monarca indio dirá ver en sus acciones a una santa: "¡Ah, español / invencible, santo y fuerte! / ¡Qué no vencerán tus obras / si ansí tus palabras vencen!" (2.480–82). Igualmente, Guacán coincidirá con su rey y con Tipolda al respecto de la venerable consideración que le merecen los españoles: "¡Oh santos españoles, / besar quiero esos pies de eternos nombres, / que sin duda sois soles / debajo del disfraz de humanos hombres" (2.605–08). Después, dirigiéndose a Gallinato comenta: "Y tú, español, que tienes / mi voluntad cautiva, yo te vea / con corona en las sienes" (2.611–13). Claramonte con estas palabras adelanta lo que está por venir.

Hay un episodio donde precisamente se demuestra con gran nitidez la violencia de las proyecciones peninsulares sobre los indígenas: el resultado de la imposibilidad de poder y querer aceptar la diferencia. La escena comienza cuando al punto de desembarcar en la playa indígena Rodrigo Gallinato y sus compañeros se topan con Oña, que lleva puestas las ropas de un dios indio para protegerse de los aborígenes. Los españoles lo creen indio. Pero, he aquí lo interesante, cuando el náufrago se aproxima a la nave reconoce a Gallinato, Velasco y Olmedo, entonces se hace pasar por salvaje respondiendo a las preguntas de los peninsulares con palabras que simulan el lenguaje indígena y que por supuesto, no tienen sentido ninguno: "Pay purí," "No quipán," "Cochuní," "Oñí," "Penpirán" (2.650–95). Este es el primer pasaje en todas estas obras donde netamente se escenifica la incomunicación total resultado de hablar dos idiomas, el del conquistador y supuestamente el del indio, debido no a que Claramonte nos quiera dar a conocer al *Otro* o presentar la escena con cierta verosimilitud, sino muy al contrario, para que sirva al propósito teatral del disfraz, subterfugio que Oña pone en marcha con la intención de que no lo reconozca Gallinato.

La conquista de Chile y la reconquista de Brasil

Consecuentemente, la escena se cierra proyectando sobre el supuesto indio todas las obscenidades —en su sentido original: lo que está fuera de la escena— antes atribuidas al *Otro* moro y judío. De ahí que cuando Oña responde "Maomad" (2.688), Olmedo diga: "Este indio es moro" (2.689) y seguidamente Salcedo, al no entender el lenguaje *Otro*, vocifere: "Echadle de ahí con el diablo / Vete, bárbaro, de aquí" (2.692–93). Lo moro, lo indio, lo bárbaro, lo diabólico, todo es uno.

Como en otras obras, aparecen en escena la Idolatría y la Fe, en este caso peleando para que el protagonista se retire a España y no viva más desgracias, o continúe en Indias y consiga fama insigne respectivamente. Al quedarse dormido Gallinato, se une la Fortuna —con Alejandro a los pies—, la cual se encarga de alabar al hidalgo y con la Fe desterrar a la ciega Idolatría. Rodrigo al despertar expresa un ardor renovado, una belicosidad de conquistador que nunca antes mostró y que, al abrigo de las palabras que le dedica a María Virgen para que lo secunde, le da el espaldarazo definitivo que lo convierte en un héroe de conquista: "¡Ah, bárbaro rey de Chile, / hoy has de besar mis plantas! [...] ¡Viva España y su fe santa! / [...] ¡Armas, armas, cierra España" (2.790–95).[32] En este momento, el español pasa de soldado a héroe, de Rodrigo Gallinato a Don Rodrigo. Y si este último rey visigodo perdió España frente a los árabes, Gallinato se encargará de ganar un nuevo reino para ella.[33]

Los indios de Guacol se preparan para recibir a los españoles venidos del Perú con los que vencerán a Polipolo. Los españoles son bizarros guerreros considerados muy hermosos, humanos y de piernas de mil colores. La entrevista se desarrolla no sin importantes puntos de interés, pues si al final del segundo acto la india Tipolda ya daba visos de estar enamorada de Gallinato, al principio del tercero le manda a Guacán que lo traiga a su presencia para decirle que es el capitán de su deseo, rey de sus sentidos, "dios del alma que te adora, / cárcel de sus tres potencias" (3.53–54). Nótese el modo en que la cultivada india hace referencia a los tres tipos de alma, en otros casos tres partes del alma: intelectiva, irascible y concupiscible, siguiendo a Platón.[34] Gallinato trata de rechazarla con donaire deshaciéndose en halagos que merecen especial atención, pues muestran la mentalidad de una época. Claramonte da licencia a Rodrigo Gallinato para que profiera el "mejor" halago que un español le puede dedicar a una india, cual es el llamarle "española," el tratarla de igual, algo que sucede dos veces en su discurso: "*Gallinato*: india española en el alma" [...] "reina, honesta, rica, afable, / española, ilustre y cuerda, / hija, mujer, india, dios" (3.79–85). Qué no es esto, sino que la india es una española en potencia, es decir, tiene la potencialidad de ser española "en el alma," súbdito del imperio, y en tal sentido se la trata —código del honor. Ahora bien, puede ser "española," pero no es cristiana, es idólatra —código jurídico-teológico— y eso es insalvable para aquéllos que se sienten compelidos por conceptos como los del honor y la limpieza de sangre: "*Gallinato*: Cristiano soy y tú no eres cristiana / mal se podrán juntar nuestras dos almas" (3.89–90). Los versos de Claramonte vuelven a hacer realidad las desavenencias que estos códigos una vez enfrentados muestran, y asimismo por otro lado, prueban la inexistencia de la contradicción entre dichos discursos, pues el teatro, la escena, su teatralidad los devuelve a un auditorio que se halla movido y adoctrinado en los dos sentidos. Es decir, el teatro se alimenta de y reproduce lo que por otra parte ya se haya enraizado en la sociedad. Tipolda, despechada, le desea al español lo peor y confundida ruega que muera y pierda "la vitoria y honra" (3.105), "afrentado y deshonrado seas" (3.110), al mismo tiempo que clama: "eres mi alma" (3.112). Gallinato la deja, marchándose a la batalla.

Los doscientos peninsulares vencen al ejército de Polipolo y salen a escena victoriosos haciendo referencia a lo único que los llevó a Cambox, la riqueza: "*Olmedo*: Acá sólo vinimos por hacienda" (3.331). Gallinato, por su parte, alude a que su gloria y fama le han venido a consecuencia de la desgracia que le ha traído a tierras americanas: "Nuestra ventura ha sido por desgracia" (3.348). Éste es uno de los núcleos de la comedia: la posibilidad de cambio y éxito individual tras el sacrificio que supone la conquista. Una vez el protagonista le entrega Polipolo al rey Guacol, éste le pisa la cabeza cual serpiente en señal de victoria y le dice al peninsular agradeciéndole su ayuda: "¡Oh español a quien adoro / de eterno y sacro poder!" (3.388–89). Guacol aquí no solamente habla del demonio, sino del infierno donde quiere enviar al rebelde. Gallinato convence al soberano de que no mate a su enemigo y de ese modo le rendirá parias.

La conquista de Chile y la reconquista de Brasil

Pronto los indios quedan como amigos y se prodigan en alabanzas a la nobleza del hidalgo, con palabras que más bien parecen sacadas de cualquier épica cristiana: "*Polipolo*: Bien de dioses os dan nombres, / pues sois los hombres de España / dioses en forma de hombres" (3.505–07). El rey dice, "*Guacol*: ¡Ah español! Toma mi asiento, / pon tus pies en mi garganta, / pues por ti mi fama aumento" (3.508–10). Posteriormente, el jefe indio habla del dolor que supone para el alma y el "libre albedrío" el separarse del español (3.521).

Tipolda, enamorada como está de Rodrigo, va a hacer todo lo que esté en su mano para que se quede. En este sentido, le dice a su padre que al dejarlos marchar victoriosos se expone a que otros españoles vean las riquezas que éstos llevan y así que la codicia los traiga a su reino con ánimo de apoderarse de sus tierras y hacerlos esclavos. Adviértase cómo la india augura lo que va a pasar —único pasaje donde se atisba cierta crítica a la posible actuación codiciosa de los que están por venir. Es este pasaje en toda la obra el que le lleva a Mariano de Paco a decir: "Es evidente que en *El nuevo rey Gallinato* predomina la visión triunfal y positiva de la Conquista, aunque no faltan alusiones que desvelan la otra cara del Descubrimiento y de la naturaleza de los conquistadores" (135). De Armas va más allá y detecta en estos versos "el cuestionamiento de la empresa" ("*Oikoumene*" 45). En mi opinión, si bien se observa la crítica a la codicia de los que hacen la conquista, esto no significa cuestionamiento alguno de la empresa como tal, como tampoco lo es el hecho de que los soldados que hacen la expedición digan que han venido a por riquezas, mientras que los ilustres lo hagan por la fama y el honor. Emily Hind ve en el total de la comedia una notable crítica social a instituciones, sociedad y religión españolas que, a mi entender, no existe.

En el mismo tono anterior, Guacán le avisa a su rey que si Polipolo nota que los de España se han marchado, atacará con renovado brío. Entonces es cuando Tipolda sale con una solución que contenta profundamente a su padre, cual es casarse con Gallinato: "*Tipolda*: que es más sabio que Ongol, / […] santo, prudente y discreto" (3.572–75), algo que convertiría al gallego en rey de Cambox. Rodrigo declina la oferta acudiendo a que es cristiano y "un cristiano / no estima un reino gentil" (3.601–02).

Capítulo dos

No obstante, la obra en este momento produce el giro más inesperado al preguntar el indio: "*Rey*: ¿Qué es ser cristiano, español? / *Gallinato*: Creer en Cristo" (3.603). Sorprendentemente, igual que los "salvajes" conocen el infierno, el rey y su hija no necesitan nada más para decir adorar al Dios cristiano: "*Rey*: ¡Ah español! Por Dios le adoro" (3.608) queriendo inmediatamente convertirse. Todos claman al unísono ser cristianos en el bautismo. Gallinato acepta echarles el agua con la condición de que le proporcionen parias y le guarden obediencia al rey español. Igualmente, una vez bautizada Tipolda, Rodrigo admite casarse con ella y ser rey de los indios. Por primera vez en estos dramas se ha dado el casamiento entre indio y peninsular, se ha defendido la hibridez y se ha llevado al escenario lo que todo el auditorio esperaría. Los indios inteligentísimamente arguyen que siendo ya Cambox cristiano y un español el rey, no hay razón para seguir siendo leales y darle parias a España, más aún cuando expresan: "*Guacán*: Gallinato, no es razón / que de Cambox el poder / tenga eterna sujeción" (3.643–45). Sin embargo, la deslealtad, el deshonor y la secesión no entran en el pecho de Gallinato. Al final el propio Guacol de la misma forma que se convierte, acepta "la santa ley" peninsular y proclamando a Gallinato ilustre rey, también promete dar parias y obediencia a España:

> The *comedia* thus portrays Gallinato as the ideal Spanish hero in love, religion, politics and war. To Morínigo's objection that the conquest of America had "insuficiente prestigio heroico" and "opaco brillo militar," Claramonte's play provides a blueprint of how to characterize a *conquistador*. This play very much fits in with the notion that the *comedia* emerged as a substitute for chivalric fiction. Not only does Gallinato fit the requirements of a knight and is able to achieve fame, rulership and marriage to a princess, but he does this as a man of the lower nobility. His triumph is thus greater than that of Amadís and other chivalric heroes, since they were most often of royal blood. In this fantastic tale, Claramonte brings to the stage the excitement of the conquest and celebrates the valor, virtue and spiritual values of his fellow countrymen. The threat of the other is diffused through a chivalric tale that joins together self and other in marriage. But it is not a marriage of equality. Rather, it serves as a prelude to assimilation. (de Armas, "Fashioning" 6) [20]

Sólo queda sacar un Cristo y una Virgen a las tablas para que los indios los vean y adoren. Después el gallego comienza a actuar como insigne dando títulos a todos sus compañeros y caciques indígenas. De repente, cuando todo ya se da por concluido, aparece Oña ante Gallinato rey pidiéndole perdón por haberle robado la esposa al Gallinato soldado. El perdón es inmediato, además, el rey le entrega de nuevo a María que al fin y al cabo es su mujer. La obra concluye tan pronto como el nuevo rey Gallinato manda a Guacán al Perú con el fin de que le envíe obispos y sacerdotes y publique la hazaña de su victoria y coronación, mostrando completa obediencia y poniendo todo el territorio en manos del Papa y el monarca Felipe.[35]

El Brasil restituido de Lope de Vega

Con esta obra escrita en octubre de 1625[36] Lope supuestamente termina su recreación dramática del tema de la conquista y colonización española en el Nuevo Mundo, precisamente iniciada con la comedia del mismo nombre *El Nuevo Mundo*. El drama escenifica acontecimientos posteriores a la conquista. En él se representa al amerindio, o por el mismo motivo a América, como excusa para narrar las hazañas de los principales españoles que acuden a las costas de Brasil con ánimo de restaurar la "verdadera religión de la más excelsa monarquía." Y es que el argumento del drama tiene que ver con la traición a la Corona española-portuguesa que desatan en el país suramericano algunos de los judíos conversos expulsados de Portugal que pueblan la costa brasileña, los cuales, al temer represalias de la Santa Inquisición, deciden proteger sus riquezas e intereses llamando a los protestantes holandeses para que aprovechando la coyuntura se hagan cargo de la colonia.[37] Esto es lo que la obra representa; sin embargo, esta supuesta traición judía que Lope retrata ha sido puesta en entredicho recientemente desde los puntos de vista histórico y de la crítica literaria.

La mayoría de la crítica que se ha acercado a esta comedia, mucha de ella citada aquí, hasta hace muy poco ha defendido o aceptado, en muchas ocasiones al parecer con escasa documentación histórica, la traición de los judíos conversos como espoleta de la invasión holandesa de Bahía. De esta manera, se ha creído como fiel la recreación lopesca de los hechos acaecidos en 1625 y se ha tomado por verdadera crónica histórica. Aunque Medina (*Dos comedias* 147–48) ya hizo mención a la exageración lopesca sobre los acontecimientos y Martínez Torrón ("Acerca") señaló la falta de documentación histórica de estos pasajes, va a ser Nancy Posner en 1996 la que examina en profundidad las fuentes históricas de los acontecimientos escenificados en *El Brasil restituido* y desvela el grado de exageración anti-semita que hace de los judíos los responsables de la invasión holandesa. Ninguno de los muchos textos históricos examinados por Posner hace mención a la ayuda que los judíos de Bahía prestaran a las tropas de invasión lideradas por los holandeses. La maquinación judía es una invención de Lope y responde a la estrategia ideológica lopesca y monárquica de culpar a los enemigos de la "verdadera fe." La obra además sirve para exaltar a los aguerridos militares de Portugal y España y solidificar los lazos de la unión ibérica, apoyada por el rey Felipe IV y su valido, en un momento de urgente necesidad económica para Castilla (Posner 271–74).

Sobre la recuperación de Bahía, aparece otro drama en 1670 del portugués Juan Antonio Correa titulado *Pérdida y restauración de la Bahía de Todos los Santos* publicado en Madrid el mismo año en *Parte treinta y tres de comedias nuevas, nunca impresas escogidas de los mejores ingenios de España*, por Joseph Fernández de Buendía. En opinión de Posner (274–79) la obra de Correa es una respuesta a la de Lope y muy probablemente por esta razón fuera escrita mucho antes, entre diciembre de 1625 y marzo de 1626. La comedia es mucho más exacta con los acontecimientos históricos, da preferencia a los hombres y hazañas de los portugueses y en ningún momento alude a la conspiración judía. El rol de leales a la Corona que tienen los indios en la comedia de Lope es asumido por los negros en la de Correa. Por lo demás, esta pieza no representa en escena a América o al amerindio. Hay que decir, no obstante, que la crítica comúnmente no ha apreciado esta comedia hasta hace muy poco y sí la de Lope. Por ejemplo, Franco opina que Correa "produce una comedia muy floja. El asunto heroico se confunde con una trama amorosa que a veces adquiere la preponderancia de acción principal" (153).

Volviendo a la comedia lopesca, como acertadamente defiende Gilman, *El Brasil restituido* "is actually less concerned

La conquista de Chile y la reconquista de Brasil

with America as such than with presenting a pageant of three European faiths: violent Protestantism, perverse Judaism, and triumphant Catholicism" (104) ["está realmente menos interesado en América como tal que en presentar una muestra de tres fes europeas: protestantismo violento, judaísmo perverso, y catolicismo triunfante"]. De eso mayormente nos vamos a ocupar. Merece atención comentar las intervenciones de personajes alegóricos como el Brasil, la Fama, la Herejía, Apolo, la Monarquía, o la Religión en esta comedia, pues "relatan los sucesos como si fuera una historia bíblica" (Case 18). El Brasil sale representado en figura de dama india, con una rueda de plumas y una flecha dorada, contándole a Ongol (indio) de qué manera el demonio fue desterrado del Cielo y de su territorio por los portugueses que le trajeron la fe de Cristo y sujetaron a sus indios:

> Brasil Sus portugueses conquistaron fuertes
> Mi tierra y mar, con otras que ganaron
> Después que con Castilla echaron suertes
> Y mis famosos indios sujetaron;
> [...] Entonces recibí la fe de Cristo
> Y supe que era Dios único y solo;
> Con el tirano antiguo me malquisto
> Y niego adoración al claro Apolo;
> Á los fieros idólatras resisto,
> Que ocupan la más parte deste polo,
> Y limpia del antiguo barbarismo,
> Me baño en las corrientes del bautismo. (83)

El Brasil hace referencia a Laertes, Troya, Apolo, Aqueronte, Júpiter, Atlante, Alejandro, Héctor..., pero se llama a sí mismo/a bárbara, incluso cuando conoce detalladamente los misterios de la Inmaculada Concepción de María, de la Eucaristía y de la redención del género humano por el sacrificio de la cruz. El Brasil cuenta que el demonio solicita a Holanda por medio de unos "bárbaros hebreos" (83) que irrumpa en las costas brasileñas. Nótese cómo son bárbaros los indios y por la misma razón los judíos, todo lo que es *Otro*. El personaje Don Diego de Meneses corrobora esto mismo al comienzo del primer acto cuando denuncia que los judíos son más condenables por sus falsas creencias que los propios indios: "*Diego*: No vive un indio gentil / Más idólatra, en razón / Del sol, que otra nación /

En su ley en el Brasil" (78).³⁸ La única esperanza consiste en llamar al católico Felipe —"*Brasil*: El gran Felipe, mi Rey, / De la católica ley / Y evangélica verdad / Soberano defensor" (84)— a través de la Fama (personaje) para que restaure el orden político y la "verdadera religión," es decir, para que lleve a cabo la re-conquista. Después, la Fama se entrevista con la Monarquía de España, la cual aparece con un mundo en los pies y un cetro con tres coronas de oro. La Fama le alaba que triunfe en África, Europa, Asia y América y le advierte que los apóstatas han invadido las costas de Bahía, luego Brasil la necesita. La Monarquía contesta que no tardará en partir su armada, tanto más, cuando se nos informa de la cantidad de sacrilegios que los calvinistas y judíos —que conforman un ejército compuesto de holandeses, alemanes, belgas e ingleses— han cometido en los templos católicos, tiroteando y derribando imágenes de Cristo y de la Virgen.

 En América, en el incidente que pone punto final al primer acto, Ongol y demás indios comandados por Machado matan al coronel holandés de un flechazo, y su hijo jura venganza contra los "perros papistas" que quieren y esperan el gobierno de España. Hay que señalar que, si bien la participación del amerindio en las luchas es exigua, Lope se afana en enfatizar su fidelidad al catolicismo y al ejército peninsular, actitud que también documentan las cartas de António Vieira a sus superiores jesuitas (ver Posner 48). El caso es que con Rodríguez Casado tenemos que decir que: "América está firmemente unida a España, según el sentir de Lope. Sus habitantes rivalizan en hazañosos hechos con los portugueses y castellanos, en íntima unión contra el común enemigo. Lo que el público, que veía representar *El Nuevo Mundo descubierto por Cristóbal Colón*, soñaba, cristaliza aquí en pura realidad" (263).

 Ya en el segundo acto castellanos y portugueses se acercan en dos barcos a las costas de Brasil. Sale la Religión católica vestida de española y el Brasil de india. La segunda le cuenta a la primera cómo se hizo el viaje y cuántos bravos soldados componen la expedición, además de cuán grande es el valor de España. También, igual que al final del primer acto, se alude a la antropofagia de los "salvajes," cosa que queda clara cuando Ongol le cuenta a Machado que se comerá a algunos holandeses (86).³⁹ La cuestión es que sin la tutela de los sacerdotes y los encomenderos, los indígenas reviven sus sacrificios idólatras, eso sí, sin perder la fe.

A partir de aquí comienza el elenco de discursos laudatorios a cada uno de los españoles ilustres que forman parte de la expedición: Don Fadrique, Diego Ramírez, Don Enrique, Don Diego de Espinosa, y tantos otros en una especie de "crónica rimada" (Miró Quesada, *América* 71). Lo que resulta curioso es que sea el mismo Apolo el que salga de un monte y rodeado de musas y poetas le cuente al Brasil las gestas de los conquistadores peninsulares en el campo para que la fama los consagre. No tarda la Herejía en salir del escotillón del teatro —infiernos— increpándoles a la Religión y al Brasil que no les será tan fácil vencer, sobre todo si se apoyan en la doctrina católica. El Brasil contesta que pronto verá el castigo que Felipe le impone a ella como demonio y a sus ministros ya que "Católica religión / Profeso por cuya gloria / Espero tener victoria" (97). En palabras de Roig "'El Brasil' enaltece conjuntamente la Fe, la Honra y el Patriotismo. Aparece como el portavoz de Lope de Vega" (249).

En el tercer acto, las alabanzas continúan ahora con los aventajados portugueses, Alfonso de Alencastro, Martín de Olivera, Juan Fajardo, Manuel Meneses y especialmente con el héroe castellano que se encargará de convertir el augurio anterior del Brasil en pura realidad, Don Fadrique de Toledo. A lo largo de este último acto acontece la batalla y se admira la honra y el valor de los que participan en ella buscando con tesón la victoria que no tarda en llegar. El coronel holandés se rinde, porque al final como dicen dos de los suyos: "*Leonardo*: Que á banderas de Felipe, / ¿Quién ha de hacer resistencia? (102) o "*Alberto*: Porque en este rendimiento / No sé qué honor os engaña, / Pues rendirse un hombre á España / Es darse merecimiento" (102). Una vez rendido el ejército enemigo a Don Fadrique y sin aceptar este último ninguna de sus condiciones se abre en el escenario el retrato de Felipe IV al que se le pregunta si perdonará a los herejes. El conquistador contesta: "Parece que dijo sí" (104) y se procede con piedad. Adviértase que en todos estos dramas las imágenes y el aparato escénico traídos de la más ilustradora comedia de santo han revivido literalmente en las tablas a dioses, santos, vírgenes, figuras alegóricas y míticas, pero nunca a un rey peninsular que parece que "habla y gobierna" —excepción

Capítulo dos

hecha en *Arauco domado* del propio Lope donde el retrato del rey no profiere palabra alguna. De este modo, Felipe IV en *El Brasil restituido* se representa como figura *cuasi* divina, con el impacto emocional de grandeza que eso produciría en los espectadores.[40] Además, tampoco se le escapa al auditorio, la manera en que Lope "aprovechó la ocasión de la reciente victoria contra los holandeses heréticos en el Brasil para dilatar, hasta el Nuevo Mundo, el campo de celebración de las glorias hispanas, al servicio del Rey, de la Patria y de la Fe, en la fraternidad de armas, de ideal y de religión de los dos pueblos ibéricos" (Roig 249). Adviértase que la armada luso-española se presenta en Bahía un viernes santo, lo que le proporciona a la gesta militar un carácter mesiánico. Como resultado de la re-conquista los españoles se embolsan tres millones y medio en plata y oro después de haber criticado la codicia hereje. Contrariamente Franco apunta que los españoles en la comedia de Lope "No exigen parte del botín. Generosamente lo ceden todo a su legítimo dueño demostrando así la sinceridad de que está revestida su política" (151).

En definitiva, coincido con Diego Martínez Torrón en el análisis de los recursos propagandísticos que Lope despliega en esta obra:

> De esta forma ha adaptado al teatro de la época la relación de sucesos de don Fadrique de Toledo, haciendo accesible al gran público las gestas históricas de que tanto gustaba. El teatro de Lope es equivalente, en la forma de presentar el mensaje y en el proceso comunicativo, a los "mass-media" actuales. Es capaz de transmitir una información, de contenido histórico, adaptado al modo más eficaz para su difusión pública, que hacen accesible su mensaje. ("Valores" 159)

Por último, el Brasil acompañado de la Religión le coloca una corona de victoria a Don Fadrique por haber consumado los deseos peninsulares que Machado en el segundo acto recalcaba exclamando:

> Machado   Con las venganzas de gente
> Bárbara; vos seáis, señor,
> Bien venido. Ese valor
> Español el cielo aumente,
> Para que añada esta hazaña
> Á cincuenta, á cien, á mil,

La conquista de Chile y la reconquista de Brasil

> restituyendo el Brasil
> Á los monarcas de España. (93)

Se ha culminado la re-conquista territorial y religiosa del Brasil y se ha dado un cierre del todo triunfalista que engrandece la cruzada épica que supone esta comedia. Obra que concluye la recreación lopesca del tema de la conquista y colonización de América en las tablas y que escasamente representa al indio ya que se concentra en realizar un panegírico del poderío imperialista de la católica monarquía luso-hispana bajo Felipe IV.

A lo largo de este capítulo dedicado a la conquista de Chile y reconquista de Brasil se han analizado un total de ocho obras, si incluimos la pieza de Alonso Remón. Todas ellas muestran en escena con mayor o menor hincapié las tesis que venimos defendiendo con respecto a la representación del indio y el tema de la justificación de la conquista y colonización de América. La mayoría de las dedicadas a Chile reciben influencias directas de las obras de Ercilla y Oña y son escritas por encargo de los herederos de la familia Hurtado de Mendoza. *El Brasil restituido* muy probablemente fue encargada igualmente por los poderes públicos a Lope. Se trata así de epopeyas laudatorias que en algunos casos descuidan el argumento y la acción para caer en tediosos encomios copia unos de otros. Entre ellas destacan las dos comedias de Lope, ya que él sí ha sabido escenificar con maestría y recursos histórico-literarios los temas del indio y la conquista a la vez que ensalza a las personalidades que culminan la empresa. Este testigo es el que recogerán Tirso de Molina y Vélez de Guevara en el siguiente capítulo.

Capítulo tres

La conquista del Perú

Bajo este título nos hemos propuesto aunar las cuatro comedias de indio que representan las vicisitudes de los militares peninsulares encargados de conquistar el imperio inca. Héroes de gesta, tanto los Pizarro como los Almagro, son caracterizados en estas obras como los mejores brazos de la Iglesia y del estado a la hora de domeñar a los "bárbaros" de las latitudes incaicas. Sin embargo, hay que hacer una importante salvedad: Vélez de Guevara —igual que veremos en Calderón— se atreve a escenificar a Francisco y Fernando Pizarro luchando fielmente codo con codo junto a Diego de Almagro en la conquista de los naturales; mientras que, contrariamente, Tirso de Molina se hará eco de sus posteriores odios y disputas intestinas, dedicándose a escribir la Trilogía precisamente con ánimo de lavar toda mancha de deshonor y deslealtad que salpique a la familia Pizarro, haciendo recaer la alta traición e incluso la bastardía en la estirpe de un codicioso y envidioso Almagro. Las cuatro obras escenifican las desavenencias resultantes del conflicto entre el código del honor y el jurídico-teológico en su ansia de asimilar al indio. Paralelamente, representan una crítica al modo en el que algunos españoles llevan a cabo la empresa. Tanto Tirso como Vélez de Guevara denostan la codicia, el servilismo y la deslealtad de los que hacen las Indias para sí y no para el rey. A modo de adelanto, merecen especial mención algunos detalles reveladores como la construcción que Francisco Pizarro realiza de su propia subjetividad a la edad de trece años en *Todo es dar en una cosa* de Tirso. El niño Pizarro jura ser únicamente hijo de sus obras y conquistar un Nuevo Mundo que ofrecer a sus monarcas. Asimismo, destacar en la segunda de la Trilogía los amores entre españoles y amazonas indias, estas últimas queriendo "desamazonarse" y aceptando solícitamente el vasallaje

Capítulo tres

si los ilustres peninsulares las corresponden. Para terminar, no quisiera olvidar los pasajes más apologéticos de *Las palabras a los reyes y gloria de los Pizarros* de Vélez de Guevara en los cuales América como personaje le pide a Pizarro que la libere de la monstruosidad y barbarie idólatra implorándole que la conquiste y subyugue para finalmente entregarla a los pies de la Iglesia y del santo soberano Carlos V.

Todo es dar en una cosa de Tirso de Molina

La *Trilogía de los Pizarros* —como bien han dicho entre otros Otis Green, Ángela Dellepiane ("Ficción") y más recientemente Jesús Cañas Murillo y Gregorio Torres Nebrera, Luis Vázquez Fernández (*Tirso*) y Miguel Zugasti ("La imagen;" *Trilogía*)— no trata de recrear un personaje o un hecho histórico concretos, sino de reivindicar al conquistador Francisco Pizarro y a sus hermanos, Gonzalo, Hernando y Juan, y encumbrar a sus descendientes representados en esa época por el bisnieto y primer marqués de la conquista, Juan Hernando Pizarro. La obra en su conjunto se escribe por tanto para fomentar y celebrar la reinstauración en 1631 del título de "Marqués de la Conquista" que poseyera Francisco Pizarro y que desapareció a su muerte. Y si bien la Trilogía es la pieza donde Tirso de una manera más concreta representa el Nuevo Mundo, éstos no han sido los únicos versos que el mercedario ha dedicado a América. Vázquez Fernández lo pone de manifiesto: "Prácticamente en todas sus piezas de teatro aparece, resplandeciente, América: como realidad viva o metafórica; como lejanía atrayente o como riqueza explotada; como vocabulario renovador y como paisaje y paisanaje exótico" ("Impacto" 100).

Veamos qué ocurre entonces en la primera de la Trilogía, *Todo es dar en una cosa*.[1] Con esta frase se expresa a lo largo y ancho de la comedia lo concienzudo de Francisquito Pizarro, esto es, la valentía y el denuedo que el niño muestra para la tarea de conquistador que se le solicita. Se trata de una obra que no merecería incluirse propiamente en el análisis de este estudio, puesto que no es una "comedia de indio": no contiene al indio como personaje y tampoco escenifica la conquista de América. Sin embargo, exhibe excelentes argumentos sobre los atributos y la marcada heroicidad que han de tener aquéllos que realizarán la empresa, anunciando al mismo tiempo las profundas resonancias de tan gran gesta. Y es que, como sostienen Ruiz Ramón ("El héroe" 240) y Zugasti ("La imagen"), en la Trilogía y más marcadamente en *Todo es dar en una cosa*, Tirso construye un héroe trágico, Francisco Pizarro, que termina elevado a la condición de mito histórico. Toda la obra se afana en hacer que reconozcamos la valentía e incluso temeridad del carácter de Pizarro desde su más tierna infancia con la intención manifiesta de exonerar todo lo negativo de su figura, tanto privada como pública, y de este modo encumbrar al héroe. En palabras de Otis Green la obra, "Entirely outside the limits of serious history, is a combination of legend and the poet's imagination" (204) ["Completamente fuera de los límites de la Historia seria, es una combinación de leyenda y la imaginación del poeta"].

En su trama se cuentan las andanzas del adolescente Pizarro desde su nacimiento hasta su segundo contacto con la reina Isabel que, a punto de invadir Granada, le refiere al joven alférez de quince años —lo era desde los trece por su heroísmo en una batalla— cuáles son sus intenciones:

> Reina   Contra el hereje fundé
> la divina Inquisición,
> la Hermandad contra el ladrón,
> los judíos desterré:
> vuelva la fe a su decoro,
> y en tan sagrada conquista
> quien desterró al talmudista
> destierre también al moro. (3.12)

Para no soslayar la importancia de tan gran panegírico es preciso que atendamos a lo que la acción narra en los tres actos de un drama de honor con todos los ingredientes de la época. En opinión de Green se trata de una "comedia de capa y espada" que coloca la "hidalguía" de Francisco Pizarro en compañía de la de portentos como "Moisés o Rómulo" (205). En el primer acto, Margarita de Cabezas sale a escena leyendo un papel de su pretendiente Álvaro Durán y casualmente su hermana menor Beatriz hace lo mismo del suyo, Gonzalo Pizarro. Las dos hermanas movidas por las ganas de saber de sus mutuas correrías amorosas deciden confiarse los secretos escritos de sus respectivos amantes. Cuando Margarita está leyendo el de su hermana

Capítulo tres

Beatriz, donde se cuenta que esta última ha sido ya poseída por Don Gonzalo, es sorprendida por Don Álvaro que escondido detrás de ella alcanza sin ser visto a leer el papel, creyendo de inmediato que la desflorada es Margarita. Don Álvaro acaba jurando vengar su honor contra quien supone ha mancillado a su dama, Gonzalo Pizarro, el único que tiene franca la entrada en la casa de los Cabezas por ser amigo del padre de familia.

Don Álvaro reta a Don Gonzalo y el último hiere al primero de muerte, para marcharse después a Italia en su condición de hombre de armas al tiempo que rechaza a Beatriz por desleal. Esta circunstancia de la riña fuerza a los Cabezas a trasladarse junto con el herido a una casa apartada donde algunos de sus lacayos y amigos cuidan del enfermo sin despertar sospechas. En ese momento, sucede lo inesperado: Beatriz embarazada de Don Gonzalo sale de la casa y pare en una encina a un niño (Francisco Pizarro) y cuando acude a pedir ayuda se encuentra con su propio padre, Francisco de Cabezas. La joven, embozada e irreconocible para su progenitor, le cuenta sus tribulaciones pidiéndole por su "vida y honra" (1.13) que se acerque a la encina y que se haga cargo de lo que encuentre allí puesto que ella volverá algún día para recuperarlo. Don Francisco lo hace y se queda con el niño, prometiendo cuidarlo como un padre. Sin embargo, lo singularmente dramático es que obligue a su hija Beatriz, de vuelta en la casa, a ser una madre para la criatura. Consecuentemente durante toda la obra madre e hijo estarán juntos pero sin que Don Francisco lo sepa.

El segundo acto comienza con las bodas de Doña Beatriz y Don Martín y la dolorosa despedida que ésta dedica a su hijo Francisco Pizarro, un chaval de doce años que ha crecido protegido por una madre a la cual no reconoce como tal. Don Gonzalo vuelve al mismo tiempo de Italia, desengañado de que fueron los celos los que lo cegaron y queriendo casarse con Beatriz, lo cual ya es imposible. Doña Beatriz no le contará a su hijo todavía quién es su padre pero sí delante de él le dirá que no hay "hombre a quien le debáis tanto, / ni que más daño os haya hecho" (2.4), juego de palabras que en el intento de desentrañarlo unirá al final a padre e hijo. Resulta interesante el detalle escenográfico de Tirso por el cual el joven Pizarro durante estas escenas de los primeros encuentros con su padre es caracterizado por una mujer adolescente, ni en traje total de noble ni de villano. De este modo se acentúa incluso más la fortaleza e hidalguía que el héroe descubre en sí y que mostrará en sucesivas escenas.

A partir de aquí, empezamos a conocer la personalidad, aptitudes y pensamientos del joven Francisco Pizarro en su interacción con otros personajes como el maestro, Hernán Cortés o su propio padre. Se trata de estereotipos que se han mantenido durante mucho tiempo y que Tirso cultiva con la intención de narrar "la verdadera historia de Pizarro," hacer más humano al bravo conquistador y glorificar la figura del héroe. Se pone en escena la conocida ineptitud del de Trujillo para los libros cuando se representa que tiene doce años y todavía no sabe leer, ni quiere. También su terquedad queda puesta de manifiesto cuando todo lo resuelve a través de la violencia en lo que desde el principio demuestra ser deslumbradoramente capaz. Hiere a su maestro cuando éste lo acusa de bastardo y lucha contra Cortés denodadamente al tiempo que el futuro conquistador de México y primo hermano suyo lo intenta reducir para que no haga daño a los lacayos que pretenden castigarlo por orden de Francisco de Cabezas, su abuelo. Más adelante en la escena 16 Doña Beatriz le confiesa ser su madre, que Gonzalo Pizarro es su padre y los detalles de cómo él vino al mundo. Al final de esa escena su progenitora le vaticina que "será hijo de sí mismo" (2.16). Él concluye que será así y que conquistará medio mundo (2.17).[2]

El tercer acto empieza con el diálogo entre un Pagador y un Capitán acerca de la situación histórica de la España de la época y cómo los problemas se acaban desde la gloriosa unión de los Reyes Católicos. Nótese el modo en que Tirso ensalza en esta obra la monarquía de derecho divino. Al margen de esto, el Pagador desea vengar la muerte de alguien a quien previamente, se supone, había matado Don Gonzalo y para ello espera la ayuda del Capitán y de Robledo, un soldado a su mando. Antes de que la venganza se lleve a cabo, el joven Pizarro, al que le ha sido concedido el título de alférez a los trece años por la reina Isabel debido a su arrojo en el combate, da una lección de honor y marcialidad. Se trata de humillar a unos soldados que han intentado abusar de Pulida y Carrizo, dos pobres pastores que trabajan para los Cabezas y que cumplen la función de los graciosos en la obra, además de ser los padres nutricios del

Capítulo tres

niño abandonado después de que les naciera muerto el que ellos esperaban.[3] Posteriormente, en la escena 10 se procede a la venganza. El Capitán y el Pagador esperan en la oscuridad, cual dos cobardes, a Don Gonzalo para matarlo. Éste viene acompañado del joven Pizarro y ante la pregunta por su padre, que hacen los que lo esperan, sale él, valiente, al oír el apellido de su progenitor alegando que también es el suyo. Los asesinos le disparan creyendo que se trata del auténtico Don Gonzalo pero el arma se atasca y no hace fuego con lo cual se desencadena la lucha desigual de tres hombres contra dos, muriendo el Pagador y el Capitán y huyendo Robledo. Don Gonzalo se da entonces cuenta de que es el padre de Francisco Pizarro y el joven lo repudia diciéndole que él será hijo de sus obras: "*Pizarro*: Ya hay quien ofrece a Fernando / de otro orbe el descubrimiento, / que en mí esperanza criando / mejore mi nacimiento, / mi suerte legitimando" (3.11). A partir de la escena 12 asistimos a la resolución de la comedia. Así, mientras diversos personajes se encargan de celebrar la llegada de la reina Isabel a Trujillo mediante alabanzas floridas a su belleza, Tirso hace que ella misma aliente la cruzada diciendo: "La fe del bautismo dé / a España su integridad; [...] yo he de asistir en persona / hasta ver esta Granada / que de cruces coronada / es timbre de mi corona. / ¡Al arma, pues, extremeños!" (3.12). Acto seguido, Robledo acusa ante la reina a Pizarro y a su padre de haber dado muerte a dos hombres y de haber mandado castigar a varios soldados impunemente. La reina entonces ordena que traigan ante su presencia a los Pizarro para que expliquen el caso y de este modo se procede. Pizarro detalla cómo todos sus actos han sido motivados por injusticias y sus castigos no han sido desmedidos. Sin embargo, aunque la soberana confía en su fiel alférez de quince años ya, manda a los dos a prisión hasta que la guerra de Granada concluya y se aclaren con testigos y más indicios las muertes del Pagador y del Capitán. Los dos fieles servidores de la reina aceptan su orden y termina la obra con un alegato de Pizarro a sus monarcas y exhortando a Cortés para que le acompañe en la empresa de proporcionarles un Nuevo Mundo a tan magnánimos soberanos.

Quede claro entonces que el joven Pizarro nace de familia noble aunque sus padres se mantienen en la sombra a causa de diferentes razones: la madre, Doña Beatriz, por salvaguardar el honor de su propio padre, Francisco de Cabezas, al tener un hijo ilegítimo; el padre, Don Gonzalo Pizarro, porque no lo supo en su momento y huyó de casarse con Beatriz al creer que le era infiel con el que luego va a ser dueño de su hermana Margarita, Don Álvaro. Por otro lado, la manera que tiene Tirso de contarnos los detalles del crecimiento del posterior héroe es a través de los enfrentamientos que éste tiene con aquéllos que lo acusan de bastardo —se enfrenta a su abuelo e hiere a su maestro con una daga. Del todo malcriado y avezado en el juego en el que siempre vence, su orgullo le lleva a decir que no quiere aprender a leer porque lo ennoblecerán más las empresas que va a llevar a cabo: "*Pizarro*: ¿No habrá habido muchos nobles / que sin leer y escribir / sepan vencer y lucir?" (2.8).[4] De este modo, cuando se entera de que su estirpe es noble, la repudia con cierta violencia para decir que él será hijo de sus obras y que forjará su nombre por sí mismo descubriendo un Nuevo Mundo:

> Pizarro   hijo de ninguno soy;
> no tengo padres, no admito
> ascendientes que me agravien;
> en mis obras legitimo
> el nuevo ser que restauro,
> las hazañas a que aspiro:
> deudor de mí mismo soy,
> hijo seré de mí mismo.
> Yo malograré mis años,
> ¡Viven los cielos propicios!,
> si a pesar de inconvenientes
> medio mundo no conquisto.
> [...] Yo he de dar desde hoy en esto,
> o morir o conseguirlo:
> *todo es dar en una cosa,*
> donde hay valor no hay peligro. (2.17)[5]

Nótese entonces, cómo Tirso desgrana en estos versos los más importantes conceptos que se revelan como la columna vertebral de la cultura de honor barroca. Primeramente, Pizarro rechaza su bastardía, "hijo de ninguno soy," al no aceptar su genealogía: "no tengo padres, no admito / ascendientes que me agravien." Posteriormente, el personaje trata de construir una nueva identidad de sujeto fundamentándola en sus obras, en

Capítulo tres

sus logros, en su fama: "en mis obras legitimo / el nuevo ser que restauro." Por último, él es el solo responsable de sus actos: "deudor de mí mismo soy," asistido como está por la voluntad divina: "¡Viven los cielos propicios!" para conquistar un Nuevo Mundo. A través de la puesta en escena de Tirso, Pizarro sabe exactamente lo que quiere y cómo conseguirlo. Por consiguiente, dada la singular creación de su propia subjetividad, el de Trujillo entiende que la vida sólo es posible a través de la conquista: vivir es conquistar, "o morir o conseguirlo." Ser un aguerrido conquistador es el único camino por el que Pizarro puede recibir reconocimiento (honra) a la vez que prueba su nobleza innata (honor). Tirso se está haciendo eco aquí de la polémica renacentista, muy continuada también en el XVII, en torno a la noción de la *vera nobilitas*, aquélla que se cuestionaba si no era más importante adquirir la honra por méritos propios que por herencia. El mercedario, al construir a Francisco Pizarro de este modo, tiene una opinión clara al respecto, opinión que ayuda a difundir la más conservadora y expansionista ideología monárquico-absolutista. En palabras de Zugasti:

> No sólo se está ensalzando al individuo Francisco Pizarro, sino que en segunda instancia también se hace lo propio con la misión española en las tierras recién descubiertas, misión que se orquesta en orden a dos aspectos clave: propagación de la fe cristiana entre los indios y dilatación de las posesiones españolas hasta el nuevo orbe conquistado. ("La imagen" 130)

En otro orden de cosas, Tirso desbarra notablemente en su representación apologética de la figura de Pizarro al hablar de Colón, de Cortés y del adolescente como famosos descubridores doce años antes del histórico "descubrimiento" de 1492: "*Pagador*: a los postreros del marzo / presente, que es el de mil / cuatrocientos y ochenta años" (3.1). No obstante, esta licencia añade intensidad al tono profético de la comedia. Merece especial mención en este sentido la escena donde Pizarro y Cortés se conocen. Los dos a un tiempo tiran de una bola de jugar bolos y al intentar tozudamente quedarse con ella ésta se rompe por la justa mitad, motivo que utilizará Tirso para glorificar por igual a los dos conquistadores que se repartirán, cual bola, el Nuevo Mundo.[6] Este último aparece descrito por Pizarro en dos ocasiones con algún detalle: *"Pizarro*: [...] no temeré / ejércitos de enemigos, / montes de dificultades, / naufragios jamás creídos, / desiertos nunca pisados, / arduos hasta el cielo riscos" (2.17); "tanta agua pienso pasar / que en ella mi honor manchado / pueda mi esfuerzo lavar.[...] vencedor de un medio mundo, / lince del polo segundo / pisaré climas extraños" (3.11).

Todo es dar en una cosa de Tirso de Molina encomia sobre las tablas el origen noble de una figura muy importante para la historia de España. Además, elogia la bizarría de un niño de doce años que se quiere repartir el mundo con Cortés (su primo) para alabanza y gloria de su nombre, de su estirpe, recuperando así la nobleza de la que proviene y enterrando la mácula de la bastardía de la que todo el mundo lo acusa. Siendo hijo de sus obras y forjándose a sí mismo, camino que el honor le marca, conseguirá que lo ensalce la fama ofreciendo a sus Reyes Católicos medio mundo descubierto. Al final exhorta a Cortés a que los presagios se cumplan para que con él los dos conquisten renombre, y traigan oro, plata y joyas del otro orbe que Colón descubre, pero que paradójicamente pertenece a los reyes de antemano, como prueba el diálogo que mantiene con la reina y que pone fin a la obra:

> Pizarro   Si otro orbe Colón descubre
> en vuestras minas hermosas
> os hago pleito homenaje
> de no volver a las costas
> de España mientras no os diere
> más oro y plata, más joyas
> que, cuando dueño del mundo,
> triunfó de sus partes Roma. (3.15)

Con estas palabras "vuestras minas hermosas," Pizarro vuelve a poner de manifiesto la absoluta legitimidad del proyecto de reconquista (redención) de los territorios amerindios de los que la monarquía es legal dueña y que reclamará en las dos siguientes obras que componen la Trilogía.

Amazonas en las Indias de Tirso de Molina

La segunda obra de la Trilogía de Tirso, *Amazonas en las Indias*, cuenta las hazañas de Gonzalo Pizarro en el Perú.[7] Más aun, vindica al anterior como valeroso, justo y fiel siervo de la Corona de Carlos V ante las injurias de los que con envidia lo vituperaban de desleal, traidor a su rey y a su ejército, además de alterador del orden en el virreinato inca —versión oficial de la Corona por la que fue decapitado en 1548. En las escenas 5, 6 y 7 del primer acto se pone de manifiesto la trama histórica que lleva a Tirso a escribir su Trilogía en defensa del honor de los Pizarro, es decir, la deslealtad de muchos como Don Diego de Almagro al rey Carlos V y sus ansias de poder y tierras. Don Diego, que resulta ahora ser el bastardo y traidor, injuria a Hernando Pizarro y hace que lo encarcelen, mata a Francisco, y quiere acceder por la fuerza al cargo de virrey proclamando: "¡O César, o nada!" (1.7). Enfrente tendrá a Don Gonzalo, que haciendo uso del cargo que su hermano le legó en vida, viene a calmar los ánimos y "gobernar todo el campo" (1.7).[8] Hasta aquí someramente el trasfondo histórico que fragua la obra. Ahora bien, ¿cuál es la visión del Nuevo Mundo que ofrece Tirso en su comedia?

Amazonas en las Indias representa en escena el choque entre el código del honor y el jurídico-teológico en su pretensión de asimilar al indio; asimismo, muestra la crueldad y avaricia que mueve a numerosos representantes del monarca en sus ansias de adquirir fama y riquezas. El drama critica claramente el modo pérfido en que algunos peninsulares llevan a cabo la conquista, resaltando los argumentos sediciosos de los malos españoles a la vez que se elogia "la verdadera historia" de los buenos. Más aun, de manera precisa y calculada, bajo este recurso, en opinión de Marie Gleeson O'Tuathaigh la crítica a esos malos españoles se hace abiertamente extensible a los privados y validos que rodean al inexperto y lascivo Felipe IV.[9] En la misma línea, Arturo Pérez-Pisonero aduce que esta manipulación de la historia llevada a cabo por el mercedario, "al mismo tiempo que cuestiona la verdad oficial, pone en entredicho la credibilidad del sistema de poder que la sustenta y la impone al colectivo social" (165).[10] Si para muchos antes como Hartzenbusch (cit. en de los Ríos 644) o Green, la Trilogía era de dudoso valor, en opinión de Miró Quesada ("Gonzalo") este drama muy por encima de los de Lope o el de Calderón que se quedan en puro "decorado," afronta un "problema hondo" (67) y, revelando "una exactitud histórica verdaderamente singular" (51), "representa sin duda alguna el más profundo acierto y la más vigorosa presentación del tema del Nuevo Mundo en el teatro español de la Edad de Oro" (43).[11]

Merecen especial mención los amores que las reinas indias amazonas intentan mantener con los españoles, tanto con Don Gonzalo Pizarro como con su lugarteniente Caravajal. De esta manera, en las primeras escenas los vemos luchando con ellas, bravas e ilustres guerreras, que a medida que se baten cuerpo a cuerpo contra los soldados conquistadores se enamoran, hasta el punto de querer ofrecer la vida por ellos en el tercer acto. Mientras son catalogadas de brujas, demonios, comisarias del infierno, bárbaras embaucadoras, sirven de acicate a los desarrollos amorosos que la obra pone de manifiesto aunque de manera un tanto parca, puesto que la acción se centra en los conflictos entre los militares, el virrey y Don Gonzalo. En opinión de Green (209) las amazonas le sirven a Tirso para satisfacer los requisitos típicos de la comedia —galantería, conflictos amorosos, interés novelesco— así como para predecir el futuro. Esto último es algo esencial al principal propósito del autor: escribir el encomio que sirva para conmemorar la restauración del título nobiliario de los Pizarro. En la misma línea las ha juzgado de Pedro (*América*) al considerarlas un recurso poético que engrandece la epopeya. Para Zugasti (*Trilogía*) su papel principal es "marcar el tono trágico que envuelve toda la obra a base de vaticinios y negros augurios que anticipan el triste final que espera al héroe" (112). Y si para Medina (*Dos comedias* 68–69) se tratan poco menos que de disparates, para Alfredo Hermenegildo son "signos inoperantes desde el punto de vista de la recepción, del significado," y junto con la figura del gracioso "quedan al margen de la tensión dramática interior, la que gobierna la vida y muerte de Gonzalo Pizarro" ("Discurso" 46). Lo mismo opina McKendrick: "The Amazons are not really necessary to the plot and are included to provide extra drama, a love interest and a vein of humour" (176) ["Las amazonas no son realmente necesarias para el argumento y se las incluye para proporcionar mayor drama, una historia amorosa y una vena de humor"]. En cambio, según Nancy Mayberry ("The Role" ["El papel" 39) las dos guerreras cumplen una función vital en la estructura dramática de la tragedia tirsiana. La comedia recrea las amazonas de la literatura clásica y refleja los desarrollos de

Capítulo tres

la trilogía griega, el concepto clásico de ironía y la definición aristotélica del héroe trágico. En cada una de estas funciones, la crítico piensa que las amazonas juegan un papel fundamental. En opinión de James Abraham el recurso a las amazonas fomenta la erradicación de toda huella del *Otro*:

> Tirso's appropriation of the Amazon as a metaphor for the indigenous peoples of the Americas ultimately proves problematic. Writing from a dominant subject position, he cannot help but write the "other" mistakenly. Although he attributes great battle skills and honor to his Amazon characters, they serve only to appease Spain's guilt and uneasiness in the face of its expansionist enterprise. ("The Other" 157) [21]

Por el contrario, Ruiz Ramón ve en esta "fusión de la mitología griega clásica y de la nueva mitología americana" ("El héroe" 240) una visión mítica de las Indias, cuyo sueño frustrado sería el hermanar los dos mundos, España y América. Por último, Blanca de los Ríos expresa que:

> no hay que buscar verosimilitud a una obra como ésta, en que su desarrollo sigue una marcha simbólica, representada en especial por las dos amazonas, que son como un portavoz del hado, con unas características más del clasicismo grecorromano, o renacentista, si se prefiere, que americanas. (698)

En nuestra opinión y compartiendo las posiciones de dos de los críticos, nos gustaría dejar claro que el recurso a las amazonas no es tan simbólico, ni responde a un desarrollo meramente temático-estructural. Las amazonas no constituyen un simple "medio ambiente" para la defensa de las figuras heroicas (Dellepiane, "Ficción" 168), sino que cumplen una función más importante que hunde sus raíces en la temática americana. En la segunda de la Trilogía sí hay una visión de América por eurocéntrica que ésta sea. Poco de simbólico tiene el amor que se da entre Don Gonzalo y Menalipe, tanto menos cuando Caravajal alienta a su jefe a casarse con la noble india pues generaría muchísimo beneficio. En palabras de Ruiz Ramón: "una nueva raza, un nuevo pueblo, una vida nueva" ("El héroe" 241). Ya Zugasti (*Trilogía*) advirtió esta función añadida de las amazonas en la comedia: la de tratar de convencer a Gonzalo Pizarro para que se una a ellas, se haga rey y se independice de España. Por tres veces expresan este deseo las amazonas y por las mismas el conquistador lo rechaza. Y es que el querer de las amazonas no se cumple, pues ese amor, en el argumento de la obra, implica que los territorios americanos se independicen de España, y la independencia no tiene cabida en el pecho de los leales. Por otro lado, qué mejor modo de lavar el nombre de los Pizarro que poner en boca de dos indias reinas, es decir de dos señaladas naturales de la región, los logros y excelencias de los susodichos nobles extremeños. En definitiva, las amazonas sirven de estímulo a los problemas políticos y teológico-jurídicos que la conquista trae y esta obra escenifica. El mercedario, poniendo en escena a un indio honorable y bárbaro al mismo tiempo, se va a afanar en transmitir una visión mítica del Nuevo Mundo que en sí contiene parte del Viejo: la figura de la amazona. El amor cristiano es el único elemento con capacidad de poder hermanar a conquistador y a conquistado y fomentar la asimilación del indio dentro del sistema monárquico-señorial.

No olvidemos que las exóticas amazonas son también los personajes que le brindan a Gonzalo la única oportunidad de redención, cual es el sacrificio personal que le consagre como digno de haber servido en el cargo siendo leal al monarca. Julio Jensen ve en esta lealtad un carácter anacrónico del héroe Gonzalo Pizarro en un momento de "transición de una estructura de producción social precapitalista a una capitalista" (309). "La función de las amazonas se atisba de esta manera más bien como la de representar la conciencia de que en una sociedad capitalista el poder está ligado a un sistema antes que a una persona" (305). Además, es la predicción de Martesia, como ya había indicado Green y ratifica Hermenegildo, la que

> ata la purificación de la figura de Gonzalo, suficientemente enaltecida en la dramatización, a la realidad de "hoy," a la verdadera preocupación latente en la obra, la promoción de los Pizarros que buscan el título nobiliario. Y así se habla de los herederos, de la sucesión, de quienes resucitan y hacen duradera la presencia de los antiguos conquistadores, y de la lealtad a "sus reyes." (Hermenegildo, "Discurso" 40)

Por otro lado, Blanca de los Ríos asegura que Tirso no usó lo que se conocía acerca de las tribus amazónicas, prefiriendo volar por los ámbitos de la fantasía (698). Al contrario, podemos decir que, aunque Tirso endulza su comedia con aspectos puramente simbólicos sacados de la tradición grecorromana, tiene en mente y utiliza un cúmulo de fuentes sobre el tema. Así sabemos que usó las *Elegías de varones ilustres de Indias* de Juan de Castellanos (1589) y *Varones ilustres del Nuevo Mundo* de Pizarro y Orellana, que aunque publicado en 1639 fue escrito alrededor de 1625–28 con el anejo *Discurso legal* de 1625. Además, utilizó la segunda parte principalmente de los *Comentarios reales* de Garcilaso el Inca, y la *Historia del Perú* (1571) de Diego Fernández (Green 203–04). Por último, es plausible que leyera la pseudo-crónica o epopeya menor de Fray Gaspar de Carvajal titulada *Relación del nuevo descubrimiento del famoso río Grande de las Amazonas*, publicada en 1542, puesto que son numerosos los detalles de los que parece se alimenta. Entre ellos podemos mencionar: la descripción de las luchas, las duras jornadas por las que atravesaron los expedicionarios, la manera en que las amazonas tratan a los hombres, las características físicas de las guerreras, sus armas, sus tesoros de oro y plata, y el modo en que tienen hijos y lo que hacen con ellos.[12] Asimismo, en lo que se refiere al viaje realizado por Gonzalo y los suyos en busca del país de la canela, Miró Quesada argumenta que el mercedario "sigue paso a paso los capítulos I a V del libro cuarto de la obra de Agustín de Zárate *Historia del descubrimiento y conquista del Perú*, editada por primera vez en Amberes en 1555" ("Gonzalo" 52). No deja de ser sorprendente que para este crítico "la obra de Tirso de Molina revela una exactitud histórica verdaderamente singular" (51) cuando ya cuatro años antes Green había probado lo contrario.[13]

La maestría dramática de Tirso consiste en hacer que sean las amazonas, entre otros, las encargadas de ensalzar la valentía, integridad y lealtad que han acompañado siempre a los Pizarro. Menalipe y Martesia ofrecen su vida e incluso cambiarían su condición de amazonas, darían sus posesiones y rendirían su identidad a los dos militares si Gonzalo Pizarro se casa con Menalipe. Las amazonas hacen una exégesis a modo de justificación de su condición y al final de la comedia defienden su apartamiento del hombre, porque al parecer se deduce que éste es siempre poco fiel, sincero y valeroso. Características que Gonzalo Pizarro por el contrario tiene en su favor, pero que desgraciadamente no puede cumplir porque ha muerto a manos de sus soldados. Los últimos le pedían que fuera rey del Perú para así beneficiarlos a ellos en contra de los nuevos virreyes peninsulares que estuvieran por llegar. En lo concerniente a esto, la obra muestra el conflicto que se dio durante largo tiempo entre los militares que quieren fama, indios, tierras y oro, y aquellos otros que no están dispuestos a conceder tanto y obedecen a otros intereses. Sin embargo, los hombres de armas defienden sus alegatos echando mano del discurso moralizante-evangelizador por el que los indios tienen que ser esclavos y estar bajo el mando de los encomenderos. De lo contrario, los indígenas no siguen la cristiana religión, motivo por el cual los militares dicen hallarse en el Nuevo Mundo. Estos son los entresijos de la guerra civil que enfrenta a almagristas y Pizarros por el virreinato del Perú. Tirso se encargará ora de demostrar la cobardía, la ilegitimidad y traición de los almagristas —así como la tiranía del virrey Blasco Núñez Vela—, ora de reiterar el bienhacer y la lealtad de Don Gonzalo al rey Carlos, desentrañando las causas de su muerte a manos de la rebelión y codicia de sus hombres.

El comienzo de *Amazonas en las Indias* constituye un ejemplo patente del choque de códigos al que vengo aludiendo:

> Menalipe no pierdan nuestros días
> la integridad antigua, aunque inhumana,
> que ilustran tantos siglos y celebran.
> No estas arenas pisen
> plantas lascivas de hombres,
> que oscureciendo nuestros castos nombres
> (1.1)

De este modo, siguiendo el discurso de honor tal y como se hace eco de él la comedia barroca, se nos presenta a unas indias de "castos" —honorables, íntegros— nombres; al tiempo que echando mano del discurso teológico-jurídico renacentista se tachan de "inhumanas." En un Nuevo Mundo en el que el demonio ha reinado desde siempre —"*Caravajal*: el diablo inventó a Guaxaca, / Guatemalas y Campeches" (3.7)—, se da el caos y las cosas son al revés —"*Don Gonzalo*: Aquí Naturaleza / el orden ha alterado" (1.2)—, las amazonas citan a Alcides y Atlante (1.3). En la obra se alude a la mezcla de códigos cuando Tirso le hace decir a Caravajal:

Capítulo tres

> Caravajal ¿En qué anales, archivos o memorias
> has aprendido historias,
> si en tan remoto clima,
> ¡Oh bárbara arrogante, toda enima,
> no hay quien saber presuma
> los útiles desvelos de la pluma?
> ¿Cómo hablas el idioma
> que España, por sus ruinas, ferió a Roma?
> (1.3)

Sin embargo, la explicación de ese asombro pasa por entender a Martesia —una especie de Marte femenino— como una figura mágica y demoníaca que siendo oráculo, bien puede predecir el futuro, bien hablar todas las lenguas, rasgos éstos puramente reconocibles para el público al formar parte de las "convenciones sobre lo maravilloso" —brujería, artes de adivinación— que caracterizan al teatro de la época (Teodosio Fernández 94). Por consiguiente, no se acepta que quien habla la lengua del imperio perfectamente pueda ser bárbaro, a no ser por esta razón. Empero, las indias en tanto indias son bárbaras, y seguiremos asistiendo como hemos visto anteriormente a numerosos ejemplos en los que los dos códigos colisionan sin que aparezca ningún subterfugio explicativo.

De hecho, como si de un típico drama de honor se tratara, tanto Martesia como Menalipe insistirán en casarse con los españoles ilustres. En *Amazonas en las Indias* es quizá donde más claramente se presentan los amoríos entre indias y peninsulares. Si por un lado Martesia le pide a Caravajal que sea su "esposo y dueño" (1.3); por otro, Gonzalo Pizarro queda prendado de Menalipe, y ésta le corresponde diciendo que él ha tenido siempre las llaves de su corazón. La india lo esperaba, y hallándose enamorada del español de antemano —"*Menalipe*: ¡Ay Gonzalo!, meses ha / que en él [pecho] retratada está / tu imagen" (1.4)— le pide que se case con ella. De hacerlo, le promete ser su esclava, además de proporcionarle diamantes, perlas, plata, oro, esmeraldas y todos los supuestos tesoros que América encierra. Aun cuando Don Gonzalo declara estar enamorado, la relación es imposible. Desde un punto de vista estructural, el motivo de estas escenas recae en el afán de justificar que luego de hecho se dieran estos amores cuando las Indias fueran de los reyes y sus habitantes súbditos.

No obstante conviene notar cómo se produce el rechazo de los dos conquistadores a esos amores o casamientos. Si la negativa de Caravajal se ancla en el discurso teológico-jurídico, la de Don Gonzalo lo hace en el discurso del honor, tal como éste aparece plasmado en la comedia. Es decir, Gonzalo Pizarro desde el principio representa el "te quiero, Menalipe, pero no puedo." No puede por tres razones, que de menor a mayor importancia son: Menalipe no es cristiana; le debe lealtad al rey que le ordena "pacificar" esa tierra; y eso supondría avaricia y alta traición por su parte, al anteponer sus deseos personales de acaparar tierra y fama a las exigencias del monarca:

>   Don Gonzalo   Para casarme contigo
>   eres de contraria ley;
>   vengo en nombre de mi rey,
>   leal sus órdenes sigo.
>   Esta bélica región
>   por dueño suyo te adora;
>   si te doy la mano agora
>   tendrá la envidia ocasión
>   de afirmar que me levanto
>   contra mi rey, con la tierra.
>   La lealtad que en mí se encierra
>   es de suerte, obliga a tanto,
>   que a tu afición contradice;
>   porque la honra y su interés
>   no estriba tanto en lo que es
>   como en lo que el vulgo dice. (1.4)

Con estas palabras en las que no de forma desinteresada se define el honor por la honra, Tirso se encarga de limpiar la figura pública del conquistador. Por otro lado, Caravajal no se puede casar con Martesia. Antes bien, las razones que aduce Tirso en este caso provienen del discurso teológico-jurídico al que vengo aludiendo. La unión es imposible, pues lo puro español no puede mezclarse con lo bárbaro, demoníaco e inhumano indígena: *"Caravajal*: Señora comisaria del infierno: / no acepto matrimonios / en que entran a la parte los demonios" (1.3). La exposición y la mezcla de los dos códigos se hace por tanto manifiesta.

En igual medida me gustaría resaltar el contenido de cinco versos que le dedica Martesia a Caravajal:

Capítulo tres

> Martesia El cuello rendirán las amazonas
> al apacible imperio
> de amor que hasta aquí fue su vituperio.
> Todo esto cesará, si satisfaces
> los castos deseos míos. (1.3)

Aunque los versos no dejan de ser ambiguos, se puede defender que el "apacible imperio de amor" no es otro que el español. De este modo, el hecho de que se separe "apacible imperio" de "de amor," indicaría la intención del autor de resaltar el loable motivo que supone la conquista. Las amazonas se rinden al apacible imperio de amor español, puesto que diez versos más adelante la misma Martesia deja bien claro que sus ejércitos de doncellas son "tan exentas de amor cuanto inhumanas" (1.3). Quiere decirse, por tanto, que amor y humanidad llegan con los conquistadores. Más aún, cuando Menalipe en la escena 4 del acto 1, confesando tener un alma de acero frente al amor, afirma que lo que trajo a Don Gonzalo al Perú fue "amor." Lo que se vislumbra como inequívoco es el concepto de amor católico que se está manejando en estos versos. No podía ser de otro modo, aquél que se da entre hombre y mujer con un propósito fecundo, o el que se da entre español e indio para una mayor perfección de este último. No extraña entonces que en la escena tercera del segundo acto se compare al marqués Francisco Pizarro con Cristo, poniendo énfasis en la evangelización que el primero llevó a cabo secundado por sus doce hombres —en total *los trece de la fama*:

> Vaca Vivo, imitó a Dios humano,
> pues con doce compañeros,
> conquistadores primeros
> de este orbe nuevo cristiano,
> mil leguas rindió al bautismo;
> y porque del propio modo
> pudiese imitarle en todo
> quiso morir con él mismo.
> Pues la envidia, en su venganza,
> sin que eclipsase su luz,
> le dio en su sangre la cruz
> y en su Dios la semejanza. (2.3)

Además, Tirso con ese "amor" está defendiendo en la comedia el paternalismo cristiano lascasiano más que los argumentos de Sepúlveda. En una de las pocas obras donde el indio sabe y cita detalladamente las intenciones de los españoles —"*Menalipe*: Sé, en fin, que buscando fama / vienes, español, agora, / en nuestro descubrimiento / y de las plantas preciosas / que la canela tributan" (1.4)— se le termina representando como bárbaro y al mismo tiempo honorable. De igual forma que en *La aurora en Copacabana* de Calderón y *El Nuevo Mundo* de Lope, en las Indias reina el demonio que engaña a los indios; las salvajes amazonas, que se cortan o queman el pecho izquierdo para poder lanzar las flechas de sus arcos, son antropófagas —característica que no aparece en ninguna relación—, sin embargo citan a Alcides, hablan perfecto castellano y se refieren a Dios, al cielo y a la división cuerpo/alma; hablan del oro y plata que hay en su geografía y se llaman a sí mismas inhumanas en la primera escena. Efectivamente, en uno de sus primeros encuentros con los españoles, Menalipe le dice a Don Gonzalo: "Pues si en contrarios extremos / a los hombres nos comemos, / ¿Cómo los querremos bien? / Carne humana es el manjar / que alimenta nuestra vida" (1.4).[14] Las indias son bárbaras, exentas de amor, brujas a lo largo de todo el texto: "*Menalipe*: ingratas su sangre asaltan / bárbaras sus dueños postran" (1.4), pero al mismo tiempo poseen honor, fama y castos deseos.

Por otro lado, estas amazonas hacen referencia al Dios cristiano varias veces: "*Menalipe*: nuestra profesión distinta, / por Dios adora al desdén" (1.4); y en otro momento: "*Martesia*: Pero si quisiese Dios / llevarlos a nuestra tierra, / sin que amor nos haga guerra, / tendremos quietud las dos" (3.5). Nótese cómo la india se encomienda a Dios para que cese la inquietud de amores y de guerra que le perturba. En este sentido, también habla de adorar al conquistador como a un Dios: "*Martesia*: y en pacíficos deleites / dueño de un alma serás / que como a Dios te venere" (3.7). De igual modo, las amazonas hablan de poseer alma, y usan los conceptos: voluntad, libre albedrío y cuerpo *vs.* alma.[15] He aquí algunos ejemplos: "*Menalipe*: Si supieras cuán de acero / tengo el alma" (1.4); "*Menalipe*: "te rendirán esos cerros; / [...] esmeraldas, pluma, aromas, / y un alma nunca rendida / que dueño te reconozca" (1.4); "*Menalipe*: ¿Cómo viviré sin vida? / ¿Qué vale un cuerpo sin alma?" (3.13).

Tirso echará mano de todo lo que esté a su alcance para crear dramatismo en sus escenas de amor. En la escena 5 del segundo

Capítulo tres

acto, Don Gonzalo se sirve de las conocidas *Coplas* de Jorge Manrique para enamorar a su sobrina Doña Francisca y convencerla de que se case con él:

<blockquote>

Don Gonzalo   Llevóse el cielo al marqués,
padre vuestro, hermano mío;
la vida, sobrina, es río
que corriendo al mar sin pies
en su golfo viene a hallar
imperio más dilatado,
pues con sus olas mezclado,
muere río y vive mar.
Haced el discurso mismo
con vuestro padre y mi dueño,
pues si murió río pequeño,
ya es, con Dios, inmenso abismo,
y poned, Francisca, en él
toda vuestra confianza. (2.5)

</blockquote>

La sobrina mestiza acepta, tachando de "vana" la herencia que tiene de su ley incaica por la cual los reyes se casaban con sus hermanas. Para el mercedario, los ritos de los incas son notablemente más incestuosos que los de los españoles —si éstos lo son de alguna manera. Así que, la ley de un pueblo bárbaro de suyo tiene que ser vana. Acto seguido, Doña Francisca aprueba el matrimonio con su tío expresando con convicción: "Dios lo determina / y nuestra ley lo consiente" (2.5). Sin embargo, tendremos que esperar hasta la tercera de la Trilogía para ver que con quien realmente se casa es con su otro tío Fernando.

Los desarrollos amorosos hacen que las mujeres indias hasta quieran morir por el conquistador: "*Menalipe*: Morir, Martesia, morir / o librar a Don Gonzalo; / mi amor a su estrella igualo" (3.5). Igualmente, anhelan por amor perder su identidad y convertirse en españolas: "*Trigueros*: Su reino todo te ofrece, / y si su amor se agradece / jura desamazonarse" (3.2). En otro momento, si Martesia desea que Caravajal sea su dueño, Menalipe, la reina amazona, se humilla ante el militar por estar enamorada de Don Gonzalo:

<blockquote>

Menalipe   lágrimas, que han sido siempre
hechizos para los nobles!
Si las que vierto te mueven,
[...] humilde a tus pies se postra

</blockquote>

> una reina, a quien la suerte
> y el amor de tu caudillo
> rendida a sus llamas tiene (3.7)[16]

Al fin, Caravajal acude a la "única religión" para luchar contra el virrey y rechazar esos amores indios: "*Caravajal*: convoquen diablos / que a su provincia las lleven, / que acá al apóstol gallego / invocamos solamente; / pues vale más su cruz roja / que diez legiones de duendes" (3.8).

A continuación, nos vamos a centrar en comentar el cúmulo de situaciones que llevan inexorablemente a la muerte de Gonzalo Pizarro, dado el grado de interés de los argumentos que se manejan y su cariz tanto apologético como crítico con el modo en que se lleva a cabo la conquista. De esta manera, en el acto 2 escena 8, Caravajal —el antes prudente y leal se vuelve ahora protervo— salta al escenario para oponerse frontalmente a las nuevas ordenanzas del virrey Blasco Núñez Vela, por las cuales queda prohibido tener indios en propiedad, poseer encomiendas, o utilizar a los aborígenes como fuerza de trabajo en las minas, ya que se considerará delito. Se está hablando aquí de las *Leyes Nuevas* de Indias de 1542, inspiradas por el empeño lascasiano, que fueron abolidas por el propio Carlos V con la *Ley de Malinas* de 1545, tras sufrir la rebelión de los encomenderos luego de las guerras civiles del Perú precisamente encabezadas por Gonzalo Pizarro. Ya en el drama, el maestre de campo y mano derecha de Don Gonzalo, alude a que con estos "escrupulosos caprichos" es como le pagan los "ociosos" por haberles dado su sangre en las conquistas y "cerros, al César, de plata" con los que "enfrenar ha podido / luteranos en Sajonia" —Contrarreforma— (2.8). Consiguientemente, Caravajal se encuentra esperanzado en que el rey Carlos V impida la puesta en marcha de la ley, advirtiendo que estos decretos deben de ser derogados por ser de "tanto perjuicio" y "de la fe española indignos" (2.8). El militar implica que sin encomiendas no se podrá llevar a cabo la empresa de evangelización. Adviértase cómo aflora la perspectiva de aquéllos que se escudan en el proceso de cristianización de esos pueblos para, en definitiva, buscar sin más su propio beneficio. Este argumento, defendido por muchos de los que secundan la esclavitud natural, será criticado por Tirso a través de la acción dramática. Así, se demuestra nítidamente la dureza y complejidad de las luchas intestinas

Capítulo tres

entre los diferentes sectores de poder a la hora de adquirir más privilegios y riquezas.[17] Caravajal y Vaca de Castro entre otros, le piden a Don Gonzalo que ante esta situación tome el poder, a lo que él contesta, que no asumirá el mando que cree le pertenece hasta que el rey lo ordene.[18] Seguidamente, Tirso pone en boca de Gonzalo Pizarro el fundamento de su lealtad, que no es otro que el rigor del código del honor:

> Don Gonzalo Tres cosas solas podrían
> forzarme a olvidar la quieta
> felicidad de estos campos
> donde mi paz se conserva,
> que son: el celo debido
> a la ley, que en esta tierra
> por nosotros dilatada
> a un Dios eterno confiesa;
> el defender con la vida
> a mi rey, hasta perderla,
> y el no permitir desdoros
> que mi honor y fama ofendan. (3.3)

Se subrayan de este modo los tres tipos de honor barroco que el teatro se encargará de difundir en tantas ocasiones: el honor íntimo —"la ley" (fe)—, el honor privado —"mi honor y fama"—, y el honor público —"mi rey."

Hay que decir que aunque Don Gonzalo insiste en no luchar contra el virrey, incluso cuando éste implanta "*Don Gonzalo*: leyes que la paz inquietan" (3.3), alienta a sus capitanes, caballeros e hijosdalgos a que combatan y lo depongan "con respeto y con prudencia" (3.3). Caravajal entonces, cansado de insistir, cree haber encontrado el modo de conseguir que Don Gonzalo les ayude a defender sus indios y encomiendas, atacar su honor en tres frentes.

Primero, apela al deber de evangelizar que como militares conquistadores les ha tocado en suerte, constatando que si los españoles no administran como "dueños" a los indios, no sólo se pierden los naturales, sino que también se destruye la religión cristiana:

> Caravajal Nuestra ley, cuyos principios
> saben los indios apenas,
> ¿podrá en ellos ser durable

> si en su libertad los dejan,
> aun viviendo encomendados
> a españoles, que refrenan
> su superstición antigua
> y nuestra fe les enseñan?
> Buscan de noche las guacas,
> y entre los riscos y cuevas
> idólatras sacrifican
> a los brutos y a las piedras.
> ¿Qué harán, pues, cuando les falten
> los dueños a quien respetan,
> y con libertad dañosa
> ejerciten sus blasfemias?
> Luego, si el virrey nos quita
> su administración, ya queda
> destruida en el Perú
> la ley que a Cristo venera. (3.3)

Queda clara por tanto la relevancia y actualidad de los conflictos en lo que atañe a la situación jurídica y al tratamiento de los indios, problemática que lleva a Tirso a hacer uso en el XVII de los mismos argumentos paternalistas que se venían aduciendo en los discursos teológico-jurídicos del XVI. Antes bien, el mercedario no defiende aquí la postura de Caravajal que promueve un español "dueño" de los indios, esclavos por naturaleza, como en su día argumentara Ginés de Sepúlveda, y defiende Laferl (242). Al contrario, aboga por un español "padre" del indio, esto es, por una tutelada relación amorosa y jerárquica entre padre e hijo, al modo de Las Casas. De ahí la referencia a que lo que trajo a los españoles al Nuevo Mundo fuera "amor" (1.4).

En segundo lugar, Caravajal alega que Don Gonzalo defiende mejor a su rey si ocupa el puesto de gobernador perpetuo que le legó su hermano por orden del soberano. Se trata de no aprobar así la llegada del nuevo virrey impuesto, quien movido por los Almagro, anuncia tener ganas de cortarle la cabeza al extremeño. Es importante remarcar las palabras de las que hace uso Caravajal para denigrar al virrey, pues declaran el verdadero motivo de la conquista para muchos: la ganancia. Sin beneficio no tienen valor ninguno los imperios y los reyes: "*Caravajal*: Juzga si a su rey le sirve / quien le defrauda sus rentas, / o qué valdrán las coronas / y los imperios sin ellas" (3.3).

Capítulo tres

La incipiente burguesía del XVII y su burocracia se encargan ahora de acentuar que el poderío de una Corona depende de su peculio, además de lo que venía siendo una constante desde la Edad Media, el origen.

En tercer y último lugar, Caravajal informa a Don Gonzalo que el virrey ha puesto en peligro la honra de Francisca, sobrina y futura esposa del extremeño, al dejarla descuidada en manos de lascivos marineros. Es este tercer argumento el que mueve a Don Gonzalo. Efectivamente no es la evangelización, ni la posesión de los indios, ni las tierras, ni siquiera las rentas, lo que en esta situación importa hasta el punto de lanzar a Don Gonzalo a reaccionar contra el virrey sin que su rey se lo ordene, sino salvaguardar el honor de Francisca —conflicto de honor—, puesto que de no batallar contra él "será cobardía / lo que hasta agora prudencia" (3.3).[19] Una vez más, en estas comedias de indio barrocas, el conflicto de honor se usa para salvar el tedio de la problemática y mover al desarrollo de los acontecimientos y la acción. Pero también, no se olvide, honor aquí es divisa de la nobleza y lealtad a la monarquía absoluta por parte de los Pizarro.

En este sentido, se nos informa de las últimas crueldades del virrey que no acepta crítica alguna a sus acciones, ante lo cual los nobles e hidalgos limeños lo detienen y envían a Castilla acusándolo de imprudente, injusto y violento. La audiencia respalda ahora a Don Gonzalo y éste, que venía a luchar contra el primero, acepta el mando como procurador general. El virrey, de camino a España, se alza con un puñado de hombres y convence a otros tantos para que le ayuden a recuperar su poder contra los leales a Gonzalo Pizarro. Y cuando se enfrentaban en la lid, en circunstancias poco claras —al parecer el virrey se hallaba disfrazado de indio: "*Don Gonzalo*: y es su temeridad tanta / que contra mí se despeña, / pues por morir se disfraza" (3.12)—, perece Blasco Núñez. En ese instante, el maese de campo le pide a Don Gonzalo lo que previamente el oráculo de Menalipe le había aconsejado, que se haga no gobernador sino rey de las Indias peruanas, independizándose de España.

> Menalipe   ¡Cuánto es mejor que mi amante
>   pacíficamente impere,
>   sin dependencia de España,
>   que no entre la envidia y muerte

> gobernar ingratitudes,
> que, al paso que más se premien,
> más sus fortunas envidien,
> más sus hazañas condenen! (3.7)

Caravajal le apunta que siendo rey de esos territorios no tendrá que aceptar a otro nuevo virrey que la Corona envíe y de este modo los militares conseguirán lo que quieren: tierras, indios, títulos y riquezas. Por otra parte, el guerrero le proporciona toda una serie de consejos que revelan los métodos y maniobras que el poder institucional usa para su conservación.[20] Movido por Menalipe, Caravajal expresa su deseo de que Don Gonzalo se case con "una nieta / de los Ingas," no para cristianizar el Nuevo Orbe, sino para que los salvajes traigan "con mano grata / los tesoros de oro y plata / que conservan escondidos" (3.11). Al final todo su ejército le solicita lo mismo: "*Dentro*: O verte rey, o dejarte, [...] ¡Muera quien no supo ser / rey del Perú!" (3.12). Por supuesto, Don Gonzalo, defendiendo su lealtad, prefiere morir a ser traidor a España —algo muy distinto a lo que narran en sus historias tanto Garcilaso como Pizarro y Orellana cuando cuentan que Gonzalo se veía complacido con la idea de erigirse en monarca del Perú (Dellepiane, "Ficción" 123–25). Menalipe, sabedora pero impotente a ese desenlace, clama morir con su amor: "*Menalipe*: ¡Déjame morir, Martesia, / pues a mi amante me matan!" (3.13). La india llama "inhumanos" a los españoles, hablando de los que intenten "conquistar nuestras provincias, / tiranizar nuestra patria" (3.13). Después de augurar la muerte de Pedro de Ursúa, Lope de Aguirre y Guzmán y Orellana, parece como si la india reivindicara el seguir siendo amazona por la falta de hombres leales, sinceros y valerosos como Gonzalo Pizarro, el único que quería lo mejor y lo más conveniente para su rey y el pueblo indígena. La obra termina vindicando la figura del conquistador, apelando a que se relea la Historia y se conozca su triste fin, porque "la fama / de lo contrario ha mentido" (3.15).

En definitiva, *Amazonas en las Indias* saca a la luz el conflicto entre el discurso de cruzada y el del género de la comedia en su intento de asimilar al indio. Tirso nos ofrece una visión mítica de América, donde las figuras de las amazonas y el amor que muestran por los peninsulares sirven para desencadenar los problemas políticos y teológico-jurídicos que la conquista trae consigo. Además, en esta obra el mercedario defiende la lealtad y nobleza de los Pizarro frente a la villanía de los malos españoles, todos los que pretenden hacer la conquista para sí y no para el rey.

La lealtad contra la envidia de Tirso de Molina

Como en las anteriores que componen la Trilogía, *La lealtad contra la envidia* constituye la defensa de la figura personal e histórica de Fernando (Hernando) Pizarro.[21] Tirso insiste en demostrar que fue un dechado de hidalguía, honor, simpatía y lealtad. En un primer acto sacado de cualquier comedia de capa y espada,[22] Fernando muestra su decoro, coraje y fidelidad, frente a aquéllos que le tienen envidia, matando a un toro y salvando a Doña Isabel del peligro del animal —recuerda al Cid por su bravura y el mandoble que le da al toro, arrancándole la cabeza. Posteriormente, la acción hace que el protagonista se involucre en amoríos con ella y con Doña Francisca, su hermana. Vivero, competidor por el amor de Doña Isabel, encara a Pizarro, y al darse cuenta de lo honorable de sus intenciones con la dama, no sólo olvida sus "infundados celos" tras una lección de honor, sino que decide embarcarse a Indias con las tropas de tan ilustre caballero. Don Fernando deja su palabra dada a Mercado de volver para casarse con alguna de sus hermanas en un par de años. El segundo acto es el más interesante en tanto muestra a trescientos bizarros españoles en el Perú luchando contra trescientos mil indios. Como no podía ser de otra manera, la ayuda baja del cielo, y en poco tiempo Santiago apóstol a caballo y la Virgen de la Aurora se hacen con el territorio y provocan la huida de los "salvajes" "acontecimiento sacado de los *Comentarios reales* de Garcilaso. Juan, el menor de los Pizarro que luchan, muere batallando y se celebran las exequias en su honor. Entretanto, los almagristas, reivindicando esos territorios como suyos, detienen a Fernando en una emboscada y lo acusan de traidor. Sin embargo, Tirso se encarga aquí de que ese apelativo caiga del lado de Almagro cuando éste intenta aliarse cobardemente con el rey Inga para vencer a Don Fernando y declararse "rey de las indias." Ya en el tercer acto, el mayor de los Pizarro se encuentra encarcelado en la prisión de la Mota en Medina, donde lo visitan sus leales amigos, esperando que Felipe II lo declare inocente. Allí, mientras Doña Francisca intenta su liberación, se le comunican las muertes de su hermano Gonzalo y de Doña Isabel, con la que había mantenido relaciones en la cárcel y que le había dado una hija. Y cuando todo parece apuntar a una conclusión realmente trágica, el rey lo libra de sus cargos y Mercado le aconseja que se case con su sobrina Francisca que viene de América —algo que ya había anunciado la india sacerdotisa en *Amazonas en las Indias*—, para así darle nietos a su hermano y continuar la estirpe Pizarro. Don Fernando, visto lo cual, le dice a Mercado que su hermana Doña Francisca debe entonces casarse con Vivero, su más noble y leal amigo, de forma que quede saldada la deuda que el extremeño contrajo de casarse con alguna de su casa. Mercado, Doña Francisca y Vivero aceptan, celebrando las bodas en Medina, y la obra termina aconsejando al prudente que cuando envidiosos lo persigan aprenda de Don Fernando, "pues vence / la lealtad siempre a la envidia."

La lealtad contra la envidia supone uno de los mejores ejemplos de esa doble conciencia con respecto al fenómeno de colonización y conquista que invade al dramaturgo cuando construye la acción. Si por un lado, la comedia exalta a los héroes de la más excelsa cruzada, por otro, critica claramente la codicia y la vileza con la que algunos peninsulares la llevan a cabo. Y esto no quiere decir que Tirso esté expresando "una insobornable conciencia de culpa" —como opina Ruiz Ramón ("El héroe" 246); así como tampoco sentiría remordimiento en 1637 al reescribir la *Historia general de la Orden de la Merced* y censurar los desmanes cometidos por los cargos públicos. "Lo que ocurre es que como hombre católico no puede admitir los comportamientos brutales de algunos de los conquistadores" (Florit Durán 103).[23] Tanto en el texto (lector) como suponemos en el escenario (espectador) la visión crítica y la encomiástica brotan a la vez manteniendo su dialéctica sin que una se imponga o anule a la otra. Por lo tanto, no deja de intrigarnos que después de la magnificencia de una escena sacada de la comedia de santo —por la que Santiago apóstol y la Virgen de la Aurora milagrosamente ayudan a los cristianos españoles en su lucha contra el idólatra—, aparezca otra escena mísera y violenta que denota la codicia y villanía que mueve a los conquistadores. Eso sí, hay que aclarar que: "De los españoles en América, a juicio

183

Capítulo tres

de Tirso, los capitanes, los propiamente *conquistadores* iban arrastrados por los sueños de la gloria y el valor; los demás, no tenían más mira que hacerse ricos mayorazgos para vivir luego 'a placer' en España" (Viñas Mey 120–21).

En la tercera de la Trilogía se nos presentan más de trescientos mil indios luchando contra las tropas de los hermanos Pizarro que dicen contar menos de trescientos hombres. Desde el principio, los indios andinos lejos de ser "buenos salvajes" son fierísimos —haciéndole justicia a la Historia— para que los españoles terminen quedando como más valerosos y expertos militares. No sorprende entonces que los ilustres, yendo a morir por "la honra y por la fe primero" (2.4), griten "Santiago, cierra España" (2.5). En ese momento, bajando de una nube acude el apóstol a caballo, y representado como "todo luz" que ciega, quema y deja absorto al indio, ayuda a los conquistadores a ganar el combate.[24] Igual que en *El Nuevo Mundo* de Lope o en *La aurora* de Calderón la metáfora de la luz juega un papel primordial:

> Inga   ¡Oh, tú que bajas y subes
> y vestido de metal
> que cual plata resplandece
> y España en minas ofrece
> para nuestro fin fatal!
> ¿Quién eres que, todo luz,
> tan pasmoso estrago has hecho?
> ¿Quién eres tú cuyo pecho
> rubí y grana honra la cruz?
> ¿Quién eres tú, que estoy ciego
> y absorto de ver tu estrago? (2.5)

El indio que se refiere a esta acción como un acontecimiento "con milagrosas señales" (2.5) y estima lo que significa "honrar la cruz," obviamente parece estar adoctrinado de antemano. Tanto más, cuando aparece milagrosamente la Virgen de la Aurora y los indios se refieren a ella como "deidad soberana" que "es de luces abismo":

> Inga   Su resplandor, su belleza
> deidad soberana arguye,
> a su hermosa presencia huye
> el fuego; a su fortaleza,
> reconocido el Sol mismo,

> tiembla de ver su arrebol.
> No es sol ya con ella el sol,
> que esta es de luces abismo;
> esta que Aurora se ensalza,
> […] enfrena los elementos,
> postra ejércitos armados,
> afemina mis soldados,
> llamas hiela y pisa vientos (2.5)

La Virgen de la Candelaria, Virgen iluminadora e inmaculada —Tirso era un ferviente defensor del privilegio inmaculista—, rocía con agua y apaga las llamas volando por todo el campo —"llamas hiela y pisa vientos"—, algo extraordinariamente parecido a lo que ocurre en *La aurora* de Calderón donde los incendios se extinguen con nieve. No es de sorprender que Tirso use y abuse de tales milagros de la Virgen, pues como reitera Henry Sullivan el principal motivo de su viaje al Nuevo Mundo acompañado de otros seis frailes mercedarios no fue predicar a secas a los indios caribes: "el principal propósito, sin embargo, más que una simple catequización o labor pastoral, era muy específicamente propagar en La Española la discutida doctrina de la Inmaculada Concepción de María" ("La misión" 250). Volviendo a la consecuencia de nuestro milagro, queda claro que es esa fiereza del indio inca la que sufre el afeminamiento del que habla su rey, produciendo la cobardía y nulidad de su ejército. Ambos discursos, el del indio idólatra del sol y la luna, netamente agresivo, y el del indio "niño" que parece conocer los fundamentos de la fe, brotan de repente a la vez; como así lo hacen los discursos por los que el amerindio se nos muestra bárbaro y honorable.[25]

Es evidente que el indio desde el principio de la lucha no es más que un bruto, salvaje idólatra —"*Vivero*: que lo menos que teme es la muerte" (2.4)— y que cual demonio se arrastra a los pies de la Virgen —"*Fernando*: no es nuevo que el dragón / sirva escabel a tus plantas" (2.6)—, pero al mismo tiempo, como viene siendo común, el salvaje se rige por la ley natural,[26] entiende de honor, sabe lo que es la cruz, apela a su alma, y hasta habla del Dios cristiano. He aquí cómo defiende su honorabilidad la india Guaica:

> Guaica   No querrás de una mujer,
> ¡Oh español!, que de rodillas

Capítulo tres

> su honestidad te encomienda,
> ser lascivo violador. (2.7)[27]

Éste es el personaje que en las escenas 7, 8 y 9 se encarga de poner de manifiesto la bajeza de Castillo, que en el ánimo de adquirir más oro está dispuesto a violar y matar a la indígena. La "salvaje" demostrará ser mucho más inteligente que él y al final de la escena, burlado, el militar mismo reconocerá que la codicia le ha llevado a su suerte. Pero el personaje indio que verdaderamente sorprende por la crítica voraz que realiza al modo de hacer de los conquistadores y por su conocimiento al uso de los valores del pueblo español es Piurisa, india guerrera. Piurisa les espeta una arenga a sus congéneres donde les comunica que no son dignos de ser humanos, ni de ser incas, puesto que han huido en la guerra siendo tantos contra tan pocos, temiendo —"afeminados viles" (2.14)— a los rayos y luces de un "hombre de acero" y una mujer. Los tachará, por tanto, de amujerados frente a los españoles —"cobardes, servidlos / como esclavos, pues no sois / como hombres para vencerlos" (2.14)—; faltos de razón —"simples brutos / incapaces de razón" (2.14)—; esclavos de los españoles que idolatran al oro por Dios —"Cultivadles vuestros campos, / coman de vuestro sudor" (2.14). Y continúa increpándoles: dejad que gocen vuestras hijas manchando vuestro honor; vosotros "cuerpos sin alma y con voz; / cobardes, aun no mujeres, / que estas estiman su honor" (2.14). Para Raquel Minián de Alfie, "el personaje de Piurisa reúne la poderosa voz de la Fresia araucana y el ímpetu de la Laurencia de *Fuenteovejuna* de Lope" ("Las mujeres" 689). La crítica queda aun más subrayada si tenemos en cuenta que Piurisa participa en el drama exclusivamente para recitar esos versos, ni antes ni después la vemos. Unos versos que tienen el interés, coincido con Ruiz Ramón, de expresar la visión del vencido —vista por el vencedor— dirigida a los vencedores, a aquéllos que están en España (*América* 60), pero mediatizada por el marco en el que se recrea, el corral de comedias. Es importante resaltar el dramatismo de una escena que nos recuerda la misma crítica que el Cacique y el coro de indios ya realizaron, casi ochenta años antes, en la escena 19 del auto de las *Cortes de la Muerte* de Micael de Carvajal y Luis Hurtado de Toledo. Con la arenga de Piurisa, Tirso aprovecha para reflejar el pundonor de los indios y criticar la vileza y avaricia de los malos españoles, que no, la legitimidad de la conquista.[28] Nótese cómo el lenguaje del honor de las comedias de capa y espada mediante el cual el indio presenta una voz crítica de la manera en la que se está llevando a cabo la empresa, sirve como acicate a los valores en los que Piurisa resume que su pueblo se fundamenta y debe retomar: "el ánimo, el valor, / la venganza, y la fiereza" (2.14). Se está representando a un indio bárbaro, agresivo, violento, que momentáneamente no concuerda con el "niño" vitoriano-lascasiano o con el de Lope en *El Nuevo Mundo*, pues el interés puntualmente consiste en engrandecer el valor y la virulencia del enemigo para que la gesta del español sea más heroica, ya que por lo demás el indio inca es honorable, posee uso de razón, alma y hasta parece conocer a Dios. Asimismo, y derivado de la doble conciencia a la que aludimos que fragua la acción dramática, Tirso ejemplifica la intención más reivindicadora y propagandística sobre la legitimidad de la conquista cuando pone en boca de Fernando Pizarro los siguientes versos:

> Fernando No habrá duda
> desde hoy, contra envidia tanta,
> de que esta conquista es santa,
> pues Dios nuestra empresa ayuda;
> que para que quede muda
> la lengua del que se atreve
> a decir, torpe y aleve,
> que injustamente poseemos
> este imperio, ya tenemos
> fe que lo contrario pruebe,
> No ayuda a la tiranía
> Dios, que a la inocencia ampara;
> luego nuestra nación es clara,
> pues su Madre nos la envía.
> Si arguyere la herejía
> del holandés rebelado
> contra esto, del cielo armado
> Diego, asombrando sus ejes,
> con llamas castiga herejes,
> que es inquisidor soldado. (2.6)

El mercedario rotundamente justifica ante los reformistas como Lutero o Erasmo de Rotterdam —"holandés rebelado"—, los cuales criticaban el justo derecho de los españoles en conquistar las Indias, que la conquista es santa y que ha sido santificada por la ayuda que el apóstol y la Virgen han rendido a los españoles: "He aquí la opinión del teatro en la debatida polémica sobre los títulos de la dominación de España en Indias" (Viñas Mey 119). El crítico reivindica que en el teatro de Tirso "Hay que subrayar en primer término el sentido religioso, *misional* y nacional que asigna a la empresa de América, en una especie de providencialismo histórico español, que viene a ser para él como el *título* de nuestra dominación en las Indias" (Viñas Mey 119). Por consiguiente, no es raro que igual que en *Amazonas en las Indias* se vuelva a comparar a Francisco Pizarro con Cristo: "*Fernando*: Con solo trece soldados, / imitación verdadera / de Cristo y sus doce alumnos, / rindió a su rey, a la Iglesia / la infinidad de gentiles" (3.4). De esta manera, la conquista evangélica de América no es más que un episodio importante de la Reconquista llevada a cabo durante siglos en la península, como se pone de manifiesto en el segundo acto cuando se relaciona la victoria de Cuzco con la de Clavijo. En esto coincidimos plenamente con Ruiz Ramón cuando dice:

> Los españoles del drama asocian expresamente la victoria de Cuzco a la victoria de Clavijo (II, p.765). Y concluyen aplicando, vía Santiago y la Virgen Aurora, la visión mítica de la historia de España a la visión mítica de la Conquista de América, pues ambas son una y la misma empresa que continúa, santificada por Dios. ("El héroe" 245)

Estos episodios y escenas, como la de Fernando Pizarro anteriormente mencionada, llevaron a Madrigal a decir que en *La lealtad contra la envidia* "la faceta más importante de la conquista no es la propagación de la fe y la conversión de los indios, sino la justificación de la conquista" (248). A nuestro modo de ver, lo que se implica no sólo es "la justificación de la conquista," sino también el derecho moral a las colonias, es decir, el hecho de que "esta conquista es santa" porque Dios lo ha querido de este modo. Tirso no separa el motivo religioso del político, defendiendo así la cruzada religiosa en América en el más puro ambiente contrarreformista. España ha sido elegida por Dios para conquistar el Nuevo Mundo. Ese providencialismo, responsable de los milagros que ayudan en la batalla a los españoles, es defendido por Tirso y nos lleva a entender la conquista como una re-conquista de las almas de esas latitudes para Dios. Almas indígenas que engrosarán las filas de la "única religión" frente a la sectas herejes. Conquista y reconquista están imbricadas, pues no son más que parte de una y la misma misión alentada por Dios.

Con la misma intensidad, como ya hemos comprobado, en *La lealtad contra la envidia* Tirso de Molina aborda con aguda crítica la avaricia del conquistador, a la que dedica muchos versos, sobre todo en el segundo y en el tercer acto. De este modo, son culpables de ese pecado capital los militares: Castillo, Peñafiel, Granero y Martínez Chacón y posteriormente Rada y el afamado Almagro. El propósito está bien claro: criticar a los "malos españoles" para mostrar la poca codicia que poseyó Don Fernando y lo leal súbdito que fue de su rey. En referencia a la codicia, Chacón mismo se encarga de citar los motivos de la conquista en boca de quienes la hacen, los soldados:

> Chacón   Como la codicia esfuerza
> y en las Indias nadie trata
> de pelear y vencer
> sino por volver a España,
> a costa de tanta hazaña,
> rico, y vivir a placer. (2.8)

En otro momento se narra la traición y bajeza de Almagro, tanto en la batalla contra los Pizarro como contra su rey, ya que quiere convertirse en único soberano de las Indias —Tirso monta el relato de su traición en el descubrimiento de una carta que al parecer fue pura invención de Tirso (Dellepiane, "Ficción" 150–51). Su ansia de poder le lleva a pensar casarse con una hija del rey Inga para asegurar su trono. Irónicamente apunta a la construcción de un reino que incluye al indio como súbdito "al mismo nivel" que el peninsular: "*Indio*: porque enlazándoos amor / con tálamos apacibles, / el indio será español / y el español indio nuestro" (2.15). Por su parte, Gonzalo Pizarro defiende a su hermano Fernando en el entierro de Juan diciendo que le llevó la lealtad, no la codicia, a llenar de oro las arcas de Carlos V, denunciando que este último le pagó con la cruz de Santiago, pero sin encomienda, y recrimina: "*Gonzalo Pizarro*: ¿Qué calidad el César te acrecienta / si el hábito te ha dado y tú a él la renta?" (2.10). La contestación de Fernando es rotunda, y critica el interés de Gonzalo en encomiendas y rentas dándole una lección de honor: "*Fernando*: el premio que ha de adquirir / es la fama hasta morir" (2.10). Algunos han visto en estos versos una clara crítica de Tirso a Gonzalo Pizarro, es decir, una denuncia de su posible deslealtad y traición, por mucho que Tirso hubiera dedicado *Amazonas en las Indias* a encomiar a esta figura. Sea como sea, este tipo de respuesta es la que coloca Tirso en boca de sus personajes a lo largo de toda la obra que culmina la Trilogía para acabar restaurando el nombre de los cuatro Pizarro, y reivindicar, tanto en ellos como en sus sucesores, el prestigio y legitimidad de sus títulos en Indias. En fin, como ha expresado un notable estudioso de Tirso:

> Vale la pena acercarse, aunque sea sólo desde una visión angular, con trasfondo histórico, a esta "trilogía." En ella se sintetiza la visión del gran Perú y de sus mitos, realizaciones, transformación hispánica, embrujo de los nativos, fusión de sangre, amores y odios entreverados, sangre derramada y nobleza e ideal de superior entrega humana a una causa entonces vista como razonable y con rasgos de auténtica inmersión en el mundo desconocido y heroico. (Vázquez Fernández, "Impacto" 100)

Tirso ha puesto punto final a su panegírico que encumbra a la familia Pizarro como dechado de virtudes y lealtades, y denigra a los Almagro. Además, poniendo en escena a un indio honorable y bárbaro al mismo tiempo y haciendo que la Virgen y el apóstol Santiago ayuden en labores bélicas, el mercedario justifica la empresa como una conquista santa.

Las palabras a los reyes y gloria de los Pizarros de Luis Vélez de Guevara

Esta pieza es una de las comedias de indio menos conocidas y se ha dicho en muchas ocasiones que estaba perdida.[29] Se inicia *in medias res* y en ella, de modo muy diferente a como hemos visto en la Trilogía, Don Francisco Pizarro y Don Diego de Almagro se alaban recíprocamente su heroicidad y valor, al punto que se disponen a embarcar en Panamá con rumbo sur hacia la conquista del Perú. Por su parte, Don Fernando Pizarro en la Corte de Carlos V se entrevista con el monarca pidiéndole que le nombre capitán de la compañía, plaza que dejó vacante su padre al morir. El rey se niega y Fernando, contrariado en ese instante, le pide permiso para enrolarse en el viaje a Indias con su hermano, no sin antes prometerle al emperador traer infinidad de riquezas. El rey entonces le da su beneplácito advirtiéndole que "palabras / dadas a reyes es fuerza / cumplillas y ejecutallas" (vv. 301–03; 423–25).[30]

Sin la menor transición, la comedia nos coloca en el arribar de los peninsulares a las costas indígenas. Se suceden entonces todas las típicas situaciones de asombro y curiosidad por ambas partes, resaltando el madrugador deseo de Pizarro por el oro que llevar al rey. Con ánimo de explorar la costa de Puna, Don Francisco despliega a sus hombres topándose con Tucapela, india cacique de esa tierra. Al instante, la salvaje se queda prendada del bizarro español, a quien en principio cree hijo del Sol. Tucapela le narra la abundancia de oro que posee la región y al darse cuenta que no es un enviado de su dios, dispara el arco y se aleja del hechicero que ha robado su alma. Don Francisco continúa su exploración de la selva llegando a un pequeño poblado. De repente, se abre una peña y sale "América," personaje alegórico que le implora al peninsular que conquiste todo el territorio, someta a la cruz a los "bárbaros idólatras," y le lleve todas las riquezas a su soberano.

El segundo acto comienza con la audiencia que mantienen Francisco Pizarro y Carlos V en España, en la cual el primero cuenta su pertinaz deseo de honrar al segundo con sus conquistas y proseguir con la dominación de las tierras del sur. Para ello necesita ayuda del rey y por eso se humilla ante él, pues como le cuenta al soberano, el gobernador de Panamá no sólo le negó el apoyo a él y a Diego de Almagro, sino que lo acusó de ser instigador de una revuelta en las Indias relacionada con las luchas intestinas entre Ataballba y Guáscar por la soberanía del Perú. En la otra parte del Atlántico, la escena nos sitúa en el fuerte de Túmbez en el que Francisco Pizarro ha dejado a su hermano y al resto de los hombres que completan la expedición, esperando a que llegue su ayuda para con decisión atacar a Atabaliba y hacerse con el territorio. Los soldados se impacientan a causa de la falta de víveres y por no entender el porqué de tantas penalidades. Don Fernando se ocupa de calmar sus iras. En ese momento, Tucapela se acerca a la arena de la playa en una tabla pidiendo socorro, pues ha estado a punto de servir como

Capítulo tres

esclava al jefe de los indios caribes, si no es por una tormenta que destroza la embarcación arrastrando a la india cacique a las playas del fuerte. Tucapela se apercibe de que se encuentra entre españoles, entre esos hijos del Sol como el que le robó su alma; de hecho confunde al principio a Don Fernando con Don Francisco —buena manera por parte del autor de enaltecer la bizarría de ambos e igualarlos en apostura—, y contándole al primero todo lo que vivió con el segundo, expresa su deseo de que le devuelva el alma que le ha robado. En ésas estamos cuando sale Mesa apurando a Don Fernando para que salga detrás de los corsarios caribes que han capturado a Galván y Trujillo. Y cuando todo hace pensar que los amerindios se los van a comer asados como sacrificio al Sol, las tropas españolas aparecen y los salvajes huyen. Al instante se divisa el navío de Don Francisco acercándose a la costa cargado con los refuerzos y los mejores deseos de Carlos V.

En el tercer acto, Atabaliba (Atahu-Huallpa) sueña con Cristo crucificado diciéndole que le entregue todo el territorio a los cristianos. Don Francisco y Tucapela conversan sobre el amor y los celos que la india siente por el peninsular. El enamoramiento es tal, que ella le dice que lo amará hasta la muerte e insiste en que la abrace. El español no accede a sus avances principalmente porque es bárbara y termina marchándose, eso sí dejándole antes una estampita de la Virgen de la Inmaculada en la mano. En su desatino y frustración Tucapela siente celos de la que ve en la estampa y cree que es la mujer de Pizarro, agarra un arcabuz y le dispara al extremeño. Afortunadamente para el conquistador el arma estaba descargada. Tucapela huye y se alía con los de Atabaliba en lucha contra los escasos, pero agerridos españoles. Antes de que la lid comience, Don Francisco visita al rey Inga para informarle del propósito de su llegada, quién lo envía, en qué consisten los misterios de la "única religión verdadera," y por último, cuáles son las ventajas de acogerla. La negación del Inga le llevará por supuesto a la derrota y de suyo a la pérdida del territorio, al igual que su honor que acaba literalmente por los suelos bajo el pie de Don Francisco. Todos los aborígenes huyen después de ver esto. Ya en la península ibérica, Don Fernando le cuenta en audiencia a Carlos V cómo se produjo la conquista y el modo en que todos los bárbaros han sido domeñados en nombre de Cristo. Tucapela y los demás indios piden el bautismo y el rey concede altos títulos a Don Francisco, Don Diego y Don Fernando por proporcionarle súbditos, oro y tierras, y por demostrar cual ilustres que saben mantener su palabra.

Las palabras a los reyes y gloria de los Pizarros es, como el propio título indica, una comedia glorificadora de las figuras de Francisco y Fernando Pizarro y una de las más apologéticas de las que he examinado en este estudio.[31] Pues, si bien en ella se detecta cierta crítica a la codiciosa actuación de determinados españoles en Indias, por otro lado se haya cargada de pasajes que de forma rotunda exaltan fervorosamente la empresa de conquista. Nada más comenzar, Don Francisco alienta a Don Diego para que se realice la invasión y puedan poner "sobre el Sol / el católico estandarte" (vv. 11–12). El extremeño alude ya desde la primera página a las intenciones que los mueven: "*D. Francisco*: No vamos a buscar oro / sino fama, y a ensalzar / la Fe por tierra y por mar, / no conocido tesoro" (vv. 37–40).[32] Sin embargo, esta postura contrasta notablemente con el interés inmediato en la riqueza que algunos de sus soldados confiesan al desembarcar en las tierras peruanas.[33] No obstante, el discurso mismo del personaje alegórico "América" se ocupará de resolver el conflicto entre los motivos del oro y la evangelización, de igual manera que lo hizo la "Providencia" en *El Nuevo Mundo* de Lope: el oro no es más que un medio para conseguir el fin que supone la cristianización del territorio. Dille confirma esta idea, llevándola incluso más lejos: "*Las palabras a los reyes* postula un *quid pro quo*: la figura alegórica de América ofrece su oro al conquistador a cambio de la verdadera fe que trae —oro por almas" ("Estudio" 29). Por su parte, Don Fernando quiere vender su hacienda cuanto antes e iniciar el viaje para así incrementar su fama al proporcionar un nuevo imperio al César cumpliendo la palabra que le ha dado —pues palabras dadas a reyes es fuerza cumplirlas y ejecutarlas. En esta ocasión será el gracioso Galván, ése que no se haya compelido por la llamada del honor, el que se encargue de socavar los conceptos de honra y fama, al decir que sin fundamento llevan a las personas normales a intentar imposibles que redundan en necedades (vv. 228–32). De hecho, observa que "*Galván*: no hay cosa más temeraria / que palabras a los reyes" (vv. 389–90) y oyendo las gallardas razones de su amo, exclama: "*Galván*: ¡Con gentil

Esplandián, / con lindo Amadís de Gaula / he topado!" (vv. 402–03).[34] Este tipo de intervenciones conectan de manera más viva y humorística con el variopinto auditorio que acude al corral a divertirse.[35]

Cuando las naves de Pizarro se hallan en el mar del Perú acercándose a la costa de Puna, se nos ofrecen todos los comentarios llenos de asombro y exotismo que coinciden con aquéllos de tantos viajeros y conquistadores al divisar las nuevas tierras: "*D. Fernando*: ¡Isla parece, / o verde abril que amanece / de la blanca espuma fría!. *Mesa*: ¡Esmeralda es sobre el mar!" (vv. 427–30). Los indios reaccionan igualmente atónitos: "*Tucalpa*: ¿Si se desencaja / el Sol y a la Tierra baja / a hacernos favor dispuesto? [...] Pájaros deben de ser / de región más soberana" (vv. 435–43). De manera similar a *El Nuevo Mundo* o *La aurora* se describe el barco como "un monte que nada," un enviado del Sol que "*Tucalpa*: con blancas alas vuela / por el agua [...] a tierra el monstruo marino! / ¡A tragarse viene a Puna" (vv. 455–66). Y si en un principio hablan de la nave como un "ave del Sol" (v. 479) o "pájaro celestial" (v. 483) en el que viene gente humana a la que poder adorar, momentos después la creen cargada de enemigos Viracochas[36] deseosos de guerra: "*Tucalpa*: ¡Viracochas enemigos, / no nos vengáis a ofender! / [...] robando / andáis por el agua, haciendo / ofensas y pretendiendo, / en esos monstruos nadando, / que por encanto habéis hecho / matar con infame guerra / a los hijos de la tierra / contra el natural derecho" (vv. 508–21). Como se observa, el indio inca no sólo capta que los españoles provienen de una región más egregia sino que sabe del derecho natural que todo pueblo tiene a ocupar sus tierras y autogobernarse, además de llamar "villanos" (v. 523) a ésos que se acercan gritándoles: "*D. Francisco*: ¡Indios, hermanos, amigos!" (v. 507) y acto seguido les disparan con los cañones para asustarlos y para que dejen de acosarlos con sus flechas. De modo similar a *La aurora* el amerindio reacciona ante el estruendo del cañón diciendo que vino "sin rayo el trueno" (v. 567) y al no saber qué hacer propone dedicarle algún sacrificio humano al Sol.

Don Francisco divide a los suyos en escuadrones para inspeccionar el territorio. Perplejo ante la exuberancia de la selva americana, descubre a la india cacique Tucapela con el cabello suelto durmiendo en una hamaca, y estupefacto admira su belleza:

D. Francisco	Pero ¿qué prodigio hermoso de beldad bárbara veo en una hamaca rendido al sueño, que sin sentido da que sentir al deseo, que hermosamente ambiciosa, de dos laureles pendiente, por pabellón de una fuente está la bárbara hermosa? (vv. 637–45)

Igual que el barroco juega con el claroscuro, es amigo de cultivar la antítesis: "beldad bárbara," "bárbara hermosa." Y aunque como se observa estos términos no son claros opuestos, sí evocan resonancias del aparente conflicto entre el código del género del honor en el teatro y el jurídico-teológico. La india se despierta, le pregunta quién es y al recibir por respuesta "Español" (v. 660) replica: "¡Qué lindo nombre!" (v. 662) y prosigue diciendo que al venir de parte del dios Sol quiere bajar a adorarlo. Don Francisco le ayuda a bajar abrazándola y ella confía en él al creerlo hijo del cielo. Súbitamente la "bárbara" se enamora de Pizarro, deseando que el conquistador la rodee en sus brazos. Pizarro elude la cuestión contándole que el Sol la quiere para él, por lo tanto, no quiere profanar su posesión. Tucapela le dice quién es ella y hasta dónde se extiende el imperio inca abundando en las cantidades infinitas de oro, plata y perlas que posee. En un momento dado, la india desconfía de que siendo un enviado del dios Sol no sepa dónde está y le amenaza con su arco. Pero antes le ha tocado una mano al peninsular sintiéndose de nuevo rijosa por él con un deseo que abrasa e hiela: "*Tucapela*: que otra vez me ha alborotado / el alma. ¡Válgame el Cielo, / fuego que parece hielo, / hielo que el alma ha abrasado! / ¿Qué puede ser sino hechizo / que trae con aleve trato" (vv. 762–67). Más todavía, la india se haya tan enamorada, quizá igual que Martesia y Menalipe en *Amazonas* de Tirso, que alude a que si lo mata su alma se ha de ir con la del español: "*Tucapela*: me doy de una vez a mí / y a mi enemigo la muerte" (vv. 780–81). No solamente los indios mencionan numerosas veces el "alma" a lo largo de la comedia, sino que la "salvaje" distingue entre materia y espíritu con total claridad cuando dice de lanzarle una flecha para que el alma del peninsular que se encuentra en el corazón de la india vaya a defender su cuerpo y así ella se libere

Capítulo tres

del irrefrenable deseo que la arrebata. Luego, asustada por los "encantamientos" del peninsular, huye.

Que los indios poseen honor es claro en dos pasajes: uno al que hemos aludido, en el cual Tucalpa llama a los peninsulares "villanos"; y otro en el segundo acto donde Tucapela se siente obligada a Don Francisco primeramente, y a Don Fernando después, tras haber sido salvada en la playa: "*Tucapela*: y si sois dos, no sé / si estoy más obligada / a quien me da la vida / o a quien me lleva el alma" (vv. 1674–77). Por otro lado, saben de "derecho natural," se muestran cultos, distinguen entre cielo e infierno y captan al instante los atributos de Cristo y de la Virgen sin mediación peninsular alguna. No obstante, al mismo tiempo que todas esas convenciones entran en la comedia traídas del teatro de género, así también lo hacen, no sin problemas, ciertos elementos del discurso jurídico-teológico en boga, por el cual los indios son bárbaros idólatras que necesitan someterse a la tutela peninsular cristiana.

En lo que sigue, vamos a comentar uno de los pasajes más apologéticos de la conquista de todos aquellos con los que nos hemos topado en estas obras. Se trata del fenómeno sobrenatural, que podía haber sido sacado de cualquier comedia de santo, por el cual al punto que Francisco Pizarro continúa su exploración del territorio llegando a un pequeño poblado, de repente, igual que aconteciera en *La aurora* con el "Joven," se abre una roca y sale el personaje de "América" como india exótica —"con una media mascarilla dorada, y alrededor por tocado plumas rojas, y un sol en los pechos, con aljaba y flechas, y sobre un delfín tocando una trompeta" (131). "América," le implora a Francisco Pizarro que reduzca las rebeldes cervices de todos los indios y que imitando a Colón y a Cortés conquiste Jamalca (Cajamarca), Cuzco y Quito, avisándole de que en su ayuda "el Cielo" (v. 880) le envía al noble de su hermano Fernando. Adviértase de qué manera se describen los deseos de esa tierra de verse reducida al dominio político y religioso español:

> América   Tú, que, capitán de Cristo
> como de Carlos, te infundes
> valor divino ensalzando
> la Fe y plantando las cruces,
> estandartes de la Iglesia,
> donde idólatras segures

> mieses al Sol sacrifican
> en holocaustos comunes,
> [...] pasa, y glorioso reduce
> a Jamalca, al Cuzco, al Quito. (vv. 862–76)

El extremeño ahora es el "capitán de Cristo" nombrado para cesar los "holocaustos" de los idólatras. Seguidamente se nos relata el pasaje donde "América," en figura alegórica, de manera terminante anhela verse restaurada a la soberanía de Cristo y de Carlos V.[37] Se trata de los versos más encomiásticos de la empresa de conquista que con seguridad se dan en estas obras —junto con el pasaje ya comentado de *El Nuevo Mundo* de Lope en el cual Tacuana quiere mezclar su sangre con la del español— pues es la propia tierra americana la que clama por su redención esperanzada en la conquista y colonización española:

> América   La América soy, gloriosa
> de ver que tus leños surquen
> mis golfos y que tus brazos
> de mis idólatras triunfen.
> Toda ha de quedar por ti
> reducida. Por ti suben,
> Pizarro heroico, los ríos
> de las bárbaras costumbres
> de mis Indios hasta el templo
> militante. El Pirú escuche
> el clarín de tus historias,
> las glorias de tus virtudes,
> como me libró Cortés
> de la ciega servidumbre
> de Motezumas. Del Inga,
> de cuanto el cristal descubre
> del Sur bárbaro monarca,
> me restaura y restituye
> al Cielo, a la Iglesia, a Carlos,
> desde las doradas lumbres,
> porque a sus cesáreas plantas
> un orbe al otro le juntes.
> Dueño ha de ser justamente
> antes que le goce Yuste. (vv. 888–911)

La india le implora ahora que imite a Cortés, abriéndoles los ojos a la verdad a todos sus "idólatras," y salvándola de su inca "bárbaro monarca" ponga a los pies del rey peninsular el

Capítulo tres

nuevo orbe. Después, informa a Pizarro, llamándolo "Neptuno" y "Ulises,"[38] de las luchas que mantienen Atabaliba (Atahu-Huallpa) y su hermano Guáscar por el reino del Perú y le alienta a coger las armas para que "*América*: ¡Por ti la Fe se propague, / por ti las empíreas cumbres / de almas se pueblen" (vv. 936–38) y para que todas las riquezas, perlas, plata, oro, sean del rey Carlos. Por último le dice al peninsular, antes de desaparecer como había venido, que "todo el Cielo concurre / en tu favor, nuevo Ulises! / ¡Él te ampare, y Dios te ayude!" (vv. 951–53). Lo que significa que América sabe de Dios antes de que los Pizarro lleguen, o bien por las conquistas anteriores de Colón y Cortés; o bien seguramente, una vez más, porque nos encontramos ante una re-conquista y no una conquista. El caso es que queda probado cuando la india-América exhorta a Pizarro a que "restituya y restaure" todos estos territorios peruanos "al Cielo, a la Iglesia y a Carlos." Esto es, Vélez de Guevara hace decir a América que se devuelva, recupere o restablezca el dominio de esas tierras a quienes las tenían antes,[39] a sus legítimos dueños, una vez más, que se re-conquisten para Dios, la Iglesia y el rey. Don Francisco terminará el acto recogiendo esa llama que América ha encendido en él, diciendo que conquistará por completo el territorio con el propósito de rendírselo a Carlos V, el único que por su mediación "solo ha de ser el Inga soberano" (v. 979). Pizarro igual que en su infancia —*Todo es dar en una cosa*— fervientemente desea darles muchos mundos a sus reyes, "más que todos mis contrarios" (v. 1027). Ahora bien, siendo representado como corsario de Cristo y fiel servidor de su rey, Francisco Pizarro carece del aura mítica que vimos en Tirso. En esto coincido plenamente con Zugasti:

> Francisco aparece en el global de la comedia como el protagonista más destacado, el caballero más aguerrido, pero no cobra la dimensión épica con que lo dibujó Tirso, ni hay alusión alguna a su trágico final. Además su personalidad se bifurca por otra vertiente hasta ahora desconocida; me refiero a la imagen del Pizarro galante que entre batalla y batalla tiene sus discreteos con la bella india Tucapela. ("La imagen" 140)

Precisamente, Tucapela se acerca al fuerte pidiendo socorro en una tabla que arrastran las olas a la orilla. Don Fernando encarece a los suyos que le salven la vida pronunciando de forma honrosa y condescendiente: "No hay que reparar [...] es mujer, aunque India sea" (vv. 1453–55). La india de nuevo lasciva confunde a Fernando con Francisco y le dice: "*Tucapela*: Hijo del Sol, / entretenme entre estos lazos / que han sabido tus brazos / a los de un dios español / que me dejó, siendo ingrato / güesped, sin alma y sin mí" (vv. 1466–71). Curiosamente le pide al peninsular que le devuelva su espíritu ya que desde que conoció a Pizarro se siente sin vida. Todo esto no causa extrañeza dadas las numerosas referencias que la "salvaje" hace a lo que no puede ser otra cosa que el cielo cristiano: "dioses del cielo" (v. 1576), "piedad del Cielo" (v. 1652), "dándole al Cielo gracias" (v. 1669). Irónicamente, quede claro, que para Don Fernando si no fuera infiel sería un buen partido vista su gallardía y hermosura.

De repente llega Mesa avisando a Don Fernando del rapto de Galván y Trujillo por parte de los corsarios caribes. Asustados, porque los creen antropófagos, los soldados salen en persecución de los "caribes perros" (v. 1710) —el mismo apelativo que encontramos en *Los españoles en Chile* de Bustos y que se va a convertir en sinónimo de canibalismo. Los piratas piensan comerse a los españoles asados: "*Polipán*: Sacad esos asadores. *Galván*: ¿Asa qué? *Trujillo*: Asadores dijo / en su lengua" (vv. 1734–35). Parece claramente que Trujillo entiende las lenguas indígenas, cosa que es harto improbable. El fenómeno se explica si se entiende que el personaje indio y el español están forzados por la dramática teatral a entenderse perfectamente en el escenario usando un lenguaje común, cuando se supone hablan en sus respectivas lenguas. Sin embargo, igual que Calderón, Vélez de Guevara utiliza cierto recurso metalingüístico con el cual crea el suficiente distanciamiento para que el público no note la inverosimilitud de la perfecta comunicación entre indio y español, al poner fugazmente de manifiesto, mediante el acto de habla de Trujillo, la existencia de la otra lengua, ésa que es extraña al auditorio. Al mismo tiempo, el español atribuye inadecuadamente la pertenencia de la palabra "asadores" al supuesto lenguaje nativo desconocido por él, de esta manera aleja de sí las connotaciones negativas del término: canibalismo.

Ya en el tercer acto lo verdaderamente asombroso va a ser, por un lado, la visita que le hace Cristo a Atabaliba en sueños,

Capítulo tres

y por otro la devota imagen de la Virgen que pinta Tucapela. El rey inca describe perfectamente a Cristo en la cruz:

> Atabaliba que, coronado de marinos juncos,
> inga, o rey, parecía
> de mayor soberana monarquía,
> hollador de luceros,
> aunque en carnes atado a dos maderos
> que a la espalda venían
> y de dosel silvestre le servían,
> rojo, abierto y deshecho
> de una lanzada, al parecer, el pecho,
> que quien le ve diría
> que pelícano y hombre parecía,
> con tanta fortaleza,
> que estando de la planta a la cabeza
> herido el cuerpo hermoso,
> estaba de la muerte vitorioso. (vv. 1849–63)

Como se puede apreciar en el último verso, Atabaliba conoce hasta el misterio de la Resurrección de Cristo. El hijo de Dios se le ha aparecido mientras descansaba con la intención de que le rinda el territorio a los cristianos: "*Atabaliba*: diciéndome: 'Tirano, / deja este clima al título cristiano,' / nombre que nunca he oído" (vv. 1874–76). Sirena, una de sus dos mujeres, acude a decirle que seguro se trata de visiones provocadas por "bárbaros hechizos" (v. 1883) de los españoles. Después, cuando los soldados profieren vivas a Carlos "que es de la Fe defensor!" (v. 1916) Atabaliba las cree voces celestiales. De este modo el propio indio defiende que la presencia española en Indias está respaldada por Dios mismo.

De otra parte, Francisco Pizarro y la india cacique tienen una profunda conversación sobre la naturaleza de los celos y el amor, esa enfermedad que desvela a Tucapela y le lleva a preguntar al extremeño de manera sensual y directa: "Español, ¿tiénesme amor?" (v. 1975). Don Francisco contesta: "El que te puedo tener / siendo gentil" (vv. 1976–77), pero añade que si fuera cristiana "no sé / si hiciera algún desvarío" (vv. 1981–82). La amerindia obnubilada por los celos se muestra culta, dócil y dialogante, y conoce perfectamente de antemano la diferencia entre cielo e infierno:

Tucapela	Si es celos pasión mayor,
	líbrenme de su rigor
	los cielos en mis desvelos.
	Mas no sé cómo los celos
	dan, como el infierno, espanto,
	siendo una cosa que tanto
	se le parece a los cielos. (vv. 1962–68)

Tucapela continúa exclamando que lo querrá hasta la muerte y le pide que la abrace para así devolverle la vida. El conquistador le dice que se siente enfermo, aunque aparte comenta no ser de bronce, ni de mármol. Y cuando la india trata de meter la mano en el pecho del bizarro para curarle el corazón, Don Francisco se marcha, no sin antes dejarle una estampita de la Virgen de la Inmaculada con ella —Inmaculada, porque tiene la luna a sus pies.[40] En ese instante, la india hace una descripción glorificadora de la mujer más bella que jamás vio: "*Tucapela*: Amor y respeto ponen / sus hermosos ojos; reina / de regiones soberanas / parece. Mujer, que enseñas / tanta deidad en ti misma, / ¿quién eres, que en tu presencia / todo el Cielo está cifrado / con los mejores planetas?" (vv. 2065–72). La india tiene celos de esa Virgen "reina" pues cree que es la mujer de Pizarro. Vélez de Guevara pone en su boca las más pías alabanzas a la madre de Cristo: "*Tucapela*: Perdonadme, imagen bella, / que tengo celos de vos, / aunque siempre que os contemplan / los ojos, templáis del alma / tantas ansias, tantas quejas […] soberana beldad vuestra" (vv. 2096–2104). Tanto en el caso del sueño de Ataباliba como en el de la imagen de la Virgen de Tucapela, lo que se pone en marcha es la idea del "buen salvaje" que una vez recibe cierta luz —la visión de Atabaliba, la estampa de la Virgen Inmaculada— de inmediato su corazón noble empieza a vincularse y entender la nueva religión (Entendimiento Agente). Al salir Don Fernando a escena, Tucapela le pregunta a quién pertenece la imagen "que parece que es idea / de todo el Cielo su rara / y peregrina belleza" (vv. 2122–24). Adviértase que la india usa "idea" —platonismo—, queriendo decir que María encarna la esencia de la belleza. Tucapela, de forma extraña, pero no paradójica —pues se trata de dos tipos distintos de discursos—, después de esos afectos que dice sentir sobre la Virgen agarra un arcabuz e intenta asesinar a Don Francisco.

Capítulo tres

Afortunadamente, el arma carece de bala. Despechada, se ofrece a Atabaliba para luchar contra los pocos peninsulares que ya marchan por el valle encomendándose a Dios.[41]

Antes de comenzar la batalla que finalizará con la ocupación de Cajamarca, Don Francisco, siempre tan prudente, se entrevista con el rey inca. Nótese cómo se reproducen los patrones ideológicos peninsulares al saludar: "*D. Francisco*: Dios te salve, Atabaliba. *Atabaliba*. Con el Sol, Español, vengas" (vv. 2281–82). El capitán español entonces reproduce otra de las escenas y de los discursos más apologéticos que hemos leído, mediante los cuales informa a Atabaliba de las básicas enseñanzas y Misterios cristianos, subrayando que el propósito de su llegada es tanto la empresa política —"Vengo / por mi rey a hacerte oferta / de su amistad"— como la religiosa —"y a enseñarte / la ley de Dios verdadera" (vv. 2287–90). Entonces, Vélez de Guevara, sirviéndose de Pizarro, expone probablemente como en ninguna otra comedia, primero, la inextricable relación de intereses entre Papado e imperio, base sobre la que se sustenta y hace posible la conquista del Nuevo Mundo; y segundo, el por qué los salvajes tienen que convertirse a la "religión verdadera" y las ventajas que consiguen con ello, esto es, defender y proteger su tierra, amén de mantener la justicia en ella. Desde el principio, el pasaje no constituye otra cosa que la traducción versificada, teatralizada, del *Requerimiento* que tantas veces leerán los conquistadores como justificación para hacer la guerra:

> Don Francisco Roma con nombre de Papas.
> Estos reparten las tierras
> infieles a los cristianos
> reyes que la Fe profesan,
> y la defienden también
> para conquistallas, y estas
> ha repartido a don Carlos
> mi rey que en Castilla reina,
> y en su lugar me ha enviado,
> Inga, para que os prevenga
> de parte de Dios y suya,
> que si el bautismo deseas
> tomar y venir con él
> por vasallo a su obediencia,

> creyendo lo que te he dicho,
> que defenderá tu tierra,
> y te mantendrá en justicia,
> como del mundo gobierna
> otros reinos y provincias.
> Si no, que con guerra fiera,
> Inga, conquiste las tuyas.
> Mira qué respondes, que esta
> de mi embajada es la suma,
> y la pretension del César. (vv. 2319–42)

Las palabras de Atabaliba, justo después, suenan como aquéllas del "niño salvaje" vitoriano-lascasiano que no cree, simplemente por desconocimiento de Dios —"*Atabaliba*: que un dios / vuestro crió el cielo y tierra, / no sé nada" (vv. 2355–57)—, pero que tiene que ser violento en este caso, dado el contexto bélico sobre el que se monta la glorificación de las figuras de los Pizarro. Dicha divinización alcanza niveles exorbitantes cuando ulteriormente se observa en plena batalla cómo Pizarro saca al inca por los cabellos de sus andas y lo lleva a tierra pisándolo cual demonio, en una representación iconográfica de la Virgen o de San Gabriel —recuérdese el Ángel espada en mano pisándole la cabeza al Averno. Los indios al ver a su líder en tal trance dejan las armas y huyen. Don Francisco le pide que se rinda ante el César Carlos V y Atabaliba lo hace, expresando curiosamente lo que sin duda alguna es el principio del arrepentimiento por su mala actuación: "*Atabaliba*: ¡Sentencia / justa por Guáscar, mi hermano, / el Cielo ha dado en mi ofensa!" (vv. 2383–84).

Finalmente ya en la península, Don Fernando se presenta ante el rey para contarle de qué modo se produjo la conquista. Atabaliba no ha sido ajusticiado sino que va rendido y preso —de esta manera, Vélez evita la polémica sobre el asesinato del líder inca a manos de la codicia pizarrista—, Guáscar muerto, y todos los indios a los pies del soberano español. Además, Don Fernando le avanza al rey que también ha cumplido proporcionándole no sólo mucho oro, sino la fe —luz— a los infieles, como declaraba su hermano en el primer acto: "*D. Francisco*: todo un polo conquistado, / luz el Antípoda infiel / goce por vos y por mí" (vv. 48–50). Don Francisco y Don Diego, por su parte, rubrican el documento que escribieron y que se nos leyó en escena donde se prometía la conquista del territorio, otra prueba de la palabra dada a los reyes y la gloria de esos Pizarro: —"*D. Francisco*: porque cumplen desta suerte / los vasallos como yo / las palabras a los reyes" (vv. 2494–96). Tucapela y los demás indios piden el bautismo, del que serán padrinos los monarcas. Al mismo tiempo, el rey Carlos ennoblece aún más si cabe a Francisco Pizarro nombrándolo adelantado mayor, lugarteniente a Almagro y maese de Campo a Fernando, que también ha cumplido bizarramente su palabra. Adviértase cómo Vélez, en esa apoteosis celebradora que supone el final de la comedia, hace coincidir en el mismo día la llegada de Fernando Pizarro a la península, proveniente de la conquista del Perú, con el regresar victorioso de Carlos V a la Corte, tras la conquista de Túnez y la Goleta. Indios y moros así forman parte del mismo Plan Providencial, por el cual los españoles han sido los escogidos por Dios mismo para expandir la fe a todo el orbe y regir en gran cantidad de territorios. Lo que significa que la reconquista peninsular sobre el infiel, moro o judío, no ha terminado, y adquiere su más verdadero sentido y proyección, de acuerdo al Plan divino, si se la correlaciona con la conquista del indio americano. Posteriormente y dentro del mismo esquema providencialista se terminará hablando de la empresa americana no como conquista, sino como re-conquista en el más puro marco contrarreformista.

En conclusión, *Las palabras a los reyes y gloria de los Pizarros* despliega, al igual que la segunda y la tercera comedia de la Trilogía de Tirso, determinada crítica a la codicia y al modo en que algunos españoles realizan la conquista. Sin embargo, en su más amplio desarrollo dramático, el que tiene que ver con el encomio de los distintos héroes que realizan la empresa, enfatiza una serie de pasajes grandemente apologéticos, versos en los que se encuentran el código del honor del teatro y el jurídico-teológico sirviendo a un mismo propósito y en donde se declaran de forma patente las bases de la ideología imperial.

Tanto Tirso como Vélez de Guevara han escenificado en sus comedias las luchas, los deseos y amores entre indios y peninsulares. Ahora bien, si las amazonas de Tirso, como Menalipe, quieren perder su identidad y hacerse españolas para así pertenecer a la estirpe Pizarro; la América personaje de Vélez de Guevara clama porque la restauren y restituyan, es decir, la re-conquisten, y de ese modo poder salvar a su pueblo de la idolatría entregándose a la religión y poder españoles. Va a ser difícil que veamos en el teatro pasajes que defiendan en mayor grado este providencialismo.

Capítulo cuatro

La conquista de México

La conquista de México **de Fernando de Zárate y Castronovo (pseudónimo de Antonio Enríquez Gómez)**

Igual que en *El Nuevo Mundo* o en *Amazonas en las Indias* se cita la fama de Alcides o Marte, en *La conquista de México*[1] la referencia a la mitología griego-latina, constante en estas obras, sirve para fundir el heroísmo de Hernán Cortés con el de Alejandro Magno.[2] Los indios hablan de Apolo y por supuesto entienden de honra al decir de los españoles: "*Glaura*: hijos de los dioses son / que vienen con ocasión / de honrarnos en este suelo" (214). No extraña tampoco que conozcan a Dios (217), y distingan entre "milagros" y "hechicerías" (250) pues poseen alma: "*Guaca*: Si allana / el alma, Solmo, un abrazo, / y una rosa de los ojos, / sin los presentes que véis, / ¿Para qué, decid, tenéis / destos huéspedes enojos?" (216). Sin embargo, esta altura poética, reflejo del drama de honor, no los salva de ser bárbaros en un "contrapuesto polo" (219) al que simultáneamente los relegan las fórmulas del discurso jurídico-teológico.[3]

Dos problemáticas principales son las que nos van a ocupar en el análisis de esta obra: primera, su notable semejanza con *El Nuevo Mundo* de Lope; y segunda, su diferencia con esta obra, a saber, su aguda crítica al modo como los españoles llevan a cabo la conquista. Ambas perspectivas coinciden con lo que algunos han denominado el doble discurso —"double-voiced discourse" en el sentido Bakhtiniano (Harris 148; Romero Muñoz, "*La conquista*" 110)— que ciertamente *La conquista de México* exhibe.

En el primer acto de esta comedia se cuenta la llegada de la expedición de Cortés a la península de Yucatán (Veracruz-Ulúa, 1519) y las prácticas pacíficas que despliegan los españoles para

Capítulo cuatro

conquistar esa tierra. Mientras se nos insiste en la codicia que tienen los más de los marineros por el oro, se subraya la bondad de Cortés y sus cristianas intenciones ante todo. Los indios aparecen como inocentes y temerosos corderos en frente del español al cual abrazan, después del milagro por el que el Espíritu Santo —paloma blanca— se posa encima de la cruz, haciendo que todos la adoren. Pedro de Alvarado, enviado por Cortés como avanzadilla a otra tierra cercana, encuentra a Jerónimo de Aguilar, marinero de Vasco Núñez de Balboa, perdido entre los indios desde su naufragio. Aguilar conoce la lengua indígena y está convencido de que puede ayudar a Cortés a pacificar esa tierra, mientras que Alvarado piensa que, sirviendo como intérprete, le llevará al oro que los territorios encierran. Por su parte Cortés clava una cruz en el templo indígena causando el segundo milagro a causa del cual los ídolos indios huyen, no sin antes reprocharle a Dios que ésa era su posesión desde que perdieron el cielo.

El segundo acto pone en escena el extraordinario tribunal que ya habíamos visto en *El Nuevo Mundo*. La Religión le está agradeciendo a la Providencia que haya ayudado a Cortés en la cristianización del territorio, cuando la Idolatría aparece y lucha por su posesión en las Indias. Como es obvio, la Religión gana la batalla dialéctica y la Providencia expulsa a la Idolatría al infierno. Posteriormente se nos relata la victoria de los militares españoles contra los indios, ayudados del apóstol Santiago a caballo, lo que supone el tercer milagro. Mientras los indios justifican la llegada de los españoles a causa del oro de sus tierras, Cortés se afana en despejar que no se trata del oro, sino de la salvación de sus almas, objetivo no del todo claro para el grueso de la expedición. Cortés se encuentra con la Malinche y a través de ella entablará relaciones con Teudellí, lugarteniente de Moctezuma, al cual le comunicará su ansia de erradicar el demonio de esa tierra, de desterrar la antropofagia e implantar el poder de la cruz. Luego, al mismo tiempo que Teudellí le dice a Cortés que lo pondrá en contacto con Moctezuma, el conquistador español ordena en secreto a Soto hundir su propia flota, para de este modo forzar a sus soldados a luchar contra el "Águila Imperial" y ganar para España esos territorios.

El último acto empieza con las visiones que Moctezuma tiene de Cortés como el retorno de Quetzalcóatl. Consultando a su dios Sol (Ídolo), el emperador le promete dar muerte al español y sacrificar mil hombres en su honor. Mariana, la Malinche, se entera de los planes del azteca y hablando con Aguilar ponen por carta en sobre aviso a Cortés. El conquistador entonces lucha contra el pueblo que está urdiendo atacarlo y decide marchar en armas a México. Moctezuma, temeroso del español, le envía infinidad de oro para intentar detenerlo; sin embargo dada la insistencia del peninsular, el emperador, aconsejado en este punto por Glafira su amante, decide dejarlo entrar en la ciudad para después intentar asesinarlo. El encuentro entre los dos líderes es muy parco y sorprendentemente se salda con el encarcelamiento de Moctezuma en su propio feudo. El rey indio al verse perdido le ofrece a Cortés nuevas riquezas y le pide ser cristiano, ser vasallo del rey Carlos, e incluso le insta a casarse con su hija Glaudomira. Cortés, en ese momento, avisado de la llegada de Pánfilo de Narváez —mandado por Diego Velázquez a la costa india— batalla contra él por la "legítima conquista" de esa tierra. Zárate precipita el final fusionando las luchas intestinas de los españoles por el gobierno del territorio, con la rebelión de los indios en México que lleva a la muerte de Moctezuma y la toma de la capital. Cortés, que ha aceptado las ingentes cantidades de oro que Moctezuma le ha dado, termina siendo coronado cual héroe romano por la cristiana Religión y a su lado ensalza esa sagrada conquista. Los dos personajes abandonan la escena apoteósica montados en una especie de cuádriga en la que la Religión ha venido arrastrando a la Idolatría.

Resulta interesante notar que sesenta años más tarde de la publicación de la obra de Lope, la de Fernando de Zárate presente tantas similitudes con aquélla. Eso es lo que precisamente lleva a Carlos Romero Muñoz a pensar que:

> *La conquista de México* de "Zárate" sería una parcial re-elaboración de *El Nuevo Mundo* y, a la vez, como sostiene Fichter, una refundición de *La conquista de Cortés*.[4] Sin embargo a partir de lo anterior, no excluyo la posibilidad de que *La conquista de México* sea, sin más, *La conquista de Cortés*, del mismísimo Lope de Vega, quizá, pero no necesariamente, con alguna leve intervención de otro poeta. ("Lope" 250)[5]

Mediante principalmente un análisis de los temas, el tipo de versificación y los motivos dramáticos recurrentes en ambas obras, Romero Muñoz prueba la clara semejanza que une a *La*

Capítulo cuatro

conquista de México con *El Nuevo Mundo*, hasta concluir que pueden haber sido escritas por la misma pluma. Su tratamiento se centra en primordialmente la similitud —préstamo e incluso "plagio" ("Lope" 247)— de dos amplias escenas: la de los diálogos entre los tres personajes alegóricos Providencia, Religión e Idolatría; y la de la sorpresa y exaltación de la cruz por parte de los "salvajes."

Ambas obras exhiben sumo interés en recrear la reacción de los indios ante la llegada de las naos españolas. De este modo, los barcos en los que arriban los hombres de Cortés son "casas" de madera como ya lo fueron en *El Nuevo Mundo* los de Colón, e igualmente, al ver la cruz clavada en sus tierras, los de Cozumel piensan que sirve como instrumento para sacar esas casas del mar y llevarlas a la playa (215). Posteriormente, la cruz es considerada un reloj solar y por último, igual que en el segundo acto de la obra de Lope, una "señal sagrada" (217). Así, cuando al intentar arrancarla del lugar donde está implantada se disparan arcabuces, todos caen asustados y desde lo alto baja con música una paloma que portando un cerco de oro —Espíritu Santo— se posa sobre la cruz (216). Si tras esta escena milagrosa, sacada de la comedia de santo, Glaura reconoce que la paloma es símbolo de Dios —"¿Yo no os dije que esta gente / era buena y enviada / de Dios?" (217)—, Cayaguán, Solmo y Maratín calcarán las palabras de Tacuana, Dulcanquellín y Auté en *El Nuevo Mundo*. Cayaguán llama a la cruz: "ángulo divino, / oh palos, puestos de modo / que cubrís el mundo todo, [...] tened piedad, no matéis / estos rudos animales!" (217). Nótese que en Lope serán "estos animales rudos" (v. 1943). Solmo, al igual que en todas las otras comedias, hace referencia a esa luz que emana de la cruz y los ciega: "¡Oh señal que entre señales / como el Sol resplandecéis, [...] piedad, pues véis que os alabo!" (217) —en *El Nuevo Mundo* "que ya todos te adoramos" (v. 1851). Asimismo, Maratín reproducirá con gran parecido los versos de la comedia lopesca:

> Maratín ¡Palo hermoso y más precioso
> que el cinamono oloroso,
> la mirra, canela y clavo,
> más el bálsamo, que cura
> las heridas por milagro,

> a cuya piedad consagro
> mi ignorancia y mi ventura,
> dadme vida pues podéis! (217)

Como se observa, no sólo se recrean los versos de Lope: "Palo más rico y suave / que el cinamomo y canela" (vv. 1854–55), donde el indio además hace mención a lo acontecido como "milagro," sino que el discurso dador de vida que luego Alcinda continúa parece sacado del Santoral. El mismo Espíritu Santo que guía la empresa en Indias acompaña a Cortés todo el camino —"*Cortés*: Oíd, la paloma mía, / que suelo otras veces ver, / y a las Indias me guió, / de la Cruz se levantó / que acabamos de poner" (221)— y es símbolo de blancura y de pureza.

De igual forma que en la obra de Lope se recalca la precariedad técnica e intelectiva del indígena, además de su desconocimiento de la escritura en los episodios en los que al indio le "mienten los papeles," el indio en Zárate se asombra de que el papel escrito hable (248–49), de modo muy similar a la escena lopesca con las aceitunas y las naranjas. Asimismo, mientras para Palca, en la obra de Lope, el espejo regalado por los españoles es "uno como agua […] que tiene cara y reluce" (vv. 1902–03), en *La conquista de México* se recrea toda una interpretación taumatúrgica del espejo con la intención de conmover a la audiencia:

> Solmo   ¡Ay de mí!
>   Un yo tan pequeño vi,
>   que ya me voy deshaciendo.
>   Vuélveme, por Dios, mi ser,
>   Alcinda[6] (214)
>   […]
> Alcinda   Ninguna cosa os altere,
>   que todo es contento y bien.
>   Estos pedazos de estrellas
>   representan al que mira
>   el alegría o la ira
>   con que llega a verse en ellas. (215)

Como "niños" los yucatecos no saben lo que es un tambor, lo bueno es que creen que está vivo y que no tiene cara y nariz porque se le habrá caído de los palos que le pegan los conquistadores. Igualmente la sorpresa es mayúscula cuando ven a un hombre a caballo: "*Tolemo*: no acabelle de entender / con dos caras que tenía; / la más grande que salía / por medio a mi parecer, / y la que arriba mostraba" (247). Ya Lope en *El Nuevo Mundo* había descrito de forma análoga el elemento con el que Las Casas afirma se ganó la conquista. Zárate, mediante esta personificación del tambor y de los caballos exagera aún más la inocencia y candidez del indígena.

Ya en el segundo acto, la Religión le agradece a la Providencia que haya ayudado a Cortés en la cristianización del territorio, pero le advierte que para que esto se lleve a término tiene que expulsar definitivamente a la Idolatría de este mundo. Curiosamente este personaje le dice a la Providencia: "*Religión*: Santísima Providencia, / [...] con tan divina asistencia / conserva el mundo inferior, / que este superior imita" (227), en una clara alusión a la teoría de los dos mundos platónica: mundo sensible / mundo inteligible. El primero es mera copia del segundo, el mundo de las ideas, ése que filtrado por el neoplatonismo se convertirá en el cielo cristiano. Igual que en *El Nuevo Mundo*, se produce un altercado entre la Religión y la Idolatría, enfrente de la Providencia, por la legitimidad de la posesión de ese suelo. Y en los mismos términos de "re-conquista" la Religión defenderá que el nuevo orbe pertenece a la Providencia, puesto que lo ha "redimido y comprado" (227), es decir, reclamado como suyo, re-conquistado al ángel caído (Luzbel) al que se le cedió cuando fue expulsado del cielo. De igual modo, si en *El Nuevo Mundo* la Religión le increpa a su enemiga: "Quien posee con mala fe, / en ningún tiempo prescribe" (vv. 738–39), en *La conquista de México* dirá: "No puedes tú prescribir[7] / en ningún tiempo" (229). Además, la Religión en esta última expone que los territorios de los naturales fueron suyos desde que el apóstol Tomás predicó en las Indias, en donde al parecer diseminó la cruz, asociada por los indios con el dios Quetzalcóatl:

> Religión   y entre diversas
> naciones mostró Tomé
> a los indios y los persas
> de Cristo evangelio y fe,
> dándoles a conocer
> que toda la India es mía,

> y que injustamente estás
> en mi hacienda, Idolatría. (228–29)

La aurora en Copacabana de Calderón, de manera más prolija como veremos, hace uso del mismo argumento por el que se subraya la re-conquista que Providencia llevará a cabo de los territorios en los que ya evangelizó Santo Tomás en su nombre. Al final la Providencia falla: "Hallo que debes tornar / a la Religión su ciencia" (229), y la Idolatría más adelante responderá: "Fuerte decreto y gobierno / tienes, Santa Religión, / que yo me parto al infierno" (230).

Justo después, igual que aconteciera en *La lealtad contra la envidia* de Tirso, salen Santiago apóstol y los españoles batallando codo con codo contra los indios. Alvarado y Tapia relatan el milagro diciendo que Cortés venció con quinientos hombres a cuarenta mil indios, al haberle ayudado Santiago, caballero *"Tapia*: lleno de divina luz, / que armado de blanco acero, / con rojo pendón y cruz, / iba al campo primero" (230).

Por otro lado, *La conquista de México* si bien presenta todos los rasgos que la ponen en continuidad con la visión patriótico-celebradora de la cruzada, también de manera simultánea se halla henchida de elementos, que una vez puestos en escena, resultan para algunos extraordinariamente críticos con la conquista en sí y con el proceso como se lleva a cabo. Es decir, la obra de Zárate muestra una doble conciencia, o mejor en este caso, una doble voz por la que a la vez que se aclama la gesta se denuncia la enorme codicia por el oro que la tripulación española, inclusive su propio capitán, manifiestan. Es necesario hacer mención aquí a los trabajos de Carlos Romero Muñoz ("Lope"; "La conquista"), Glen Dille ("El descubrimiento") y Max Harris. Todos ellos comparten la tesis de la existencia de dos discursos, en muchos momentos contradictorios, en *La conquista de México* de Antonio Enríquez Gómez "Zárate," discursos que señalan la extremadamente difícil y delicada posición que el autor ocupó como judío converso y marrano en la España de la Contrarreforma.[8] Dejando a un lado los asuntos de autoría, que no dejan de ser obviamente en este caso de capital importancia, pero que no podemos abarcar aquí, para Romero Muñoz esta comedia del tal "Zárate" y por el mismo motivo sus obras "han de ser interpretadas no sólo como 'máscara' de un

Capítulo cuatro

perseguido por aquellas mismas instituciones que parece ensalzar, sino también como metáforas de otras cosas, mucho menos innecesariamente conformistas de lo que con tanta frecuencia resultan al lector que no está en el 'secreto'" ("Lope" 252). Dicho esto, no puedo dejar de preguntarme ¿si esta obra fuera de Lope, como Romero Muñoz sugiere en ese artículo y posteriormente ("La conquista"), entonces cómo podemos casar las diferencias ideológicas palmarias entre la obra firmada por Zárate y la conocida comedia de Lope *El Nuevo Mundo*? No parece haber duda de que la dimensión crítica de la empresa colonial en muchos pasajes de *La conquista de México* es más frontal y profunda de lo que pudiera interpretarse en *El Nuevo Mundo*. Por su parte, Dille ("El descubrimiento" 498–500) abunda en la profunda crítica a la conquista que escenifica el drama al decir que esta última se basa en la sed de oro sin más; algo que, según el crítico, había planteado Zárate anteriormente en una sátira titulada *La torre de Babilonia* de 1649, en la cual socava la legitimidad de la conquista de un país por otro. Por consiguiente, se critica veladamente la imposición del cristianismo como la única religión verdadera desde "las ideas heterodoxas que el autor usó durante toda su vida literaria" (Dille, "El descubrimiento" 500). Por último Harris recogiendo el testigo de Romero Muñoz y llevando a cabo una lectura "oblicua," revela esa doble voz contenido en el discurso religioso de Enríquez Gómez. En opinión del crítico, las ideas del converso se dirigen a un auditorio marrano afín envueltas en una pátina providencialista de cristiano viejo. De modo que, donde en la comedia hay indios, el autor va buscando subrepticiamente que, a través del uso de unos símbolos, vocabulario y metáforas específicos, sustituyamos a estos indios por conversos judaizantes proponiendo como resultado una obra marcadamente disidente.[9] Entre los pasajes que Harris analiza bajo esta lente merecen la pena destacarse: la socavada crítica que Enríquez Gómez realiza usando la cosmología pagana al describir la cruz; el hecho de que los soldados españoles, cual romanos, se pongan a jugar a las cartas debajo de ella al invadir la tierra india, toda vez que han acabado con la religión judía en la península; y la vestimenta y las palabras usadas por Moctezuma en sus diálogos con Cortés, que más parecen, según Harris, las ropas del patriarca Israel y las palabras del Dios judío. La última escena que pone broche a la obra creo que podría añadirse a las comentadas por Harris, ya que desde su óptica incidiría en una crítica encubierta a la religión cristiana como la única verdadera y como la que gloriosamente se les lleva e impone a los indios tras la conquista, crítica que podemos inferir si visualizamos a la Religión cristiana junto a Cortés, ambos cual romanos persiguiendo a los primeros cristianos, subidos en una cuádriga que arrastra ahora por el campo a la "judía Idolatría." Por último, también se critica notablemente la actuación de un capitán ruin y codicioso.

¿A qué nos lleva entonces esta doble conciencia que la obra escenifica? ¿Se trata de una obra subversiva? Atendiendo principalmente a la forma en la que se intercalan los discursos, tanto el sumamente apologético de la conquista como el agudamente crítico, y teniendo en cuenta la suposición cada vez más corroborada de que se trata de una obra de Enríquez Gómez, me inclino a pensar que estamos ante la única obra disidente de este repertorio de comedias de indios. Varias son las voces que apuntan a que la obra escenifica la crítica que realiza al cristianismo contrarreformista un judío converso que ha tenido que huir de España perseguido por la Inquisición, autor posiblemente marrano que escribe desde el exilio y vuelve a España bajo un pseudónimo con el que firma sus trabajos. Ya Dille ("Antonio"; *Antonio*) y Constante Rose ("Las comedias"; "Cortés"), ambos a la estela de los estudios de Israel Révah, se han encargado de probar esta doble identidad del dramaturgo, hasta ese momento notablemente cuestionada. Rose cree que el que la comedia en aquellos días celebrara las gestas del conquistador Cortés y la conversión de los indios a la verdadera fe no es quizá más que una tapadera o póliza de seguro en caso de que el dramaturgo fuera descubierto como judaizante ("Cortés").[10] Sin embargo, en el drama, según la crítica, "la lucha entre los españoles y los aztecas no tiene mucho que ver con la religión, ni con la tierra, sino con el oro. El intertexto es de más importancia que el texto, porque es el discurso religioso el que está controlado por el discurso económico y no viceversa" ("Cortés" 408). Con todo, aquí y en un trabajo posterior, Rose ve en la obra de Enríquez Gómez, así como en *El Nuevo Mundo* de Lope y en *La aurora* de Calderón, una ferviente intención de justificar y legitimar la conquista: "Las tres comedias históricas y hagiográficas son obras evangelizadoras" que representan la lucha entre Cristo

Capítulo cuatro

y Lucifer por el alma del hombre ("El diablo" 472). Como vemos, todo crítico que se acerca a la comedia de Zárate ve en ella este doble discurso, pues "desde el punto de vista religioso, su comedia puede inspirar múltiples interpretaciones opuestas" (Rose, "El diablo" 475). El ansia de oro y los desmanes de los soldados se mezclan con las escenas alegóricas y los milagros traídos de los autos sacramentales y las comedias hagiográficas. Recientemente J. M. Ruano de la Haza ha subrayado la complejidad tanto del Cortés histórico como del de Zárate para terminar defendiendo que "*La conquista de México* nos permite construir un personaje que no es ni un monstruo ni un santo. El Cortés de Zárate es a la vez un evangelizador y un aventurero sin escrúpulos; un hombre de fe y un discípulo de Maquiavelo; un visionario, un profeta, el héroe mítico de la leyenda y un hombre mendaz, calculador y lleno de dobleces" ("Las máscaras" 202).

De esta manera, si ponemos atención a los pasajes críticos, observamos que el autor enjuicia no sólo a la tripulación sino también a la persona y actuación de su capitán. Hernán Cortés, como Colón, declara su intención de evangelizar desde el principio y no robarles el oro:

> Cortés   ningún indio, por mi vida,
> reciba daño, soldados
> ni oro robe, ni oro pida;
> quien tiene en él sus cuidados,
> de mi campo se despida;
> no por codicia salí
> de mi casa, y vine aquí
> codicioso de robar
> la sierra y al indio mar,
> que otro intento vive en mí;
> la fe de Cristo profeso,
> ésta ensalzar imagino,
> ésta adoro, ésta confieso;
> no se fundó mi camino
> en tan vil y bajo exceso. (210)

No obstante sus soldados ponen de manifiesto lo que los trae:

> Añasco   Tapia, la Fe y Cruz adoro,
> más desto del oro apelo,
> como que no he de pedillo,

> ni roballo, ni tomallo
> este metal amarillo,
> de Cortés me maravillo,
> si nos traxo a acompañallo.
> Mal entiendo lo que pasa,
> vive Dios que no saliera
> una legua de mi casa,
> si pensara que pusiera
> en esto del oro tasa. (210)[11]

Diferimos con Ruiz Ramón ("El héroe"; *América*) en considerar a Colón y su tripulación dentro de *El Nuevo Mundo* presentando la misma dialéctica dramática, ya que el interés que muestran Terrazas, Arana y Pinzón por el metal amarillo al final del segundo acto de Lope no es en ningún caso comparable a lo que es constante en toda la obra de Zárate. Asimismo, consideramos que no es la codicia española en *El Nuevo Mundo* la que puntualmente desata la guerra pues, como se ha dicho en el capítulo 1, nunca hasta ese momento se pone en duda entre los indios que los peninsulares no vengan con dignas intenciones, incluso después de que se apoderen del oro conforme los naturales se lo traen al final del segundo acto. De igual manera, tampoco denuncian los indígenas que el propósito de los peninsulares sea robarles el metal amarillo. Además en Lope, la limpieza de intenciones de Colón no se pone en duda bajo ninguna circunstancia, mientras que en Zárate la de Cortés queda en entredicho.[12] Así, si desde el principio éste declara varias veces que su fin consiste en cristianizar la tierra no haciéndole guerra a los indios, al final no tiene reparo alguno en atacar sin contemplaciones a Moctezuma, mandando hundir su propia flota para que los soldados no puedan marcharse y batallen. El capitán esconde la mano que ha ordenado el desastre y exculpa su responsabilidad diciendo que debe de haber sido la voluntad de Dios, cosa que cuanto menos nos hace dudar de que la primera intención en él sea pacificar el territorio en nombre de Cristo. No olvidemos tampoco la lucha contra Pánfilo de Narváez por lo que sea o no una "legítima" conquista y la acusación de querer esas tierras para sí. Por otro lado y en el mismo sentido, cuando el capitán ordena a sus soldados que nadie coja oro, para que consecuentemente los naturales no malentiendan su llegada, los militares toman la orden como excelente estratagema de guerra,

Capítulo cuatro

no como fidedigna intención, y Cortés no critica esa asunción (233). También se cuestionan los fines del cristiano Cortés cuando éste acepta el matrimonio de Malinche y Aguilar —tan poco ortodoxo que en "dos palabras se hace" (235)—, para que le redunde beneficio, esto es, la india le diga las debilidades de Moctezuma y le conduzca a él: "*Cortés*: porque si a quererte viene, / todo cuanto me conviene / me dirá con gravedad" (234). Por último, Cortés mismo no se salva de codiciar el oro en el instante en el que con cierta sorna, al hilo de criticar a Teudellí su antropofagia, que es cosa contra *Natura*, le pregunta si tiene oro "para curar de mi gente / cierta enfermedad" (237), lo cual lo desacredita como leal y noble representante de la Corona. Por todas estas críticas a la figura de Cortés mismo y a lo que sus intenciones y liderazgo representan es por lo que pienso que nos encontramos ante una obra disidente, una pieza que critica la conquista española en Indias.

Sorprendentemente, esta visión crítica de *La conquista de México* se mezcla con otra totalmente apologética donde se ensalza la grandiosidad de la empresa, ésa que en palabras de Tapia envidien Alemania y Francia y que les proporcione "*Tapia*: el Imperio de otro mundo" (220). Por primera vez en una comedia de indio se nos comunica que los españoles se abrazan con los "salvajes," simbolizando sin duda ninguna hermanamiento. Cortés, después de abrazarlos, les explica quiénes son Carlos V, Cristo, María, Dios y la Santísima Trinidad y les manda adorar la cruz y la Virgen. Nótese cómo el discurso utiliza las metáforas de la luz:

> Cortés   Pero el primer hombre aquí
> os dé Dios luz de razón.
> Humanóse Dios, murió
> por el hombre en esta Cruz;
> ésta es la bandera y la luz
> que al hombre del mal sacó
> en que le puso el pecado.
> Adoradla. (221–22)

Los indios parecen hacerlo inmediatamente —"*Fonseca*: Ya se entienden" (222)—, mostrándose dóciles y gustosos en responder a las preguntas de los españoles. Zárate proyecta en la india Guaca todo lo que los españoles son: "*Guaca*: Lo que de ellos entendí / es que se llaman cristianos, / y que vienen como hermanos / a enriquecernos aquí" (216). "Enriquecernos" significa evangelizarnos, hacernos mejores. La india en su primer contacto parece estar adoctrinada de antemano, algo que queda probado cuando Glaura le dice a su comunidad que los españoles vienen a honrarlos: "Bajad que es gente del cielo, / hijos de los dioses son / que vienen con ocasión / de honrarnos en este suelo" (214).[13] A medida que progresa la obra, los indios se muestran desconfiados del motivo por el que los españoles están allí, pero responden a todas las preguntas de Aguilar con inocencia, contándole dónde está Moctezuma y cuántos hombres posee. De forma parecida, le cuentan sin coacción a Cortés en qué lugar se encuentra el oro, pero se lo ofrecen diciendo: "*Alicán*: pues que lo tenéis por santo, / os traemos esto aquí" (232). Por consiguiente, Zárate representa teatralmente la dialéctica entre esta visión exultante que poseen los indios de los españoles en diferentes momentos y la actuación codiciosa o el comportamiento ruin de los peninsulares a lo largo del drama.

La conquista de México es la segunda obra, después de *El nuevo rey Gallinato*, que hace clara referencia a la existencia de la lengua indígena y por tanto a la patente incomunicación con el español; con todo, Zárate se encarga de que aparezca casi exclusivamente como elemento cómico. He aquí algunas de las expresiones: "*Guainacaba*: allichac, allichaquén," y "*Glauca*: Guañuc, gerañuc" (212); "*Indio*: Caqui, quispilla" (223). A medida que transcurre el drama, tanto españoles como indios se apoyarán en los intérpretes Aguilar y Mariana, para al final terminar Moctezuma y Cortés dialogando sin mediadores. Curiosamente, los indios aprenden más rápidamente la lengua de los conquistadores que éstos la de aquéllos. Por primera vez se habla de que la conquista no puede llevarse a término si los españoles no aprenden la lengua indígena, pues en opinión de Tapia, Cortés "viene a ganar este mundo; / no le puede conquistar / sin lengua" (223). Como sabemos, el proceso de conquista y colonización en breve traerá aparejado lo contrario: la imposición de la lengua del imperio a los aborígenes y la legitimación de la dominación en base a la superioridad de la lengua escrita.[14]

Por otra parte, la obra presenta numerosos elementos de la comedia de santo; baste recordar que en ella acontecen tres milagros. En la tierra donde, como en *El Nuevo Mundo*, el demonio vive para engañar a la gente, al plantar la cruz caen los ídolos y el Demonio critica frontalmente a Dios cuando exclama: "no nos eches de este mundo. / ¿No será mejor que estemos / entre los que tú desechas?" (224), es decir, no será mejor que estemos entre, o con los que nunca te has ocupado hasta ahora. Denuncia que resulta incierta cuando más tarde se nos revela que el apóstol Tomás ya estuvo aquí predicando antes de que la Idolatría llegase. Una vez más, hablamos de una re-conquista. Los indios en su propia lengua, al final del primer acto, le desean a Cortés que le guarde Dios. De este modo, aunque Aguilar nos traduce el dialecto, lo dicho no puede ser más cristiano. Los indios abrazan la cruz que "es esa señal tan bella" para Teudellí; y Mariana (la Malinche), antes Arima, subraya que ha recibido el bautismo y es cristiana, no respondiendo a su nombre indio nunca más. Se trata del mismo tipo de conversión cristiana que observamos en *La aurora en Copacabana*. Este personaje además, junto con Aguilar, se encarga de explicar a Teudellí las intenciones evangelizadoras de Cortés y el castigo —armas: "rayos"— por si acaso no quieren aceptar a Dios.

El último acto comienza con las visiones que Moctezuma tiene de Cortés como el retorno de Quetzalcóatl. El emperador cree que al militar sólo lo lleva la codicia del oro y dialogando con su Ídolo decide matarlo. Posteriormente, el encuentro entre los dos líderes, por cierto muy pobremente narrado, nos revela el pensar de ambos.[15] Por un lado, Cortés quiere que el azteca descubra en su alma a Dios, además de proporcionarle "leyes políticas y justas" (255) —aunque irónicamente acto seguido lo encarcele—; por otro, Moctezuma, que antes había escuchado de su Ídolo lo extraño de cómo "¿un muerto pueda ser Dios que dé vida?" (245), en el momento en que se siente perdido pide ser cristiano y vasallo de Carlos V. Solamente queda contar la muerte del emperador azteca y la llegada de Cortés, el cual, victorioso de su lucha con Pánfilo de Narváez, tomará México con la ayuda de los hombres del vencido. Por último, la Religión vencedora corona a Cortés, e igual que en la postrera escena de *El Nuevo Mundo* se une al héroe exaltándolo como desde el principio de la acción lo hizo.

Este tipo de escenas patentemente apologéticas se imbrican con otras bastante críticas del modo en el que se lleva a cabo la empresa. La crítica a la actuación peninsular y a la cristianización en Indias está servida y ése sería quizá el efecto que el autor querría transmitir al público utilizando escenográficamente la doble voz que caracteriza a esta comedia. Pero, me pregunto, ¿Es posible en la comedia separar a Zárate de Enríquez Gómez? Harris está convencido: "reading 'Zárate's' text so as to hear Enríquez Gómez's voice" (158) ["leyendo el texto de 'Zárate' de manera que podamos oír la voz de Enríquez Gómez"]; y Romero Muñoz también: "Enríquez Gómez-'Zárate' debe de haber 'sembrado' sus obras de indicios que, al final, inequívocamente, deslumbradoramente, nos lleven a leerlas como él quería que se leyeran: en buena parte, en contradicción con lo que simulan expresar" ("Lope" 252). Sin embargo, quizás estemos más bien ante lo que Ruano de la Haza llama la "serie de máscaras" que utiliza Cortés en esta comedia para llevar a cabo su misión. Así, bajo la máscara del Cortés profeta evangelizador, encontramos el conquistador pragmático, o viceversa, o puede que todo sea "una sucesión de máscaras" tras las cuales no hay "ningún núcleo moral" ("Las máscaras" 202). La postura crítica de Ruano de la Haza, por encima de la de Harris o la de Romero Muñoz, ilustra de forma más apropiada el carácter Bakhtiniano del doble discurso que la comedia exhibe. Pues, el genuino aspecto dialógico y polifónico de esta obra consiste en desplegar y vindicar con la misma intensidad dramática las dos posturas ideológicas enfrentadas sin que una prime sobre la otra (Bakhtin, *Problems of Dostoevsky's Poetics* [*Los problemas de la poética de Dostoevsky*]).

En conclusión, *La conquista de México* muestra el choque entre el código del honor en el teatro y el jurídico-teológico a la hora de asimilar al indio, comparte un nutrido número de pasajes con *El Nuevo Mundo* de Lope y sin embargo se separa de ella para criticar de forma aguda y sin excepción las intenciones y el actuar de los conquistadores. El doble discurso que la comedia escenifica muestra las dos caras de la evangelización y colonización de América. Al Cortés profeta y tutor de los indios se le superpone el militar desleal, codicioso y violento. Quizá sea esa doblez la que justifique el que Enríquez Gómez use el pseudónimo de Zárate. Sea como fuere, estamos ante la única obra de todo el repertorio de comedias de indio que en muchos pasajes parece deslegitimar el proceso de colonización y conquista.[16]

Capítulo cinco

Una comedia hagiográfica
La aurora en Copacabana
de Calderón de la Barca

Al parecer la última comedia de indio escrita en el Barroco de la que tengamos noticia es *La aurora en Copacabana* de Pedro Calderón de la Barca,[1] y probablemente en ella mejor que en ninguna otra se puede apreciar la influencia de las comedias de santo, así como la alegoría y el simbolismo propios de los autos sacramentales (Parker, "The New World" ["El Nuevo Mundo"] 262) con la correspondiente irrupción de toda su artificiosidad y grandilocuente parafernalia. Teniendo como fuentes las crónicas de Garcilaso el Inca y de Fray Alonso Ramos Gavilán,[2] y desplegando una notable espectacularidad rendida al claro propósito teológico de mostrar la omnipotencia de Dios y expandir la doctrina cristiana, en *La aurora* se funden varios modelos discursivos (Pagés Larraya, "El Nuevo Mundo"; Engling, "*La aurora*"), entre ellos, la comedia de tema histórico que tiene como cauces habituales "la guerra y el amor" (Vega García-Luengos 207), la comedia de santo, el auto sacramental y el drama de honor. Y es que a Calderón no le interesa mucho la verosimilitud,[3] sino el deseo de ensalzar los Misterios de la fe cristiana sirviéndose del prolijo contexto en el que se lleva a cabo el adoctrinamiento de las Indias peruanas a través de la puesta en escena de las hazañas de Francisco Pizarro.[4] Para ello hace uso de todos los recursos que su imaginación crea dentro de la tramoya que la comedia de santos y los autos le proporcionan.[5] De modo que nos encontramos en una comedia hagiográfica —de clara "significación eucarística" (Pagés Larraya, "El Nuevo Mundo" 305) que "aborda el proceso de la evangelización del Perú interpretándolo como un milagro de la religión cristiana" (Lohmann Villena, "Las fuentes" 70)— donde las luchas entre "salvajes" y peninsulares, o mejor debiera decir, el proceso por el cual los hombres de Pizarro expanden la doctrina a una horda de indios, constituye el trasfondo ideal para propagar el discurso oficial y celebrar no sólo las gestas de un pueblo, sino el triunfo de la fe, la victoria de la luz —Cristo (sol), Virgen (luz)— sobre las tinieblas —barbarie, idolatría.[6] La "aurora" en Copacabana significa a la vez la "luz" de Copacabana y el "despertar" de Copacabana a una mejor luz. La entrada de los elementos del código jurídico-teológico en el discurso de género desatará una extraña combinación de situaciones donde el indio es honorable y bárbaro al mismo tiempo y el resto de las proyecciones peninsulares no tiene límite. En el contexto americano, dentro de "una transparente alegoría de espíritu bíblico" (Valbuena Briones, "La visión" 42) todo ello sirve no sólo para difundir y clarificar, en un ambiente exótico y a la vez hostil, los entresijos de la "verdadera religión," ésos que hasta el más salvaje puede captar, sino además para justificar evangélicamente la conquista y la adquisición de nuevos súbditos. Pero veamos primero qué acontece en la acción.

En el primer acto —corre el año 1528–29—, mientras que los indios celebran la subida al trono de su rey Guáscar Inga, los españoles desembarcan en las costas del Perú cerca de la población de Copacabana, clavan una cruz y se llevan a Tucapel —indio gracioso— junto con algunas muestras de plantas para que Carlos V sepa que los navegantes de Pizarro estuvieron en esos lugares antes que ningún otro. La cruz origina el primer milagro, ya que en el mismo instante en que Iupangui —indio-guerrero galán y lugarteniente del rey— intenta defenderse del supuesto ataque que supone la extrañeza de ver a un español en sus costas, una luz proveniente de la cruz le ciega la puntería para disparar el arco. Al tiempo sabemos que los indios adoran al dios Sol, el cual de inmediato hace actuar a la Idolatría. Ésta, enfurecida porque los conquistadores han puesto una cruz en sus dominios, les pide el sacrificio no animal esta vez, sino humano de una virgen, Guacolda —india-noble sacerdotisa—, amada por el rey y por su mejor hombre en secreto, cosa que desatará el conflicto, tanto más cuando ambos quieren salvarla de su muerte sin que el pueblo se entere. El rey incluso mandará a Iupangui a que ejecute su liberación no sabiendo que éste también la ama. Estas intrigas por ganar el amor de Guacolda funcionan como espoletas de la crítica a un dios Sol cruel, que pide sacrificios humanos fomentando malestar y dudas entre sus seguidores. Para acallar estas dudas la Idolatría tendrá que demostrar su poder. Nótese que al final del primer acto ya sabemos que el pueblo se convertirá al cristianismo puesto que Iupangui anuncia las malas intenciones de un dios —Sol— que quiere sacrificios humanos sin haberse él mismo sacrificado por su pueblo —Dios cristiano.

En el segundo acto —año 1532-33— vuelven los españoles de la península a conquistar toda esa tierra. Los "bárbaros" oponen su resistencia siendo valientes y más inteligentes en la guerra que los escasos españoles. Es en este contexto donde los hombres de Pizarro se zafan de una terrible emboscada de fuego perpetrada por los indígenas —sitio de Cuzco, 1536— acudiendo a la Virgen María que, bajando del cielo —segundo milagro, parecido al de *La lealtad contra la envidia* de Tirso— sofoca las llamas con la nieve de sus rayos y hace huir a los indios que cargan con todos sus ídolos llevándolos a Copacabana. Guacolda es descubierta en su huida y amparada por Iupangui. Ambos deben ser sacrificados, pero en ese momento de amor, cuando se están despidiendo, ella se agarra a la cruz y él a un árbol plátano donde luego crecerá el santuario a la Virgen, de manera que nadie, ni siquiera el rey ofendido en su honor por el vasallo —conflicto de honor— puede hacerles daño. Acontece de este modo el tercer milagro, los dos amantes desaparecen y la luz de origen sobrenatural aparece de nuevo, cegando a los arqueros.

En el tercer acto —año 1562-63—, ya conquistada por entero la tierra, se nos informa de que casi todos los indios han sido convertidos y han aceptado de buen grado y por convencimiento la religión cristiana. El problema ahora va a ser crear una imagen de la Virgen que sea suficientemente bella para que represente la aurora de Copacabana, mientras Dios mismo sea el sol. Asistiremos al último milagro donde los ángeles restauran una defectuosa talla de la madre de Dios creada por el indio Francisco —Iupangui—, por cierto casado con María —Guacolda—, ejemplo de obediencia a los representantes de la Corona y de sometimiento y reverencia a la Virgen. Se instaura entonces, de este modo y para siempre, la procesión de la Candelaria —Purificación de María— con la que concluye la obra.

Desde el principio, y antes de que los frailes españoles tengan oportunidad de propagar el evangelio, asistimos a la imposición que Calderón pone en marcha de los esquemas cristianos sobre aquéllos de los indios. Así, paralelamente a los españoles, los indios poseen un Dios en el cielo y un cristo en la

Capítulo cinco

tierra: "*Música*: y aclamando a entra[m]bas deidades, / del Sol en el cielo, y del Inga en la tierra" (1.75–76), además Iupangui mismo hará referencia a la inmensidad de ídolos que su pueblo venera:

> Iupangui   No estrañéis q[ue] en estos montes
> vozes se escuchen tan nueuas,
> pues tantos ídolos tienen
> como peñascos sus seluas.
> Desde aquí a Copacabana
> no ay flor, hoja, arista o piedra
> en quien algún inferior
> dios no dé al Sol obediencia.
>
> (1.83–90)

Iupangui pide clemencia acudiendo al "Cielo" cristiano: "¡Cielos, / clemencia!" (1.436–37). Tucapel cree que Guacolda es la Idolatría vestida de india y se refiere a ello como "hermoso milagro" (2.2298); y en otros momentos Calderón pone en boca del indio frases como: "*Tucapel*: Dios os guarde / por la merced" (2.2339) —donde "Dios" aparece con mayúscula, explicitando que se trata del católico. De modo similar, al dios Sol —"*Idolatría*: que presto embiaría a su hijo / a dominar sus imperios" (1.1359–60)— se le atribuye la cristiana virtud del perdón, nacida del concepto de padre "Dios-amor." Tucapel, por su lado, llama "demonios" a los que hablan a través de sus ídolos y la Idolatría afirma que cara a cara no puede enfrentarse a Dios, luego se tiene que valer de otros hombres, igual que el demonio, para hacer el mal. También, y como parte de los elementos que pone en marcha el discurso de género, es importante darse cuenta de las proyecciones que hacen los conquistadores de todo su universo español a la hora de entender al indígena. En el siguiente ejemplo vemos cómo Candía asocia el valor del indio que le hace frente con su noble y necesaria condición de cacique en un contexto que, se diría, es puramente peninsular: "*Candía [Aparte]*: De su lengua / el frase no entiendo, pero / de su acción es bien que entienda / que deue de ser cazique / de valor y de nobleza, / pues quando desamparada / todos la marina dexan, / sólo él queda en la marina" (1.539–46). Sin embargo, donde se hace evidente este tipo de proyección del conquistador es en pasajes como éste:

Una comedia hagiográfica

Iupangui   De suerte
que si en sus hechos la razón advierte,
en la que naturalmente me fundo
sin que el discurso deua nada al arte,
es que deue de auer de essotra parte
del mar otra república, otro mundo,
otra lengua, otro trage y otra gente,
y aquesta tan mañosa o tan valiente
que se ha sabido hazer con singulares
fábricas viuideros essos mares;
y para más desmayos,
se ha sabido forxar truenos y rayos
con relámpagos tales
que deslumbran a hombres y animales.
Y pensar que han mouido tanto empeño
como venirse a playas estrangeras
y para sólo colocar un leño,
viuir ondas, traer rayos, domar fieras,
no, señor, no es possible;
aquí ay misterio más incomprehensible.
                                        (1.795–813)

El indio, por tanto, ya en el primer acto explica con una racionalidad discursiva aplastante —"sin que el discurso deua nada al arte"— lo que ocurre, coincidiendo su interpretación de la llegada de los españoles con la proyección que estos últimos hacen sobre esos *Otros*: "otra república, otro mundo, / otra lengua, otro trage y otra gente...." Empero, Calderón hace explícito lo que al indio verdaderamente le falta: conocimiento de Dios, saber qué "misterio" entraña ese "leño" y con qué intención lo han colocado en la costa.

Al comienzo del segundo acto se menciona que los indios luchan contra los españoles una batalla desigual, donde los peninsulares se encuentran desnudos, descalzos y hambrientos pero capaces de vencer en la lid a más de mil indios por cada español, algo de lo cual el rey Inga siente notable vergüenza: "En llegando a ponderar / que en vna y otra campaña, / si se contara la gente, / más de mil indios se hallaran / para cada español, pierdo / el juizio, la vida, el alma / y no sé..." (2.1657–63). Por supuesto, se impone la imagen épica de las cruzadas contra los moros en las que miles de ellos caían bajo la espada de un noble español en una sola jornada.

Capítulo cinco

El primer contacto entre las dos culturas se nos revela a través de la descripción de las naves españolas aproximándose a las costas indígenas. Es interesante observar cómo cada uno de estos autores se coloca en los "ojos del indio" para relatar el asombro del acontecimiento. En *La aurora* Guacolda se encarga de pintar las naves de los conquistadores usando notables comparaciones y metáforas:

> Guacolda   [...] de suerte que a quatro visos
> monstruo es de tal estrañeza
> que es escollo en la estatura,
> que es nube en la ligereza
> y aborto de mar y viento,
> pues con especies diuersas,
> pez parece cuando nada
> y pájaro quando buela.
> Los gemidos que pronuncia
> vozes son de estraña lengua
> que hasta oy no oímos.
>
> (1.200–10)

Calderón describe los barcos, los navegantes y las armas de una manera muy similar a la ya utilizada por Lope unos sesenta años antes.[7] Si no, nótese cómo da rienda suelta a la imaginación al narrar el encuentro entre los dos pueblos en los siguientes pasajes: "*Guacolda*: pues quien corre tan veloz / por el mar ¿qué hará por tierra?" (1.216–17); "*Iupangui*: pero se ven varias fieras / que por los ojos y bocas / fuego exalan y humo alientan" (1.94–96); "*Tucapel*: [¿] a vista de aquesse horrible / parapeto que bosteza / truenos y estornuda rayos?" (1.442–44); "*Tucapel*: ¡Cielos! / ¿Qué generación es ésta / que vna bestia grande pare / otra pequeñita bestia, / y esta bestia pequeñita / vn hombre?" (1.500–04). Así también entre los versos 505–10 del primer acto se describe el color blanco, rostro, barba, traje y armas del español como Lope lo hizo.

De otro lado, mientras Almagro y Pizarro nos hablan de lo que supone la llegada de los españoles al Nuevo Mundo en los términos: "*Almagro*: descubrimiento destas / Indias que hasta oy ignoradas" (1.333–34), "*Piçarro*: conquista / en nombre del quinto César / Carlos, que felize viua" (1.356–58), muy pronto y de manera rotunda Candía presenta la fe como el primer móvil de la conquista, "pues es la propagación / de la fe causa primera" (1.388–89):

Una comedia hagiográfica

Candía Noble cazique, que bien
tu valor lo manifiesta,
no de tus minas de oro,
no la plata de sus venas
me trae en su busca. El zelo,
sí; la religión suprema
de vn solo Dios, y sacarte
de idolatría tan ciega
como padeces, a cuyo
efecto ésta es la vandera
levanta la cruz.
de su christiana milicia
la más estimada prenda.

(1.564–75)

Nótese lo explícito que es Calderón al resaltar que la justificación no es económica —el español sabe de antemano el oro y la plata que esconden esas tierras— sino evangélica. De ahí que se le dé tanta importancia a la colocación de la cruz, ya que, si por un lado su instauración supone el cese de los sacrificios humanos —"*Idolatría [Aparte]*: el día / que entra el sagrado madero / de la cruz en el Perú, / es para que lo sangriento / cesse de mis sacrificios" (1.1192–96)— por otro, en la doctrina católica se comparte que a partir del sacrificio de la cruz todo fue amor. La misma Idolatría nos lo recuerda diciendo: "Mas ¿qué lo estraño, si advierto / que en el ara de la cruz / cessó todo lo cruento, / pues desde allí fueron todas / hostias pacíficas?" (1.1197–1201). De manera paralela, la adoración a la Virgen en *La aurora* coincide con la exaltación de la cruz en *El Nuevo Mundo*. Como si de una típica comedia de santo se tratara, Almagro glorifica a Pizarro y a Candía con las siguientes palabras: "en esperança / de propagación de fe / y honor de María se ensalçan / la invocación de su nombre / en tí, y en Pedro de Candía, / la exaltación de la cruz" (2.1532–37). Así, si con María nada hay que temer, con la fijación de la cruz la conversión de esas Indias está garantizada como Almagro recalca.

Es importante subrayar la relevancia del pasaje en el cual la Idolatría, enfurecida por la cruz que han colocado los conquistadores en sus dominios, clama venganza y afirma que el Perú verá su poder: lo "verá (si Dios la acción no me limita / y los poderes que me dio me quita)" (1.704–05). Dios es el responsable de que la Idolatría reine en América. Lo que significa que la empresa de los españoles en Indias manifiesta ser no una conquista,

Capítulo cinco

sino una re-conquista, igual que en *El Nuevo Mundo* de Lope. Esto también lo sustenta la idea de que sea la Idolatría misma la que llame a su soberanía "error de tantos años" (1.717). Nos encontramos ante un proceso de re-conquista ya presente en el plan divino, por el cual Dios le proporcionó el poder al demonio —Idolatría— para que se impusiera en esos vastos territorios, con el propósito futuro de que en años venideros el imperio español católico le devolviera su absoluta soberanía de Dios Todopoderoso al conquistar esas latitudes. Nótese la importancia que le da Dios a la misión española y la que los españoles mismos se arrogan atribuyéndose tamaña empresa para gloria del mundo.[8] Este tipo de práctica es coherente dentro de los parámetros de la comedia histórica y su mitificación de la España absolutista presente mediante un viaje hacia el pasado que resuelve conflictos sociales y explica la presencia del caos. El mal, de este modo, se ubica en un pasado pre-absolutista y sólo se ve exorcizado con la aparición de la monarquía de derecho divino —léase *Fuenteovejuna*, *Peribáñez*, *El mejor alcalde el rey*.

Calderón utilizará con maestría algunos de los elementos que hacen de la comedia el género más popular del XVII. Entre ellos se encuentran las historias de amores imposibles,[9] y la espectacularidad de los milagros de la comedia de santo. Los amoríos aparecen muy temprano. Muy pronto también notaremos el extrañamiento que sufre el rey Inga al ver la belleza de la sacerdotisa — "¿qué es esto? (Hablar puedo apenas, / admirado en hermosura / tan rara)" (1.141–43)— y cómo debido a esa hermosura doblega su honor y su coraje en la lid, escudándose en hacer caso del aviso de prudencia que su mano derecha Iupangui le hace, al encontrarse mucho más interesado en la mujer que en la lucha contra los invasores:

> Inga   Bien me aconsejas;
>   ceda el brío a la razón
> [Aparte]   vna vez. Mejor dixera
>   ceda al gusto, pues por sólo
>   salvar la vida de aquella
>   hermosa sacerdotisa
>   lo acepto.
>
>   (1.301–06)

Por otro lado, entre los recursos escénicos que la obra pone en marcha, Calderón produce un interesante modo de representación de los diferentes idiomas de sus protagonistas con el que se evidencia la incomunicación, a pesar de que ambos, conquistadores e indios, hablen castellano en el escenario. El autor de *La aurora* lo logra mediante el uso de comentarios metalingüísticos, comparaciones exageradas, metáforas y juegos de palabras que exacerban la distancia y el extrañamiento necesarios para causar el efecto de incomunicación deseado. He aquí algunos ejemplos: "*Iupangui*: Sin saber lo que me dizes / sé lo que dezirme intentas" (1.576–77); en otro momento:

>
> Iupangui   Hombre aborto de la espuma
> que essa marítima bestia
> sorbió sin duda en el mar
> para escupirle en la tierra,
> ¿quién eres? ¿De dónde vienes?
> Y ¿dónde vas?
> Candía [Aparte]   De su lengua
> el frase no entiendo, ...
>   (1.534–40)

Y un poco más adelante el noble guerrero indio explica:

>
> Iupangui   Confirmólo después ver quánto assombre
> que esta balsa arrojase a tierra vn hombre
> de estraño aspecto. Referir no quiero
> qué le hablé y qué me habló, si considero
> que no nos entendimos,
> y no puedo dezir qué nos diximos.
> Baste saber que en duelo tan prolixo
> dixo la acción lo que la voz no dixo.
>   (1.766–74)[10]

Hay que atender también a la manera en que Calderón escenifica la grandeza de los milagros mediante las palabras —uso de la antítesis—, apoyando el efecto visual que se llevara a cabo en el escenario: "Iupangui: Pero ¿qué mucho, qué mucho / que todo (¡ay de mí!) fallezca, / si el resplandor que me abrasa / carámbano es que me yela?" (1.598–601). La antítesis abrasa/yela que Iupangui utiliza mueve al espectador haciendo que participe en la recreación fantástica del milagro, algo que por su naturaleza sería difícil de representar visualmente con total garantía en escena. Con todo, Calderón hace un esfuerzo impresionante en *La aurora* para que el público crea de una manera más vívida

Capítulo cinco

lo numerosas veces milagroso y fantástico. Merecen especial mención los efectos visuales y de tramoya que acontecen durante cada uno de los milagros en los que nieva, se producen ventiscas de arena, terremotos, se proyectan al parecer luces cegadoras —Cruz—, se mueven objetos inmensos —trono con dos ángeles—, vuelan personajes —la Virgen, Tucapel— y, cómo no, desaparecen también —la Virgen, la Idolatría, Iupangui y Guacolda.

Así, entremos sin más demora en el análisis de la obra de este subgénero más claramente apologética de la conquista evangelizadora, pieza que irónicamente, que sepamos, nunca se escenificó en tierras americanas, como señala Pagés Larraya ("El Nuevo Mundo" 300). Una comedia de santo donde el discurso de género y el de cruzada brotan a la vez en su afán de asimilar al amerindio, y donde las contradicciones que se pudieran derivar se funden dentro de la espectacularidad de unos milagros que traen consigo el despertar de los "salvajes" tanto a la civilización como a la "verdadera religión." En *La aurora en Copacabana* se nos representa a unos indios pacíficos y sin malas intenciones —buen salvaje— como se da en esta conversación entre Iupangui y Candía: "*Iupangui*: Si eres humano y deseas / hallarte en los sacrificios / que al Sol hazemos, [...] / de paz te recibiremos" (1.557–59; 562). Más aún, y de acuerdo con nuestra tesis, los indios poseen honor, demostrándose así perfectamente capaces de ser fieles súbditos tanto de la Corona como de la Iglesia. Veamos algunos ejemplos de la honorabilidad de los indios:

> Iupangui Por tanto honor tus pies beso,
> que en la guerra, cosa es clara
> que no sirue el que obedece
> tanto como honra el que ma[n]da.
>
> (2.1891–94)

Y en otro momento Iupangui habla con Guacolda del valor de la palabra dada (honor):

> Iupangui   ¿Qué temes?
> Que quando el assegurarte
> no fuera en mí obligación,
> me obligara el omenage
> de auer dado a quien le di

> la palabra de lleuarte
> a su presencia.
>
> (2.2486–92)

En ambos casos se trata de la exigencia del honor barroco, el cual obliga a obedecer sin paliativos a la autoridad reinante.[11] Algo puesto de manifiesto también por las damas sacerdotisas —"Las más nobles" (1.884)— al declarar que en las Indias existe la misma jerarquización social que existe en la península y que obliga por el origen: *"Todas [las damas]:* A esso obligadas viuimos / las que al Sol nos consagramos. / Y desto nos escusamos / las que patanas nacimos" (1.888–91).

Sin embargo, por otro lado Calderón nos presentará a esos indios como seres bárbaros, brutos e idólatras, poniendo de manifiesto su inmadurez tanto técnica como religiosa, que hace perentoria la intervención de los españoles para que todas esas masas de "niños" conozcan a Dios y se salven en él. En estos ejemplos serán la Idolatría y Iupangui mismos respectivamente los que se acusan de bárbaros: *"Idolatría*: Primero que esse día / llegue a ver yo, que soy la Idolatría / desta bárbara gente" (1.694–96); *"Iupangui*: Si es, Señora, esto en castigo / de que vn bruto indio se atreua / a copiar vuestra hermosura" (3.3597–99). Guacolda cataloga de animales a sus compatriotas por practicar sacrificios humanos: "fieras son / los hombres que vsan crueldades" (2.2662–63). Mientras los conquistadores denuncian a todo aquello *Otro* de salvaje y bárbaro, los indios hacen lo propio con esos al parecer "monstruos" que se acercan a sus costas:

Tucapel	¡Qué brauo metal de voz tiene la señora bestia!
Inga	Monstruo que con tal bramido al verse herido se quexa, de los abismos, sin duda, aborto es.

(1.274–79)

En otros versos Iupangui habla de "desatar las fieras / que están para el sacrificio / en diuersas grutas presas; / y fieras a fieras lidien" (1.295–98). Ése del "monstruo" —bestia, bruto, fiera—, es uno de los recursos más usados por "Calderon's imagery" ["la imaginería calderoniano"] "(González Echevarría,

233

Capítulo cinco

Celestina's Brood [*La prole de Celestina*] 81) y en general por la estética barroca, como ha puesto de manifiesto en sus trabajos Octavio Paz. En *La aurora* se usa esencialmente para exacerbar la distancia entre las dos culturas, aunque en este caso desafortunadamente se haga importando del esquema occidental la existencia de leones y tigres en las costas peruanas. Es este concepto que *La aurora* escenifica a través de las palabras del personaje Guacolda describiendo el barco de los españoles (1.200–10), el que llega a suponer para Roberto González Echevarría: "the best example of the 'monster' in Calderón" ["el mejor ejemplo del 'monstruo' en Calderón"] (*Celestina's Brood* 89), ya que mediante él, el dramaturgo

> combines the most characteristic with the most problematic aspects of his aesthetics: It is the deepest substratum in which the contradictions that connect Calderonian aesthetics with the ideology of his times are revealed. My analysis of the figure of the monster will show a Calderón who is not the docile vehicle of the ideas of counterreformist Spain, but an artist who in his best moments is as complex and modern as Cervantes. (*Celestina's Brood* 83–84) [22]

En palabras del crítico, el "monstruo" en Calderón está compuesto de elementos contrarios o contradictorios —González Echevarría no parece diferenciar entre ambos— que hacen su apariencia engañosa. Tiene aspectos mezclados: hombres que parecen mujeres; mujeres con aspecto de hombres; humanos que parecen bestias. Y añade también que todos estos monstruos son jóvenes, son el resultado de un nacimiento problemático o supernatural, son mantenidos alejados de la sociedad por cierto tiempo para posteriormente volver a salvar al mundo de la violencia y del caos (91). Para nuestra sorpresa, en el caso de *La aurora*, como veremos más adelante, el personaje del "Joven" cumple exactamente todos los requisitos que para González Echevarría el monstruo debe tener, pero lejos de servir a un propósito crítico con respecto a la ideología contrarreformista, como sostiene el estudioso a lo largo del capítulo que dedica a *La vida es sueño*, el "Joven" se constituye en el discípulo, si no el Cristo mismo, que viene a reinar entre los incas manteniéndolos en paz y en justicia. Calderón indiscutiblemente está haciendo uso del "monstruo" para respaldar el orden y la ideología absolutista en *La aurora*. Es decir, parece

Una comedia hagiográfica

que no siempre el monstruo, el híbrido "de una especie y otra" permanece indefinido al final, manteniendo ese tipo de apariencia contraria o contradictoria que le habilita a no cerrar el significado, y por ende representar las contradicciones de su época. Muy al contrario, en *La aurora* el monstruo "Joven" sirve para cerrar los dos universos que se representan, el salvaje y el español, escenificando la síntesis redentora final que pone al indio al servicio del español dentro de los parámetros de la ideología más contrarreformista.

Sorprendentemente, el "bárbaro indio" —que se llama a sí mismo como tal cuando su realidad no concuerda con aquélla que los españoles le sirven, con la verdad y la luz que le proporcionan— habla de tener "razón, alma" (1.848). El "salvaje" así, no sólo sabe lo que es "lo humano" y se expresa con absoluta propiedad, sino que habla de tener confundida la razón, el alma y la vida tras la llegada de los españoles. Lo que quiere decir que el indio posee todas las facultades que lo hacen racional y capaz de recibir la doctrina verdadera de acuerdo completamente a la teoría vitoriano-lascasiana —de hecho el indio usa los conceptos "humana vida" y "persona racional" en los versos 870–79 del primer acto. Calderón, de este modo, hace patente la comprensión del indio como "niño," súbdito en potencia de la Corona y de la Iglesia. Y qué mejor súbdito que aquél que cuestiona y critica la bondad de su dios Sol, el cual pide que se sacrifiquen humanos a él, acudiendo a la doctrina cristiana por la que es el mismo Cristo el que se sacrifica por su pueblo. Esto es lo que opina Guacolda al preguntarse "¿es ley, di, / que vn dios no muera por mí / y que yo muera por él?" (1.995–97). Seguidamente, Iupangui duda de su fe después de escuchar a la sacerdotisa —"mi razón con tu razón / me ha puesto en tal confusión, / que..." (1.999–1001)—, y ambas críticas hacen que intervenga la Idolatría para que los indios no abandonen al dios Sol. Adviértase, que hasta la propia Idolatría consideró anteriormente crueles (1.741) los sacrificios humanos. No extraña que sean estos dos personajes, Iupangui y Guacolda,[12] los escogidos por Calderón para representar la unión matrimonial y piadosa —en el tercer acto— que incite a Iupangui a esculpir la talla de la Virgen de Copacabana.[13]

Lo que es importante resaltar aquí es cómo estos personajes indios, precisamente los que simbolizarán el amor cristiano, acuden al catolicismo ya en el primer acto para criticar su

Capítulo cinco

propia religión. Y lo hacen hablando en términos de "natural / luz" (1.988-89) que los ilumina hasta el punto de tender a considerar los mandatos del dios Sol contra "*Iupangui*: el natural derecho, / que mueran otros por él, / no auiendo él por otros muerto" (1.1418-20):

> Guacolda   Por no sé qué natural
> luz que repugna infinito
> a que en mí no aya delito,
> y aya en vn dios celestial
> sed de humana sangre tal,
> que obligue fiero y cruel
> sin odio de fe, a que vn fiel
> mate a otro fiel, ¿es ley, di,
> que vn dios no muera por mí
> y que yo muera por él?
>
> (1.988-97)

Esa tendencia que lleva a Guacolda a diferenciar entre el bien y el mal y repudiar por tanto los sacrificios humanos como una contradicción de fe —"odio de fe"— es la misma que mueve a Iupangui a hablar de "derecho natural," y no es otra sino una de las tendencias de la ley natural, a saber, que el hombre en tanto sustancia tiende a conservar su propia existencia.[14] En *La aurora en Copacabana* nos encontramos por tanto ante unos indios que se sienten compelidos, cual niños se tratara, por la llamada de la gracia —luz— depositada en ellos por el entendimiento agente —participación del entendimiento divino— y mediante la cual distinguen el bien del mal, de acuerdo a las exigencias de la ley natural, previamente a cualquier indicio de evangelización llevado a cabo por los conquistadores o frailes. Todo ello demuestra en Calderón que el adoctrinamiento de estos "niños," sumidos en la oscuridad de sus cultos idólatras, devendrá perfecto en el momento en que descubran la luz —racionalidad— que les falta y que les traen los españoles, aquélla que los haga adultos, aquélla que ya poseen en ciernes como hemos visto y que al seguir los preceptos de la "única religión" los iluminará para salvarse en Dios. Igual que en Vitoria, el "salvaje" vislumbra la razón y rige su actuación conforme a la ley natural.[15] Veámoslo en los siguientes versos, en los cuales Guacolda se enfrenta a su rey diciendo:

Una comedia hagiográfica

> Guacolda Aunque pudiera valerme
> de la repugnancia que haze
> a toda ley natural
> que vn dios beba humana sangre,
> y dentro de vna ley misma,
> el fiel muera y el fiel mate,
> no lo he de hazer, que no quiero
> (aunque en mí esta razón cabe)
> escandalizar.
>
> (2.2540–48)

No cabe ninguna duda de que los indios critican su propia creencia apelando al Dios Cristo, quien se sacrifica a sí mismo por y para bien de los demás. Es evidente por tanto que Calderón coloca en la mente del indígena una serie de conocimientos previos a la llegada de los españoles sobre el mensaje evangélico y, al igual que Las Casas, nos pintará un "bárbaro" modelo que sirva plenamente a la ideología monárquico-señorial.[16]

Uno de los episodios más reveladores en *La aurora* aparece hacia el final del primer acto, en el cual un joven indio, hijo del iniciador de la dinastía Manco Capac, les recuerda a sus paisanos los entresijos de las predicaciones evangélicas, que ya difundiera Tomás apóstol en una "primitiva edad," mezclándolos con las cosmogonías amerindias en lo que resulta una perfecta alegoría adoctrinadora:

> [Joven] ¡albricias, que ya ha llegado
> el felize cumplimiento
> de aquellas ya confundidas
> noticias que dexó vn tiempo
> en la primitiua edad
> de vuestros padres y abuelos,
> vn Tomé o Tomás, sembradas
> en todo el Perú, diziendo
> que en los braços de la aurora
> más pura, el hijo heredero
> del gran dios auía venido
> luz de luz al vniuerso!
> Pero aunque dixo que auía
> venido, auéis de entenderlo
> como invisible criador
> de todos los elementos,
> hombres, fieras, pezes y aues,

Capítulo cinco

> pero no en alma y en cuerpo,
> como hoy mi padre me embía
> a ser el monarca vuestro.
> Si me recibís, veréis
> que deste monte desciendo
> a viuir entre vosotros,
> regiros y manteneros
> en ley, en paz y en justicia.
>
> (1.1294–1318)

Calderón ha querido dejar claro que los indios ya conocían el mensaje evangélico o tenían al menos noticia del Dios católico y de Jesucristo cuando se habla de "aquellas ya confundidas / noticias que dexó [...] vn Tomé o Tomás," refiriéndose a la predicación del apóstol Tomás.[17] Según ésta, el hijo de Dios había nacido "luz de luz" —Dios de Dios... palabras textuales del actual Credo cristiano— "en los braços de la aurora / más pura," igual a la que está por llegar —Virgen de Copacabana. Dios es el invisible creador que envía a su hijo —Joven— esta vez a Perú "en alma y en cuerpo" para que sea el soberano de esos territorios. Es en este instante donde el discurso del joven rey indio se fundiría con las "confundidas noticias" del cristianismo —"que dexó Tomás" al predicar en América la venida del hijo de Dios a Oriente— para proporcionarnos la imagen de que los indios conocían someramente el mensaje cristiano a través de Santo Tomás y lo incorporaron dentro de su exégesis fundacional, mediante la cual se interpreta que han sido creados por el dios Sol y que el que viene a reinar en ese momento es su hijo Huáscar, que por cierto, viene a "viuir entre vosotros, / regiros y manteneros / en ley, en paz y en justicia," exactamente igual que Cristo. Todo lo cual de manera concluyente añadiría una prueba a la idea que mantengo de que el proceso de adoctrinamiento y conquista es más bien una re-conquista, algo de lo cual Dios obviamente tenía noticia (Plan Providencial) —envía al apóstol Tomás a esas tierras, dominadas bajo consentimiento divino por la Idolatría, con la intención de proporcionar a los indígenas la primera luz— pero que reserva al pueblo español para mayor gloria de su soberanía en el mundo. Mediante esta alegoría adoctrinadora que podría haberse sacado de uno de sus mejores autos Calderón, de una manera más poética que Lope, consigue que la metáfora cobre vida, que esos personajes alegóricos como El joven o la propia Virgen, como veremos en el desenlace, se conviertan en seres vivos y muevan de suyo a una mayor devoción y a un mejor entendimiento de la doctrina.[18] El dramaturgo, por lo que respecta a las fuentes de este episodio, está bebiendo de los trabajos de dos curas agustinos criollos: *Historia del célebre santuario de Nuestra Señora de Copacabana* de Fray Alonso Ramos Gavilán (1621) y *Parte segunda de la Crónica moralizada del Orden de San Agustín en el Perú* de Fray Antonio de la Calancha (1653). Ambos religiosos peruanos se afanaron en establecer una total continuidad entre el Evangelio traído por los peninsulares y el pasado andino a base de reinterpretar y recontextualizar los mitos y rituales fundacionales incas dentro de los parámetros del credo cristiano (Salles-Reese 186).[19] Tanto los agustinos como Calderón "buscaban desacreditar las creencias de la religión de los incas al revelar el engaño sobre el que se apoyaba la supuesta descendencia del Sol" (Valbuena Briones, "La visión" 45), proporcionando cierta continuidad histórica que sellara la fisura causada por la conquista del mundo andino y mostrando de camino el modo de cristianizar pacífico-amoroso (Las Casas) que cual apóstoles debían seguir los nuevos colonizadores. Además Calderón, proveyendo la posibilidad de que el indio hubiera recibido cierta noción de Dios, no sólo esclarece y resalta su potencial racionalidad para escuchar el mensaje, sino que garantiza decisivamente la ulterior evangelización.

En el segundo acto de *La aurora* la irrupción de los elementos de la comedia de santo se hace patente. Tucapel aconseja a su rey, cambiando completamente de registro lingüístico de gracioso a noble[20] —puesto que la Idolatría habla a través de él—, atacar y vencer a los españoles mediante una emboscada de fuego. En ese momento los conquistadores —cuando se supone que se están quemando— imploran a la Virgen María, que no tardará en aparecer en un trono traído por dos ángeles (Paso), para realizar el milagro de nevar "menuda arena blanca" y así extinguir el fuego. Lo interesante aquí es que los indios se refieran a los españoles como reptiles demonios —"*Inga*: española salamandra" (2.2000)—, subrayando el poco efecto que parecen tener las llamas lanzadas alrededor del cuerpo enemigo. Calderón está siguiendo la tradición de la emblemática, en la cual la salamandra se representa como el reptil

Capítulo cinco

que no se quema con el fuego, más bien al contrario, se siente cómodo en él, pues de hecho se alimenta de fuego. Asimismo, es especialmente notorio el hecho de que los "bárbaros" capten que los hombres de Pizarro invocan a una divinidad femenina —*Inga*: ¿Quién será ésta a quien invoca[n]?" (2.2017)— pues subraya el marianismo de la comedia. Además, mientras todos los indígenas huyen asustados, Iupangui parece hacerlo no por el temor que le causa la Virgen, sino porque "en mí conozco / que no merezco mirarla" (2.2075–76), o lo que es lo mismo, porque se da cuenta (uso de razón / ley natural) de que no es digno de ella pues se halla en pecado (barbarie, idolatría). Y el "salvaje" prosigue: "*Iupangui*: Pero aunque ya no la mire, / tan fixa lleuo su estampa / en mi idea, que ha de ser / viuo carácter del alma" (2.2077–80). Se produce entonces, el despliegue del modo de conocer renacentista tomista por el que la imagen sensible —estampa de la Virgen— despierta el concepto o idea —Virgen— que se halla en la razón. El indio, en ese mismo sentido, va más allá expresando que la Virgen ha de ser "vivo carácter del alma," lo que quiere decir que parece haber estado impresa allí desde su nacimiento.[21] Una vez más, los indios se describen penetrados de una excelsa racionalidad —Iupangui habla de usar "sentidos y potencias" (3.3576)— y una idea previa de las divinidades católicas. El Ángel que acompaña a la Virgen y habla en su nombre les manda a los españoles que vivan y venzan, que se realice la cruzada evangélica y "América sepa en la fe de España" (2.2089). El público, por su parte, con estas imágenes y milagros queda extasiado; el adoctrinamiento por consiguiente es doble, los indios y el auditorio:

Vnos	¡Vea América!
Otros	¡Y vea España!
Música y todos	Que el que pone en María las esperanças, de mayores ince[n]dios no sólo salva riesgos de la vida, pero del alma.
Todos	¡Guerra, guerra! ¡Arma, arma!

(2.2104–08)[22]

Más adelante se suceden detalles propios del drama de honor, donde Iupangui quiere morir por Guacolda y ella por él, creándose un verdadero conflicto de honor en el cual se traiciona al rey por una mujer. El rey decide matar a los dos vasallos acusándolos de traición y éstos se declaran su amor antes de morir, Guacolda abrazándose a la cruz y Iupangui a un árbol plátano.[23] En ese momento, Guacolda le pide a la cruz que le favorezca contra sus compatriotas indios a los que cataloga de animales —fieras— que usan crueldades, mientras Iupangui le pide al otro árbol que lo ampare, pues a través de él alcanza a ver la imagen de la Virgen, ser que bajo su radiante luz cautivó su alma.

Henos aquí con otro ejemplo claro de conversión de los amerindios antes incluso de recibir la doctrina. Por un lado, Guacolda reniega de su creencia por considerarla cruel y bárbara —primer paso que prepara el apostolado de los españoles—; mientras que por otro, Iupangui parece sentir a la Virgen en su alma —apunte garante de la capacidad total de ser adoctrinados que los indios poseen. Tanto más cuando advertimos que los personajes se quedan pegados a la cruz y al plátano respectivamente provocando de este modo el tercer milagro: primeramente Dios impide que la Idolatría hable y actúe haciendo que la verdad triunfe; en segundo lugar, al tiempo que Guacolda y Iupangui le piden ayuda al Todopoderoso desesperadamente para que los salve de las flechas, que su rey ha ordenado lancen contra ellos, los dos indios desaparecen entre el terremoto que se produce, el aire, el polvo y la misma arena que los cegó siempre antes.[24] Tal despliegue extraordinario del poder de Dios en manos de la Virgen le hará clamar venganza a la Idolatría al final del segundo acto.

Ya en el tercer acto los tintes de la comedia histórica se mezclan con los de la comedia de santo en el momento en que Don Lorenço de Mendoça, conde de Coruña, y Don Gerónimo Marañón, gobernador de Copacabana, narran la crónica de cómo se han conquistado las Indias por medio de los milagros de la cruz y de la Virgen y consecuentemente, de qué modo se ha introducido la fe en Copacabana. Calderón es consciente de la importancia del fenómeno de la traducción en la crónica histórica, de ahí que nos apunte lo que significa "Copacabana" en lengua indígena —piedra preciosa—, y acto seguido se refiera a esta gema como la "Roma de América" (3.2906) para

Capítulo cinco

lograr poner más énfasis en el acto providencial que supone la conquista/re-conquista de esos territorios, haciendo coincidir el propósito de la fe con el de la monarquía española:

> Gouernador Roma de América ay
> quien piadoso la publica,
> pues bien como Roma, siendo
> donde más vana tenía
> la gentilidad su trono,
> fue donde puso su silla
> triunfante la iglesia; assí
> donde más la Idolatría
> reynaua, puso la fe
> su española monarquía.
>
> (3.2906–15)[25]

El miedo del gobernador ahora en "estas conquistadas Indias" (3.2773) es el hecho de que si no se crea una buena imagen a la que los indígenas sean devotos, aflore en ellos la desconfianza y la falta de fe. Pronto los indios no sólo han aceptado a Cristo y a María de buen grado y por convencimiento, sino que sabiendo de su idólatra creencia anterior se sienten tan avergonzados que buscan agradar a Dios creando una imagen y una cofradía al que venga a ser su patrón. Dos familias de caciques nobles, los Vrisayas y los Anasayas, reñirán porque sea San Sebastián o la Virgen María respectivamente la imagen a venerar en Copacabana, pero un cuarto milagro de María, por el cual se convierten en vergeles las tierras de los que la apoyan, hace que todos los indios aúnen sus esfuerzos para la creación de un santuario en honor a la Virgen de la Candelaria.[26]

En este instante Iupangui se ofrece a esculpir una imagen de la madre de Dios con sus propias manos. La hace de barro y resulta un fracaso porque según el gobernador es tan deficiente que mueve a risa antes que a devoción —obviamente ni de las manos de la "esclavitud idólatra,"[27] ni de su mente puede salir nada que iguale o supere lo español. Así, Iupangui habla con gran altura poética de su "ciega ignorancia" (3.3103) de la Virgen, de su falta de luz, una vez más, para conocer lo verdadero, luz que le proporcionarán los españoles. De todos modos, el indio está tan bien evangelizado que persiste en el sacrificio de esculpir, inspirándose neoplatónicamente para hacer su primera figura de barro en la idea del "primer Adán" (3.3125); y su segunda, según cree, mejor y firme talla de madera de maguey en la del "Adán segundo" (3.3133), Cristo, implorando al hijo de Dios: "*Iupangui*: Permite, pues, que vea el mundo / que en esta fábrica mía, / pues a vn madero se fía, / se aúnen a mejor luz / la materia de la Cruz / y el retrato de María" (3.3134–39). Nótese cómo Calderón trabaja sus paralelismos: antes se comparaba la fundación de Roma con la de Copacabana, ahora Dios esculpe al hombre, el hombre esculpe al indio, y el indio esculpe la imagen divina. En este sentido, el español está construyendo al amerindio "a su imagen y semejanza" y como *creatura* suya le está imprimiendo aquello que lo hace adulto —luz, Cruz, María— al tiempo que lo hace esclavo.

No sorprende entonces que Iupangui y Guacolda aparezcan en el tercer acto vestidos a la española, y llamándose Francisco y María, representen en el escenario los perfectos súbditos de la Corona y de la Iglesia. Eso sí, Iupangui ha pasado de noble guerrero inca a pobre artesano español, y Guacolda de sacerdotisa del Sol a ama de casa. En el organigrama español y tras la integración el indio es súbdito del imperio, pero de segunda categoría y al servicio del peninsular. Tampoco debe asombrar que Glauca se enoje al oír a Tucapel llamarla por su nombre indígena. En consecuencia, la propaganda ideológica del teatro está muy clara, así como también el mecanismo que el discurso teatral pone en funcionamiento para asimilar e integrar lo indio. Valgan como botón de muestra las palabras de Glauca mediante las cuales se acepta el catolicismo como "la verdadera / ley que ellos [Iupangui, Guacolda, todos los indios] y yo admitimos" (3.3273–74), o las de Guacolda, que si igualmente alaban a la Virgen en tanto "soberana, madre y reyna / de hombres y de ángeles" (3.3247–48) al mismo tiempo desvelan conocimientos profundos de lo que significa el misterio de Cristo:

> Guacolda   Pues deuemos a María,
> [...] la suma felicidad
> de llegar a conocerla,
> y admitir la ley de vn Dios
> de tan diuina clemencia
> y tan humana piedad,
> que primero que yo muera
> por él, ha muerto por mí,

Capítulo cinco

> que fue el dictamen de aquella
> natural luz que a no verme
> sacrificada hizo fuerça.
>
> (3.3192; 3200–09)

Los "salvajes" se hallan pues arrepentidos y convertidos gracias a su precaria racionalidad —"niño" / uso de razón / ley natural— y a las enseñanzas de los españoles. De ahí se sigue que, rigiéndose por el dictamen de "aquella natural luz" acojan la "humana piedad" de Dios Cristo que mediante el sacrificio los salva de sus pecados idólatras. Merece especial tratamiento el hecho de que María —Guacolda— se sienta "esclaua" (3.3683) de su dueño Francisco —Iupangui—, el cual le enseñó lo que el matrimonio cristiano significa: "viuiendo yo en ti / y tú en mí, [...] alma del alma, y vida / de la vida" (3.3172–77).

En *La aurora*, por un lado, claramente se justifica el continuo gobierno español del territorio, ya que sin él los indios se alborotan y se produce el caos, y por otro, se aplaude la llegada del redentor conquistador en tanto supone la mejora racional y técnica. El orden lo instituyen y restauran los civiles, los militares y los religiosos, como prueba el desenlace de la escena donde dos indios, antes luchando a cuchillo, se calman inmediatamente y obedecen cual fieles vasallos ante la presencia del gobernador: "*Iupangui*: Que me detenga / tu respeto [al gobernador] es justo. *Andrés*: Sólo / él mi cólera pudiera / suspender" (3.3435–38). En otra circunstancia, el indio Andrés refiriéndose a su pasado como aquel tiempo de "idólatra ceguedad" (3.3454) —falta de luz—, habla ahora de lo que a todas luces parece haber supuesto: el milagro de la llegada de los españoles. Con ellos, no sólo se consigue abrir el alma a la "religión verdadera" y a la profundidad de sus Misterios, sino a la correcta ciencia en la cual el Sol, lejos de ser un dios, es "sólo vn material planeta" (3.3457).[28]

Los españoles se encargan por consiguiente de "abrir los ojos" de los indios a partir del día en que una nueva luz —Aurora (Virgen)— purifica un Nuevo Mundo —Copacabana— con la celebración el dos de febrero de la Virgen de la Purificación —Candelaria.[29] No sorprende que sea ésta de la Purificación la mejor devoción escogida por Calderón para representar la conversión de los indios, que a vista de una mejor luz, aquélla de los españoles, acojan la doctrina católica. En palabras del gobernador: "el ídolo Faubro [Sol] / en febrero se destierra, /

y el lugar que estuvo inmundo / se purifica con bella / luz de fe" (3.3861–65). Sólo nos queda asistir al último milagro, por el cual la Virgen misma a través de la ayuda de dos ángeles perfecciona la deficiente talla que de ella hizo el indio Francisco, desencadenando el asombro y la devoción de todos los indígenas e instaurando la procesión en alabanza a la nueva patrona.[30] Pocas escenas va a haber como ésta dentro de las obras de tema americano puesto que su espectacularidad, los efectos escenográficos (Shannon, "The Staging") y las consecuencias derivadas de la devoción religiosa tras el milagro —comedia de santo, auto— fomentan una absoluta entrega del pueblo indígena al conquistador, ensalzando enfrente del auditorio la más conservadora ideología reinante.[31] El milagro —que en palabras del Conde "Es sin duda, porque no, / pudo el humano desvelo, / sin diuino auxilio, auer / tal hermosura compuesto" (3.4083–86)— no consiste solamente en que los ángeles arreglen la talla mientras la veneran, sino en que la Virgen termine moviendo los brazos sola, para de este modo, mejor conformar la petición de los que la van a adorar. Suceden terremotos que recuerdan el día de la muerte de Cristo, y surge la Luz purificadora: "*Conde*: pues el ara / sacrílega tanto tiempo / purifica de su antorcha / la luz, a cuyos reflexos / se van de la idolatría / las sombras desvaneciendo" (3.4173–78). Se ha producido la total entrega de los indios al catolicismo, a esa nueva llama que hace que desaparezca para siempre la Idolatría: "me ausento / para siempre, resignando / en María mis imperios" (3.4180–82).[32] La conversión es absoluta —Glauca rechaza a la Idolatría llamándola "señor diablo" (3.3302)—, se sucede la cura de muchos enfermos, tullidos, y se les da la vista a numerosos ciegos. Además se libera a todos los indios de sus cultos idólatras, para reconocer al unísono que: "*Dentro todos*: ¡María es la Virgen Madre / y Christo el Dios verdadero!" (3.4199–4200). Los indios piden el bautismo y el perdón y se inicia la procesión de la Candelaria en la cual "*Iupangui*: la vfana / voz dirá al reyno español, / que en su imagen soberana, [*Música y Todos*]: oy nace con mejor sol / la aurora en Copacabana" (3.4245–49).[33] Hace falta subrayar que con los conceptos "reyno español" e "imagen soberana" en versos contiguos, Calderón concluye su obra ensalzando religiosamente el absolutismo monárquico. Se ha conseguido el propósito de la integración tras la evangelización: lo *Otro* se hace *Uno*.[34]

Conclusión

En este libro analizo la imagen del indio americano que los dramaturgos del Siglo de Oro proyectan en sus comedias. Asimismo, he procurado dilucidar cómo este teatro entiende y recrea los procesos de conquista y colonización de América, así como las relaciones entre los peninsulares —sean éstos conquistadores, misioneros, colonizadores— y los indios.

Todos los dramas que componen el subgénero de la comedia de indio lidian con esta entidad, el amerindio, enmarcándola dentro de diferentes formas de la comedia barroca, especialmente los dramas de honor, la comedia de santos, la mitológica, o la de exaltación de héroes, como en este caso las figuras de conquista. Poner en escena al amerindio significa aquí tanto celebrar las gestas de un pueblo como, en palabras de Ruiz Ramón ("El héroe"; *América*), criticar sus excesos mostrando y purgando los demonios del inconsciente colectivo, sin olvidar entretener al público. El problema es que la entidad "indio" no resulta fácil de representar, de comprehender, de escenificar, porque está en continuo proceso de redefinición al ser el objeto de tantos planteamientos encontrados y luchas de intereses, problemáticas de las cuales se hace eco la comedia dentro del entramado barroco. Todos estas dificultades hacen que algunos críticos, entre ellos Ruiz Ramón, Kirschner o Lauer, vean en estas comedias de conquista del XVII, en mayor o menor medida, dos discursos enfrentados: el del indio y el del conquistador; o mejor dicho, un discurso oficial que trae consigo una serie de múltiples estrategias descentralizadoras ("multiple decentering strategies"), como diría Lauer ("The Iberian" 34), que desestabilizan o socavan el discurso oficial institucional. Es decir, en muchas de estas comedias el indio acusa al español de codicioso, ruin, maltratador, cruel, salvaje, lujurioso, orgulloso,

Conclusión

pendenciero, mentiroso, hipócrita, esclavizador... y nos podemos preguntar con algunos críticos: ¿No es esta presentación por parte de los dramaturgos una crítica o un desafío a la postura política oficial defendida por la Corona y, salvo honrosas excepciones, por la Iglesia, según la cual los peninsulares se arrogan el derecho de conquista, colonización y apropiación de esas tierras?

Mi propuesta en este libro pasa por analizar la especificidad de cada una de las obras y, a partir de un análisis pormenorizado que atiende tanto al conjunto de los elementos dramáticos e históricos como al de los discursos jurídico-teológicos que las inspiran y sustentan, incidir en las consecuencias de su significación. Estas comedias se encuentran atravesadas de una dialéctica que al mismo tiempo ennoblece y esclaviza al indio. Hemos visto cómo en versos contiguos el indio es honorable —discurso de género— y bárbaro —discurso jurídico-teológico—, estrategia más que adecuada para convertir al amerindio en súbdito de tercera categoría y justificar a un tiempo la política de expansión y conquista —¿o debiéramos decir re-conquista? Desde ese punto de vista, y de manera paralela, la recreación dramática de muchas de estas hazañas que narran el encuentro entre el europeo y el americano exige el engrandecimiento de las figuras heroicas, tanto de uno como de otro bando, teniendo en cuenta que para que los españoles brillen como héroes deben batirse con enemigos que estén a esa altura. Dicha exaltación aparece en los mejores casos guiada por las supuestas crónicas históricas (Colón, Fernández de Oviedo, López de Gómara, Suárez de Figueroa...), por la épica (Ercilla) y por la epopeya lírica (Oña), además de por los discursos jurídico-teológicos renacentistas (Vitoria, Las Casas). Como consecuencia de ello y a la búsqueda de una mayor verosimilitud, plasticidad, convencimiento del auditorio y en definitiva de un mayor éxito empresarial, los dramaturgos se sentirán compelidos a representar las distintas caras de la situación colonial: tanto españoles ilustres como españoles codiciosos y crueles, indios nobles que citan a Alcides y conocen a Dios e indios bárbaros caníbales, damas indias enamoradas de los peninsulares y/o conquistadores enamorados de indias, indios adoctrinados de antemano que adoran al peninsular e indios que lo odian, militares leales y evangelizadores y oficiales protervos que buscan su propio beneficio, además

Conclusión

de Dios y dioses, demonios y santos, mitos, figuras alegóricas, apariciones, ensoñaciones. Quede claro por tanto, que la combinación de todos estos elementos en escena no va a hacer el análisis una tarea fácil. Ahora bien, y respondiendo a la pregunta que nos hacíamos, si bien en estos dramas encontramos posturas disidentes por las que se critica cierta actuación peninsular en el Nuevo Mundo —véanse puntualmente las quejas y arengas de los indios, en tanto voz de los vencidos, en el auto de las *Cortes de la Muerte*, *Arauco domado*, y *La lealtad contra la envidia*—, en muy pocos casos se cuestionan los motivos y los resultados de la conquista de América. Como hemos aludido, quizá la única excepción la constituya *La conquista de México* de Zárate. En otras palabras, estas obras revelan desde un punto de vista más amplio dos maneras de entender el fenómeno del descubrimiento y conquista: una visión apologética del modo en el que se lleva a cabo la empresa y otra crítica con las acciones de algunos de aquéllos que la realizan. Los dramas pueden en su gran mayoría ser críticos pero no subversivos con respecto a la política de expansión colonial; muy al contrario, sirven a los ideales del estado monárquico absolutista y a sus ansias expansionistas cuando éstas ponen su mirada en el indio: ese ser que dentro del poderoso engranaje de la más conservadora ideología contrarreformista va a significar el súbdito de tercera categoría, el inocente, el bárbaro guerrero, el *Otro*, el salvaje, por otro lado necesario para que el sistema como tal funcione, se pruebe en sus presupuestos y se eternice a sí mismo. Dentro de la cultura barroca, amiga de incluir y subsumir el desorden y la diferencia, la alteridad u otredad del indio en el fondo no es más que una recreación estética. Por consiguiente, este teatro en su mayoría no habla del indio propiamente, sino del Imperio español y de su ideología colonialista. Las comedias de indio son soluciones estéticas a problemas histórico-políticos generados por la propuesta de expansión colonial de la España imperial. En este sentido, no me canso de reiterar, como Carlos Jáuregui y Edward Friedman han hecho recientemente, "el error crítico que implica confundir la incorporación subordinada de la diferencia con la afirmación de la misma en el análisis del *teatro colonial hispánico*" (22).[1]

Así, en estas comedias a la vez que el indio se nos muestra profundamente cultivado y honorable, presenta un "error," es

Conclusión

decir, no posee "la verdad" que lo convierte en adulto, o lo que es lo mismo, carece de la religión que lo salva, "de la verdad que lo hace libre" y de aquélla que le provee de las herramientas para "conocer el mundo verdaderamente" o en lo que realmente es. Todos estos dramaturgos intentan solucionar el caos, el sinsentido que el fenómeno indio genera en el emergente estado moderno, proyectando (*pro-iectum*) sobre él toda clase de teorías que no sólo solventen las aporías que conlleva su status de recién descubierta entidad, sino aquéllas que aparecen cuando se lo incluye como vástago de la Corona. Con ánimo de comprehender al indio, de asimilarlo, sus escenografías despliegan dos vertientes del discurso oficial. Ambos tipos de discurso de la misma estructura histórica barroca, el aparato semiótico del drama de honor y el jurídico-teológico, van a intentar integrar la otredad del fenómeno indio dentro de la matriz ideológica de la cultura monárquico-señorial. Los dos mecanismos semióticos se despliegan en la comedia proponiéndose hacer del indio un nuevo súbdito de la Corona en el acto de su conversión al cristianismo. La teología de Vitoria y Las Casas había intentado crear un nuevo espacio ontológico para el recién descubierto "salvaje," un espacio de mediación que justificara la conquista y colonización defendiendo la ideología oficial. El teatro se apropia de esta tradición jurídico-religiosa y al mismo tiempo pretende asimilar al indio dentro de las convenciones del modelo del drama de honor, permitiendo que afloren los conflictos entre sendos discursos. Dada la complejidad del tema, el indio va a aparecer representado de manera constante en todas las obras como *Uno* —español: racional, cultivado, honorable— según el discurso de género; y simultáneamente como *Otro* —bárbaro: salvaje, idólatra— conforme al discurso jurídico-teológico. Éste es el doble mecanismo que la comedia pone en marcha para hacerse con el indio.

No voy a hacer aquí un recorrido por las muchas comedias estudiadas en este libro, pero sí merece la pena como colofón centrarse en las escasas, aunque importantes diferencias, que hay entre la primera de ellas *El Nuevo Mundo descubierto por Cristóbal Colón* y supuestamente la última escrita *La aurora en Copacabana*. Tanto la obra de Lope como la de Calderón ponen el énfasis en la evangelización como el gran motivo de la empresa de conquista. Ahora bien, si al final del XVI y princi-

Conclusión

pios del XVII, Lope en su comedia tiene que hacer frente y dar respuesta a los desafíos que venían suscitados por el debate en torno a la conquista y colonización de las nuevas tierras y los individuos que las habitan —propósito del viaje, legitimidad de la conquista, codicia de algunos por el oro, tratamiento de los indios, el indio como "niño" y nuevo súbdito de la Corona, la leyenda negra, la cruzada de Indias como culminación de la Reconquista—, en la segunda mitad del XVII, y en pleno declive del poderío imperial peninsular, todas estas problemáticas quedan tan atrás que Calderón no necesita recrearlas o darles respuesta. Es más, en este ambiente de decadencia económica y política, donde la Iglesia triunfante tiene plena conciencia de su poder y en momentos se desmarca de los intereses políticos de la monarquía, Calderón no se plantea la legitimidad de la conquista, la da por hecha. El tema de América ya no es de actualidad, ni tiene en sí una contemporánea relevancia política. En el escenario acabará por transformarse en un elemento exótico de decoración, como opina Laferl que ocurre en obras tan superficiales como *Los españoles en Chile*. La evangelización que había sido motor de la conquista en Lope y que justificaba los medios para dominar a los "salvajes," se exalta ahora en Calderón con suma ostentación barroca sin que se cuestionen las prácticas o aparezca ni el más mínimo asomo de vileza en los que le llevan la "verdad" a los indios. Se pasa del nivel religioso en Lope al nivel teológico en Calderón, como opinan Mazur (*The Wild Man*) y Simson ("La función"). Es decir, se pasa del orden de la práctica evangélica, instrucción y bautismo de los infieles, al orden conceptual de la abstracción de la disquisición teológica: explicitación de los Misterios de la fe cristiana, una fe que hace a los peninsulares dominar como superiores y mejores a cualquiera *Otro*, sea moro, judío, protestante o indio. Ambos autores recrean al indio como "niño," súbdito en potencia de la Corona y miembro de la Iglesia, y tratan de asimilar al *Otro* mediante el despliegue de la dialéctica entre los dos tipos de discurso arriba mencionados que hacen al indio honorable y bárbaro al mismo tiempo. Sin embargo, Calderón pretende mucho más que entretener realzando los logros políticos y religiosos como había hecho Lope; su misión es transmitir los entresijos de la "verdadera fe" e instruir al público peninsular. De ahí que no le interese la problemática de la conquista más que como apropiado trasfondo para su principal propósito: adoctrinar a la audiencia en la exaltación de la fe cristiana mediante una alegoría que ilustra el plan redentor de Dios —el cual desde las primeras predicaciones apostólicas ha incluido desde siempre al indio— y el misterio de la pureza de María. Así, Calderón echa mano de las metáforas de la luz, que ya habíamos visto en Lope, y de la escenificación de grandiosos milagros que muestran el poder de Dios y de la Virgen y que embelesan al público al desplegar toda la espectacularidad barroca. No obstante, tanto la obra de Lope como la de Calderón celebran la victoria universal del cristianismo, recrean fervorosamente la re-conquista de América y exaltan el paternalismo religioso de la monarquía de derecho divino.

Sólo me resta decir que la representación del indio resulta útil para adoctrinar al público, en la medida en que contribuye a reproducir y propagar los presupuestos del sistema monárquico-señorial. Por consiguiente, estas comedias no sólo muestran la mejor estrategia para asimilar al indio en la ficción, sino también para reforzar en los españoles conceptos como el honor, la limpieza de sangre o el catolicismo como única fe verdadera. A la vez que se asimila al indio, se propaga de un modo más efectivo —puesto que ya se han marcado las diferencias entre español cristiano e indio bárbaro— el sistema de privilegios. Esto es lo que quiere decir Carey-Webb cuando afirma:

> "Knowing the Other" solidifies the construction of a Spanish self; the action of defining the Indian simultaneously participates in the creation of a Spanish "imagined community." (444) [23]

Además, el Barroco no se puede entender enteramente sin imbricarlo con el período Colonial; tanto más cuando el surgimiento de la ideología moderna —auto-regulación e internalización de las normas morales de conducta— viene provocado, entre otros motivos, por una necesidad de alistar a determinados grupos sociales para la causa de la Corona, entre ellos los sectores intermedios, cuya contribución en la financiación de las empresas imperiales habría de ser fundamental. Como señalara Maravall, la comedia desde este punto de vista se revelaría como un vehículo apto para labores de propaganda. Asimismo, el tema de la Reconquista peninsular se prolonga en la re-conquista de las

Conclusión

Indias. Como he defendido, no sólo desde el Plan Providencial se entiende así, sino desde la mirada de los agentes del imperio católico español y su modelo expansionista. Por todo ello es por lo que si no se tienen definitivamente en cuenta las problemáticas suscitadas por la aparición del indio y América en la primera modernidad española no se puede entender del todo la trascendencia histórica, política, ideológica y literaria que tienen muchos textos del Siglo de Oro.

Concluyendo, este libro analiza la representación que se hace del indio en todas las comedias que lo ponen en escena, piezas que hace falta introducir en el canon de los estudios de Siglo de Oro para tener una imagen más completa de su género más popular, la comedia. Todavía hay mucho que investigar en cuanto a las referencias y a la representación de América y el indio en la prosa y en la poesía de ese periodo, al igual que dentro del teatro queda mucho por hacer en géneros como el auto sacramental o el teatro breve, como han puesto de manifiesto las investigaciones de Brioso, Rípodas y Zugasti entre otros. Espero que este libro anime a otros estudiosos a que realicen este trabajo para completar así este importante ámbito de los estudios de la literatura del Siglo de Oro.

Apéndice

Traducciones al español
de los pasajes en inglés

Los números en corchetes de las citas en inglés presentes en el libro se corresponden con éstos de las traducciones. Todas las traducciones son mías.

Introducción

1   *El nuevo mundo* nos permite considerar la construcción de la identidad tanto de los colonizados como de los colonizadores durante el periodo formativo de la nación e imperio europeos. (Carey-Webb 426)

2   El teatro público era otro lugar en donde se llevaba a cabo este proyecto ideológico, y los personajes marcados por la Otredad funcionaban como capital simbólico para la elaboración de este proyecto […] En la escritura del periodo, los personajes marcados como Otros, esto es, aquéllos que no eran ni católicos ni aristócratas, adquirieron relieve y en muchos casos adoptaron características de la cultura dominante incluso en aquellos textos en que son representados desde el principio como personajes oposicionales. La violencia que con el tiempo acabó siendo dirigida contra los sujetos excéntricos en escena constituyó un acto de purificación, no en un sentido simple —esto es, como reimplantación del *status quo*— sino como una apropiación de su potencial para la reconfiguración y en última instancia la reanimación de las ideologías dominantes. (Mariscal, "Symbolic" 147)

3   Los descubrimientos del Nuevo Mundo ni le proporcionaron al *salvaje* un nuevo enclave […] ni alentaron a los dramaturgos a pensar al indio americano como un hombre salvaje. (Mazur, *The Wild Man* 74)

Traducciones a las páginas 7–52

4   Es también digno de resaltarse que el *salvaje*, en el proceso de localización geográfica, no acabó de imponerse en el Nuevo Mundo; Las Indias se reservaron para los indios. (Mazur, *The Wild Man* 86)

5   La conversión del *bárbaro* sigue muy de cerca las actitudes predominantes en España hacia los indios del Nuevo Mundo. La principal necesidad de la nación española fue aparentemente la justificación teológica de la conquista colonial. (Mazur, *The Wild Man* 173)

6   a) para purgar homeopáticamente de sus sentimientos de confusión una conciencia colectiva llena de dudas y b) para dejar al espectador seguro de sí mismo al final de la obra al concluir con una nota de reafirmación. De esta forma, la comedia funcionaba como una válvula de escape muy efectiva para todos los sectores de la sociedad y su éxito fue muy grande. (Sullivan, *Tirso* 14)

7   solamente lectores habituales de *La araucana* (que, aunque popular, no se puede considerar parte de una cultura oral compartida al estilo del "romancero") podían participar de lleno en "comedias" derivadas de la misma. (Gilman 110)

8   Mi impresión de la cuestión es que, dados los procesos sociales de la primera modernidad española que producen y simultáneamente son producidos por la práctica teatral, cualquier "forma de subversión" que podamos hallar es consecuencia de nuestra propia apropiación histórica del texto. (Mariscal, "Symbolic" 157)

Capítulo uno
Un drama de honor: *El Nuevo Mundo descubierto por Cristóbal Colón* de Lope de Vega

9   La visión establecida de Lope de Vega como sistemáticamente ortodoxo y altamente nacionalista ha hecho que los investigadores de su obra pierdan de vista las ideas conflictivas, desestabilizadoras e incluso subversivas de su escritura y no tomen en cuenta los mecanismos a través de los cuales estas ideas pudieran haber sido contenidas, controladas, o contextualizadas. Walter Cohen defiende

la idea de que el acto de poner en escena la historia de la nación y el representar voces diferentes y claramente conflictivas abre la posibilidad de evaluar y juzgar la conducta de la nación. (Carey-Webb 427)

10   La obra de Lope representa la hibridez del descubrimiento que él problematiza. (Soufas 330)

Es imperativo que entendamos la obra de Lope como un drama revisionista que despliega el mismo campo discursivo que las narrativas críticas de la conquista por medio de su figurativo punto de intersección a través de la conducta sexual que converge en asuntos de género, etnia, nacionalidad y estado social puestos en escena. (Soufas 322)

11   el acaparamiento de riqueza y su traslado a España desestabilizarán la economía y el orden social establecidos. (Dille, "The Plays" 91–93)

12   A pesar de la manera articulada y persuasiva en que Dulcanquellín se dirige a Bartolomé, la acción dramática socava la tolerancia y apoya la postura de aquéllos que como Ginés de Sepúlveda argumentaron en favor de una guerra santa contra los *indios*. (Carey-Webb 436)

13   Lope claramente no está de acuerdo con Gómara en que la matanza y esclavización de números ingentes de indios fuese la venganza divina por sus pecados, pero parece hacerse eco de su posterior comentario: "Por otro lado, los primeros españoles tuvieron una gran culpa al tratarlos muy mal, en busca siempre del oro en lugar del bien ajeno." El interés del que la Idolatría acusa a los españoles en las Indias es para Lope, aunque exonere a la Corona, la Iglesia y al descubridor, un acto vergonzoso del que hay que dejar constancia. La Providencia no lo niega o excusa, a pesar de su insistencia de que servía a un objetivo más alto de diseminación de la fe. Apenas podríamos esperar de un autor monárquico y devoto católico del 1600 mayor simpatía por los indios o una crítica más aguda a muchos de sus compatriotas. (Dixon, "Lope and America" 259)

14   Como forma dramática popular, la *comedia* tiende a hacer al Otro comprensible, lo naturaliza y "des-exotiza." El *indio* en *El Nuevo Mundo* habla español refiriéndose incluso

a la mitología griega. En la medida en que las fuerzas centrípetas de la convención genérica atraen al Otro hacia el Uno, la identidad del construido sujeto nativo-americano parece converger con la del tradicional héroe español. (Carey-Webb 429)

Capítulo dos
La conquista de Chile y la reconquista de Brasil

15   Esta obra de Lope fue sin duda escrita por encargo para ensalzar los triunfos de don García. Sin disminuir en ningún caso, todo lo contrario, engrandeciendo la estatura del protagonista, intentó crear entre sus formidables enemigos indios un héroe trágico cuya caída pudiese asimismo presentarse como un triunfo. (Dixon, "Lope and America" 268)

16   García, a pesar de su santidad, impecable valentía y lealtad al rey, ha fracasado en su intento de erradicar el peligroso deseo de libertad de los araucanos. No llega a poder controlar la auto-imagen de éstos. La promesa de otra rebelión rompe la fantasía del colonizador de una conquista espiritual en la que su evidente superioridad lleve al bárbaro Otro a ocupar voluntariamente la posición de subalterno de modo que el proceso civilizador pueda finalmente comenzar. (Díaz Balsera 35)

17   En estas dos obras, el uso de géneros diversos genera una desestabilización de las fronteras entre los mismos; y la adscripción de géneros conflictivos a los eventos e ideologías representados, sin que haya resolución, hace aún más difícil la identificación de un género dominante o de una orientación política definida. La posibilidad de ramificaciones subversivas más allá del teatro está implícita en la escenificación abierta de las controversias concernientes a las cuestiones de política imperial que marca el periodo. (Simerka 66)

18   La superposición de imágenes en el mismo espacio del escenario, un lugar que por su capacidad de ocultamiento detrás de una cortina se utiliza con frecuencia para introducir el elemento de la sorpresa, señala y resalta el hecho

de que la verdadera culpable del salvajismo es la Corona española, y por delegación de su poder, sus representantes en las Indias. (Kirschner, "Encounter" 38–39)

19 Lope puede haber comenzado la obra como resultado de, o con la esperanza del mecenazgo de los Mendoza, si bien vemos una y otra vez que su enfoque se desplaza del victorioso general y los heroicos araucanos hacia una instancia mucho más elevada que en último término impone servidumbre, el monarca y el imperio que éste representa […] la última escena revela la aceptación simbólica de la sumisión de los araucanos y la ratificación de los actos del general Don García (121) […] No hay duda de que en el *Arauco domado* hay apoteosis y mitificación, en tanto en cuanto las tropas españolas y los indios vencidos acaban arrodillados frente a la efigie del rey Felipe. (Dille, "America Tamed" 124)

20 De esta forma, la comedia presenta a Gallinato como el ideal del héroe español en asuntos de amor, religión, política y guerra. Frente a la objeción de Morínigo de que la conquista de América tenía "insuficiente prestigio heroico" y "opaco brillo militar," la obra de Claramonte provee un esquema de cómo se ha de caracterizar al *conquistador*. Esta obra refleja bien la idea de que la comedia surge como sustituto de la ficción caballeresca. No sólo responde Gallinato al comportamiento que se espera del caballero y su capacidad de alcanzar la fama, el liderazgo e incluso el matrimonio con una princesa, sino que logra todo esto como alguien perteneciente a los bajos estratos de la nobleza. Su triunfo es por tanto mayor que el de Amadís y otros héroes caballerescos, en la medida en que éstos eran de sangre real. En esta historia fantástica, Claramonte lleva al escenario, la espectacularidad de la conquista y celebra el valor, la virtud y los valores espirituales de sus compatriotas. La amenaza del Otro se diluye dentro de una ficción caballeresca en la que se produce una unión del Otro y del Uno en el matrimonio. No se trata sin embargo de un matrimonio igualitario, sino que sirve como preludio a la asimilación. (de Armas, "Fashioning" 6)

Traducciones a las páginas 168–252

Capítulo tres
La conquista del Perú

21 La apropiación que Tirso hace de la amazona como metáfora de los pueblos indígenas de las Américas resulta en última instancia problemática. Al escribir desde la posición del sujeto dominante, no puede evitar el representar al "Otro" de forma errónea. Aunque atribuye destreza militar y honor a sus amazonas éstas sirven únicamente para paliar el sentido de culpa de los españoles y su inquietud frente a la empresa expansionista. (Abraham, "The Other" 157)

Capítulo cinco
Una comedia hagiográfica:
La aurora en Copacabana de Calderón de la Barca

22 [el dramaturgo] combina los aspectos más característicos con aquéllos más problemáticos de su estética: [el monstruo] es el sustrato más profundo en que se revelan las contradicciones que conectan la estética calderoniana con la ideología del tiempo. Mi análisis de la figura del monstruo revelaría un Calderón que no es el vehículo dócil de las ideas de la España contrarreformista, sino un artista que en sus mejores momentos es tan complejo y moderno como Cervantes. (González Echevarría, *Celestina's Brood* 83–84)

Conclusión

23 "El conocimiento del Otro" solidifica la construcción de un sujeto español; la acción de definir al indio es parte de la creación de una "comunidad imaginada" española. (Carey-Webb 444)

Notas

Introducción

1. Como todos sabemos, la terminología que se viene usando para designar a los habitantes aborígenes de este continente es problemática. A lo largo de este estudio generalmente he usado "amerindio" o "indígena" para referirme a los seres humanos que están siendo representados, mientras que utilizo "indio" o "salvaje" cuando hablo desde los textos y los discursos del XVI y del XVII.

2. A lo largo de este estudio utilizo el concepto de *Otro* para referirme al amerindio y su mundo, en el mismo sentido y conceptuación desarrollados por Tzvetan Todorov en su libro *La conquista de América: La cuestión del otro*. Paralelamente, uso *Uno* para denominar al conquistador europeo, aquél que, proyectando todo su universo de significación sobre esa nueva descubierta entidad, intenta apropiarse de ella.

3. Sobre este tema, ver el trabajo de Slavoj Zizek, "How Did Marx Invent the Symptom?" ["¿Cómo inventó Marx el síntoma?"].

4. Así, Francisco Ruiz Ramón en un estudio dedicado al análisis del héroe americano en Lope y Tirso nos dice: "A la deslumbrante riqueza de las Crónicas de Indias corresponde, inversamente, la increíble pobreza del tema americano en el teatro clásico español y, más específicamente, del tema americano afrontado directamente en una acción dramática y no sólo por alusión" ("El héroe" 229). Seguidamente, el crítico concluye defendiendo una dialéctica teatral que pretende "desenmascarar enmascarando y viceversa": "Las dos obras, y otras de las que no he podido hablar aquí —*El Nuevo Mundo*, de Lope; *La Aurora en Copacabana*, de Calderón; *La Belígera española*, de Ricardo del Turia (Pedro Rejaule y Toledo)— parecen mostrar en su misma génesis dramática una como conciencia dividida. Una conciencia donde resonaba el orgullo de la empresa acometida y, al mismo tiempo, una insobornable conciencia de culpa. Podríamos decir que, en realidad, estos dramas responden plenamente a la doble función del teatro: de una parte, la función celebrativa, que le permite a una sociedad afirmar sus propias creencias y estimaciones, autoconfirmando su visión del mundo y su ideología, difusa o no; pero también, por otra parte, la función catártico-conjuradora, la de conjurar los malos espíritus, las sombras y fantasmas agobiantes de eso que llamamos el inconsciente colectivo" (246). Sin embargo, en su edición *América en el teatro clásico español* reconsiderando este argumento llega a afirmar que las posibles discordancias derivadas de esta dialéctica "ponen en cuestión" la coherencia del sistema mismo (16). De otro lado, pero en el mismo sentido abundando en la complejidad de estas obras, Allen Carey-Webb expresa en referencia al *Nuevo Mundo* de Lope: "I treat *El nuevo mundo*, then, as internally conflictive, intertextually assembled, and socially, historically, and politically imbedded. [...] The depiction on the dramatic stage of people of another culture before, during, and after Columbus's arrival in

El nuevo mundo stages a dialogic situation, and when the radical Other is incorporated into European discourse destabilizing, even subversive, possibilities arise" (428) ["Yo trato *El nuevo mundo*, por tanto, como internamente conflictivo, ensamblado desde un punto de vista intertextual, y social, histórica y políticamente interconectado [...] La representación en el escenario de pueblos de otras culturas antes, durante y después de la llegada de Colón en *El nuevo mundo* escenifica una situación dialógica, y cuando el Otro radical es incorporado en el discurso europeo, aparecen posibilidades desestabilizadoras e incluso subversivas"].

5. Exactamente en el mismo sentido Anthony Pagden en el capítulo tercero de su libro *The Fall of Natural Man* [*La caída del hombre natural*] afirma que el indio es un elemento extraño que amenaza con desestabilizar el sistema.

6. El concepto de "barbarie" y la insistencia en su erradicación es lo que va a diluir las diferencias y conectar a la postre a estos tres personajes: salvaje, bárbaro e indio en el teatro del diecisiete, como muestran las obras de Lope. Esto es lo que defiende Mazur en un artículo de 1970: "It is a proven fact that in its concept of barbarism, sixteenth and seventeenth century Spain followed the Greco-Roman tradition, considering as barbarous any trait which happens to differ from its own. Before and after the discovery of the New World, the Spaniard applied this criterion to the strange populations he saw. Later, Lope de Vega did not proceed otherwise, and one of the results was the similarity not only between the *indio* and the *bárbaro*, but also between those two and his *salvaje*" ("Lope" 260) ["Es un hecho comprobado que, en su concepto de barbarie, la España de los siglos XVI y XVII continuaba la tradición greco-romana que consideraba como bárbaros todos aquellos rasgos que diferían de los propios. Tanto antes como después del descubrimiento del Nuevo Mundo, los españoles aplicaron este criterio a los pueblos extranjeros que observaron. Más tarde, Lope de Vega no se puede decir que procediera de forma distinta, y uno de los resultados fue la semejanza no sólo entre el *indio* y el *bárbaro*, sino entre estos dos y su *salvaje*"].

7. Las obras que representan al salvaje en el XVI según Mazur, *The Wild Man*, son: *Tragicomedia de Don Duardos* (1522); *Coloquio* (1530) anónima; *Tragedia llamada Seraphina* (1560–63) de Alonso de la Vega; *Farsa llamada Paliana* (1564) de Juan de Timoneda; *Dolería del sueño del mundo* (1572) de Pedro Hurtado de la Vera (pseud. de Pedro Faria); *Comedia del infamador* (1581) de Juan de la Cueva; y *Comedia salvaje* (1582) de Joaquín Romero de Cepeda. Por otro lado, las comedias lopescas que representan al salvaje como tal son: *El animal de Hungría* (¿?), *El nacimiento de Ursón y Valentín* (1588–95), *El hijo de los leones* (¿?), *El premio de la hermosura* (1609–20), y *El ganso de oro* (¿?).

8. En opinión de Madrigal habría que añadir a la lista de Mazur sobre las comedias lopescas de salvaje la obra *Angélica en el Catay* (1599–1603). Asimismo, Madrigal amplia este elenco incluyendo también a todos los salvajes que se convierten a la fe, sean batuecos, indios o guanches: *Las batuecas del duque de Alba* (1598–1603), *El Nuevo Mundo descubierto por Cristóbal Colón* (1598–1603), *Los guanches de Tenerife* (1604–06), y *Arauco domado* (1599?). Por su parte, siguiendo al crítico, Tirso escribió *El Aquiles* (1611?–12?), *Amazonas en las Indias* (1631?), y *La lealtad contra la envidia* (1626–30), mientras que Calderón *La aurora en Copacabana* (1661), *Los tres mayores prodigios* (1636), *Ni amor se libra de amor* (1664), *El monstruo de los jardines* (1667), *La vida es sueño*, y el auto *Mística y real Babilonia* (1662). Madrigal concluye que en la categoría de los casos colectivos "lo primordial en este tipo de obra es la integración a España y la metamorfosis socio-religiosa" (344). Además, al evaluar el total de obras que representan al salvaje defiende: "Esta transformación de un estado natural, cerca del diablo y alejado de Dios a uno civilizado y cristiano, o sea, una nueva realidad, es el motivo básico de la mayoría de estas obras de teatro" (344). Es lógico que también sea el motivo de las específicas comedias de indio.

9. Ver el artículo de Stelio Cro.

10. Esto es lo que le hace decir a Laferl que en el fondo los indios en este auto son idealizados con el fin ideológico de poner en escena las demandas católico-contrarreformistas de sus autores y exhortar al público a llevar una vida mejor (190). Según Laferl, en la escena 19 de las *Cortes* se condena la conquista misma, es decir, se critica al estado en su praxis colonial, pero no a la Iglesia (194–95; 217). White Navarro a su vez cree que la escena critica también la cristianización peninsular desde una postura de reforma humanística: "*Cortes* places Christian humanist values above any other system of values. It presents these values as incompatible with the philosophy of the conquest. [...] The Conquest of America has no theological and moral legitimacy but is rather proven unjust on Christian grounds. Carvajal's critique of the conquest comes from the sense that he stands on the verge of a new order, to be implemented through the Christian ideal of Reform. The idea of the conquest is therefore not to be found in *Cortes*. The process of Christianization by the Spaniards brings no benefits to the Amerindians, but only destruction and suffering. The Christian ethics and theological values *Cortes* advocates do not conform to any 'reasons of state.' Rather, they undermine any basis for political legitimation of empire" (*The Imaginary* [*El imaginario*] 42–43) ["*Cortes* pone los principios humanistas cristianos por encima de cualquier otro sistema de valores. Presenta estos valores como incompatibles con la filosofía de la conquista [...] La conquista de América no tiene legitimidad teológica o moral, y es más bien injusta desde el punto de vista cristiano. La crítica que hace Carvajal de la conquista parte de la convicción de encontrarse ante la inminente aparición de un nuevo orden que había de implementarse desde el ideal cristiano de Reforma. La idea de la conquista no puede por tanto encontrarse en *Cortes*. El proceso de cristianización llevado a cabo por los españoles no conlleva beneficio alguno para los

Notas a la página 13

amerindios, sino sólo destrucción y sufrimiento. La ética cristiana y los valores teológicos que defiende *Cortes* no concuerdan con concepto alguno de 'razón de estado.' Al contrario, éstos socavan las bases de la legitimación política del imperio"]. Sin embargo para Jáuregui, que ha hecho un estudio reciente de las *Cortes* en el que ha editado su escena 19, dicha escena "hace una defensa lascasiana de los indios pero acoge y sostiene el *paradigma tutelar* que justifica el Imperio" (68) [...] "El indio lascasiano —como el de las *Cortes*— no se revela contra el orden imperial o la condición colonial o subordinada. Pide en cambio la muerte y espera la justicia divina" (67). Por otro lado, cualquiera que sea la visión crítica que presenta las *Cortes* se va a ver contrarrestada, ya en el XVII, por la de otro auto anónimo —en alguna ocasión atribuido a Gutiérrez de Luna— totalmente conservador y propagandístico de la expansión colonial española. Escrito al parecer por un cura o misionero hacia 1619 (¿?) y representado en México, el *Coloquio de la nueva conversión y bautismo de los cuatro últimos reyes de Tlaxcala en la Nueva España*, es una obra que depende tanto de *El Nuevo Mundo* de Lope que toma prestados de la comedia versos enteros. Este auto exalta sin la menor cortapisa el modo que tiene Cortés de conquistar y expandir la doctrina a los reyes y demás indios. Para más información, consultar la edición de José Rojas Garcidueñas y José Juan Arrom.

11. Henry Sullivan, en un libro dedicado al estudio de Tirso y reflexionando sobre la importancia de la comedia durante la contrarreforma, expone lo que ha venido en denominar una lucha paradójica (híbrida) que este género mantiene entre el constante deseo de libertad y la necesidad de acomodar esa libertad bajo las exigencias de la ortodoxia religiosa: "The Spanish drama contained the basic antagonisms of the Counter Reformation itself, i.e. Renaissance liberation in conflict with a medievalizing reaction; the *comedia* was a theater that restated medieval values, but explored the scope of human freedom without being able to help itself. [...] The popular stage therefore was the only public debating-chamber left for the representation and reinforcement of national myths, for the subtle probing of mass concern about personal worth and honor, the true road to salvation, the legality by which a king governed his people, the destructiveness of uncurbed sexuality, ethical doubts and confusions of every complexion, while the very medium itself conveyed doubt about the reliability of the senses. Of course the plays were entertainment, comedies of diversion, but the mainspring of their popularity and their continuing sublimity lies in the success with which the *comedia* provided an insecure populace with the homeopathic balm of relief from real confusion by synthetic confusion; of private agonies acted out in public, the exploration of every aspect of life through the one medium that most resembled it —the drama" (*Tirso* 63) ["El teatro español contenía los antagonismos básicos de la Contrarreforma, esto es un sentido de liberación Renacentista en conflicto con una reacción medievalizante; la *comedia* era un tipo de teatro que reestablecía los valores medievales, si bien no podía cortar la exploración del horizonte de la libertad humana [...] El popular escenario era el único foro público que quedaba para la representación y fortalecimiento de los mitos nacionales, el examen sutil de preocupaciones en torno al honor y la dignidad personal, el verdadero camino a la salvación, la legalidad desde la que el rey gobernaba a su pueblo, la peligrosidad de la sexualidad mal encauzada y dudas y confusiones éticas de todo tipo, incluso si el medio mismo nos lleva a dudar de la fiabilidad de los sentidos. No cabe duda de que estas obras constituían una forma de entretenimiento y distracción; sin embargo, la razón principal de su popularidad y sublimidad radica en su éxito a la hora de crear bálsamos homeopáticos para un público inseguro que de esta forma podía encontrar alivio a su confusión real a través de una exploración sintética de la misma, de la representación pública de conflictos internos junto a otros aspectos de la vida a través del medio que más se le parece, el teatro"].

12. Sydney Ruffner en su tesis doctoral, "The American Theme in Selected Dramas of The Golden Age" ["El tema americano en dramas escojidos del Siglo de Oro"], analiza veintidós obras del Siglo de Oro que de una u otra forma tienen que ver con el tema americano, incluyendo autos sacramentales como *Santa Rosa del Perú* o *San Luis Beltrán*; comedias al estilo de *El rufián dichoso* de Cervantes donde no aparece ningún indio como personaje; además de dramas en la línea de *El valeroso español y primero de su casa, Hernán Cortés* cuya acción se desarrolla por entero en la península. El interés del presente estudio, sin embargo, se reduce al género de la comedia que representa la conquista y colonización del Nuevo Mundo y que escenifica al indio como personaje.

13. A este respecto, Pierre Chaunu dice: "De 1481 a 1610, el repertorio de libros que tratan de la geografía de países extraeuropeos comprende 524 títulos: 125 consagrados a las tierras nuevas, 399 al Mediterráneo, a Tartaria y al Oriente tradicional. A los 399 títulos corresponden las mayores tiradas, la más amplia difusión. De hecho, antes de 1550 no hay prácticamente nada sobre las tierras nuevas. Sin contar algunos puntos privilegiados del descubrimiento del negocio, de la banca y de la navegación: Lisboa, Sevilla, Génova y el cuadrilátero toscano, Amberes y el pie de los Alpes de la Alemania italiana, el *descubrimiento* en el sentido más amplio interesó sólo a una minoría. Era una preocupación secundaria para la estrecha élite de la Europa humanista" (169).

14. A Horst Baader le parece significativo que en el conocido libro de 1928 *Ideas de los españoles en el siglo XVII* de M. Herrero-García "no se encuentre capítulo alguno sobre lo que se opinaba y decía de los indios. No se trata de una omisión del autor, sino de que en verdad no se decía nada, porque se carecía de opinión" (170).

15. Sobre las referencias al Nuevo Mundo en loas, bailes y mojigangas, ver Antonio Pagés Larraya ("Bailes"), Catalina Buezo y Héctor Urzáiz Tortajada. Sobre la imagen de las Indias en el teatro menor en general, ver los trabajos de Daisy Rípodas Ardanaz. Ver también el libro de Héctor Brioso Santos (*América en la prosa literaria española en los siglos XVI y XVII*) sobre las referencias a América en la prosa.

16. La figura del indiano en el teatro ha sido trabajada entre otros por Alfonso Urtiaga, Brioso Santos ("La figura"), Kurt Reichenberger y Romera Castillo.

17. Es muy escasa la imagen iconográfica que se tiene del indio en España, como ha dejado claro Santiago Sebastián: "Los indios con su exotismo apenas impresionaron visualmente a los españoles: son muy pocas las imágenes que tenemos si excluimos los grabados que ilustran la *Parte primera de la chrónica del Perú* (Sevilla 1533) por Pedro Cieza de León, y la *Historia general de los hechos de los castellanos en las islas y tierra firme del mar océano* (Madrid 1615) de Antonio de Herrera. La arbitrariedad fue la nota dominante de la iconografía del indio difundida en España" (454). Para un recorrido por la imagen iconográfica del indio en este periodo, mayormente representado como "bárbaro" y/o "buen salvaje," ver el artículo de Von Kügelgen Kropfinger en el mismo volumen. En el Museo de América en Madrid se encuentra el retrato conocido como *Mulatos de esmeraldas*, de 1599, el cuadro americano firmado y fechado más antiguo que existe pintado por un indio de Quito llamado Andrés Sánchez Galque. Fue traído a España no mucho después de haberse pintado y en él se representan tres mulatos vestidos con trajes nobles, portando lanzas y cargados de esmeraldas y oro que llevan en sus horadadas orejas, narices y bocas. Para un detallado análisis de esta pintura, ver José F. Buscaglia-Salgado.

18. Mucho menos frecuente, como ha investigado Zugasti ("La alegoría"), es la inclusión de estas alegorías en el teatro cómico breve. Se cita un caso hasta ahora solamente en el *Entremés de las fiestas de Palacio* de Moreto. Al parecer, siguiendo a Zugasti, la primera recreación de la alegoría de América aparece en el auto de Tirso *Los hermanos parecidos* de 1615, aunque no aparece publicado hasta 1635, y las últimas muestras de este fenómeno en el Barroco probablemente se dan en los autos y loas de Calderón y Sor Juana. Sobre este asunto, ver el artículo de Hernández Araico.

19. Continúa Díaz y de Obando: "La empresa americana en sus comienzos fue empresa del pueblo, pero a poco andar acabó siendo un designio estatal y eclesiástico que bajó los humos al conquistador y a sus descendientes. De aquí que el romancero que recoge todo lo que interesa al pueblo, su creador, al no trascender las hazañas de los conquistadores, al quedar hechos a un lado por la política de la Corona no le fue dable cantarlos, ensalzarlos como a los héroes de la Reconquista. Esa actitud política del estado se opuso a que se les exaltara y entraran triunfantes para ser perpetuados por el romancero. [...] La empresa de América, desde Colón, en la conciencia española había fallado y traído tan sólo descalabros. Al peninsular del XVI no le interesan las Indias, ya que pesa asimismo una vena de condenación que culpa a América de la decadencia española,

ocaso que se verá como castigo divino por los muchos yerros cometidos por los españoles en tierras americanas y América será vista como la expiación. Sólo al correr del tiempo América conseguirá importancia en la conciencia popular española, pero el romance ya para entonces ha perdido su vigor épico y su esencia informativa" (208–09).

20. En el *Jardín de flores curiosas* el personaje central Antonio, en una disquisición con otros personajes, defiende la superioridad del conocimiento cosmográfico y geográfico de los modernos sobre los antiguos, ya que los primeros han contrastado sus hallazgos basándose en una mayor cantidad de datos traídos de la experiencia. Pues bien, resulta al menos sorprendente el hecho de que cuando se dispone a hacer mención de quizá el más grande de esos hallazgos, el de las Indias Occidentales, en el mismo acto de mencionar esos territorios los deja de lado para destacar curiosidades geográficas de otras regiones del mundo, sobre todo el septentrión. He aquí las palabras de Antonio: "Nunca supieron [los antiguos] ni descubrieron tanto de tierra como los modernos lo han hecho, que han visto, andado, caminado y navegado tanto que jamás supieron ni entendieron tantas partidas, regiones y provincias como agora se saben, no solamente en lo que toca a las Indias Occidentales las cuales dexaremos aparte, sino también en las Orientales y a la parte del septentrión..." (cit. en Rallo Gruss 179). Sorprendentemente, el caso de las Relaciones de sucesos es aún más intrigante. Henry Ettinghausen, el cual se apoya en el trabajo de compilación y clasificación de Agulló, señala el hecho de que entre 1598 y 1606 no parece haber habido ninguna mención de América en las noticias al uso: "As for America, curiously enough, Agulló records not a single American news item between 1598 and 1606" (4) ["En cuanto a América, curiosamente, Agulló no recoge ni una sola noticia americana entre 1598 y 1606"].

21. A este respecto, ver los trabajos de Otis Green y Sydney Ruffner. Miró Quesada Sosa se refiere a las obras de Lope tachándolas de "obras indudablemente de poca monta" (*América* 10). Recientemente, Brioso Santos opina que son "pocas comedias mediocres" y "del todo carentes de naturalidad teatral y muchas veces surgidas al calor de campañas para prestigiar ciertos linajes" ("La figura" 432).

22. Desgraciadamente la Universidad de Wisconsin (Madison) posee en la actualidad tan sólo el primer tomo de los dos que constituyen el trabajo y por ese motivo ha decidido no prestarlo. Ésa es la razón que me ha impedido profundizar en este estudio hasta este momento.

23. En principio el grupo de obras examinadas en este proyecto no incluye comedias sobre asuntos posteriores al período de la conquista, excepto *El Brasil restituido* por las razones mencionadas. De este modo, no trato *La pérdida y restauración de la Bahía de Todos los Santos* de Juan Antonio Correa, que por otro lado, no representa al indio.

24. Este es el *corpus* completo al que nos referimos:
Comedias de indio (1598?–1661?): *El Nuevo Mundo descubierto por Cristóbal Colón, Arauco domado, y El Brasil Restituido* de Lope de

Notas a la página 28

Vega (1562–1635); *Amazonas en las Indias, La lealtad contra la envidia* (2ª y 3ª de la Trilogía) de Tirso de Molina (1571–1648); *Las palabras a los Reyes y la gloria de los Pizarros* de Vélez de Guevara (1579–1644); *La conquista de México* de Fernando de Zárate, pseudónimo de Antonio Enríquez Gómez (1600–63); *Algunas hazañas de las muchas de Don García Hurtado de Mendoza, marqués de Cañete* de nueve autores: Luis Belmonte Bermúdez (¿?), Antonio Mira de Amescua (1644–?), el conde del Basto (¿?), Juan Ruiz de Alarcón (1580–1639), Luis Vélez de Guevara, Fernando de Ludeña (¿?), Jacinto de Herrera (¿?) Diego de Villegas (¿?) y Guillén de Castro (1569–1631); *Los españoles en Chile* de Francisco González de Bustos (¿?); *La bellígera española* de Ricardo de Turia, pseudónimo de Pedro Rejaule y Toledo; *El gobernador prudente* de Gaspar de Ávila (1612–?); *El nuevo rey Gallinato y ventura por desgracia* de Andrés de Claramonte (1626–?) y *La aurora en Copacabana* de Calderón de la Barca (1600–81). Otras obras también analizadas en este estudio: *Todo es dar en una cosa* (1º de la Trilogía) de Tirso de Molina; *El valeroso español y primero de su casa* de Gaspar de Ávila; *Vida y muerte del santo Fray Luis Bertrán* de Gaspar Aguilar; *El español entre todas las naciones y clérigo agradecido* (1ª parte) de Fray Alonso Remón, y *La batalla de los dos. Comedia de San Luis Beltrán, primera parte de su vida* de Francisco de la Torre y Sevil. Además, se habla de varias comedias perdidas, entre las que se encuentran: *La conquista de Cortés,* o (*El Marqués del Valle*) de Lope de Vega. Siguiendo a William L. Fichter el resto de la crítica ha aceptado que *La conquista de Cortés* y *El Marqués del Valle* fueron títulos alternativos de una y la misma obra (165). Por otro lado, al hilo del análisis se hará mención al famoso poema épico *La araucana* de Alonso de Ercilla (1533–94), *Arauco domado* de Pedro de Oña (1570?–1643?) y a los autos sacramentales *La araucana* de Lope y las *Cortes de la muerte* de Micael de Carvajal (1520–?) y Luis Hurtado de Toledo (1530?–91). Digo que se hará mención solamente a estos poemas y autos porque, como ha quedado reflejado anteriormente, este trabajo está dedicado exclusivamente al género de la comedia. Para terminar, dejar claro que otra obra declarada perdida, hasta hace muy poco incluida en esta lista con el título *Hernán Cortés triunfante en Tlaxcala* de Jacinto Cordero (1606–46), no está perdida ni pertenece a ese autor como ha descubierto Zugasti ("Notas" 436), sino que fue escrita en el XVIII (1769) por Pedro Cordero, dramaturgo posbarroco. Guillermo Lohmann Villena (*El arte* 516) cita esta comedia —aunque sin saberlo muy probablemente se esté refiriendo a la de Pedro Cordero y no Jacinto— que al parecer se puso en escena en Lima en 1791. De esta manera, merece la pena notar que desde comienzos del siglo XVII se representaron en Lima, el centro colonial más importante de actividad teatral, numerosísimas comedias principalmente de Lope, Moreto, y con posterioridad a 1670 de Calderón, como prueban los estudios de Irving A. Leonard ("A Shipment" ["Un cargamento"]; "Notes" ["Notas"]; "El teatro") y el ya mencionado Lohmann Villena.

25. Brioso Santos (Introducción) incide en la manera un tanto rígida y calcada que tienen todos los dramaturgos de recrear al indio en escena mediante el despliegue dramático de dos tipos de códigos: el interno y el externo; en nuestro discurso: el código del honor en el teatro (indio honorable) y el jurídico-teológico (indio bárbaro). Dice el crítico: "Frente al panorama de otros géneros, el teatro barroco ofrece un rasgo diferencial: su mucho más fuerte armazón convencional. El entramado de sus códigos internos (poética interna del género) y externos (servidumbres socioculturales e ideológicas del cauce teatral) obliga por un lado a un tratamiento de los temas bastante menos libre y a una repetición de esquemas estructurales similares o equivalentes en numerosas obras, y por otro a una necesidad de sorprender al auditorio con cierta dosis de novedades. De ahí que no pueda hablarse de un teatro *realista*, sino de un arte dramático que se apoya en lo histórico, en lo *real*, pero que también lo altera decisivamente" (xvi). Cuando Brioso Santos habla de "novedad" parece relacionable con el concepto de novedad en la cultura del Barroco de Maravall. La novedad para Maravall está limitada y es encauzada hacia el terreno que se consideraría más inocuo que es el plano estético, en este caso el literario. Por eso Brioso Santos dice más adelante que la comedia es un género de producción masiva perpetuamente necesitado de novedades (xx).

26. Por lo que se refiere a la contemporaneidad y relevancia de las ideas esgrimidas en estos debates y sus conexiones con la política exterior estadounidense y la guerra de Irak, ver Mariscal ("Bartolomé").

27. Sepúlveda escribe: "¿Puede darse mayor o más claro testimonio de la ventaja que unos hombres tienen sobre otros en ingenio, habilidad, fortaleza de ánimo y virtud? ¿No es prueba de que ellos son siervos de naturaleza? Pues el hecho de que algunos de ellos parezcan tener ingenio para ciertas obras de artificio no es argumento de más humana prudencia, puesto que vemos cómo ciertos animalitos, como las abejas y las arañas, hacen obras que ninguna humana habilidad logra imitar" (36). En el *Demócrates segundo*, un ejercicio de persuasivo arte de elocuencia en defensa de las guerras de la Corona, Sepúlveda hizo suyos los argumentos por los que se comparaba a los indios con las mujeres, ya que tienen una naturaleza sumisa; además, practican el canibalismo y el sacrificio y desconocen la religión cristiana, por eso hace falta sojuzgarlos. Por lo que respecta al canibalismo, curiosamente en las crónicas de los exploradores del siglo XVI en tierras brasileñas, Jean de Léry en *Viagem à Terra do Brasil* (1578) y Hans Staden en *Duas Viagens ao Brasil* (1557), se deja claro que son las mujeres las que parecen divertirse más devorando a sus hombres, reflejando de este modo sus apetitos carnales.

28. La teoría aristotélica de la "esclavitud natural" aparece en el tercer y cuarto capítulo del primer libro de su *Política*, así como también en el segundo capítulo del tercer libro del *De regimine principum* de Tomás de Aquino. También se utilizó para defender la teoría de la esclavitud natural el argumento de la *Física* del estagirita, por el cual para lograr la armonía del orden natural unos móviles mueven a otros; igualmente, en el mundo espiritual unos hombres de mentes más fuertes y capaces mueven a otros de mentes más débiles.

29. Para una visión de las posiciones de Las Casas en sus dos últimas cartas dirigidas al Consejo Real de Indias y al Papa, ver Luis N. Rivera-Pagán.

30. Fruto de ello resulta la existencia de una controversia historiográfica bastante marcada con respecto a los textos lascasianos, los cuales si para algunos caben perfectamente dentro de la "cultura dirigida del Barroco," para otros se presentan como un claro antecedente del pensamiento ilustrado. Ver José Rabasa y Vicente Romano García.

31. Para un análisis filosófico sobre los planteamientos jurídico-teológicos de Francisco de Vitoria en torno a la conquista, ver Moisés R. Castillo, "El secreto."

32. Entiendo por "nuevo espacio ontológico" un ámbito de producción y mantenimiento de relaciones sociales y creación de valores, definido por la mediación de las instituciones del estado moderno y simultáneamente por los esfuerzos del individuo para escapar a los constreñimientos del sistema de autoridad oficial, que redunda en una nueva forma de ser: "ser indio."

33. Las tres *Relecciones*: *De la obligación de convertirse a Dios al llegar al uso de razón*, *De temperantia* y *De Indis* aparecen compiladas en la edición que manejo de Teófilo Urdanoz (Vitoria, *Obras*). Por otra parte es conveniente consultar la edición a cargo de Pagden y Lawrance sobre probablemente los textos políticos más controvertidos de Vitoria (*Political Writings* [*Escritos políticos*]), entre los que se encuentran por supuesto *De Indis*, y *De Indis Relectio Posterior, sive de iure belli*.

34. En el mismo sentido Margarita Zamora nos habla de la manera en que Vitoria hace suyo el argumento de los dos órdenes tomistas, el natural y el sobrenatural: "Vitoria's first step in 'De indis' was to establish a clear division between the natural and spiritual domains. Based on the Thomistic distinction between these two orders Vitoria argued that every human being participates in the natural realm by virtue of his or her human nature, but only through a state of grace can one participate in the supernatural order, made accesible to mankind through Christ's redemptive intervention" (88) ["El primer paso de Vitoria en 'De indis' fue el establecer una división clara entre los dominios de lo natural y lo espiritual. Siguiendo la distinción tomista entre estos dos órdenes, Vitoria defiende la noción de que todo ser humano forma parte de la esfera natural en razón de su propia naturaleza humana, pero solamente mediante el estado de gracia puede participar en el orden sobrenatural, el cual, se hace accesible a la humanidad por la intervención redentora de Cristo"].

35. John Maior, maestro de Vitoria, y Duns Scoto, entre otros muchos como Sepúlveda, defendían la guerra evangelizadora de manera clara acogiéndose a la teoría aristotélica de la "esclavitud natural": "Por ello les es lícito a los príncipes cristianos sojuzgarles, ocupar sus tierras y someterles a efectiva servidumbre, a que por naturaleza están destinados" (Maior, cit. en Vitoria, *Obras* 499).

36. En 1599 en México, Fray Alonso Martínez defendía la guerra justa con argumentos y citas de S. Agustín, Tomás de Aquino, el Ostiense, Aristóteles, Soto (principal discípulo de Vitoria) y otros muchos (Hanke, *La lucha* 292-93). Ver también Hanke (*Aristotle*). Quede claro que Vitoria en su interés de "proteger al inocente amerindio" también es famoso por la formulación de una serie de títulos ilegítimos de guerra, es decir, los límites del poder del emperador y del Papa. Ahora bien, lo que es más interesante en la argumentación de Vitoria acerca del tema de la "guerra justa" descansa en las contradicciones irresolubles de su discurso: por un lado, los cristianos no tienen derecho de subyugar a los indios o de imponerles cualquier forma de gobierno, creencias o comportamientos; mientras que por otro, la guerra es permitida cuando los indios atenten resistir la conversión, el gobierno de la Corona española o cualquiera de sus leyes. La sola posible explicación de la existencia de tan flagrantes contradicciones entre algunos de sus títulos legítimos e ilegítimos de intervención radica en que el dominico al final falla al intentar proveer una síntesis de un sistema teológico sin conflictos con el cual dar respuesta y justificación a la empresa de colonización. Vitoria silenció gran parte de su trabajo debido a contradicciones teológicas internas y al temor de enfrentarse a los poderes públicos en cuestiones de derecho y administración coloniales. Para estudiar las ideas políticas de Vitoria, Soto, Suárez y Molina, ver Bernice Hamilton, y en general, para hacer un recorrido de la política y teología indianas durante el XVI y XVII, leer el libro de Lyle McAlister. Por lo que respecta al análisis del pensamiento de Solórzano Pereira, consultar James Muldoon. El etnógrafo jesuita José de Acosta también se sentirá deudor de los planteamientos vitorianos sobre el indio-niño en sus dos grandes obras: *Historia natural y moral de las Indias* (1590) y *De procuranda indorum salute* (1588). Finalmente, el último de los autores que explota y culmina, con la complejidad del Barroco, tanto las ambiciones de la Iglesia como las necesidades del estado es el Padre António Vieira en el contexto del Brasil colonial. En cuanto al status ontológico del indio, es muy probable que Vieira siguiera los argumentos jurídico-teológicos de Francisco de Vitoria en *De Indis* y de Bartolomé de Las Casas un siglo antes. Para un extenso análisis de las teorías y argumentos teológicos del Padre Vieira, ver el artículo de Moisés R. Castillo y Bradley J. Nelson.

37. Benjamin Keen y Juan Friede ("Las Casas") defienden que a partir de 1557 la Corona, necesitada del dinero de Indias, se puso en favor de los planteamientos de los colonos y encomenderos apoyando la consideración de la barbarie de los indios y olvidando así definitivamente los planteamientos lascasianos.

38. Muchos curas y misioneros que llevaron a cabo su apostolado en Indias, como consecuencia de su continuo trato con los aborígenes y de las presiones de diversas instituciones, van a pasar por una evolución que los lleva desde la confianza en que los amerindios pueden entender y aceptar la fe sin el menor despliegue de fuerza por parte de los colonizadores, hasta la defensa del establecimiento de la encomienda como paso necesario para su efectiva conversión. Este es el caso del jesuita Manuel da Nóbrega en el XVI en Brasil. En sus primeras cartas compiladas en *Cartas do Brasil e mais escritos*, expresa que los amerindios tienen una disposición excelente para aceptar y entender pacíficamente la fe, mientras que, conforme pasa el tiempo con ellos en las misiones, más y más se convence y habla en sus posteriores cartas de que primero hay que "sujetar" a los indios bajo un sistema de encomienda para poder luego evangelizarlos. Sin sujeción no hay evangelización. Ver las páginas 257 y 280–81 de *Cartas do Brasil*.

39. Además, Case nos dice que moros e indios son representados de igual forma en las comedias históricas lopescas de 1596 a 1603. El crítico se está refiriendo a comedias sobre héroes moros, los abencerrajes, obras como *El hijo de Reduán, El remedio en la desdicha, El cerco de Santa Fe, El hidalgo bencerraje, El cordobés valeroso, El sol parado,* y *La divina vencedora*. Igual que los moros, los indios viven dominados por el demonio y necesitan ser liberados de sus cultos idólatras: "los moros nobles y los indios nobles salían del mismo molde y los dos eran tipos admirables como guerreros, amantes y héroes de sus respectivos pueblos" (Case 20). Moro e indio son representados en muchas instancias como iguales a los españoles en el plano heroico, pero inferiores en el plano religioso. Esa falta es la que la época y el dramaturgo piensan hay que corregir. Case afirma que América en las comedias de Lope "ocupa un lugar secundario," no por falta de importancia para el dramaturgo, sino porque "para él y su época la conquista del Nuevo Mundo no era más que una continuación de la empresa española en la historia" (20). Todo esto prueba que el *Otro*, sea moro o indio, se trata de manera similar y que el dramaturgo se toma la conquista del Nuevo Mundo como una continuación de la Reconquista.

40. Michael Rowland comparte la idea de que la idolatría es parte integral del diseño divino: "[…] forces such as Idolatría are not by any means autonomous, but are factors within and necessary to God's design, and not outside and contradictory to it" (265) ["[…] fuerzas como la Idolatría no son en ningún caso autónomas, sino que son factores centrales y necesarios al diseño divino, y no foráneos o contradictorios para con él"].

41. Sobre la repercusión del teatro clásico español en América, los tipos de teatro representados en el Nuevo Mundo durante la época virreinal, los lugares de representación, los actores y compañías, los dramaturgos, temas y obras, el público y la proyección posterior en América del teatro áureo español, ver el volumen editado por Concepción Reverte Bernal y Mercedes de los Reyes Peña. También consultar los clásicos trabajos de Irving Leonard ("A Shipment"; "Notes"; "El teatro") y Guillermo Lohmann Villena (*El arte*).

42. Laferl lo cree así al subrayar atinadamente: "En este sentido, las obras de teatro dan más información sobre la imagen que se tenía en la

España de los siglos XVI y XVII de América y de sus habitantes que los informes más o menos *auténticos* de los conquistadores y misioneros. Pues, por una parte, las representaciones de los autores muestran qué actitud básica dominaba en España frente a otras culturas. Y por otra, el efecto público de las obras representadas en la mayor parte del pueblo, que no sabía leer, con toda seguridad fue mayor que el de los informes impresos y de escasa difusión. Estos dos aspectos, producción y recepción, son importantes naturalmente para todo género de textos; sin embargo, en una época en la que el desconocimiento de la escritura era más la regla que la excepción, corresponde al teatro desde el punto de vista de la recepción un rango especial. Esto es lo que hace la investigación de la imagen *teatral* de América, lo que en último término cae en el terreno de la historia de las mentalidades, especialmente sugerente" (176).

Capítulo uno
Un drama de honor: *El Nuevo Mundo descubierto por Cristóbal Colón* de Lope de Vega

1. Una primera versión de este capítulo ha sido publicada como "Lope de Vega, inventor de América: *El Nuevo Mundo descubierto por Cristóbal Colón*," en el *Bulletin of the Comediantes* [*Boletín de los Comediantes*] 54.1 (2002): 57–90. Se reproduce aquí con el permiso del editor, Edward H. Friedman.

2. A partir de aquí cito de *El Nuevo Mundo* de Lope por la edición de J. Lemartinel y Charles Minguet de 1980. Casi toda la crítica ha aceptado la fecha de composición de esta comedia entre 1598 y 1603, fechas ofrecidas por Morley y Bruerton (178) tras el estudio hecho de su versificación. Sin embargo, Robert M. Shannon (*El Nuevo Mundo*) en la introducción de su reciente edición de esta comedia apuesta por el año 1600 como la fecha de composición del drama, atendiendo a consideraciones biográficas del autor —como los años que trabajó para el marqués de Sarriá— y a las lecturas que Lope hizo de las obras de Oña y Ercilla y que, según el crítico, claramente le sirvieron de inspiración.

3. Para indagar en esto, ver fundamentalmente los trabajos de Raquel Minián de Alfie, Robert M. Shannon, Jorge Campos, Carlos Romero Muñoz, Sebastián de la Nuez y Alessandro Martinengo. Shannon (*Visions* [*Visiones*]; *El Nuevo Mundo*), uno de los últimos críticos en hacer una edición bilingüe de esta comedia, se centra en lo que ya venía siendo apuntado por muchos estudiosos desde Menéndez Pelayo ("Observaciones preliminares" a la edición de la RAE de 1900), esto es, que Lope construye el drama de *El Nuevo Mundo* teniendo como libros de cabecera las crónicas históricas de Francisco López de Gómara, *Historia general de las Indias y conquista de México* (1552), y Gonzalo Fernández de Oviedo, *Historia general y natural de las Indias* (1535). Shannon en 1989 concluye que Lope se basó más en Oviedo que en Gómara, y en 2001 defiende también las influencias de Ercilla y Oña. Anteriormente Campos había insistido en probar mediante muchos y prolijos argumentos que

Lope únicamente tomó como fuente directa la crónica de Gómara; de este modo "se sirvió de un solo texto, añadiendo o elaborando según su propia impresión anterior, o recurriendo en algún caso a un texto distinto" (735) como la *Crónica del Perú* de Pedro Cieza de León, aparecida en Sevilla en 1553. También Romero Muñoz ("Lope") apunta a Gómara como fuente indudable y descarta a Oviedo (259–60). Más recientemente, de la Nuez examina el modo cómo Lope recoge los elementos de las crónicas de Oviedo, Gómara y Las Casas, además de los detalles episódicos de la conquista de Granada. Sin embargo, fue Minián de Alfie ("Lope") la que se aplicó en demostrar que Lope tuvo como fuente directa a Gómara, y que utilizó no sólo a Oviedo, sino también los *Naufragios y Comentarios* de Álvar Núñez Cabeza de Vaca (1555), la *Historia del descubrimiento y conquista del Perú* de Agustín de Zárate (1555), *La araucana* de Alonso de Ercilla (1569, 1578, 1589) y quizá leyera y tuviera presente también las *Décadas del Nuevo Mundo* (1530) de Pedro Mártir de Anglería, dada su "gran difusión en el ambiente humanista" (13). En este punto, la crítica descarta como fuente la obra de Cieza de León mencionada por Campos. Por último, Alessandro Martinengo se ha afanado en corroborar el uso por parte de Lope de las *Décadas* de Pedro Mártir y ha ampliado el panorama de las fuentes lopescas al incluir la biografía de Fernando Colón sobre su padre titulada *Le Historie della vita e dei fatti dell'Ammiraglio Don Cristoforo Colombo* [*La historia de la vida y de las hazañas del almirante don Cristóbal Colón*] (1571). En otro orden de cosas, al igual que ocurriera con un sinfín de comedias es muy difícil saber si *El Nuevo Mundo* fue representado en América. Miró Quesada (*América*) afirma que "en el Perú se representaban y se vendían, con éxito, sus obras" (7). Asimismo, siguiendo los estudios de Leonard ("A Shipment"; "Notes") sabemos de la popularidad de la que gozó el dramaturgo desde comienzos del XVII: "in his own time Lope's admirers were legion in regions outside of Spain such as Italy, France and particularly the remote colonies of the Crown in the Indies" ("Notes" 277) ["en su propia época, los admiradores de Lope eran muchos en regiones fuera de España como Italia, Francia y especialmente en las colonias remotas de la Corona como las Indias"]; "his sales there (the colonies) probably compared favorably with those in the Peninsula" ("Notes" 284) ["sus ventas allí (en las colonias) probablemente fueron parecidas a las de la península"].

4. La polémica sobre el mérito de esta comedia ha durado muchos años. Durante los siglos XVIII y XIX numerosas voces la denostaron, caracterizándola como una "monstruosidad," "disparatadísima." Es clásico el comentario de Leandro Fernández de Moratín sobre el tercer acto de la obra: "En la tercera jornada hay una confusa mezcla de fornicación y doctrina cristiana, teología y lujuria, que no hay más que pedir" (cit. por Entrambasaguas, en Dille, "America Tamed" ["América domada"] 113). En 1935 Miró Quesada comparte con Menéndez Pelayo el sentimiento de que esta comedia de Lope "es seguramente una de las peores de su inmenso repertorio" (25), es débil, de poca penetración, pero eso sí muy efectista, amena y subordinada a los gustos del público (*América* 25–32). Con todo, Menéndez Pelayo definía la comedia como "una especie de poema épico dialogado," "mucho más fiel a la historia que la mayor parte de las obras que se han compuesto sobre el mismo tema" (309). Es también muy conocido el comentario de Azorín a esta comedia por el que irónicamente el de la Generación del 98 colocara a Lope en la lista de "malos españoles" en su ensayo titulado: *Retratos de algunos malos españoles y de un mal español honorario* (1912). Para el esclarecimiento de esa supuesta acusación de Azorín que ha causado no pocos problemas de interpretación a la crítica, ver el artículo de Brioso Santos ("*El Nuevo Mundo*"). Sobre el mérito de la comedia en general, consultar las diferentes ediciones, siendo la última la de Shannon de 2001.

5. John Brotherton ha sido el que ha utilizado estos términos al revelar que "Lope simultaneously 'ennobles' and 'enslaves' them (the Indians). By creating them within the ideological constructs of blood, nobility, power, faith, love and desire, the writer is effectively conceding them that same sophisticated humanity that he bestows on all his noble characters. Of course, at the same time, he is negating absolutely their existence within any autochthonous ideological scheme, or indeed any independent ideology or social framework. Ironically, he is committing with the pen that same act of genocide which he apparently has severe qualms about when it is committed with the sword" (37) ["Lope ennoblece a los indios y simultáneamente los esclaviza. Al crearlos desde dentro de los constructos ideológicos de la sangre, la nobleza, el poder, la fe, el amor y el deseo, el escritor les concede de forma efectiva el mismo tipo de sofisticación humana que atribuye a sus otros personajes nobiliarios. No cabe duda, sin embargo, que les niega de manera absoluta una existencia dentro de cualquier régimen ideológico autóctono, o incluso cualquier atisbo de ideología o marco social independiente. Irónicamente, Lope está cometiendo con la pluma el mismo acto de genocidio que el que le produce escrúpulos cuando se lleva a cabo mediante la espada"].

6. Muy al contrario, como dice Jack Weiner: "Tanto Lope reconoce el deseo de Colón de convertir a los indígenas que en esta comedia cambia la realidad histórica de su primer viaje. Lope hace viajar junto con Colón al padre fray Buyl quien se dedica enseguida a la conversión de los indios. Históricamente el padre Buyl viaja con Colón en el segundo viaje y no en el primero. Pero este trueque no se atribuye a la ignorancia de Lope, sino que muestra hasta qué punto quiere Lope hacer destacar el carácter espiritual de la obra de Colón" ("La guerra" 68–69). Ver, si se quiere, otra versión de este artículo (Weiner, "La incorporación") donde el crítico repite el análisis sobre *El Nuevo Mundo, Arauco domado* y *Los guanches de Tenerife* (1604–06), pero además estudia la representación del bárbaro en *Las Batuecas del Duque de Alba* (1598–1600).

7. Si se desea, ver el tratamiento que de este tema realiza Walter Cohen al analizar las diferencias entre los teatros históricos renacentistas inglés y español.

8. Ésta es también la postura de Robert Lauer al acercarse a todos estos dramas de conquista, la cual le lleva a decir: "there is an official 'party line' as far as these plays are concerned; but, surprisingly, there are also multiple decentering strategies which in effect partially destabilize or challenge the official ideological component of these dramas" ("The Iberian" ["El íbero"] 34) ["hay una línea oficial en lo que respecta a esta obras, pero sorprendentemente hay también múltiples estrategias de descentralización, que en efecto, parcialmente desestabilizan o critican el componente ideológico oficial de estos dramas"]. Carlos Brito Díaz prefiere hablar de una "actitud ambigua" en Lope, un "principio de *indefinición* deliberada" que le permite simultanear "la defensa y la sátira, la exaltación y la censura, la prédica y el pintoresquismo, la parcialidad y la objetividad, la alegoría y el realismo" (410).

9. Algo similar parece aducir Christian Andrés cuando, al referirse a la obra de Lope, resalta el modo en el que se critica la codicia de los conquistadores y evangelizadores a la vez que se realza la mansedumbre de los primeros indios descubiertos, "lo que confiere un matiz netamente moralizador y relativista frente a las consecuencias del Descubrimiento" (*Visión de Colón* 26).

10. El propio Glen Dille, en una publicación posterior fechada en 1997, presenta la misma cita para respaldar de manera contundente el mismo argumento que defiendo aquí.

11. Efectivamente Colón expresa al final del primer acto los tres motivos de conquista, es decir, el religioso, el político y el personal: "Ahora es tiempo de ganar un mundo" (v. 930), "y se ensanche de España el señorío" (v. 976); "a conquistar los indios, los idólatras" (v. 943); "y en nombre de Dios ir, y hallar la tierra / que os ha de dar riqueza, y a mí fama" (vv. 979–80).

12. Éste es el propósito de que "Lope precisamente dé a *El Nuevo Mundo descubierto por Cristóbal Colón* un carácter de obra hagiográfica porque nuestro dramaturgo reconoce la importancia y los métodos de Colón para tratar con los indígenas pacífica y humanamente" (Weiner, "La guerra" 67). En otro momento, Weiner apostilla: "Lope presenta a Colón como un visionario cuya misión más que nada es la de establecer la fe cristiana como religión oficial del Nuevo Mundo" ("La guerra" 68). Franco piensa que en esta obra éste es "el móvil del viaje: la conversión de pueblos y la difusión de la fe Católica de España" (405). En opinión de Nishan Parlakian es de esto de lo que se trata: "And really that's what this play is ultimately all about—the dissemination of Christianity in the new world" (39) ["y realmente en esto consiste el tema de esta obra —la diseminación de la fe cristiana en el Nuevo Mundo"]. Igualmente opina Lucía Chamanadjian al considerar la conversión: "el eje central de la obra" (105). Por último, Stephen Gilman haciendo referencia a la importancia de las figuras alegóricas en la obra expresa: "He (Lope) hoped to create in the audience's mind a theologically meaningful America" (112) ["Él (Lope) esperaba crear en la mente de la audiencia una América con un significado teológico"].

13. Siguiendo a Amalia Iniesta Cámara notamos que el nombre de Ongol aparece en *La araucana* de Ercilla "como el de un cacique terrible, también llamado Ongolmo." Después reaparece en *Arauco domado* de Oña, que es de donde lo retoma Lope, "si bien ya en calidad de Demonio, con lo cual se produce la transformación del personaje" (638). Posteriormente, en el auto anónimo titulado *Coloquio de los Cuatro Reyes de Tlaxcala*, de 1619 (¿?), aparecerá como Hongol.

14. Bender ve aquí una conexión muy interesante: "There is a connection between the sin of the Visigoth King Rodrigo and that of the sailor Rodrigo Terrazas. In both cases, an illicit affair brings pagan fury down on Christian land" (71) ["Hay una conexión entre el pecado del rey visigodo Rodrigo y el del marinero Rodrigo Terrazas. En ambos casos, los amoríos ilícitos traen la furia pagana a tierra cristiana"]. Dicho pecado se hace explícito en otro pasaje de la obra de Lope cuando paradójicamente Mahomed, rey chico, tras su derrota en Granada, le dice al rey Fernando: "Pues el trágico castigo / de España por don Rodrigo / en ti se restaura ya." Como dice Bender "Mahomet endorses the Christian view that the Moorish occupation of Spain was a divine punishment for the misbehavior of the Visigoth King" (102) ["Mahoma apoya la visión cristiana según la cual la ocupación musulmana de España fue un castigo divino causado por el mal comportamiento del rey visigodo"]. Y como afirma Antonio Cao: "si España había caído por la lujuria, ahora idéntico motivo en la parte enemiga constituye elemento determinante de la culminación del proceso de reconquista" (487).

15. Lope sin duda está escenificando aquí la matanza de Puerto Real por la que treinta y ocho españoles perdieron la vida a manos de los indios; masacre que, según la crónica de Gómara especifica, fue debida a que "les forzaban a sus mujeres y les hacían muchas otras demasías" (Gómara, cit. en Dixon, "Lope and America" ["Lope y América"] 257). El mismo episodio podemos observarlo en el texto de Oviedo al afirmar: "Luego se supo de los indios como aquellos cristianos les hacían muchos males, e les tomaban las mujeres e las hijas e todo lo que tenían, según lo querían hacer. Y con todo esto, vivieron en tanto que estuvieron quedos y acuchillados; mas, así como se descomidieron con el capitán que les quedó y se entraron en tierra adentro, pocos a pocos y desviados los unos de los otros, todos los mataron sin que alguno quedase" (Oviedo, cit. en Shannon, *Visions* 81–82). Campos sin descartar la codicia incide en lo que será la espoleta de la rebelión al defender: "Rodrigo se lleva a Tacuana y el demonio aprovecha la ocasión para destruir la obra de evangelización iniciada y provocar la insurrección de los indios" (752). Por su parte, Ricardo Castells se basa en este pasaje para argumentar que si bien *El Nuevo Mundo* no critica los intereses y motivos oficiales del imperio, "sí justifica la resistencia de la población indígena ante los peores abusos de los conquistadores" ("Oro" 395).

16. Esto es lo que suscribe Carey-Webb al decir: "The Native American characters in the play are motivated by the classic emotions of the Spanish and European stage. Even the moment that the *indios* are most opposed to the Spanish, their violent rebellion near the end of the play, has its roots in a stereotypically Spanish situation: jealousy and rage over deception by a rival suitor. Dulcanquellín and Tapirazú join forces to seek revenge for what they perceive as chicanery of one of the Spanish colonists, Terrazas, with whom Tacuana has an amorous relationship. These actions construct the *indio* male as a familiar character, one Lope's audience would respect, and even admire" (429) ["Los personajes nativo-americanos en la obra están motivados por las emociones clásicas de los escenarios españoles y europeos. Incluso el momento en que los *indios* se oponen de forma más decidida a los españoles, su rebelión violenta hacia el final de la obra, encuentra sus raíces en una situación estereotípicamente española: celos y furia producida por la intervención de un amante rival. Dulcanquellín y Tapirazú unen sus fuerzas para buscar la venganza por lo que ellos perciben como un acto de traición de uno de los colonizadores españoles, Terrazas, con quien Tacuana tiene una relación amorosa. Estas acciones construyen al *indio* como un personaje familiar, un personaje al que la audiencia de Lope pudiera respetar e incluso admirar"]. Por su parte, Miró Quesada (*América*) ve en esta "escena de amor" el despliegue de "dos sentimientos especialmente gratos a los públicos españoles de la época: de un lado la defensa de la mujer robada y de otro, lo que se ha podido llamar el 'donjuanismo'" (22).

17. Para un desarrollo detallado de las relaciones personales del dramaturgo con el Nuevo Mundo, ver John Hamilton ("Las relaciones"; *Dos obras*), Fernández-Shaw y sobre todo Franco. Quizá estos contactos personales explican el que Lope conociera tantos americanismos e indigenismos y el que los usara mucho más frecuentemente (tres veces más) que todos sus contemporáneos. Sobre el uso de americanismos en la obra de Lope, consultar Marcos A. Morínigo y Alberto Miramón.

18. Sobre este particular, Kirschner explica: "El discurso dramático sobre el indio en Lope de Vega está basado en la misma amplitud de miras que su discurso sobre el campesino. La razón de que no haya sido estudiado sistemáticamente se debe a que las obras en que aparece son poco conocidas. Fue el adentrarse en el mundo campesino lo que provocó la reivindicación del campesino 'honrado' y es ese mismo adentramiento que crea el indio 'honrado,' defensor del Trono y portador de la Cruz" ("Enmascaramiento" 64).

19. Kirschner alude a la subversión que representa este pasaje del indio al que le mienten los papeles, es decir los versos en los que se escenifica la inocencia y candidez del "salvaje-niño" que desconoce la escritura, diciendo que "La civilización aparece como arma de destrucción e incluso la escritura, un agente supuestamente civilizador, se usa en detrimento del indio al permitir que éste le atribuya poderes mágicos. Las relaciones familiares y tribales serán trastocadas" ("Exposición" 56). Al parecer, este episodio por el que al indio le mienten los papeles es original de Garcilaso el Inca, de donde lo toma Lope. Después lo vamos a ver con ligeras modificaciones en *La conquista de México* de Fernando de Zárate, y ya en el siglo XIX en un texto de Ricardo Palma titulado "Carta Canta." Además de poner sobre las tablas de una manera tan imaginativa y dramáticamente plástica la falta de escritura del amerindio, *El Nuevo Mundo* de Lope va a desplegar numerosas proyecciones y leyendas que se venían dando a lo largo del Renacimiento y a las que Colón o Las Casas aluden y/o critican también en sus obras. Entre éstas se encuentran la existencia de territorios donde existe gente cabeza abajo: "*Sidonia*: ¿Luego antípodas hay y hombres opuestos / a nuestros pies, como yo estoy ahora? (vv. 402–03); "¿Hombres a nuestras plantas contrapuestos?" (v. 407). Así también, la existencia de una tórrida zona, a veces conectada con el centro de la tierra donde se halla el infierno, que producía fuegos eternos. En la zona tórrida el sol estaba más cerca de la tierra y con más fuerza calentaba. Por otro lado, se menciona la desnudez de los salvajes que había alimentado la lascivia de los españoles y las críticas a la falta de recato y ley en los indios (vv. 2305–11); su homosexualidad y sodomía, característica asociada en muchas ocasiones a los moros, es también parte del mundo amerindio, como opinaba Oviedo, y aquí hace referencia Tapirazú al decir "se juntaban / hombres con hombres" (vv. 1540–41); su falta de escritura, su inocencia, del todo exageradas por Las Casas al igual que por Lope; y por último la referencia a los caballos, la cosa con la que dicen los cronistas se ganó la conquista y a la que Lope le dedica unos versos (vv. 1814–33).

20. El indio habla de su alma durante toda la comedia. Valgan como ejemplo tres versos: "*Dulcanquellín*: el alma se mira en ti" (v. 1177); "*Tacuana*: reciba el alma placer" (v. 1271); "*Tapirazú*: que el alma me traspasó" (v. 1380).

21. La palabra "barbas" se puede leer también en la edición de Francisco Ruiz Ramón (*América* 314). Sin embargo, en la de la Biblioteca de Autores Españoles (160), y en la de La Real Academia Española (371) se escribe "barras" en vez de "barbas." Lemartinel y Minguet (64) piensan que debe leerse "barbas" porque de lo contrario los versos siguientes no tienen sentido. Sin embargo, no pienso que sea para nada descabellada la posibilidad de que Lope escribiera "barras," si atendemos al comentario que se hace en los versos inmediatamente posteriores sobre la riqueza que las susodichas barras de oro proporcionarían.

22. Efectos escénicos que se repetirán en los episodios alegóricos de los autos del *Corpus Cristi*. Para un enfoque semiótico de los numerosos elementos que conforman la puesta en escena del teatro histórico lopesco, ver sendos trabajos de Kirschner: "El 'velo'" y "Desarrollo."

23. Tratando de hacer olvidar la "leyenda negra," que el dramaturgo atribuye a la envidia que los otros europeos tienen del vasto imperio español —"*Terrazas*: no ha de haber provincia extraña / a quien la envidia no mueva" (vv. 2032–33)—, Lope presenta el siguiente diálogo entre Arana y Terrazas: "*Arana*: Aquellos á quien pedía [Colón] / socorro y no se le dieron, / ¿qué sentirán ese día? *Terrazas*: El yerro grande que hicieron / y de Colón la osadía. / Conocerán su ignorancia, / con Ingalaterra y Francia, / Portugal y otras naciones" (vv. 2034–41). Paralelamente,

La conquista de México de Fernando de Zárate reproduce la misma idea ligada al aumento de fama que los nuevos territorios proporcionarán a la Corona.

24. Colón se muestra seguro en todo momento de que existe un Nuevo Mundo, como lo prueban estos pasajes: "Pues ¡Vive Dios! que lo creo / que la hay (tierra), y que es sin duda" (vv. 593–94); "¡Ah, Dios, que no hay rey que quiera / un mundo nuevo, un tesoro / que aquesta mano le diera!" (vv. 643–45); "pero el cielo / me inspira lo contrario, / y me muestra que hay gente, / y que este nuestro polo tiene antípodas" (vv. 680–83); "yo sé que el cielo anima mi propósito" (v. 922). Puede deducirse que cuando se refiere al "cielo" se está hablando de Dios (re-conquista). Se nos avanza la escena sacada de la comedia de santos que está por venir, donde todas sus sospechas cesan. De otro lado, las únicas pruebas físicas de la existencia de tales "antípodas" se aducen haciendo referencia a la esfericidad de la tierra: por la sombra que la tierra proyecta sobre la luna cuando ésta es eclipsada; la inmovilidad de la tierra en el centro y la existencia de zonas equinocciales, polos y trópicos. Para un desarrollo detallado de las razones científicas e histórico-cosmográficas que llevan a Colón a afirmar la existencia de ese Nuevo Mundo en la comedia de Lope, ver de la Nuez.

25. Nótese que, aunque en versos anteriores ya Colón nos dice que está seguro de que hay una India no explorada, es en éste donde por primera vez, en todas las comedias que ponen en escena al indio, se las llama "las Indias."

26. Segunda acepción del vocablo "redimir" según el *Diccionario de la Lengua Española* de la Real Academia Española de la Lengua (1747–48).

27. En opinión de Weiner "es un hecho histórico que la toma de Granada con su propósito de la unificación militar, política y espiritual es un gran preludio lógico y necesario para el descubrimiento y colonización del Nuevo Mundo. Es así porque esta empresa no podría haberse realizado como se realizó sin la primera" ("La guerra" 67). Para un estudio sobre la representación del moro en esta comedia, ver Bender.

28. Sobre este particular y teniendo en cuenta la primacía que parece tener la figura del moro en la comedia, Case afirma que "En el plan teleológico de la historia, España creía tener una misión divina que cumplir, como los hebreos del Antiguo Testamento. Primero, tenían que restaurar la hegemonía de los cristianos en la Península Ibérica. Luego, conquistar y predicar el mensaje de Cristo en otras tierras, reflejando irónicamente el principio del *yijad* de los musulmanes. Esto, claro, reduce la conquista del Nuevo Mundo, y lo que es más importante, su evangelización, a ser tan sólo una pieza más en el gran mosaico del Plan Providencial. Tanto el moro como el indio, entonces, representan desafíos, pero en grados diferentes. Ya que la lucha con moros había durado ochocientos años, y seguía en un sentido entonces con el turco, el moro obviamente ocupaba el lugar más importante. El moro era, en otros términos, el punto de partida para cualquier otra historia" (14). Una historia que apunta ahora hacia la continuación de la cruzada en los nuevos territorios americanos. La diferencia es que los indios acogerán "fácilmente" el cristianismo.

29. Para ver un desarrollo exhaustivo sobre el origen y evolución de la idea de la concepción tripartita del mundo, consultar O'Gorman (105–07).

30. Precisamente entre los versos 1160–1251 del segundo acto se nos enumeran todas las riquezas en piedras preciosas, animales y plantas que la tierra india posee. Ambas construcciones, o mejor proyecciones de lo horroroso/maravilloso del Nuevo Mundo, aparecerán de igual modo en *Los diarios* de viajes y *Las cartas* de Cristóbal Colón (ed. Varela). Para ver un desarrollo específico de esta problemática consultar el libro de Stephen Greenblatt, *Marvelous Possession: The Wonder of the New World* [*Posesión maravillosa: La maravilla del Nuevo Mundo*], y los artículos de David R. Castillo, Rosa Pellicer y José M. Gómez-Tabanera.

31. El cacique Dulcanquellín muestra su fervor en dos pasajes más antes de la conversión al final de la obra. El primero tiene que ver con las ganas que expresa de oír misa: "Verla y oírla deseo" (v. 2429), y el segundo cuando le asegura a Bartolomé que no tenga miedo puesto que todos terminarán adorando a Cristo: "Bartolomé, yo creo lo que dices, / temo tu Dios y tus razones temo [...] Deja que oigan esa misa, y deja / que a tu Cristo y sus leyes se aficionen / Guanahamí y Haití, generalmente, / con Barucoa y con las demás islas" (vv. 2540–55).

32. Son muchos críticos los que han incidido en la ironía que muestra este pasaje de Lope por el cual el más depravado de los españoles en la comedia, Terrazas, se encarga de enseñar al cacique los misterios de la fe. Son también varios los que, basados en estos versos, defienden una notable crítica a la conquista por parte de Lope. Está claro que los abusos peninsulares no pasaban desapercibidos para el dramaturgo, que defenderá posturas lascasianas, pero de ahí a criticar frontalmente la empresa va mucho trecho. Por irónico que nos parezca este pasaje, no pienso que podamos olvidar, como no lo haría el auditorio, el hecho de que las acusaciones que se vierten contra los españoles provengan de la Idolatría vestida con ropas de indio.

33. Rodríguez Casado puntualiza: "Poco apego a las riquezas demuestra el mismo Almirante cuando al hacer el inventario de los presentes que ha de llevar al Rey se olvida del amarillo metal, y piensa, en cambio, en los bienes naturales del país" (255), esto es, aves y demás animales extraños.

34. Como ha apuntado Dixon, Lope se encarga en esta obra de anular todos los defectos que Gómara, por ejemplo, había atribuido al navegante. Es decir, de forma un tanto sorprendente la imagen de Colón en *El Nuevo Mundo* ciertamente eclipsa a un sinfín de figuras míticas: "He himself, for instance, expects to outdo both Euclid and Hercules. With irony that proves double-edged he is likened to Phaeton and to Prometheus. His brother describes him as a Daedalus; King Ferdinand, as

superior to Argos and Alexander, and indeed to all the Nine Worthies. He is compared, moreover, to Jonah, to Moses, to St. Christopher and even to Christ" ("Lope and America" 255) ["Él mismo, por ejemplo, espera superar tanto a Euclides como a Hércules. Con ironía de doble filo se iguala a Faetón y a Prometeo. Su hermano lo describe como un Dédalo; el rey don Fernando como superior a Argos y a Alejandro, y a los nueve de la fama. Se le compara además con Jonás, Moisés, San Cristóbal y hasta el mismo Cristo"]. Por otro lado, María Sten le recrimina a Lope el no haber desarrollado más el drama psicológico interno de Colón como "víctima de su propia imaginación," pasando más bien al plano de la lucha entre la fe cristiana y el demonio. De esta forma "El Colón de Lope se quedó como un hombre lleno de virtudes, bondadoso con los indios y para quien el gran Descubrimiento tenía solo un fin: la grandeza de España" (60).

Capítulo dos
La conquista de Chile y la reconquista de Brasil
1. Mónica Lee ha compilado una lista de crónicas y obras posteriores a *La araucana* de Ercilla e influidas por ella: *Cuarta y Quinta parte de La araucana* de Diego Santisteban Osorio (1598); *Arauco domado* de Pedro de Oña (1596/1605); *Las guerras de Chile* de Juan de Mendoza Monteagudo (1660); *Purén indómito* de Fernando Álvarez de Toledo (¿?); *Elegía de varones ilustres de Indias* de Juan de Castellanos (1589); y *El peregrino indiano* de Antonio Saavedra Guzmán (1599). *La araucana* de Ercilla también dio origen a romances y fue parcialmente utilizada como fuente documental por varios cronistas. Éste es el caso de *Historia del reino de Chile* de Alonso de Góngora Marmolejo (1575); *Crónica del reino de Chile* de Pedro Mariño de Lobera/Bartolomé de Escobar (1594); *Histórica relación del reino de Chile* del Padre Alonso Ovalle (1646); la crónica encargada por la familia del marqués a Cristóbal Suárez de Figueroa *Hechos de don García Hurtado de Mendoza, cuarto marqués de Cañete* (1613); y la novela histórica de Francisco Núñez de Pineda y Bascuñán *El cautiverio feliz* (¿?). Hay también tres obras posteriores al siglo XVII: *Valdivia en Tucapel* de Nebreda y Acosta (1759); *El Hércules chileno* de autor desconocido, y *Arauco libre y el nuevo Caupolicán* de José Manuel Sánchez Rojas (¿?) (4). Lerzundi añade algunas obras más como son: *Romances anónimos basados en La araucana* (1589-93); *Historia tragicómica de don Henrique de Castro*, novela de caballerías de Loubayssin de la Marca (París, 1617); y *Restauración de la Imperial y conversión de almas infieles*, novela de Fray Juan de Barrenechea y Alvis (ca. 1693) (*La conquista* 15–18).

2. Una primera versión de este estudio sobre *Arauco domado* ha sido publicada como "La honorable muerte de un bárbaro en *Arauco domado* de Lope de Vega" en *Theatralia* 6 (2004): 49–76. Se reproduce aquí con autorización del director, Jesús G. Maestro.

3. Cito por la edición de la Real Academia Española de 1901 (*Arauco domado*, de Lope). La fecha de composición de *Arauco domado* ha sido objeto de especial controversia para autores como Morley y Bruerton, Menéndez Pelayo, Medina, Martínez Chacón, Whalen, Corominas, Lerzundi, Lee, Vega García-Luengos, y Dixon. Algunos la han datado entre 1598 y 1603, probablemente 1599; Whalen lo hace entre 1613 y 1618; Lerzundi (*La conquista*) y Martínez Chacón entre 1604 y 1618; otros alrededor de 1625. Shannon (*Visions*) discute con muchos de ellos fijando la fecha de composición de la obra entre 1607 y 1609, fechas defendidas también por Romanos ("La construcción"), para quien esta obra es la primera de las escritas sobre Chile y de la cual todas las demás derivan. Sin embargo, el propio Shannon en la edición que dedica a *El Nuevo Mundo*, va a corregir su postura y defender 1600 como el año en que Lope escribiera *Arauco domado*. No obstante, la disputa sigue estando viva (ver notas siguientes). Posteriormente apareció publicada en Madrid en *Parte veinte de las comedias de Lope de Vega Carpio*, 1625.

4. Don García Hurtado de Mendoza, marqués de Cañete, nació en 1535 y ocupó dos cargos en las Indias. Cuando sólo contaba veintiún años fue nombrado gobernador de la provincia de Chile por su padre Don Andrés, entonces virrey del Perú. De 1588 hasta 1596 sería el propio Don García el que ocuparía el cargo de virrey, cedido por su padre. Toda la crítica coincide en que, a su vuelta a España, ninguno de los dos puestos al servicio del rey le reportó los honores, privilegios y premios que de seguro él y su hijo Juan Andrés pensaban que merecían.

5. Para constatar las influencias de la obra de Oña en la de Lope y cómo el dramaturgo se imbuye del tono de protesta e ideas encomiásticas del poeta es pertinente citar el trabajo de Mejías-López: "Entre los continuadores de Ercilla, Oña es el más reconocido y estudiado. Su poema *Arauco domado* critica la manera en que los araucanos se convierten en víctimas de la carga económica impuesta por el sistema colonial. Si bien Ercilla aborda el problema desde diversas perspectivas —política, legal y filosófica—, Oña se atiene a enfocar con crudo dramatismo la miserable condición del indígena en la colonia y atribuye su origen a las encomiendas. Sus testimonios aclaran, no sólo los abusos, sino el deterioro y sufrimiento que este sistema produce en los naturales. A la hora de sus denuncias, resalta el papel del gobernador de Chile (1557–61) García Hurtado de Mendoza, Marqués de Cañete, y luego Virrey del Perú (1589–96) en la implementación de legislaciones para acabar con las injusticias de las encomiendas. Oña lo considera como el salvador de los indios encomendados. [...] [el poeta] No censura a todos los españoles. Mientras critica, se cuida de ilustrar las cualidades de hombre justo y humano con las que adjetiva a don García" ("Principios" 78). En otro estudio, Mejías-López nos avanza la opinión contraria que tenía Ercilla con respecto al marqués. Según el crítico, Ercilla denuncia la codicia, las cargas, la servidumbre, la crueldad y la violencia impuestas por los españoles, de modo que "Si este problema había estado vigente anteriormente bajo el gobierno de Pedro de Valdivia, es con el de García Hurtado de Mendoza que la situación empeora" ("La relación" 214). Para Mejías-López, tanto el poema de Oña como el de Ercilla presentan contactos ideológicos con el pensamiento de Vitoria, Fray Gil González de San Nicolás —discípulo del anterior— y Las Casas en sus críticas de las injusticias, defensa del tratamiento de los indios y hasta guerra defensiva contra el peninsular.

6. Juan M. Corominas alude a una tercera gran influencia en la obra de Lope, cual es la historia de Cristóbal Suárez de Figueroa titulada *Hechos de don García Hurtado de Mendoza, cuarto marqués de Cañete*, escrita en Madrid en 1613 y reimpresa en 1616. Al parecer, todos los episodios de la obra de Lope se encuentran en la historia de Suárez, incluso aquéllos que Oña no narra. Asimismo, el crítico esgrime que la obra de Lope vio la luz posteriormente a la publicación de comedias como *El gobernador prudente* de Gaspar de Ávila (1613?), y *Algunas hazañas de las muchas de don García Hurtado de Mendoza*, escrita por nueve dramaturgos en 1622. Por todo ello, Corominas parece fechar *Arauco domado* de Lope, habiendo recibido influencia de todas estas fuentes, entre 1623 y 1625. John Hamilton (*Dos obras*) coincide con él, y Toda Oliva incluye también a *Los españoles en Chile* de González de Bustos entre esas fuentes, pero no nos da fecha de composición ni de esta última obra, ni de la que nos ocupa. Sin embargo, Dixon ("Lope and America"; "Lope de Vega, Chile") se separa de todos los anteriores tanto en la fecha de composición como en las fuentes adicionales. Siguiendo a Morley y Bruerton propone 1599 como año en el que muy probablemente se escribiese *Arauco domado*. Del mismo modo, Dixon argumenta que Lope se basa principalmente en los trabajos de Ercilla y Oña, aunque recibe importantes influencias de otras fuentes como son: la obra de Diego de Santisteban Osorio, *Quarta y quinta parte de La Araucana* (Salamanca, 1597), y una *Crónica del reino de Chile* de Pedro Mariño de Lobera, reescrita a finales del XVI (1589?/1596?) —con la asistencia del propio Don García— por Bartolomé de Escobar. Para un desarrollo exhaustivo de esta problemática, ver su artículo ("Lope de Vega, Chile"). Lee también acepta 1599 como la fecha de composición de la comedia y la crónica de Mariño de Lobera/Escobar y el poema de Oña como sus fuentes inmediatas. Éstas también son las dos fuentes de Lope para Germán Vega García-Luengos quien defiende que la obra se escribiría entre 1599 y 1604. De este modo, *Arauco domado* de Lope sería la primera dramatización de los hechos de Don García y de la cual recibirían influencia todas las posteriores obras que escenifican el tema de Arauco.

7. En este sentido, como especifica Corominas: "El acto I corresponde al último canto de la primera parte de *La araucana* y llega hasta el canto XXI de la segunda parte y se refiere al paso de don García por la Serena y la defensa del fuerte de Penco. El acto II y parte del III se refieren a la batalla de Biobio o Millarapué, de octubre de 1557, con el terrible castigo de Galbarino. En la obra de Ercilla nos vamos hasta el canto XXIII. El resto del acto III lo ocupa la lucha en la quebrada de Purén y la prisión y muerte de Caupolicán que corresponde a los cantos XXII a XXXI de *La araucana*. El poema de Oña acaba con la derrota de los araucanos en

Millarapué. Por tanto, no cuenta nada de las luchas posteriores ni de la prisión y muerte de Caupolicán" (165–66).

8. Sobre el uso de los diferentes indigenismos americanos para dar color y sabor locales a las obras y los errores y confusión por parte de los varios autores a la hora de incluirlos en sus comedias sobre Arauco, ver Lerzundi (*La conquista*; *Arauco*).

9. También en *La araucana* de Lope (ed. J. T. Medina, 1915–17) encontramos ejemplos similares en los que los indios cantan: "Guaipai [...] / Guapaya" (255); "Piraguamonte, piragua / Genicarísagua / Runfalalá" (277) [...] "Canariabona," "Lirunfá" (275). Mediante estos mecanismos de los areitos Gilman (114–15) afirma que Lope definitivamente trajo "América" (en sus propios términos orales y poéticos) al corral de comedias, algo que otros autores no habían logrado. El crítico ve en el dramaturgo un precursor del "creacionismo" poético, el cual incluye los ritmos y sones de los areitos caribeños en la espectacularidad del marco teatral. Lope tiene la intención entre otras de recrear ciertas "palabras mágicas" o combinaciones fonéticas que despierten las memorias infantiles de la audiencia a la vez que muestran el "pensamiento salvaje" de los araucanos. Para un amplio desarrollo ver su artículo. Con todo, Toda Oliva matiza esta postura diciendo que: "la escena recitada podría ocurrir en cualquier arroyo de las Hespérides... Quizá Lope quiso imaginarse la selva araucana y dar color popular a las escenas indias, pero de nuevo sobre su fantasía primaron Virgilio, Sannazaro, Montemayor, Garcilaso..." (62). En opinión de Shannon (*Visions*) "the repetition of the refrain 'piraguamonte, piragua...' creates a hypnotic effect upon the audience and hurls the public into a strange and unknown level of consciousness. The constant repetition of 'piragua' recalls the image of water and leads the careful listener back to Act I, scenes iii and v in which Caupolicán and Fresia enjoy sensual pleasures in the river from which fire erupts as chastisement for their lust. The 'areito,' therefore, is a structural device which aids in the unity of the play" (147) ["la repetición del estribillo 'piraguamonte, piragua...' produce un efecto hipnótico que envuelve a la audiencia precipitándola en un estado o nivel extraño de conciencia. La constante repetición de 'piragua' evoca la imagen del agua y lleva al cuidadoso espectador de regreso al acto primero, escenas tercera y quinta en que Caupolicán y Fresia se deleitan en los placeres sensuales en medio del río desde donde surge el fuego como castigo a su lujuria. El 'areito' por tanto, es un recurso estructural que refuerza la unidad de la obra"]. Téngase en cuenta que el ritmo y el son del areito constituye, como primigenio canto caribeño, la base rítmica de una música que se escucha hoy en día.

10. La escena del baño de Caupolicán y Fresia aparece por primera vez en el Canto 5 del *Arauco domado* de Pedro de Oña y ha sido estudiada en profundidad por Robert Lauer ("Caupolicán's Bath" ["El baño de Caupolicán"]), quien la ve crucial para el desarrollo de los personajes y la calidad dramática de las obras sobre Arauco. Lauer nos demuestra cómo Oña ha seguido las fuentes de la épica clásica y de la tradición lírica a la hora de montar la escena y concluye: "the scene in question serves to exult and ennoble the American Indians, making them into epic [*La bellígera española*], moral [*Arauco domado* de Lope], and tragic characters [*Los españoles en Chile*] worthy of being sung by another noble and proud people, the Spaniards" (111; las aclaraciones son mías) ["la escena en cuestión sirve para exaltar y ennoblecer a los amerindios convirtiéndolos en figuras épicas [*La bellígera española*], morales [*Arauco domado* de Lope], y personajes trágicos [*Los españoles en Chile*] dignos de ser celebrados por otro pueblo orgulloso y noble, los españoles"]. Cuando la escena no aparece, como es el caso de *Algunas hazañas de las muchas de Don García Hurtado de Mendoza*, la obra se queda en mero encomio (Lauer, "Caupolicán's Bath" 110).

11. A este respecto comenta Ricardo del Arco y Garay: "Lo cierto es que, no obstante, el acendrado españolismo de Lope, no se deshizo en ditirambos ante nuestras empresas coloniales, y deja escapar de vez en cuando frases condenatorias de la ambición que llevaba a los exploradores a tierras de Indias, no ya en las escasas obras dramáticas referentes a aquellos territorios, sino incidentalmente en otras" (cit. en Franco 91–92).

12. De este modo, Lee subraya que si bien Ercilla en *La araucana* admira muchas de las cualidades del indio, también lo critica tachándolo de "bárbaro inhumano" (Canto 6), "bárbaro del robo no contento / Arruina, destruye, desperdicia" (Canto 7). La crítico añade que el indio "Como 'bárbaro' es un ser poco racional que actúa como tal: cegado por la ira, la venganza y el furor" (64).

13. En *La araucana* de Ercilla se dice sin mucho énfasis que Fresia "colérica y rabiosa" a causa de la sumisión de Caupolicán "el tierno niño le arrojó delante" (Canto 33), es decir, parece que le entrega el niño a su padre y los abandona a los dos para siempre. Por el contrario, en la comedia de Lope, que sigue en esto la versión de Mariño de Lobera y la de Suárez de Figueroa, se subraya y recrea de tal forma la escena que hace de la india una horrenda infanticida. Ejemplos como éste son los que hacen a Gilman decir: "Historically hampered by the naive and narrow (Chilean?) frontiers of Ercilla's imagination, Lope is clearly trying to find ultra-historical means of dramatic communication" (112) ["Dificultado históricamente por las inocentes y estrechas fronteras (chilenas?) de la imaginación ercillana, Lope está claramente intentando encontrar medios ultra-históricos de comunicación dramática"].

14. Como no lo es tampoco para A. A. Heathcote que, en un estudio dedicado a *La araucana* de Lope, ve en esta imagen de Caupolicán-Cristo una personificación del perdón. Y en contra de Menéndez Pelayo añade: "The attempt to equate the Araucanian chief with the central figure of the story illustrating the doctrine of Redemption is artistically justified and allegorically sound" (78) ["El intento de igualar al jefe araucano con la figura central de la historia en su ilustración de la doctrina de la redención se justifica artística y alegóricamente"]. Nótese, que en la época no era extraño el utilizar personajes épicos o históricos, no sólo bíblicos, para la alegorización del acto eucarístico propia de los autos sacramentales. Podemos observar así, por ejemplo, la figura de un Carlo Magno–Cristo. Sobre esto, véase el artículo de Alfonso Reyes, "Los autos sacramentales en España y América," cit. en Lee (221).

15. En opinión de Ruano de la Haza, Lope ha conseguido darle a Caupolicán el *status* de un gran personaje literario, equiparable a Hamlet, don Quijote o don Juan. No sólo lo ha hecho humano, sino que le ha dado una característica universal que trasciende su individualidad: la capacidad "de la autorreflexión y, por tanto, de la duda" ("Las dudas" 47).

16. Esto ha llevado a críticos cristianos como Toda Oliva a decir: "Ahora se unen por parentesco. Ya no hay diferencias de vencedor y vencido, de sangre o de color. Ni señor, ni esclavo; ni antagonismo, ni odio. Ambos, vasallos de Dios; ambos, libres en Dios. Lope de Vega culminó su 'Arauco domado' —como Ercilla su 'Araucana'—, en el giro más alto del amor. Porque ambos comprendieron la clave de España, que al entrañar su sangre, su espíritu, su fe, con las gentes de América, buscó y creó en ellas el parentesco sobrenatural: la hermandad católica, ecuménica, de todos los hombres ante Dios" (71). De manera parecida Muñoz González alude a que la visión que Lope tiene del indio "es la de los otros en cuanto semejantes, por sus anhelos de libertad, de heroicidad en las desdichas, y hermanados en Cristo" (89). Por último, Antonio Cao dice que "en estas piezas americanas de Lope de Vega vuelve a darse el mito glorificador de la España imperial y generosa, aunque no con una estructura monolítica, pues su configuración comporta una serie de variaciones y de procesos dialécticos para dar cabida a la vasta geografía humana con su diversidad de creencias y de sentido moral" (492).

17. A este respecto, White Navarro defiende: "The playwright brings the Spanish events in Arauco to the collective ideological expectations of his audience. [...] It is a celebratory play, for García's deeds in Arauco are related to the triumph of the Empire in the Indies and to the propagation of the Catholic faith. [...] Lope establishes a cause-effect relation between the dominion of Spain and legitimacy of the war and the rebelliousness of the Indians and their 'diabolic' practices of idolatry and cannibalism" (*The Imaginary* 101) ["El dramaturgo lleva las hazañas españolas en arauco al terreno de las expectativas ideológicas colectivas de su audiencia [...] Es una obra celebratoria, en tanto en cuanto las hazañas de García en arauco se relacionan con el triunfo del imperio en las Indias y la propagación de la fe católica [...] Lope establece una relación causa-efecto entre la dominación de España y la legitimidad de la guerra y la actitud rebelde de los indios y sus prácticas 'diabólicas' de idolatría y canibalismo"].

18. Díaz Balsera está del todo de acuerdo cuando al analizar *La araucana* defiende: "Ercilla's melancholy at the end of the poem is produced both by the betrayal of the spiritual project of the Conquest of America and by the fact that he has been unfairly treated, not by the imperialistic positing of such a spiritual project" (29) ["La melancolía de Ercilla al final del poema se produce por la traición del proyecto espiritual de la conquista de América, y al mismo tiempo, por el hecho de que él mismo se siente injustamente tratado, y no por la dimensión imperialista del proyecto espiritual"]. A este respecto, Lee nos recuerda que Ercilla en el último canto de *La araucana* (Canto 37) defiende la guerra como "un proceso necesario e inevitable para el progreso humano." Lee deja claro que para Ercilla "Si bien la argumentación va ligada al conflicto específico existente entre España y Portugal, es igualmente aplicable a las guerras de la Conquista" (54). Ercilla no cuestiona el derecho a la conquista como proyecto histórico, pero sí la falta de calidad moral de los militares encargados de llevar dicho proyecto a cabo (cif. Lee 60). Por otro lado, y siguiendo a Romanos, se puede decir que con la épica de Ercilla: "Se configura así un mito araucano de raíces literarias [Virgilio y Ariosto] destinado, al mismo tiempo, a glorificar la heroicidad de los españoles en su gesta americana" ("Proyección" 136; la aclaración es mía). Por su parte, Valentín de Pedro concluye que Ercilla: "Cantará a España, pero también a Chile; celebrará las hazañas de sus compatriotas, sin excluir las suyas propias, pero con el mismo entusiasmo elevará su voz en loor de los araucanos" (*América* 297). Ver también el libro de David Quint y el artículo de William Melczer que defienden la ausencia de una visión única y monolítica en la obra de Ercilla. *La araucana* es tanto una crítica como un himno de alabanza a la conquista de Chile.

19. Patrizia Garelli al respecto del supuesto "anticolonialismo" de Lope defiende: "Si pudieran inducirnos muchas afirmaciones, desvinculadas de su contexto, al error de considerar a Lope como un anticolonialista convencido, la fórmula de fondo de las dos comedias [*El Nuevo Mundo* y el *Arauco domado*], constituye claro testimonio de que el pensamiento del autor no presenta vacilación alguna acerca de la licitud de la empresa española en el Nuevo Mundo" (292).

20. A lo largo del texto cito de *El gobernador prudente* de Ávila de la edición de J. T. Medina en *Dos comedias famosas y un auto sacramental* (1915), aunque también he consultado la edición clásica de 1663. *El gobernador prudente* de Gaspar de Ávila (o Dávila) se imprimió por primera vez en 1663 aunque como dice Medina podría haber sido escrita medio siglo antes a instancias del hijo de Don García, con la intención de reivindicar para la memoria de su padre, el marqués, las hazañas que le había robado Ercilla (7). Sin embargo, Lerzundi (*La conquista* 259) sostiene que esta tragicomedia histórica no puede ser anterior a 1622, por la referencia que se hace en ella a un número de jesuitas martirizados en Japón entre 1622 y 1624. También, como *Arauco domado*, bebe de las obras de Ercilla, de la de Oña, y de la de Suárez de Figueroa.

21. Romanos resume su visión de esta comedia diciendo: "Gaspar de Ávila ha trazado, pues, un panegírico de la persona del Marqués de Cañete más que una acción dramática capaz de mostrar tensiones y enfrentamientos que moldeen los lineamientos sobre los que se diseñan las conductas de los personajes. La excesiva elevación del héroe arrastra consigo la disminución de la potencia de su oponente que carece de la coherencia necesaria para alcanzar su condición de *dramatis personae*" ("La construcción" 201). Sin embargo, en opinión de Franco: "Ávila presenta una trama bien trabajada y lógica. Sus indios son como los de Ercilla, Oña y Lope de Vega, fieros luchadores, decididos y valientes. Las indias son más femeninas y por lo tanto más amantes. Eliminó las escenas horrendas que aparecen en la comedia lopesca y da menos intervención a los elementos sobrenaturales. La conversión de los indios y su bautismo no es por fe consciente, sino nacida del temor" (119).

22. Aunque en esta obra sale citado Ercilla como Don Alonso de Arcila, "el cual con valor prudente pelea como escribe" (75), el dramaturgo, que tiene la intención de criticarlo, toma mucho del poeta. Sin embargo, la comedia está llena de anacronismos. De esta manera, Medina nos recuerda que el pasaje por el que el marqués de Cañete está en el Perú y promete enviarle hombres a Valdivia no pudo ocurrir, pues la llegada de Hurtado al Perú (1556) se dio dos años y medio después de la muerte del General. La supuesta consulta entre Valdivia, Villagrán y Aguirre fue imposible que tuviera lugar antes de la batalla de Tucapel, ya que ninguno de los dos últimos se encontraba allí. Así también, Ávila toma a Fitón por el Puchecalco del poema épico. En otro orden de asuntos, a Ávila no pareció gustarle el nombre de Fresia, mujer de Caupolicán, tal como se nombra en *La araucana*, *Arauco domado* de Oña, o posteriormente en *Los españoles en Chile* de Bustos y la rebautizó "Fresa" en su comedia.

23. En adelante todas las citas de *La bellígera española* de Turia las hago por la edición de Francisco Ruiz Ramón (*América*), aunque también he consultado la de J. T. Medina (*Dos comedias*) y la de Patricio Lerzundi (*La bellígera*). *La bellígera* ha sido fechada en Valencia en 1616.

24. De ahora en adelante usaré la abreviación *Algunas hazañas* del título de la comedia de Belmonte Bermúdez et al., que cito por la edición de la Biblioteca de Autores Españoles de 1852, pero que sabemos fue impresa en Madrid por Diego Flamenco en 1622. Se barajan dos razones de por qué esta comedia fue escrita. La primera tiene que ver con que la obra fuera un encargo del hijo de Don García hecho a Luis Belmonte Bermúdez, el cual estaba en Perú en el tiempo en que Don García era virrey. La segunda, que fuera una obra compuesta para competir con *Arauco domado* de Lope, la cual aunque se editó por primera vez en 1625, se piensa que fue escrita mucho antes. La obra fue representada entre el 5 de octubre de 1622 y el 8 de febrero de 1623 en el cuarto de la reina por la compañía de actores encabezada por Pedro de Valdés y Alonso de Olmedo (cif. Shergold y Varey 47). Vega García-Luengos, siguiendo a H. A. Rennert, resalta que son dos compañías las que se juntan para la representación palaciega, la de Cristóbal de Avendaño y la de Pedro de Valdés, cosa rara, pero que responde a la necesidad de "engrosar los ejércitos castellano y araucano en aras de una mayor espectacularidad" (205). Que se sepa, no hay otra obra en la literatura española que haya sido compuesta por nueve autores.

25. Es interesante advertir cómo en las conversaciones de los graciosos, Chilindrón español y Coquín indio, al comparar española e india se deja ver la opinión que se tiene de las mujeres peninsulares, las cuales no parecen salir muy favorecidas, pues se afeitan y acicalan tanto que les huele, según Chilindrón, "la cara a perro mojado, y a ratones la cabeza" (497). Asimismo, besar a una de ellas embadurnada es como besar a la muerte, tal se desprende de la frase: "*Chilindrón*: quedé con la boca cenicienta" (497). También se dice de las mujeres españolas que para que no sean muy andariegas "*Chilindrón*: Les hemos puesto chapines / Y faldas; y no hay quien tenga / Una mujer en su casa, / Y más si hay comedia nueva" (497). Nótese cómo se incide en la popularidad del teatro particularmente entre las mujeres. Por otro lado, en opinión del gracioso, las indias al no tener chapines (zapatos) entonces serán muy retozonas, pero eso sí, limpias en comparación con las españolas y "prototipo ideal femenino del buen salvaje" (Lee 196). Como vimos, el antecedente de todo este episodio se encuentra en *Arauco domado* de Lope.

26. Cito *Los españoles en Chile* de González de Bustos de la edición de Joseph de Orga (1665?), aunque también he consultado la de Andrés García de la Iglesia (1665). Medina (*Dos comedias*), Ruffner y Romanos ("La construcción") fechan esta comedia en Madrid en 1652 por la edición de la *Primera parte de comedias escogidas*. Posteriormente se publicaron dos ediciones, la de Sevilla en 1720? y la de Valencia de 1761, copias de las cuales se encuentran en el Museo Británico. También ha aparecido una copia en La Habana de 1841 (Ruffner 191–92). Recientemente, en 1998, James Abraham ha realizado una edición multimedia de esta comedia; el texto es accesible en esta dirección en la red: http://w3.coh.arizona.edu/projects/comedia/bustos/espchi.html.

27. Muchas son las referencias que se hacen a la barbarie de los indios, llamándolos también "perros" (6, 18, 20). "Perro" sólo se usa como insulto a los indios en *Los españoles en Chile* y en *Las palabras a los reyes* de Vélez de Guevara.

28. *El nuevo rey Gallinato* de Claramonte ha sido fechado por Charles Ganelin entre abril de 1599 y enero de 1601 y al parecer fue representado tres veces en Salamanca en 1604 (Ganelin 15–16). Sin embargo, Zugasti ("Pegú" 449–50) piensa que la pieza debió redactarse en 1602 ó 1603 siguiendo las leyendas, más que las crónicas y memoriales, construidas acerca de la relación de sucesos de Camboya y que presentan como protagonista a la figura de Gallinato. Por otro lado, de Armas ("Fashioning" 2; "*Oikoumene*" 37), aceptando las fechas de Ganelin, insiste en que el drama no sólo merece ser incluido entre las comedias que tratan el tema de América en el teatro del Siglo de Oro, cosa que no se había hecho, sino que puede desplazar a *El Nuevo Mundo* de Lope como la primera comedia escrita sobre América. Sin embargo, Barbara Tadman —la primera quizá que se haya acercado críticamente a este drama— como el propio de Armas comenta, no sólo no contempla esta posibilidad, sino que defiende que *El nuevo rey Gallinato* contiene claramente elementos de *El Nuevo*

Mundo, elementos que Claramonte usa sin ocultarlo (Tadman, cit. en de Armas, "Fashioning" 8). A partir de aquí cito por la edición de Hernández Valcárcel de 1983.

29. Ver en este sentido los comentarios de Hernández Valcárcel (115–18), Arellano (392–93; 396–97) y Ruano de la Haza (cit. en de Armas, "*Oikoumene*" 38). Contrario a estas impresiones, Rodríguez López-Vázquez se ha ocupado de reivindicar los logros y los valores dramáticos y escénicos que sin duda la obra contiene y que contrarrestan sus deficiencias.

30 Hernández Valcárcel dice de Cambox que es un "reino imaginario" (178), aunque en realidad, como ya hemos mencionado, sabemos que se trata del reino de Camboya, a la que se denominaba Camboxa durante la época (Tadman, cit. en de Armas, "Fashioning" 2; y Zugasti, "Pegú" 450). Con este recurso de situar Camboya en América, nos dice de Armas, Claramonte muestra su actitud imperialista, mediante la cual uniformiza todo lo *Otro* como bárbaro: "Claramonte is then bringing together Asia and America in one play, where geographical confusion serves to bring together non-Christian others and deny them any claims to individuality or specificity. In so doing, Claramonte is attempting to 'tame' and confine the 'remote other' so that the threat to the self would be more easily dispelled. Indian words are set next to Asian terms to create the appearance of a homogeneous other rather than a series of culturally threatening others, as in the line 'y el gran Camí, de sus bonxos' (178). Here 'Camí' seems to be an American term, while 'bonxos' are the Buddhist bonzes or monks" ("Fashioning" 2) ["Claramonte está así uniendo Asia y América en la misma obra, en donde la confusión geográfica sirve para juntar a los Otros no cristianos y negarles cualquier atisbo de individualidad o especificidad. De esta manera, Claramonte intenta 'domesticar' y confinar al 'lejano Otro,' de tal forma, que la amenaza que éste representa para el Uno pueda ser más fácilmente erradicada. Las palabras indígenas se colocan al lado de términos asiáticos para crear la apariencia de un Otro homogéneo, en lugar de una serie de Otros culturalmente amenazantes, como en el verso 'y el gran Camí, de sus bonxos' (178). Aquí 'Camí' parece ser un término americano, mientras que 'Bonxos' refiere a los monjes budistas"].

31. Para ver un comentario pormenorizado de esta escena, ver Rodríguez López-Vázquez.

32. Gallinato, al despertarse y sentirse soñando, acude a la Virgen María para que lo ayude, alabándola tanto porque pone al "sol" indio (demonio) a sus pies, cuanto por proporcionar "el grande Sol de justicia" (Cristo) que alumbra las tinieblas de los salvajes: "*Gallinato*: Reina, divina María, / que el sol miras a tus plantas; / que el grande Sol de justicia / entre las nieblas escasas / diste para que este mundo / alumbre y cubra de gracia. / A ti te invoco, Señora, / tu favor mi pecho aguarda" (2.801–08).

33. Para ver la importancia que tienen en esta comedia los sueños, los elementos mitológicos y proféticos, consultar el artículo de de Armas ("Xerxes"). En ese trabajo nos dice el crítico: "In this early play Claramonte has avoided such pitfalls by creating a fantastic hero whose astonishing conquest and successes reveal the American venture as a wish-fulfillment dream. Like Alexander, Gallinato has become master of more than one continent, having conquered Chile (America) and Cambodia (Asia). His oracular dream has proven to be prophetic" (275) ["En esta obra temprana, Claramonte evita potenciales problemas al crear a un héroe fantástico cuyos deslumbradores éxitos y conquistas revelan la aventura americana como un sueño hecho realidad. Como Alejandro, Gallinato se ha convertido en el dueño y señor de más de un continente, habiendo conquistado Chile (América) y Camboya (Asia). Su sueño ha resultado profético"].

34. La india habla numerosas veces de su alma entre los versos 65 a 115 del tercer acto. Así también Polipolo dice poseer alma, según él, hecha de "viento incorpóreo" (3.239). Cáptese el nivel de abstracción y las sutilezas que sabe el "salvaje."

35. Antes de terminar, hay que hacer mención a otra comedia de enredo de cariz histórico-religioso *El español entre todas las naciones y clérigo agradecido* (1ª parte) de Alonso Remón, que un crítico como McGrath ha conectado con *El nuevo rey Gallinato* de Claramonte. Según este estudioso, ambas comedias explotan el tópico del Nuevo Mundo como refugio de lascivia y libido desenfrenadas y sus argumentos tienen puntos de contacto. En la obra de Remón tanto los indios como los negros se enamoran de los blancos. Gracias al trabajo de Zugasti ("Andanzas") sabemos que existen cinco comedias (escritas entre 1628 y 1634) que recrean los viajes del viajero y clérigo jiennense Pedro Ordóñez de Ceballos alrededor del mundo, y la pieza de Remón es una de ellas. Estas obras son por entero de encargo y sirven al propósito de encomiar la figura histórica de Ordóñez de Ceballos. De las cinco, dos representan de forma fugaz al amerindio en escena como mero ambiente para ensalzar la vida y proezas del héroe andaluz al que incluso se le aparecen en sueños santos como San Luis Beltrán. Así, América y sus indios salen a escena en los actos segundo y tercero de la *Primera parte de la famosa comedia del español entre todas las naciones y clérigo agradecido*, del fraile mercedario Alonso Remón (Jaén, 1629), y en la jornada tercera de la *Cuarta parte* de la famosa comedia del mismo título, de autor anónimo (Baeza, 1634). La *Primera parte* pone en escena en sus dos últimos actos la rebelión de los negros cimarrones confinados en las minas y los levantamientos de los indios taironas en Urabá y Caribana (Cartagena de Indias), mientras que la *Cuarta parte* se ocupa en la jornada tercera del alzamiento de los indios Quijos (Perú). Todas estas revueltas fueron sofocadas por Ordóñez de Ceballos y referidas por él mismo en su obra autobiográfica *Viaje del Mundo* (1614), como ha mencionado Zugasti ("Andanzas" 177). Las dos comedias representan escenas de enfrentamientos entre indios y españoles mezcladas a ratos con intentos de amoríos entre peninsulares y personajes amerindios principales. Centrándonos en la *Primera parte*, la pieza de Remón, hay que decir que el indio y el negro hablan con pulcritud y se representan a sí mismos fieros y antropófagos en muchos pasajes. Al mismo tiempo, hablan del poder español como de una "arrogancia loca" que "sin razón obedecemos" e intentan sacudirse el yugo de la servidumbre aduciendo ser hombres como el peninsular y ansiar que les devuelvan la libertad aquéllos que crueles matan a padres y maridos y raptan a mujeres e hijas (34-35). En la obra no se disimula la codicia por el oro que tiene la tropa peninsular, pero eso sí, se aclara que Ordóñez sólo busca aplacar la rebelión de los amerindios para que obedezcan la ley y puedan así, sometidos de nuevo, ser súbditos de Dios y del rey. Los "salvajes" indios y también ahora los negros cimarrones no tardan en aceptar la fe. No sólo se rinden a Ordóñez, sino que le piden que los bautice y les mande encomenderos para favorecer el que adquieran de mejor manera la doctrina: "*Caloco*: vuelvan los encomenderos, / denos Padres de dotrina, / que traza ha sido divina" (40). El amerindio entiende de honor y no ha habido que forzarlo para que acepte a Dios. No obstante, es un bárbaro antropófago. Además en esta comedia hay una preocupación muy grande con el problema del color y de la raza negra, algo que no vamos a ver en ninguna otra pieza de este repertorio, pues no van a aparecer más personajes negros en escena. La negra Polonia, enamorada del capitán español, le recrimina que la rechace por su raza: "*Polonia*: Pienso grande capitán / que siempre para ti están / mi honor y vida guardados / con las armas me rendiste / con el valor me obligaste / por blanco me enamoraste / por negra me aborreciste" (41). Al final de la obra, cuando se realicen los típicos conciertos matrimoniales entre los distintos personajes, la india pedirá que la casen con el general indio Caloco. Tanto Caloco como Polonia besan los pies del español aceptando su sujeción y despertando de nuevo a la fe. Entonces aparece San Luis Beltrán para anunciarle a Ordóñez que los designios de Dios obligan a que no se case con doña Juana, sino a que sea sacerdote. Por supuesto el de Jaén acepta agradecidamente y acaba la obra. En conclusión, la obra de Remón es una mezcla de comedia de enredo y de comedia histórica en sus escasas aunque cruentas batallas con los indios, con tintes de comedia de santo —al menos se vislumbra esa intención con la aparición de Fray Luis Beltrán y la aceptación de Ordóñez de tomar los votos. Es muy pobre en todas esas modalidades, sin embargo presenta cuestiones de interés como el problema de la raza que permea toda la obra, la mención a la codicia española, el bravo honor y la estimación de la libertad por parte de los indios, la pronta adoctrinación de éstos, su barbarie y antropofagia, así como la crítica a la crueldad de los españoles. En la obra se hace mención de manera muy parca a expresiones indias y productos como el maíz y en términos generales el amerindio es mero trasfondo para exaltar la figura heroica y pía de Ordóñez de Ceballos.

36. El manuscrito original firmado por Lope se encuentra en la Biblioteca Pública de Nueva York. La obra no fue publicada hasta que Marcelino Menéndez Pelayo la incluyó en el tomo 13 de las *Obras de Lope de Vega* en 1902. Por lo que se refiere a las posibles fuentes de esta comedia,

Notas a la página 149

Shannon apunta los trabajos de Fadrique de Toledo y Osorio, Francisco de Avendaño y Vilela, João de Madeiros Correia, y Bartolomeu Guerreiro (*Visions* 8). Por su lado, Martínez Torrón ("Valores" 155; "Acerca" 57) fija como "fuente exacta" y cree que "única" del drama la *Relación de la carta que embió á su Magestad el Señor Don Fadrique de Toledo... primero de mayo... 1625*. Sin embargo Adrien Roig (231), siguiendo la hipótesis del artículo de Gino Solenni ("On the Source" 168) y del libro de Ángel Franco (63), confirma la *Relación* de Diego Ruiz, personaje histórico que aparece citado en el segundo acto, como aquélla de la que directamente bebe Lope a la hora de escribir la comedia. La verdad es que, tras la recreación libre de los eventos históricos que hace Lope, como ha mostrado Nancy Posner, es muy difícil confirmar las fuentes de las que se vale. Cito por la edición de la Real Academia de 1902, pero también se pueden consultar la de John Ward Hamilton de 1968 y la de Gino Solenni de 1929. Se sabe que se representó en Madrid el 6 de noviembre de 1625, como afirman Case (17–18) y Roig (239). Hugo A. Rennert (331) es más específico y defiende que sólo se representó una vez y en la Corte, el 6 de noviembre, fecha que aparece en el manuscrito mismo, por la compañía de Andrés de la Vega.

37. Rodríguez Casado nos avanza: "Rotas las hostilidades entre España y los Estados generales de las Provincias Unidas, en 1621, al vencerse el plazo de la tregua, pensaron los holandeses inferirnos un grave daño atacando las posiciones mal guarnecidas de nuestro Imperio colonial. Jacobo Willekens, al mando de una brillante escuadra de más de 26 naves, desembarcó en el puerto de Bahía, capital entonces del Brasil, y al frente de más de 3.000 soldados holandeses, alemanes, ingleses y franceses, consiguió ocupar la ciudad. España y Portugal, unidas entonces bajo el cetro de Felipe IV, prepararon poderosas fuerzas para reconquistar tan importantes territorios, consiguiéndolo, en efecto poco después" (261). La conquista holandesa se inició en mayo de 1624 y fue reprimida un año después, el 30 de abril de 1625, después de haber tenido sitiado al enemigo durante un mes. La expulsión de los herejes holandeses de Salvador de Bahía y la victoria de la católica monarquía española-portuguesa se constituyeron en tema de celebración de la grandeza y superioridad política y moral de los Habsburgo. Dicha celebración dio lugar en años futuros a muchos trabajos que venían de escritores, políticos, historiadores, pintores y dramaturgos. Fernández-Shaw dice que, si bien Lope se hace eco de toda esta problemática a través de las fuentes, sus conocimientos sobre América resultan ser bastante precarios cuando, por ejemplo, en la comedia llama al Brasil "isla," suponiendo "que el Atlántico baña a Etiopía y que existen etíopes en las Américas" (676). Sin embargo, hay que decir que este caso era bastante común en la época, donde la cartografía del XVI y el XVII situaba muchas islas imaginarias en el Atlántico: la Isla de las Siete Ciudades, San Brandán o el Brasil. Contrariamente, Shannon basa un artículo de 2001 en la creencia, un tanto categórica, de que ningún aristócrata que asistiera a la representación pensaría que el Brasil era una isla, "clearly no one, especially an aristocratic audience, believed this was the case in 1625" ("The Isolation" ["El aislamiento"] 23) ["claramente nadie, especialmente una audiencia aristócrata, creía que era así en 1625"]. Lo cual lo lleva a concluir que Lope está "aislando" el Brasil deliberadamente para conectar ideológicamente con la política exterior del Conde Duque de Olivares, quien, directa o indirectamente guió el contenido ideológico del drama (23). Dicho aparente error geográfico, defiende Shannon, se debe a la intervención del valido en la obra de Lope para hacer ver la posición política imperial en contra de la incursión extranjera en las colonias peninsulares en América y en contra de la mezcla de la sangre española con la de los amerindios y con la de los enemigos tradicionales de la fe católica, protestantes y judíos (21).

38. Versos como éstos le hacen decir a Alberto Sánchez: "Lope de Vega, familiar del Santo Oficio, reitera aquí, sobre base histórica, el antisemitismo de otras comedias suyas" (209). Por su parte Sturgis Leavitt añade: "Un corto amorío, que parece a primera vista una repetición de una famosa leyenda española, resulta ser un rotundo fracaso. Diego de Meneses ha seducido a la joven judía Guiomar, pero no puede casarse con ella —según dice— a causa de su raza. El padre de Guiomar cree que la solución es la venganza, y parece que esta deshonra va a ser motivo para llamar a los holandeses, como sucedió con el Conde Julián y los moros; pero los judíos en Santos ya han invitado a los holandeses. Lope utiliza esta seducción y este engaño para introducir abundante antisemitismo" (228). Para un estudio de las figuras del judío y el cristiano en esta comedia, ver Weiner ("Judías").

39. Varias son las referencias a la antropofagia en esta comedia que resaltan la crueldad de los indígenas. En el Brasil comparten suelo blancos europeos, indios nativos y negros esclavos. Es interesante que la judía Guiomar tema más a los indios y a los negros que a los cristianos (cif. Roig 238). Por otro lado, en la batalla se oye a Ongol decir: "*Ongol*: Tupalaguaya, / Que viene gran multitud" (86). Roig (244) deja claro que se trata del vocablo tupi guaraní por el cual el indio invoca al dios de la guerra para que le dé protección y victoria.

40. Siguiendo el testigo de Valentín de Pedro (*América*), Martínez Torrón ("Valores") cita a Emilio Orozco Díaz en un libro de 1969, *El teatro y la teatralidad del Barroco*, en el que este último estudia, entre otros temas, el que la escena de la presentación del retrato de Felipe IV en *El Brasil restituido* hubiera servido de inspiración al pintor Juan Bautista Maino para crear el lienzo conmemorativo titulado "La recuperación de la bahía del Brasil" que se conserva hoy en el Museo del Prado, pero que fue pintado para el Salón de Reinos del Palacio del Buen Retiro ideado por Olivares. El valido encargó que se pintaran doce cuadros para ese gran salón que rememoraran y engrandecieran las victorias de los militares españoles en Europa y América bajo el mando de los Habsburgo y su propio liderazgo. Entre estos lienzos también se encuentra *La rendición de Breda* de Velázquez. Véase para este tema también, Elliott y Brown.

Al mismo tiempo, Orozco analiza la repercusión teatral que tiene en la obra de Lope la presentación de una pintura como elemento escénico. A este respecto dice: "'...supone una compleja duplicidad de perspectiva de ficción y realidad —aunque la realidad cuadro sea una ficción—, que potencializa [sic] la intensidad dramática de la escena. Porque ante la imagen de una Virgen, o el retrato del Rey, la reacción de los espectadores no es la misma que si contemplara a una comediante vestida con la misma indumentaria y atributos correspondientes. La relación, que en ese momento se crea entre el cuadro y el espectador, era muchas veces de la misma índole que la que había de producirse en la vida real; como si en un lugar y momento solemne se encontrara ante la efigie de la Virgen o de su monarca. Es indiscutible que con esa duplicidad de punto de vista se reforzaba el general poder emocional desbordante y comunicativo de la escena. La intención y efecto venía a ser la misma que cuando se hacía oír en determinada escena una música o canto que procedía de la realidad de la vida religiosa y popular'" (Orozco, cit. en Martínez Torrón, "Valores" 160).

Capítulo tres
La conquista del Perú

1. Siguiendo la edición de Blanca de los Ríos de 1946–58, *Todo es dar en una cosa* de Tirso aparece fechada entre 1626 y 1630. Todas las citas pertenecen a dicha edición. También pueden consultarse las más recientes ediciones de la Trilogía realizadas la una por Miguel Zugasti, y por Jesús Cañas Murillo y Gregorio Torres Nebrera la otra, ambas de 1993. Como es sabido, Tirso estuvo en Santo Domingo de 1616 a 1618 con un grupo de frailes mercedarios en labor de evangelización y de desarrollo de ciertas misiones teológicas, como la propagación de la doctrina de la Inmaculada Concepción de María (ver Sullivan, "La misión"). A su vuelta a la península y cuando era comendador de la Orden en Trujillo decidió acometer el encargo de escribir la Trilogía para apoyar las demandas que los descendientes de Pizarro, mayormente su bisnieto, le interponen al rey para que les devuelva el título de "marqués de la Conquista" que la familia había perdido acusada de traición. Éste es el trasfondo histórico de la Trilogía.

2. Nancy Mayberry desvela el significado heroico de todos los mitos, signos y símbolos que rodean el nacimiento de Pizarro, explicitando el entramado simbólico del que Tirso hace uso con la sola intención de enaltecer la figura del protagonista. Signos como la encina que le da cobijo al egregio y desamparado niño Pizarro, la cabra que lo amamanta, la violencia que lo acompaña, entre otros, se constituyen en recursos que engrandecen el futuro porvenir del conquistador: "Thus the dramatic use of signs and symbols suggests that this child is predestined to play an important and heroic role. The circumstances surrounding his birth have set Pizarro among such dramatic creations as Oedipus, such heroic figures as the pagan Romulus and Remus and the Spanish national hero Amadís de Gaula, such religious figures as the pagan Jupiter and the Hebrew

Moses. History itself had exalted Pizarro to the heights of grandeur recommended by Aristotle as those most befitting the tragic hero" ("Tirso's" 242) ["De esta forma, el uso dramático de signos y símbolos sugiere que este niño está predestinado a desempeñar un importante y heroico papel. Las circunstancias que rodean su nacimiento han igualado a Pizarro con creaciones dramáticas como Edipo, figuras heroicas como los paganos Rómulo y Remo, y héroes nacionales españoles como Amadís de Gaula, junto a figuras religiosas como el hebreo Moisés y el pagano Júpiter. La Historia misma había exaltado a Pizarro hasta las alturas de grandeza recomendadas por Aristóteles como aquéllas que más se adecuaban al héroe trágico"].

3. Al parecer, como ha señalado Serge Maurel, el episodio por el cual Beatriz da a luz al héroe debajo de la encina y más tarde una pastora, Pulida, se encarga de amamantarlo, encuentra notables analogías con un episodio hallado en la *Primera parte de las cien novelas de M. Juan Baptista Giraldo Cinthio* aparecida en Toledo en 1590. Lo cual viene a decir que Tirso no sólo ha bebido de las crónicas históricas a la hora de componer su Trilogía —ver Green, Miró Quesada ("Gonzalo"; *Cervantes*), Dellepiane ("Ficción") y Vázquez Fernández (*Tirso*)—, sino que ha tomado los elementos narrativos de Giraldo Cinthio para, manipulándolos, legitimar y ennoblecer el nacimiento del conquistador. Las crónicas históricas que al parecer están a la base de la comedia y sobre las que debaten los críticos son: *Varones ilustres del Nuevo Mundo* de Pizarro y Orellana, *Historia general de las Indias* de Gómara, *Comentarios reales* de Garcilaso el Inca, y tal vez la *Historia del descubrimiento y conquista de la provincia del Perú* de Agustín de Zárate. Zugasti sin embargo, sólo acepta de todas éstas la obra de Pizarro y Orellana y añade la *Crónica de los Reyes Católicos* de Hernando del Pulgar y los *Anales de la corona de Aragón* de Jerónimo de Zurita, además del *Persiles* de Cervantes y no así la obra de Giraldo Cinthio (*Trilogía* 62–65). En opinión de Vázquez Fernández, Tirso utilizó como base de esta comedia "además de algún cronista, las *Informaciones para el hábito de Santiago de Francisco Pizarro*" ("Impacto" 106). En otro orden de cosas, por lo que respecta al uso y función dramática del personaje criado/gracioso en *Todo es dar en una cosa*, ver Alfredo Hermenegildo ("Espacio"; "Funciones").

4. Otra prueba de la inclinación exclusiva a las armas que tienen los conquistadores aparece en la escena 11 del acto 2 cuando ahora es Cortés el que dice: "¡Qué poco al amor me inclino!," cosa en la que imita a Pizarro y a su padre Gonzalo, que en palabras de Doña Beatriz "repudió escuelas y libros / por plumas y espadas nobles" (2.16).

5. Otro de los pasajes que recalca la misma idea es: "*Pizarro*: conquiste Alejandro y goce / el mundo, venciendo extraños, / que si empezó en doce años, / yo le imito de otros doce. / Seré Alejandro Segundo. / ¿Fue más de un hombre? Hombre soy; / con el medio mundo estoy, / conquistaré un medio mundo. / Fortuna, en esto me fundo; / vida espero prodigiosa; / favoréceme amorosa, / que en los pechos invencibles / para acabar imposibles / *todo es dar en una cosa*" (2.15). También se hablará de la conquista de un nuevo orbe en (2.13) y en (3.11).

6. En esta comedia Cortés aparece representado como un hombre de mediana edad y Pizarro como un joven de doce o trece años, mientras que en realidad, si las fechas de nacimiento son correctas, Pizarro era entre diez y trece años mayor que Cortés. Por otro lado, Tirso sigue las crónicas cuando hace coincidir a los dos personajes en Trujillo. El encuentro de Cortés y Pizarro tuvo lugar cuando el primero ayudó a reclutar hombres para la expedición del segundo.

7. Sobre la fecha de composición de *Amazonas en las Indias,* de Tirso, la mayoría de los críticos siguiendo a Green aluden a que en la comedia se hace mención expresa al recién recuperado título de marqués que tanto demandaban los descendientes de Pizarro y que por fin consiguen oficialmente en enero de 1631. Por lo tanto, habiéndose empezado a escribir posiblemente un par de años antes, la redacción final de la pieza no pudo ser anterior a 1631 (Zugasti, *Trilogía* 22). Se publicó en Madrid en 1635 en la Cuarta parte de la colección especial de Tirso junto con las otras dos que componen la llamada *Trilogía de los Pizarros*, esto es, *Todo es dar en una cosa* dedicada al joven Francisco Pizarro, que ya hemos visto, y *La lealtad contra la envidia* compuesta en honor de Fernando. Cito por la edición de Blanca de los Ríos.

8. Green presenta todos los hechos y varias de las fuentes que llevan al mercedario, durante su estancia como comendador de la Orden en Trujillo, a escribir el alegato (Trilogía) en defensa del título de "marqués de las Indias" que los descendientes de los conquistadores, particularmente Juan Hernando Pizarro, bisnieto de Francisco, reclaman al rey por los servicios prestados. Posteriormente, Miró Quesada ("Gonzalo") y Dellepiane de Martino ("Ficción") asientan las principales fuentes históricas de las que bebe la comedia: a los *Varones ilustres* de Pizarro y Orellana —publicado en 1639, pero compuesto entre 1625 y 1628— se unen los *Comentarios reales* del Inca Garcilaso y en menor medida, según Zugasti (*Trilogía*) también, la *Historia del descubrimiento y conquista del Perú* de Agustín de Zárate.

9. He aquí las palabras de Gleeson O'Tuathaigh: "In this trilogy we find a unique and sustained exposition of his view (Tirso) of a society in an advanced state of spiritual and moral decline, where basic values are distorted and displaced by envy, avarice and ingratitude in all echelons —even betimes in the royal chambers" (64) ["En esta Trilogía encontramos una exposición única y sostenida de su visión (Tirso) de una sociedad que se encuentra en un estado avanzado de declive espiritual y moral, en donde los valores básicos aparecen distorsionados y desplazados por la envidia, la avaricia y la ingratitud en todos los ámbitos, incluso a veces en las habitaciones reales"].

10. Para Pérez-Pisonero "la traslación de la historia al plano de la fábula mítica y la transferencia de discursos, si bien reivindican teatralmente a Gonzalo su muy dudosa fama, le restan grandeza histórica al negarle su protagonismo en la formulación del primer discurso político americano de independencia" (167).

11. Igualmente en un libro titulado *Cervantes, Tirso y el Perú*, Miró Quesada recalca que el mercedario "genial creador de caracteres, puede decirse que introduce en el teatro español de la Edad de Oro, no un motivo episódico, sino un personaje concreto: el Perú. [...] El Perú como cuerpo vivo, el Perú como problema hondo, el Perú como trascendente y esperanzado quehacer" (186–87). En este sentido, en el drama se describen de manera brillante la geografía y posesiones indígenas del Perú. Es eso lo que le hace decir a Dille: "De las catorce comedias [que representan en escena al indio] sólo estos versos comunican el sabor auténtico de aquella agreste y peligrosa tierra de contrastes tan marcados, y sólo estos versos dan una idea palpable de las infinitas miserias que sufrieron los españoles perdidos en aquel infierno, y del espíritu indomable con que lograron superar todos los peligros" ("El descubrimiento" 495). Por otro lado, si se quieren estudiar las alusiones y referencias al Nuevo Mundo contenidas en la obra de Tirso en lo que respecta al vocabulario americano, la geografía, fauna, flora, productos como el chocolate y el cacao, lo exótico, etc., consultar los trabajos de Manuel García Blanco ("Alusiones"; "Tirso"; "Voces"), Alfonso Urtiaga, Christian Andrés (*Visión de los Pizarros*) y especialmente Ángela Dellepiane (*Presencia*).

12. He aquí uno de los pasajes más paradigmáticos de los que Tirso podría haber echado mano: "el indio respondió que estas mujeres participaban con hombres a ciertos tiempos y que, cuando les viene aquella gana, de una cierta provincia que confina junto a ellas, de un muy gran señor, que son blancos, excepto que no tienen barbas, vienen a tener parte con ellas, y el capitán no pudo entender si venían de su voluntad o por guerra, y que están con ellas cierto tiempo y después se van. Las que quedan preñadas, si paren hijo, dicen que lo matan o lo envían a sus padres, y si hembra, que la crían con muy gran regocijo" (Carvajal 104–05).

13. Para un desarrollo exhaustivo de lo que hay de histórico en las tres comedias y cómo Tirso moldea y distorsiona esa verdad histórica con el propósito de realizar su encomio, ver el artículo de Dellepiane ("Ficción"), la edición de Zugasti (*Trilogía*) y el libro de Vázquez Fernández (*Tirso*). Por otro lado, si lo que interesa son las relaciones que existen entre la familia Pizarro, la Orden de la Merced y Tirso, ver el nutrido trabajo documental de Vázquez Fernández (*Tirso*).

14. Numerosos son los casos donde se refiere a la antropofagia de las indias: "*Menalipe*: Erigen después un templo a la crueldad, y por diosa, / libando la sangre humana / con sacrificios, la adoran" (1.4). Caravajal en otro momento narra: "o nos asan o nos guisan; / porque comen carne humana / mejor que nosotros guindas" (2.3). Y también el gracioso Trigueros nos dice: "en un instante me vi / sentenciado a albondiguillas" (3.2).

15. Es interesante atender a cómo caracteriza la india la espiritualidad del alma: "*Menalipe*: No curas como discreta; / que el alma, espíritu puro, / ni a las hierbas ni al conjuro / como el cuerpo se sujeta; / su sustancia es tan perfecta / que por libre la reputan / los sabios, con que confutan / tus astrólogas violencias, / porque agüeros e influencias / si señalan, no ejecutan. / No se deje llevar de ellas / el absoluto albedrío / del gallardo español mío" (2.4).

16. En tres ocasiones más Menalipe prefiere morir a perder el amor de Don Gonzalo: "*Menalipe*: que me siga, que retorne / la fe de un amor ardiente, / dispuesto a perder la vida / con él, si la suya pierde" (3.7); "Socorramos a mi amante. / ¡Ojalá una bala acierte / mi pecho, y saque las llamas / que en cenizas le resuelven!" (3.9); "¡Déjame morir, Martesia, / pues a mi amante me matan!" (3.13). Quede claro, que las indias saben todo lo que acontece en las vidas de los conquistadores ya que Martesia tiene poderes para leer el futuro y además puede transportar a Menalipe, a Trigueros, o a ella misma al lugar concreto de la acción como se da varias veces en la obra. Los efectos escénicos están muy poco elaborados y normalmente se nos avisa de ellos en el texto, pero no observamos su despliegue en escena.

17. Con respecto a este tema, ver el libro de Guillermo Lohmann Villena *Las ideas jurídico-políticas en la rebelión de Gonzalo Pizarro*.

18. Don Gonzalo así prueba su lealtad ante todo tipo de agravios, que él mismo resume en los siguientes versos: "*Don Gonzalo*: No han de bastar, ¡Vive Dios!, / a destemplar mi paciencia / del virrey las amenazas, / de mis amigos las quejas, / del Perú las inquietudes, / la pérdida de mi hacienda, / el no premiar mis servicios / ni el no estimar mi nobleza" (3.3).

19. Manchado el honor de Francisca, Don Gonzalo reacciona contra el virrey diciendo: "*Don Gonzalo*: ¿Yo sin honra, mi Francisca / ocasionada a la afrenta? / [...] Sin retornos mis servicios, / vaya, sin indios ni rentas, / mis heridas y trabajos, / ¿Qué importa cuando se pierdan? / Pero ¿sin fama, sin honra, / a peligro la limpieza / de mi inocente sobrina / y que por ella no vuelva? / [...] ¡Toca al arma, marcha al Cuzco! / ¡Muera el ocio! ¡Viva el César!" (3.3).

20. Merece la pena exponer los argumentos sediciosos del viejo maestre de campo —en otro momento propios de Gonzalo Pizarro en la versión oficial de la Corona—, argumentos que en palabras de Pérez-Pisonero presentan "los puntos capitales del primer discurso político americano, parodia del mismo discurso político que se trata de derogar. Sus enunciados podrían resumirse en los siguientes puntos: Cambiar la ley para titularse rey, crear títulos nobiliarios y repartirlos entre los capitanes de ambos partidos, usar de las encomiendas para premiar servicios y ganar adeptos, establecer rentas cuya cuantía dependerá de la importancia y lealtad del vasallo, invitar a la Nueva España para que forme parte del nuevo imperio americano, casarse con una princesa incaica que asegure la fidelidad de los indios, y, finalmente, controlar el paso al Mar del Sur fortificando Panamá" (169). Tirso exime a Gonzalo Pizarro de todo viso de traición haciendo que rechace estos argumentos con rotundidad. Julio Jensen, basándose entre otros asuntos en estos enunciados, ha visto que

Notas a las páginas 182–186

esta comedia "representa una intensa reflexión sobre la lógica que mueve la maquinaria del poder en una sociedad de la modernidad temprana" (300).

21. La edición de Blanca de los Ríos de *La lealtad contra la envidia*, de Tirso, por la que cito, la fecha entre 1626 y 1630. Fue publicada como las otras dos que componen la Trilogía en la Cuarta parte de las obras dramáticas de Tirso en 1635. Las fuentes históricas del drama son *Varones ilustres* de Pizarro y Orellana y la segunda parte de los *Comentarios reales* de Garcilaso el Inca.

22. Dellepiane piensa lo mismo: "El resto del acto parece de una comedia de capa y espada, diferenciándose de éstas en que el lance amoroso no es aquí un fin sino tan sólo un medio: el de poner de manifiesto nuevamente la caballerosidad, hidalguía, buen tacto y sentido del honor que conforman la personalidad de Hernando" ("Ficción" 145–46).

23. Con la notable excepción del uso de indigenismos: términos antillanos, quechuas y nahuatlismos, es al menos sorprendente el relativo poco uso que hace Tirso en la Trilogía de los conocimientos fruto de su estancia por dos años (1616–18) en Santo Domingo entregado a las tareas religiosas. Experiencia de la que sí echará mano, así como de muchas crónicas de sus hermanos misioneros cuando se trate de reescribir el alegato a su Orden, *Historia general de la Orden de la Merced* (1637–39), en la que cuenta con sumo detalle la importancia de la conquista espiritual y la santidad de no pocos monjes mercedarios dedicados a la evangelización de los "salvajes." Si se quiere estudiar este tema, consultar el trabajo de Francisco Florit Durán.

24. Para el tema de las numerosísimas apariciones de Santiago apóstol por todo el territorio americano, ver el libro de Rafael Heliodoro Valle.

25. Viñas Mey hará referencia al choque de códigos producto del "asimilismo religioso" y el "asimilismo institucional" que la empresa nacional pone en marcha y cuya actitud aparece desplegada entusiásticamente en la obra de Tirso: "El sentido nacional de la empresa fluye caudalosamente en las obras de Tirso. América —como España— debe ser posesión de Santiago: manifestación de asimilismo religioso, que hay que sumar al asimilismo institucional de España en Indias; invoca frecuentemente la tradición de los godos; la superioridad de los españoles respecto a los otros pueblos, y sobre todo, aparece Tirso cantor e intérprete entusiasta de las grandezas marineras de España en el instante de auge triunfal de aquéllas en América y de comienzo de declive en Europa" (120).

26. Fernando Pizarro se encargará de poner de manifiesto que los indios cuando menos actúan siguiendo los dictados de la ley natural al decirle a Alvarado, tras haber sido engañado por Almagro: "pero, si los juramentos / y treguas son escarmientos / y no ley tan natural, / que los bárbaros la guardan, ¿cómo se ha de conseguir / la paz?" (2.18).

27. Guaica durante toda la escena 7 del segundo acto se comporta como si de mujer española se tratase, algo que Tirso intenta paliar justificando que sabe la lengua porque sirvió como esclava a un español más de un año. Con todo, el personaje de la india, imbuido de la ideología dominante, queda como salido de cualquier drama de honor, sobre todo con estas intervenciones: "*Guaica*: Si ofendida / me dejas, si con mujeres / no eres cortés, ¿qué blasona / tu generosa nación?"; "¿No podrán, / calma de bronce, de hierro, / de diamante, alma de risco, / contigo llantos? ¿No ruegos?"; "Mi honestidad defendí, / bien que mi dueño intentó, / con regalos y ternezas, / obligarme a sus finezas" (2.7).

28. Sorprende bastante que, en la introducción de su edición, Souto Alabarce diga que Tirso defiende sin reservas el interés de los encomenderos y que justifica por entero sus excesos en nombre del cristianismo. El crítico ni siquiera hace mención a la presencia y palabras de Piurisa para acabar diciendo de esta obra que: "Independientemente de las tesis morales que el comediógrafo pretende probar, la visión que de América y de su conquista tiene es por entero favorable a los intereses de los encomenderos. No hay aquí, como sin duda existe en *Las cortes de la muerte* o en el *Arauco domado*, eco alguno de las doctrinas de Las Casas. Lo que predomina, en vez, es la justificación de todos los excesos en nombre del cristianismo, el prejuicio en contra de los judíos y de los moriscos, el celo por destruir todo vestigio de idolatría. Una visión medieval, en fin, que hace descender del cielo al apóstol Santiago y a la Virgen María, ante los ojos maravillados del rey inca" (45).

29. *Las palabras a los reyes y gloria de los Pizarros* de Vélez de Guevara la dan por perdida, entre otros: Emilio Cotarelo (303), Marcos A. Morínigo (238), Guillermo Lohmann Villena ("Francisco" 426) y Francisco Ruiz Ramón (*Celebración* 71; *América* 14). Sin embargo, como explica detalladamente Miguel Zugasti ("La imagen" 128–29), ya se tenía noticia a finales del XIX de la existencia de al menos un ejemplar de esta comedia, ejemplar, sin datos de lugar ni fecha, que A. Schaeffer en 1887 dice tener en un libro de comedias publicado hacia 1640 y que donó a la biblioteca de la Universidad de Friburgo a su muerte. F. E. Spencer y R. Schevill citan el ejemplar de Schaeffer y dan cuenta de otro que se encuentra hoy en la biblioteca del British Museum sin datos de lugar ni fecha de impresión. Sorprendentemente, Zugasti a finales del XX ha dado en la sala de raros y teatro de la Biblioteca Nacional de Madrid con dos ejemplares que probablemente ya estén catalogados. Por mi parte, la primera lectura de esta obra la hice a través de una fotocopia de microfilm, de escasa calidad, de una de las ediciones —probablemente la del British Library— que se encuentra en University of California Berkeley. Sin embargo, a partir de aquí cito por la reciente edición de William R. Manson y C. George Peale de 2004. Algunos como Lauer ("La conquista") la fechan en Madrid, alrededor de 1700?. Sin embargo, Zugasti ("*Las palabras*"; "Propaganda"; "La alegoría"; Estudio introductorio a *Las palabras*) lo hace entre 1625 y 1630, entre la fecha de composición de una de sus fuentes, esto es, *Varones ilustres* de Pizarro y Orellana (1625–28) y antes de la concesión del marquesado a la familia Pizarro en diciembre de 1630. Zugasti arguye que se trata de una comedia de "drama genealógico" escrita por encargo de los herederos de la familia Pizarro "con el fin de recordar en las tablas las hazañas de sus antepasados y rentabilizarlas políticamente" ("La alegoría" 463). Lohmann Villena (*El arte*) afirma que fue representada en Lima en 1791.

30. Hay que decir que la comedia empieza en Panamá con la firma del tratado entre Pizarro y Almagro, documento mediante el cual los dos aceptan dividir los gastos que genere la conquista del Perú. El estudio de Zugasti ("La imagen" 139) recalca que Vélez de Guevara no sigue fielmente la crónica histórica, por lo que Hernando Luque, el tercer firmante de ese tratado, no aparece, y la rúbrica de las firmas data de 1534, cuando en realidad el evento tuvo lugar en 1526. Asimismo se habla de incluir a Fernando Pizarro en el documento. El único hermano Pizarro que no aparece ensalzado en la comedia es Gonzalo, de este modo, Vélez evitó la polémica en torno a su traición. Por su parte, Ruffner (82) comenta que R. Schevill y A. Bonilla dicen que Vélez de Guevara se basa fundamentalmente para componer esta obra en la *Historia general de los hechos de los castellanos* de Herrera y la *Historia general del Perú* de Garcilaso. Otros críticos, como hemos visto arriba, afirman que Vélez de Guevara sigue dos de las más importantes fuentes de Tirso: *Varones ilustres del Nuevo Mundo* de Pizarro y Orellana y la segunda parte de los *Comentarios Reales* de Garcilaso el Inca. Asimismo, Ruffner comenta que el caso más grave en esta obra consecuencia de no seguir las crónicas históricas aparece cuando Vélez de Guevara hace que Francisco lleve a Atabaliba (Atahu-Huallpa) y Tucapela a España (92–93). El hecho de no hacer referencia a la muerte del Inca, en la cual tuvo tanta parte Pizarro, no sólo exonera de culpa a éste, sino que de paso engrandece el actuar de la monarquía española. Por otro lado, la expedición de Fernando hacia el sur para llevarle hombres y víveres a Francisco que se ha quedado varado en una isla de la costa del Perú es pura invención del autor, ya que en realidad Fernando estaba con Francisco en España cuando el último se hallaba reclutando hombres en Trujillo. Como en muchos de estos dramas no hay nada de histórico en las escenas donde los indios aparecen. En el primer acto se conquista la isla de Puna, en el segundo la de Túmbez, y en el tercero se narra el derrocamiento de Atahualpa.

31. Dille se refiere al providencialismo que defiende esta comedia: "*Las palabras a los reyes* representa la expedición de conquista como un paso natural e inevitable en la marcha de la historia española hacia un futuro global regido por el catolicismo y el sistema político-cultural español. Hemos visto cómo Vélez coloca a Francisco y Fernando Pizarro en la alta esfera del Cid, Colón, Cortés y el marqués de Cañete, repartiendo su prestigio y equiparando a la vez la conquista del Perú con el destino universalista del imperio español" ("Estudio" 25). Dille, como ya había hecho Tirso en *La lealtad contra la envidia*, conecta la reconquista española (Cid) con la conquista/re-conquista evangélica americana (Colón, Cortés, y Hurtado de Mendoza).

32. El soldado Trujillo se encarga de alabar las gestas de Colón y de Cortés conectándolas con las futuras de Pizarro al que piensa servir muchos años. Después, él y Peralta resumen los tres motivos de conquista, a saber, la necesidad de conseguir tierras, almas y súbditos: "*Peralta*: ¡Vamos a agotar de mundos / el mundo!; *Trujillo*: ¡El glorioso templo / de la Iglesia militante / por nuevo mar dilatemos!; *Peralta*: ¡De Carlos el nombre hagamos / en las arenas eterno / de la zona inhabitable!" (vv. 114–20).

33. Quede claro entonces, que el interés por el oro que se observa fugazmente en el noble Pizarro es una cuestión de honor, mientras que en Trujillo supone la razón de la conquista: "*Don Francisco*: que a quien soy no correspondo / si todo el oro que encierra / de la línea equinocial / el clima ardiente a los pies / del César no rindo"; y Trujillo contesta: "Ese es / nuestro interés principal" (vv. 556–61). Mesa más adelante muestra también gran afán en conseguir oro: "*Mesa*: Más quisiéramos hallar / oro que flores" (vv. 590–91).

34. En otro momento en el segundo acto, cuando los soldados se encuentran amotinados en el fuerte, se critica duramente el valor y la porfía en las hazañas inalcanzables a las que lleva la fama: "*Trujillo*: Si los Pizarros bizarros / sufren por su obligación / tanto daño, es porque son / más pizarras que Pizarros" (vv. 1346–49). Al principio de la obra, Trujillo ya se había referido a este empeño como una "¡Nueva especie de locura!" (v. 60).

35. Urzáiz Tortajada ve en las intervenciones de los graciosos —introducción del soldado cobarde— la deformación burlesca del mito que la comedia monta en torno a los Pizarro. Se trata de escenas jocosas anti-heroicas como contrapeso a la seriedad del ennoblecimiento que se persigue. El crítico habla del uso que hace Vélez del entremés intercalado al final del segundo acto de la comedia, momento en el que los indios piensan comerse a Trujillo y Galván asados. Fausta Antonucci ("El elemento") también ha hecho referencia a episodios típicamente entremesiles protagonizados por el peninsular Rebolledo en *Arauco domado* y el indio Auté en *El Nuevo Mundo*.

36. Wirakocha: dios de la mitología incaica. Nombre que los súbditos de los incas dieron a los conquistadores españoles.

37. Sólo en dos comedias de todo el subgénero de comedias de indio aparece la figura alegórica de América en escena: en ésta ensalzando a Pizarro y en *El valeroso español y primero de su casa* de Gaspar de Ávila, donde se hace lo propio con Cortés. Ambas comedias parecen haberse redactado por encargo de sus respectivos descendientes, siendo parte a su vez del subgénero del drama genealógico como adelanta Zugasti ("Propaganda"; "La alegoría").

38. El heroísmo de Pizarro se resalta en varias ocasiones comparándolo con los clásicos: Jasón, Ulises, Neptuno, Hércules, Aquiles, Pirro, Jerjes, César y Alejandro Magno.

39. Esto es nítidamente lo que implica el significado de los vocablos: "restaurar" y "restituir," según el Diccionario de la Real Academia.

40. La Inmaculada, cuya representación iconográfica suele presentarla con la luna bajo los pies, es una fiesta de gran tradición popular en la

Iglesia, pero que ha sufrido un difícil proceso en su historia. La devoción popular siempre ha creído que la Virgen fue concebida ya en el seno de su madre Santa Ana libre de pecado, como condición de posibilidad para ser la madre de Dios. Ahora bien, la tradición teológica se dividió en dos corrientes: los "maculistas" y los "inmaculistas." España, y especialmente Andalucía, fue siempre defensora de la tesis inmaculista. La Universidad de Granada fue la primera en hacer voto de sangre por defender el dogma de la Inmaculada. Hasta 1854 no fue definida esta tesis como dogma de fe por el Papa Pío IX. Sobre este asunto ver el artículo de Sullivan ("La misión").

41. Aquí es interesante aludir a la descripción que hace la india de los caballos: "grandes ovejas" (v. 2242), naves: "fábricas" (v. 2244), y arcabuces: "truenos" (v. 2247) que los españoles exhiben, imágenes afines a las que hemos visto en otras comedias como *El Nuevo Mundo* de Lope.

Capítulo cuatro
La conquista de México

1. Todas las citas de *La conquista de México* de Zárate van por la edición moderna de Francisco Ruiz Ramón de 1993, aunque también se puede consultar la antigua de 1668, publicada en la *Parte XXX de Comedias nuevas y escogidas de los mejores ingenios de España*. Romero Muñoz ("Lope") data esta comedia entre 1650 y 1661, con la débil suposición de que realmente sea de Fernando de Zárate, apuntando que éste sería el período en que Enríquez Gómez haría uso de este pseudónimo desde su vuelta a España hasta su encarcelamiento por la Inquisición en Sevilla. Constance H. Rose ("Cortés" 405–06) es más específica y apunta al año 1661 como la fecha en la que Enríquez Gómez "Zárate" empezara a escribir la comedia en la capital hispalense y posiblemente no la concluyera al ser encarcelado por el Santo Oficio.

2. Winston A. Reynolds afirma que, tras Julio César, Alejandro es el más frecuentemente citado para elogiar a Cortés (117–19). Como hemos visto, también Lope compara a Colón con el más famoso emperador viajero. Para Reynolds, la comedia de Zárate fue escrita "in the spirit of a holy crusade" (61) ["bajo el impulso de una santa cruzada"]. Al parecer, los tres dramaturgos que escriben sobre Cortés —Tirso, Zárate y como veremos más adelante Ávila— lo presentan bajo una luz favorable. Es descrito como un hombre valiente y con una gran capacidad de liderazgo; por otra parte, como militar será a la vez amado y temido al mismo tiempo por los españoles y por los amerindios. Morínigo dice que Cortés fue el más famoso y popular de los capitanes de la conquista y el que recoge más sufragios entre los escritores (233).

3. Aunque el indio es "buen salvaje," abraza al español y acaba bautizándose, se presenta como bárbaro a lo largo de toda la comedia. Además, se resalta la antropofagia de los amerindios que según nos cuentan se comen a Valdivia. En *El Nuevo Mundo* la antropofagia funciona como un apunte, más que como un común actuar de los salvajes, sin embargo aquí se toma en serio. Zárate en *La conquista de México* sigue muy de cerca con el personaje de Aguilar, la crónica de López de Gómara del mismo nombre y pudo tener presente la *Historia verdadera de la conquista de la Nueva España* de Bernal Díaz del Castillo. De ahí que sepamos que Gonzalo Guerrero —Herrero en López de Gómara— vive con los indios y tiene las orejas horadadas como ellos. Por primera vez en estas obras el español ha habitado con los indios (Aguilar), se ha casado y ha asumido sus costumbres (Guerrero), aunque curiosamente está avergonzado de ellas como Aguilar le desvela a Cortés: "No quiso venir conmigo / porque tuvo por infamia / que le vieses como a un indio / las orejas horadadas" (226).

4. Por cierto, en el mismo brevísimo pero decisivo artículo, William L. Fichter defiende que *La conquista de Cortés* y *El Marqués del Valle* fueron títulos alternativos de la misma obra escrita por Lope de Vega. Desafortunadamente se encuentra perdida.

5. Romero Muñoz, un año después, en un artículo titulado "*La conquista de Cortés*, comedia perdida (¿y hallada?) de Lope de Vega" sugiere que *La conquista de México* no es de Zárate, sino de Lope, y que ésta y *La conquista de Cortés* son una y la misma publicada entre 1597 y 1599, pieza erróneamente distribuida bajo el pseudónimo de Fernando de Zárate.

6. Y continúa Maratín con el asombro del espejo diciendo: "Pronósticos son de muerte, / señales son de mi fin. / Un chiquillo está aquí dentro, / que si le miro me mira, / si yo me admiro, se admira, / y me encuentra si le encuentro; / si abro la boca él también. / Sin duda comerme quiere" (215).

7. Nótese que "prescribir" significa aquí: ordenar, legislar, preceptuar, como prueba en su primera acepción el diccionario de la RAE.

8. Para desentrañar importantes detalles sobre la vida, obra y significación de Antonio Enríquez Gómez, consultar los trabajos de Israel Révah, Constance Rose ("Las comedias"; "Cortés"), Timothy Oelman y la introducción de Charles Amiel a su edición de *El siglo pitagórico y vida de don Gregorio Guadaña* de Enríquez Gómez. También ver la bibliografía contenida en el artículo de Harris.

9. Quizá sea esta actitud lo que le hace decir a Ángel Franco: "Parécenos que Zárate se excede al pintar el personaje central de manera que, a veces, está más cerca ideológicamente de los misioneros defensores de los indios, como el Padre Las Casas, que de los conquistadores del Nuevo Mundo" (266). Quede claro, por otro lado, que para Franco la obra de Zárate no ofrece duda en cuanto a su patriotismo, pues "manifiesta un propósito dual: presentar la conquista de Méjico en el aspecto político y en su aspecto espiritual y cristiano" (268). Sin embargo, Ruffner no ve en esta obra una postura ideológica definida, como reflejan los siguientes pasajes de su estudio: "the urge to propagate the Christian faith, is presented as the dominant force behind the conquest, particularly in Zárate y Castronovo's *La conquista de México*" (351) ["Las ganas de propagar la fe cristiana se presentan como la fuerza dominante para hacer la conquista, especialmente en *La conquista de México* de Zárate y Castronovo"]; más adelante: "In none of the dramas is the religious element more strongly and constantly emphasized than in *La conquista de México* of Zárate" (395–96) ["En ninguno de los dramas se subraya el elemento religioso de manera más fuerte y más constante que en *La conquista de México* de Zárate"]. Sin embargo, por otro lado: "In none of the plays is the material motivation more prominent than in *La conquista de México* of Zárate y Castronovo" (388) ["En ninguno de los dramas se destaca más la motivación material que en *La conquista de México* de Zárate y Castronovo]. La obra, es de suponer, podrá así ser interpretada y recibida de manera diferente dependiendo del auditorio cristiano o judío que la vea.

10. Recientemente, Matthew Warshawsky se ha afanado en criticar la asunción que muchos críticos hacen de Enríquez Gómez como judaizante. Centrado en el estudio de tres textos anteriores de Enríquez Gómez escritos en el exilio: *La inquisición de Lucifer y visita de todos los diablos*, *La torre de Babilonia*, y *El siglo pitagórico y Vida de don Gregorio Guadaña*, Warshawsky defiende que la sátira que en estos textos se hace a la Inquisición y a sus informantes no significa una defensa del judaísmo, sino una llamada de atención a las prácticas inmorales que seguía el Santo Oficio y desde ahí proclamar una reforma que llevara tanto a cristianos viejos como a conversos a vivir en una sociedad menos dependiente de la pureza de sangre y que estuviera más basada en la virtud interior. En franca oposición se encuentra el trabajo de Oelman en el que se defiende, tras un análisis histórico-biográfico y literario, que Enríquez Gómez fue un marrano, al menos por una parte de su vida, y bajo esa mirada entendió tanto la cuestión religiosa como el status de los cristianos nuevos.

11. Y continúa "él predique, porque yo / no pienso decir de no / a aquellos hermosos tejos" (210). En otros ejemplos se abunda en lo mismo: "*Tapia*: Habla Cortés desde lejos / mientras el oro no vio" (210), y Añasco reafirma: "oro deseo, oro quiero, / por eso las armas tomo, / con el oro duermo y como; / y el otro Creso es peor, / no porque no es mi intención; / sobre todo nuestra fe. / Pero también es razón / que del trabajo nos dé / Cortés oro en galardón, / con que nos puede pagar / tanto peligro de mar / y desta bárbara tierra" (210–11). Alvarado en otro momento dice: "Pues yo en el oro la conquista fundo" (220).

12. No piensa lo mismo Kurt Reichenberger cuando expone: "Fernando de Zárate, en la comedia *La conquista de México* pinta a los militares españoles como codiciosos, sólo deseosos de oro. A su general, sin embargo, le dota de un carácter noble: Cortés desprecia el oro y protege a los indios de la codicia de sus soldados" (94).

13. Ya en el primer contacto con los españoles las indias exclaman: "*Guainacaba*: Que es del cielo esta nación, / en lengua y rostro se ve. / ¡Qué hermosura y gentileza!"; "*Alcinda*: La cifra deben de ser / del soberano poder, / autor de naturaleza"; "*Glauca*: Cristianos tienen por nombres, / mucho el alma satisfacen; / ya me ocupan los sentidos / con dulcísimos enojos, / sus personas por los ojos, / sus nombres por los oídos" (213).

14. Muchos han sido los que se han referido al hecho de que la dominación del Nuevo Mundo se alcanzó parcialmente a través de la escritura, entre ellos Walter Mignolo, Ángel Rama, Beatriz Pastor, Iris Zavala y González Echevarría que en 1985 escribe: "The conquest of America was carried out by the first modern state and with the aid of the printing press. Spain's monarchy was a patrimonial bureaucracy that sought to regulate all transactions of power through writing, a symbolic code that replaced the more direct communication of serfs with their lords. A maze of writing mediated the individual and the state, and it was only through writing that the individual attained legitimacy" ("America" 289) ["La conquista de América fue llevada a cabo por el primer estado moderno y con la ayuda de la imprenta. La monarquía española era una burocracia patrimonial que buscaba regular todas las transacciones de poder a través de la escritura, un código simbólico que reemplazó la otrora comunicación más directa entre los siervos y los señores. Un laberinto de escritura mediaba entre el individuo y el estado, y sólo a través de la escritura el individuo lograba legitimidad"]. En contra de las posturas como las del *Diario* de Colón o las *Cartas* de Cortés se encontrarían los *Comentarios reales e Historia general del Perú* de 1609 del Inca Garcilaso, un tipo de "humanismo" que vendría a rescatar el quechua criticando las crónicas oficiales y sus planteamientos. En este sentido también se puede citar el "antidiscurso" de Guamán Poma de Ayala en su *Primer nueva coronica y buen gobierno* de 1615 que recoge más afirmativamente la voz quechua y aymara del vencido para resistir a la del colonizador.

15. Zárate está aquí escenificando lo que de una manera mucho más interesante describirán López de Gómara en *La conquista de México*, Cortés en sus *Cartas de relación* y Bernal Díaz del Castillo en *Historia verdadera de la conquista de la Nueva España*.

16. No quedaría este capítulo completo si no hiciéramos referencia a otra obra que tiene también como protagonista a Cortés, ahora en España. Se trata de *El valeroso español y primero de su casa* (conocida también como *La sentencia sin firma*) de Gaspar de Ávila. Zugasti la fecha en 1612 y propone que es una obra de encargo que los descendientes del conquistador le piden a Ávila cuando éste en esa fecha "era secretario de Dª Mencía Bobadilla de la Cerda, esposa del tercer marqués del Valle, la cual probablemente motivaría su redacción" ("La alegoría" 462). Dicho personaje histórico aparece referido y celebrado en la comedia. Mariano de Paco también defiende esa fecha por los mismos motivos. Sin embargo, Patricio Lerzundi (*La conquista* 7) la fecha en 1650. Thomas Benedetti coincide con Zugasti en que es una obra de encargo que muy probablemente fue escrita para una representación privada que sirviera como encomio a la familia Cortés (4). No obstante, este crítico, siguiendo a Medina (*Dos comedias*), acepta las fechas de 1650–53 como las de su publicación. Así, de manera más precisa, la comedia podría haber sido compuesta en 1652 como regalo de boda para el hijo de doña Mencía, don Pedro, el cual aparece mencionado en el tercer acto junto con su futura esposa, doña Ana (cif. 4). Las fuentes principales de la comedia, según este crítico, son las crónicas de López de Gómara y Bernal Díaz del Castillo y posiblemente también dos poemas épicos sobre la conquista de México de Gabriel Lobo Lasso de la Vega titulados: *El valeroso Cortés* y *Mexicana*. Para estudiar el uso y la manipulación que Ávila hace de sus fuentes, ver Benedetti. Cito por la edición de la BAE de 1857.

    La obra no es una comedia de indio como tal, pues no pone en escena a los indígenas, tan sólo alude a ellos; sin embargo, al igual que la primera de la Trilogía de Tirso, debe tenerse en cuenta para completar este estudio. La pieza de Ávila posee un contenido netamente conservador. Entre otras cosas, el personaje alegórico "América" le agradece a Cortés que la descubra y la conquiste —algo que ya habíamos visto de manera más fervorosa en *Las palabras a los reyes* de Vélez de Guevara. Cortés, en un largo proceso-juicio en frente de Carlos V, se defiende de las acusaciones de los que lo vituperan de haber actuado para defender sus intereses y no los del rey. El rey Carlos, que remite la causa a su hijo Felipe, lo prueba en numerosas ocasiones y el noble no se enfrenta a él. Al contrario, Cortés da muestras de su lealtad, nobleza y prudencia esperando de la magnanimidad del rey y del príncipe que le den el título de marqués del Valle que cree que se merece a su vuelta a España en 1529. Al final, como no podía ser de otra manera en esta obra enteramente encomiástica, recibe su reconocimiento de manos del mismo rey de un modo completamente triunfalista. Cortés reivindica, muchas veces en boca de otros personajes, cómo sus ancestros y él han sido todos leales a la Corona; cómo él mismo ha incrementado los dineros de los cofres del rey y de qué manera ha expandido la doctrina cristiana en el Nuevo Mundo. Cortés, el "apóstol armado" (566), en boca de Montejo: "venció un mundo, / Dióle á Carlos la obediencia, / Almas á Dios, gloria á España, / Y á su nombre fama eterna" (567). En otro momento el duque de Béjar exclama: "Pues más almas dio en un día / Cortés á Dios que en un año / Lutero á su ciego error, / Y no hay premio á su valor, / Pues dio con triunfos y palmas, / A Dios infinitas almas, / Y á España infinito honor" (568). Nótese cómo se refleja en este comentario la pugna que hay entre catolicismo y protestantismo por ganar fieles y el hecho de que la tierra americana fuera providencial para expandir la doctrina del Papa.

    Merece la pena desgranar dos pasajes que ponen de manifiesto la propaganda conservadora que el drama escenifica: monarquía y religión cristiana son legítimas dueñas de todo lo adquirido por sus militares, incluso a costa de la fuerza. En el primer ejemplo, cuando Cortés es acusado de hacerse casas en México en cuya construcción mueren "infinitos indios cristianos" (579), el propio príncipe Felipe se encarga de exonerar al conquistador diciendo que la muerte es natural; y que si de esa manera, es decir como esclavos al servicio del español, los indios murieron cristianos, dichosos fueron al hacerlo poco después de haber sido bautizados:

"Príncipe: El costar el edificio / Tantas vidas no es indicio / De ser Cortés desleal; / Que la muerte es natural, / Y entra en cualquier ejercicio; / Y si él pudo por sí mismo / Aumentar el cristianismo / En ellos, dichosos fueron / Esos, que por él murieron / Tan cerca de su bautismo" (579). Estos argumentos recuerdan los ya ofrecidos por el portugués Padre Vieira en sus sermones a los indios en Brasil durante la misma época. Para Vieira los indios sólo son esclavos en cuerpo, pero no en alma. En otro momento, el soldado Montejo alude sin tapujos a la cantidad de indios que Cortés mató en México, destacando que con sus pieles ("pellejos") podrían vestirse todos los españoles (575). Ciertos críticos como Mariano de Paco —en la línea de Ruiz Ramón (*Celebración*; "El héroe")— ven en estos pasajes el choque de "dos puntos de vista: el de la gloria que la Conquista conlleva y, aunque expresada de modo indirecto y ocasional, la presencia de la muerte y de la destrucción que ésta produjo" (139). En nuestra opinión, la obra claramente cierra la interpretación y aboga por una sola vía de actuación: exonerar a sus militares de la culpa que pudieran tener y defender la conquista e incluso la pérdida de vidas humanas en favor de la fe. Por lo tanto no hay conciencia de culpa en esa actuación peninsular, al menos esta comedia no la expresa.

Para terminar, el segundo pasaje que me gustaría comentar de esta obra es aquél en el que la figura alegórica de América se le aparece a Cortés en sueños. Montada "en un cocodrilo dorado" (580) —como muchas veces se la representaba iconográficamente— América le agradece ostentosamente al extremeño el que la haya conquistado y le haya proporcionado la fe. Igual que Martesia en *Amazonas en las Indias* de Tirso, el personaje de América se encargará de vaticinar el futuro de Cortés, conectando sus hazañas con la nobleza de sus descendientes y engrandeciendo el título de marqués del Valle que le será concedido. Hay que señalar que este pasaje alegórico sobre América de *El valeroso español* se suprime en *La sentencia sin firma* constituyendo la principal diferencia entre ambas comedias. La obra de Ávila es profundamente providencialista. Cortés es un héroe católico con el que la propia Iglesia se siente en deuda. La niña india, Zarilla, que el extremeño ha traído con la tripulación a España, es la que se encarga de proclamar, al ser bautizada, que Cortés es el responsable de la evangelización de todo México. La aborigen misma es también la que enfrente de Felipe se refiere a Cortés como "padre de mis entrañas" (576) y se cuestiona por qué no le reconocen sus méritos. En fin, en *El valeroso español* se glorifica la evangelizadora monarquía y al tiempo que la pieza exalta la nobleza y lealtad de Cortés —el Décimo de La Fama—, se exaltan también las capacidades para gobernar del entonces príncipe Felipe.

Capítulo cinco
Una comedia hagiográfica:
La aurora en Copacabana de Calderón de la Barca

1. La fecha de composición de *La aurora en Copacabana* de Calderón, como la de tantas en el Barroco, sigue creando polémica. Valbuena

Briones ("La aurora"; "La fuente") y Pagés Larraya (*La aurora*) la fechan en 1651, mientras que Ezra S. Engling (*La aurora*) en 1661, Gisela Beutler posiblemente en 1662 y Alexander Parker ("The New World") entre 1655 y 1665 (ver notas siguientes). Cito por la edición comentada y anotada de Ezra Engling de 1994. Gisela Beutler dice que por ahora no se sabe de ninguna representación de la comedia en tiempos de Calderón, aunque se supone que se representó una vez en Madrid en el Siglo XVIII (63). Pagés Larraya ("El Nuevo Mundo") y Miró Quesada ("Calderón") tampoco documentan ninguna puesta en escena de este drama en las Américas.

2. Para un estudio de las fuentes que Calderón utiliza a la hora de componer el drama, ver Pagés Larraya (*La aurora*; "El Nuevo Mundo"), Lohmann Villena ("Las fuentes"), Valbuena Briones ("La visión"; "La fuente"), García Álvarez ("Las fuentes"), R. Castells ("From *Crónica*") y White Navarro ("El drama").

3. La necesidad de crear efectos dramáticos directos que por otra parte no distrajeran la finalidad adoctrinadora de la obra mueve a Calderón a permitirse numerosas licencias históricas. Entre ellas se puede resaltar por un lado el hecho de que el analfabeto de Pizarro escriba la crónica de sus hazañas, y por otro, la presencia de Almagro en el desembarco de Túmbez. Asimismo, resulta desconcertante la confusión de Don Lorenzo [Suárez] de Mendoza, conde de La Coruña, y quien fue en verdad gobernador de México de 1580 a 1583, con García Hurtado de Mendoza, marqués de Cañete y virrey del Perú desde 1588 hasta 1596. Para estudiar en detalle todos estos anacronismos, errores y licencias, ver principalmente el ensayo de Pagés Larraya ("El Nuevo Mundo"); también puede consultarse el de Lohmann Villena ("Las fuentes"). Definitivamente, a Calderón no parecen importarle las disputas por el poder entre los Almagro y los Pizarro, luchas por otra parte fundamentales en la Trilogía de Tirso treinta años antes.

4. Conviene aclarar desde ahora que la presencia de Pizarro como personaje en esta obra es minúscula, o como ha dicho Zugasti "incidental. Sus parlamentos cubren apenas 125 versos" ("La imagen" 142). Sin duda se debe al "deseo que anima a Calderón de presentar a Pizarro más como un ferviente devoto mariano que como un guerrero. Por esta razón, pues, la personalidad de Pizarro se ofrece un poco opacada y aparece sólo en tan fugaces momentos sobre la escena" (Lohmann Villena, "Francisco" 431).

5. Es por eso por lo que Alexander Parker dice: "Trade and the preaching of the Gospel went hand in hand. Preaching had to sanction financial greed and the exploitation and oppression that went with it. Poetic imagination can redress the injustices of history. Calderón was creating poetic truth, as he saw it, when through symbolism and dramatic allegory he transformed the reality of maritime trade into the New World's promise of salvation to unregenerate mankind" ("The New World" 269) ["El comercio y la predicación del Evangelio fueron de la mano. La evangelización tenía que sancionar la avaricia, y la explotación y la opresión

Notas a la página 224

que conllevaba. La imaginación poética puede enmendar las injusticias de la Historia. Calderón estaba creando verdad poética, según su criterio, cuando a través del simbolismo y de la alegoría dramática transformó la realidad del comercio marítimo en la promesa de salvación del Nuevo Mundo para la degenerada humanidad"]. No extraña por tanto el hecho de que, prueba de este espíritu doctrinal, las primeras obras de Calderón que arriben y se representen en América (Lima) a partir de 1670 sean dos autos sacramentales: *La humildad coronada* y *El gran teatro del mundo*. Según Everett W. Hesse se representaron dos autos calderonianos casi todos los años hasta finales del XVII, cancelando actuaciones exclusivamente por razones de causa mayor como terremotos u otras catástrofes (13). Lo importante es que a partir de esa fecha Calderón se consagró por amplio margen como el autor más popular en las Indias con aproximadamente 194 puestas en escena, seguido muy de lejos por Moreto con un total de 59. Las obras del dramaturgo mejor acogidas por la audiencia al parecer fueron los autos, las zarzuelas, las comedias mitológicas y las de capa y espada (14). Por lo que respecta al tema de América en los autos sacramentales de Calderón, ver Roberto Alejandro Ventades. También hay que hacer referencia aquí a una obra, yo diría, continuadora de *La aurora* y que hasta el momento ha sido poco estudiada. Se trata de la comedia de santo del valenciano Alejandro Arboreda (1650–98) titulada *El más divino remedio y Aurora de San Ginés*. Según un profundo estudioso de Arboreda, Pasqual Mas i Usó, la comedia se concentra en exaltar el papel heroico de España como vehículo de difusión del cristianismo. A Arboreda no le interesa describir en ella "el roce diario con los indios, sino presentar la llegada del cristianismo a América como una gesta de salvación de la que tan sólo se representan los primeros contactos con el pueblo indígena y el intento de asimilar su religión al cristianismo" (Mas i Usó, "Alejandro" 482). Hay numerosas similitudes entre esta obra y la que nos ocupa, entre ellas: aparecen las metáforas de un Dios (sol) y una Virgen (luna); los cristianos ayudados por un ángel y por la misma Virgen de la Aurora mediante milagros derrotan a las diferentes fieras, a la Idolatría y a su demonio dragón: en este sentido, el acabar con la religión pagana supone una nueva aurora (luz) para el pueblo inca. Asimismo, se hace un gran esfuerzo por establecer la continuidad de las tradiciones religiosas incaicas y la religión cristiana. Dios será un nuevo sol y gracias a la protección mariana los españoles vencen a los indios. También hay un enredo amoroso, como en *La aurora*, que se constituye en soporte lógico de la acción. En palabras de Mas i Usó la obra se afana en "presentar la colonización como expansión de la monarquía católica española, y de ahí el empeño de la obra estudiada en mostrar en todo momento la superioridad de los católicos españoles" ("Alejandro" 494). Para más detalles sobre esta obra, ver la edición de Mas i Usó de 1997.

6. Esto es lo que opina Kathleen March al aducir que "*La aurora en Copacabana* ha sido clasificada como comedia hagiográfica o pieza histórica. Lógicamente se emplean las técnicas y fuerzas temáticas del teatro barroco, tales como la condensación del tiempo y el espacio, el honor, la lealtad, o bien la selección de personajes de la nobleza. Dichos recursos no dejan de ser portavoces, según Maravall, de una ideología política muy clara, la de la sociedad española, aquí dada como propia de la América precolombina o colonial" (511).

7. En Lope los indios hablan de la llegada de los españoles así: "*Auté*: Vuelve los ojos al mar / y verás en él tres casas, / casas en el parecer / y personas en la traza, / que, envueltas en unos lienzos / caminan sobre las aguas. / Dentro vienen unos hombres / que traen sobre las caras, / como en la misma cabeza, / espeso cabello y barba; / [...] Es gente alegre y discreta, / que unos a otros se abrazan / y quieren salir a tierra / a hacer areitos y danzas. / Las carnes son de colores, / a partes angostas y anchas, / que solamente les vi / blanco rostro y manos blancas, / de donde a veces salían / de unos palos unas llamas / envueltas en trueno y humo / que me dejaron sin habla" (vv. 1481–1506).

8. Valbuena Briones lo hace notar diciendo: "Calderón defiende la tesis providencialista del descubrimiento de América según la cual los españoles fueron el medio que eligió Dios para la evangelización del Nuevo Mundo" ("*La aurora*" 309); posteriormente y siguiendo estos pasos Michael Rowland habla de la visión metafísica y estética del mundo que los conceptos arquetípicos calderonianos sacan a la luz, y observa que "The creative impulse which animates the central action of this drama stems from the belief that the Inca's conversion to Christianity was essentially the reenactment of an established pattern which had been articulated before in a different time and place, in the vast drama of creation" (255) ["El impulso creativo que anima la acción central de esta obra de teatro nace de la creencia en que la conversión inca al cristianismo era esencialmente la re-creación de un patrón establecido que había sido articulado anteriormente en un tiempo y lugar diferentes en el gran drama de la creación"]. El propio Garcilaso el Inca, en palabras de Ricardo Castells ("From *Crónica*" ["De *Crónica*"] 258), concluye en sus crónicas que el sistema de creencias incaico facilitó de tal modo la evangelización de los indios que debe así haber formado parte del plan de Dios en el Nuevo Mundo. Igualmente, Joan Mary Hill se referirá a la teodicea judeo-cristiana que el drama despliega, según la cual la presencia del mal en la Historia es entendida como esencial para la consecución del plan divino.

9. En este sentido, se dan ciertos paralelismos con los dramas de honor donde el padre mete a la hija en el convento: "*Guacolda*: por no darme a ti, forçada / me traxo al templo" (1.978–79). También, con ánimo de añadir dramatismo, Iupangui e Inga hablan de la posibilidad de que existiera otra persona interesada en el amor de Guacolda. Nótese que Calderón hace que sea un amante el que soliviante al otro con tal posibilidad (2.1690–1730). Por otro lado, la obra contiene cierto suspense al llevar a cabo la elección de la sacerdotisa que debe ser sacrificada. Iupangui, el que la ama, la escoge con los ojos cerrados (1.895–908). Calderón, para complejizar la trama, utilizará también elementos como el disfraz. De

este modo, Guacolda en el segundo acto se disfraza de villana, por eso no la han reconocido viviendo en casa de Glauca. Por último, el autor hace dos referencias a su propia obra *La vida es sueño*. En el primer ejemplo aparece un joven monarca, al cual lo han tenido siempre escondido en una gruta, pidiéndole a su padre el trono que le prometió (1.1232–55). Más aun, si se tiene en mente el también enclaustramiento de Guacolda, la obra rememora las circunstancias no sólo de Segismundo, sino de Climene en *Apolo y Climene*, y Narciso en *Eco y Narciso*. La segunda referencia tiene que ver con la importancia de las revelaciones oníricas en *La vida es sueño*: "*Idolatría*: Mientras el Jouen crecía, / también le di por consejo / que publicasse que el Sol / le auía reuelado en sueños / que presto embiaría a su hijo / a dominar sus imperios" (1.1355–60). Si se quiere ahondar en los elementos que hacen de *La aurora* un nutrido resumen de las temáticas y cosmovisión calderoniana, esto es, la preocupación por el destino, la relación entre los derechos del individuo y la autoridad social o paterna y la finalidad del arte, ver Ezra Engling ("*La aurora*") y la introducción a la edición citada de 1994.

10. Un nuevo ejemplo de la manera en que Calderón muestra la incomunicación entre español e indio: "*Iupangui [Aparte]*: Como yo, habla sin que infiera / lo que me dize. *Tucapel [Aparte]*: Que se hablen / dos sin que vno ni otro sepan / lo que se dizen no es nuevo" (1.553–56). Igualmente, en el segundo acto Calderón pone de manifiesto la confusión de idiomas que sufre el indio-gracioso Tucapel tras su estancia en la península: "*Tucapel*: pues desde que el español, / cautiuándome en mi patria, / conmigo, sin saber cómo, / dio en vnas tierras estrañas / donde su lenguage y mío / hizieron tal mescolança, / que ya ni es mío ni es suyo, / (bien que hasta entendernos basta)" (2.1447–54).

11. Como ejemplo sangrante del modo en que el honor obliga en la comedia y las consecuencias que se derivan de seguir su mandato, ver mi artículo "La tragedia moral en el absolutismo de *La estrella de Sevilla*."

12. El hecho de que sea Guacolda la que se agarra a la cruz y Iupangui al árbol plátano en el segundo acto denota la importancia que el dramaturgo le da a este personaje femenino, y resalta que fuera ella la primera en criticar sus antiguas creencias siendo líder de los suyos en el camino hacia la verdad divina. Sobre esto último, ver García Álvarez ("La filosofía").

13. Sobre las dinámicas de amor y poder en *La aurora*, ver Simson: "El autor distingue un poder falso, que es el de Satanás, del verdadero poder, del poder de Dios. El camino a este poder verdadero se realiza por otro poder, el poder mundano de los españoles. El amor está presentado en varias facetas. Pero el desarrollo desde el deseo erótico hasta el amor que prepara el camino hacia Dios pone bien de manifiesto la superioridad del amor divino" ("Poder" 177).

14. Con respecto al concepto de ley natural y sus tendencias podemos decir con Navarro Cordón y Calvo Martínez que, de acuerdo con Aristóteles, Tomás de Aquino afirma que el hombre, como ser natural que es, posee una serie de tendencias enraizadas en su naturaleza (líneas de conducta orientadas a un fin específico). De estas tendencias se deduce el contenido evidente, universal e inmutable de la ley natural. Se dan por tanto "tres órdenes de tendencias: 1) en tanto que *sustancia* (y, por tanto, al igual que cualquier otra), el hombre *tiende a conservar su propia existencia*. El cumplimiento de esta tendencia impone el deber moral de procurar la conservación de aquélla; 2) en tanto que *animal* (y, por consiguiente, al igual que el resto de los animales), el hombre *tiende a procrear*. De estas tendencias cabe deducir ciertas normas de conducta relativas a la consecución del fin de la procreación y cuidado de los hijos; 3) en cuanto es *racional*, el hombre *tiende a conocer la verdad y a vivir en sociedad*. [...] De estas tendencias surgen las obligaciones morales de buscar la verdad y respetar las exigencias de la justicia" (118). Así se deduce consecuentemente que el hombre, cuanto más ejercita su razón, más conoce la verdad y mejor distingue entre el bien y el mal. También, resulta importante para nuestro argumento saber que la primera de las propiedades de la ley natural es su evidencia: "puesto que ha de ser norma objetiva orientadora de la conducta para todos los hombres, sus preceptos han de ser fácilmente cognoscibles, de modo que todos los hombres puedan adquirir noticia acerca de ellos" (119). Se sigue de este modo que el "salvaje" vislumbra la razón y rige su comportamiento de acuerdo a la ley natural.

15. En dos ocasiones más a lo largo de *La aurora* se suceden las referencias a la ley natural tal y como la venimos entendiendo: "*Guacolda*: que fue el dictamen de aquella / natural luz que a no verme / sacrificada hizo fuerça" (3.3207–09); y "*Andrés* [*indio*]: de ley tan en natural / razón, que para creerla, / sin sus milagros, bastara / la suauidad de sí mesma" (3.3462–65).

16. Calderón centra el designio de la empresa española en su misión redentora. Esto es lo que lleva a Valentín de Pedro (*América*) a tildar al dramaturgo de "poeta de la evangelización," alguien que, "elevando al hombre fisiológico a la categoría de hombre moral, al sustituir a la fatalidad idólatra y pagana por el principio del libre albedrío como base de la responsabilidad humana" consagra los principios del cristianismo (167).

17. Jacques Lafaye hace mención a que los primeros descubridores de las huellas de la presencia del apóstol Tomás en América fueron los agustinos del Perú. Sin embargo, los que hicieron circular los testimonios de ello fueron los escritos jesuitas, los cuales eran comúnmente usados por los historiadores del Nuevo Mundo en los siglos XVI y XVII. Santo Tomás será "un personaje omnipresente en América, llamado Zumé en Paraguay y en Brasil, Viracocha en Perú, Bochica en Colombia, Quetzalcóatl en México, Cuculcan entre los mayas" (269).

18. Esta idea queda puesta de manifiesto cuando en uno de los mejores estudios dedicados al auto sacramental calderoniano Alexander Parker apunta: "Calderón ha dado con el método perfecto para transmitir lo misterioso y lo incomprensible por medio de los sentidos. Las verdades eternas no hay que presentarlas en las fórmulas frías de las abstracciones metafísicas: deben fundirse en una forma poética que permita que la alegoría cobre vida, y los personajes alegóricos no sólo deben contener un significado sino que tienen que convertirse en seres vivos. Tal es lo que Calderón llega a conseguir. En sus autos, pues, lo divino en forma humana, con la colaboración de una naturaleza impregnada de Dios, llega a ser el símbolo de lo supersensible. En lo más elevado de su plano poético, los mundos natural y supernatural se funden con toda perfección, y el tiempo y el espacio desaparecen en el misterio del amor eterno" (*Los autos* 26).

19. Calancha y Ramos Gavilán no dudan de que un apóstol —la mayoría de las veces Santo Tomás, pero también hablarán de San Bartolomé— predicó el Evangelio en tierras idólatras antes de la venida de los españoles. Después, ambos autores conectan la venida de dicho apóstol con el origen del mito de creación del primer rey y Dios inca, Viracocha. Santo Tomás, según Ramos Gavilán, evangelizó a través de los Andes siguiendo exactamente la misma ruta que Viracocha. A este respecto nos dice Salles-Reese: "The Augustinians' descriptions of the men they presumed to be an apostle and his disciple coincide with the descriptions of Viracocha in the myths of creation compiled by many chroniclers. They also coincide with the description that Ramos Gavilán himself gives of the first Inca —Manco Capac— 'cuyo color [era] tan blanco y rubio,' a description that served as a trick to lure the Indians into believing that Manco Capac was the son of the sun god. The physical difference emphasized by Calancha between this blonde visitor and the Andean peoples made the creation myth pliable enough to become a Christian narrative —modelled on the most conventional European iconographic representations— about one of Christ's apostles" (187–88) ["las descripciones que los agustinos hacen de los hombres que imaginaban ser un apóstol y su discípulo coinciden con las descripciones de Viracocha en los mitos de la creación compilados por muchos cronistas. Coinciden asimismo, con la descripción que Ramos Gavilán presenta del primer inca —Manco Capac— 'cuyo color [era] tan blanco y rubio.' Es ésta una descripción que sirve como un truco con el que obnubilar a los indios para que creyesen que Manco Capac era el hijo del dios sol. La diferencia física resaltada por Calancha entre este visitante rubio y los pueblos andinos hace el mito de la creación lo suficientemente maleable como para que pudiera convertirse en una narrativa cristiana —modelada sobre las representaciones iconográficas europeas más convencionales— acerca de uno de los apóstoles de Cristo"]. La idea de un Tomás apóstol predicando en América se encuentra también en la obra de Oviedo, Las Casas, Durán, Sahagún y otros cronistas. Véase Valbuena Briones ("La fuente"), Sabine MacCormack ("Antonio"), Alain Milhou, Jörg Fisch y Raquel Chang-Rodríguez. Joachim Küpper duda de esta historia de la presencia del apóstol en América ya que aduce que para el tiempo de Calderón se consideraba leyenda (cif. en Simson, "Poder" 173); sin embargo, Pagés Larraya (*La aurora* 188) habla de tal presencia como contemporánea en el folklore de Perú y de Paraguay. Por otro lado, como es sabido, varios autores no dudaron en reinterpretar los textos bíblicos para que, de este modo, sirvieran de profecías del descubrimiento y conquista. Un ejemplo paradigmático lo constituye Fray Luis de León cuando en uno de sus numerosos ejemplos comenta la parábola del banquete de San Mateo de esta manera: "Que seguramente se salió fuera de la ciudad y que todos los que estaban en el campo fueron obligados por la fuerza a entrar en el banquete, con esto explicó Cristo el futuro; que al final del mundo algunos hombres saliendo fuera del orbe romano y avanzando más allá de los límites conocidos, tenidos hasta entonces como el extremo de la tierra, encontrarían otro Continente habitado por hombres agrestes y completamente fieros. Aquellos hombres les harían entrar en la iglesia, ya por la fuerza, ya por la doctrina, y saliendo… del culto vanísimo a los ídolos, los redujeran poco a poco a la mansedumbre… para que ellos quisieran ser partícipes del celeste convite" (cit. en Félix Carrasco 89–90).

20. Para un estudio exhaustivo del papel de los graciosos Tucapel y Glauca en el drama, ver Hans Flasche.

21. De igual modo la Idolatría, más adelante, recurrirá a la teología escolástica para explicar cómo Iupangui está intentando reconstruir en una estatua la imagen que tiene de la Virgen: "*Idolatría*: el ver que vn indio boçal, / sin más arte ni más ciencia / que vn rasgo, vn viso, vn bosquexo / que él se dibuxó en su idea, / le persuade a que ha de hazer / escultura tan perfecta" (3.3396–3401). La Idolatría es el único personaje que sigue sospechando y dudando de las potencias y condición del indio: "*Idolatría*: ¿Qué es esto, cielos? ¿Tan firmes / raíces prende, flores echa / y frutos brota vna planta / de fe en tan árida tierra / como el coraçón de vn indio" (3.3703–07).

22. Gisela Beutler, siguiendo a Lohmann Villena ("Las fuentes"), nos recuerda que hay un documento histórico que prueba la presencia del milagro del sitio de Cuzco en el Madrid calderoniano. Al parecer, en 1649 con motivo de las nupcias de Felipe IV con Mariana de Austria se erigió en Madrid "—entre los cuatro arcos triunfales que representaban las cuatro partes del mundo— un arco representando 'La América' que contenía una pintura descomunalmente grande de 26 a 24 pies, la cual reproducía el evento milagroso de Cuzco […] En su comedia *La aurora en Copacabana* Calderón combina esta tradición pictórica con otra, la de la Virgen de la Candelaria, que en su tiempo tenía ya un culto bastante difundido en la ciudad de Madrid. Mejor dicho, el autor identifica ambas tradiciones. Así, la visión 'cuzqueña' de Yupanqui resulta ser la imagen de la de Copacabana" (67).

23. De acuerdo a lo que vengo recalcando, March señala que "La historia amorosa aquí no es un simple motivo funcional del teatro del XVII; tiene consecuencias ideológicas de mayor envergadura. El amor de Guacolda y Yupangui apoya la hipótesis de la razón natural como medio de descubrir la verdadera religión, como impulso innato y consustancial al ser humano que obliga a seguirlo antes que al sentimiento pagano con sus preceptos inhumanos. El amor resulta complemento del cristianismo al descubrirse que ésta es una religión de amor" (513–14).

24. Es importante notar cómo sobre esta Virgen que lanza nieve y arena cegadora escribe no sólo Garcilaso el Inca, sino también Cieza de León, el Padre Acosta y Guamán Poma. Ver R. Castells ("From *Crónica*" 266–67).

25. A este respecto, White Navarro subraya: "El mesianismo en el drama de *La aurora* es una nostalgia del mesianismo imperial que provocó Carlos V y que fue prolongación del que resurgió con Fernando el Católico [...] Más que propaganda monárquica a un rey cuya estatura no se prolongaba en la de Felipe IV, el drama trata de reivindicar los hechos de la conquista durante el reinado de Carlos V y Felipe II. Las esperanzas mesiánicas oficiales, es decir el mesianismo político-cristiano opuesto a los mesianismos de carácter popular, está presente en *La aurora*, no sólo en su adhesión a la monarquía sino en el cumplimiento profético del liderazgo hispano de la cristiandad. El anhelo de una monarquía o un cristianismo universal son ya inconcebibles en el siglo XVII. Sin embargo el esquema ideológico nacional se mantiene hasta el siglo XVII en el teatro y en la historiografía [...] La interpretación de su mesianismo se refleja en la indudable función propagandística del drama [...] El ambiente mesiánico, no muy lejano de la reconquista se traslada pues al Nuevo Mundo con la prolongación de la guerra contra el paganismo, hasta el aplastamiento definitivo de la idolatría en el drama. El éxito de la conversión se vuelve entonces parte del esquema de la restauración de España" ("El drama" 118–19).

26. Para un estudio histórico pormenorizado de las conexiones existentes entre la peregrinación inca al templo del Sol y la cristiana al santuario de Copacabana, ver el trabajo de Sabine MacCormack "From the Sun of the Incas to the Virgin of Copacabana" ["Del Sol de los Incas a la Virgen de Copacabana"].

27. Durante el acto tercero se repiten estas expresiones en boca de los altos mandatarios españoles, con la intención de subrayar el carácter bárbaro de todos aquéllos ya adoctrinados y devotos: "*Gouernador*: en la capilla / que labra la esclauitud" (3.3011–12); "*Conde*: a la esclauitud diréis / que la ruego que me admita / por su hermano" (3.3082–84); "*Andrés*: la admití y con ella / la piadosa esclauitud / de la gran patrona nuestra" (3.3467–69). Hay que resaltar que en los últimos versos de la obra se utiliza el término "esclauitud" para referirse concretamente al estado de barbarie anterior a la cristianización: "*Tucapel*: Yo, pues de mi esclauitud / libre por ella [María] me veo" (3.4241–42; la aclaración es mía).

28. Merece la pena reproducir la totalidad del argumento: "*Andrés*. Yo, señor, que vn tiempo fuy / (bien como todos) de aquella / idólatra ceguedad / que creyó que el sol pudiera, / siendo sin alma y sin vida, / sólo vn material planeta, / auernos dado a su hijo; / oyendo la diferencia /

que ay de criador a criatura, / y viendo las excelencias / de ley tan en natural / razón, que para creerla, / sin sus milagros, bastara / la suauidad de sí mesma, / convencido en mi passado / error, la admití y con ella / la piadosa esclauitud / de la gran patrona nuestra" (3.3452–69). Véase cómo expresamente Calderón nos subraya que no hacen falta milagros para adoctrinar a los indios, sino que la evidencia de la ley natural provoca el convencimiento.

29. En cuanto al marianismo de Calderón, White Navarro opina que: "En la época en que escribe Calderón resucita la apasionada devoción Mariana de fines de la edad media. Calderón como reacción a la Reforma le devuelve a la virgen la antigua virtud medieval de vencer las herejías contra el protestantismo, y en el Nuevo Mundo contra la idolatría. Se trata de una recuperación doctrinal y política que sirve a ambos continentes. Los jesuitas pusieron un énfasis especial en la inmaculada concepción y en el culto mariano como contrarrestación (sic) a la doctrina protestante. Esta propaganda jesuita fue un imperativo en las comedias religiosas de Calderón" ("El drama" 117). Es más, García Álvarez ("Las fuentes") afirma que la Virgen de la Candelaria (esto es, la Virgen de Copacabana) fue una de las advocaciones marianas de más culto en Madrid durante el XVII. La imagen se entronizó en Madrid con gran fiesta en 1662, lo que le hace a Beutler sugerir el que Calderón posiblemente escribiera *La aurora* con motivo de tal acontecimiento ese año. Al parecer, por su testamento se sabe que Calderón poseía una estatua de la Virgen de Copacabana (cif. 68). Sobre el culto peninsular a la Virgen de Copacabana, ver los estudios de Rípodas Ardanaz. La crítico dice que: "Entre 1652 y 1665, en España se entronizan por lo menos seis 'retratos' de Nuestra Señora de Copacabana, se forman dos cofradías para honrarla y se componen dos libros sobre los milagros realizados en favor de quienes han llamado en su auxilio [...] imagen, venerada desde 1583 en el Perú [...] El auge, cuyo centro es la Villa y Corte, se debe fundamentalmente al empeño de fray Miguel de Aguirre quien, habiendo nacido en la Plata y profesado en Lima en 1620, hubo de sentirse ligado a la Virgen del Lago por el doble lazo de pertenencia a la misma archidiócesis y a la misma orden a cuyo cuidado se hallaba el santuario de Copacabana desde 1589" ("Presencia: el culto" 48).

30. Iupangui, una vez más, ofrece una lección de devoción y perfecto conocimiento de lo que significa la belleza de la Virgen, al declarar que no hay que esculpir una talla muy hermosa porque nunca llegaría a la perfección inmensa de María: "pues de María / es la perfección inmensa, / que el mejor retrato suyo / no se acerque a su belleza / más que se acerque el que menos / hermosa la manifiesta" (3.3821–26). El indio prácticamente se disculpa por la imagen que ha creado ante la Virgen y le pide que ella misma por su honra se mejore. Se nos avanza el milagro que ocurrirá en breve.

31. En palabras de MacCormack: "La imagen de Copacabana cristaliza y resume de este modo todos los motivos que concurren en el drama.

De un lado, el drama describe la diferencia última entre cristiandad y paganismo, que puede definirse en términos teológicos, es decir, en términos de la naturaleza de la idolatría, de la profecía e incluso del derecho natural. De otro lado, esta misma diferencia posee un aspecto moral y, en términos administrativos, cultural y político, que en el drama corre paralelo al aspecto teológico. Calderón refleja con ello las actitudes de su propia época, y ello revela un aspecto crucial del catolicismo misionero de los siglos XVI y XVII, según el cual el cambio religioso no puede darse sin cambios políticos y culturales" (*"La aurora"* 508–09). March opinará de igual modo que: "Naturalmente, hay que subrayar la intención adoctrinadora de la obra, cuyo público tendría que ser español para poder interpretarla en su plenitud. El afán de enseñar, de explicar, determinaría el empleo de una 'formulación lógica' para el proceso dramático de la evangelización, con una cada vez más convincente presentación del papel ejercido por la Virgen en la imposición del poder español en América" (515).

32. Siguiendo a Parker (*Los autos* 58–59) podemos decir con él que Calderón presenta analogías con la tradición agustiniano-platónica de San Buenaventura, y practica un uso del simbolismo que ve las cosas materiales como símbolos de otras espirituales muy cercano al franciscanismo. De ahí que entre la cruz y el árbol plátano en esta obra se vaya a enclavar el santuario a la Virgen, o de que de la gruta surja el que ha de ser "el rey de los incas." De cariz franciscano será también el marcado carácter mariano de su teología. Este último le lleva a escribir autos como *A María el corazón* y especialmente los dos dedicados a la Inmaculada Concepción: *La hidalga del valle* y *Las órdenes militares*. No veo por qué no se podría añadir la obra que nos ocupa. Por otro lado, los numerosos recursos técnicos —similares al que hace que la Virgen baje del cielo y mueva las manos, o arroje nieve— que Calderón despliega en este drama con el propósito de acrecentar la atención del auditorio y así instruirlo, alcanzan su razón de ser en lo que el mismo dramaturgo insistiría: "perciben menos los oídos que los ojos" o "no tiene el oírlo la fuerza que tendrá el verlo" (Parker, *Los autos* 54).

33. No es raro que hoy en día la Iglesia católica continúe usando las mismas metáforas que Calderón lleva al drama: María es luz y Cristo "un Sol mayor," como prueba el siguiente himno que se reza al final del día dos de febrero, en Vísperas: "De una Virgen hermosa / celos tiene el sol, / porque vio en sus brazos / otro Sol mayor. / Cuando del oriente / salió el sol dorado, / y otro sol helado / miró tan ardiente, / quitó de la frente / la corona bella, / y a los pies de la Estrella / su lumbre adoró, / porque vio en sus brazos / otro Sol mayor. / 'Hermosa María, / —dice el sol vencido—, / de vos ha nacido / el Sol que podía / dar al mundo el día / que ha deseado.' / Esto dijo, humillado, / a María el sol, / porque vio en sus brazos / otro Sol Mayor" (Comisión Episcopal Española de Liturgia 1427–28). La Candelaria ha traído al mundo al Dios-luz que "iluminará a los gentiles," algo que encontramos en muchos pasajes del Antiguo Testamento. Entre los del Nuevo Testamento destacar por ejemplo: Lc. 2.22–35. María, según las leyes judías, tuvo que ir al templo a purificarse, una vez pasados 40 días del nacimiento de Jesús, de ahí la referencia a la "purificación" (Lev. 12.2 ss.). Al mismo tiempo, todos los hijos varones primogénitos debían presentarse al Señor para ser redimidos mediante ofrendas (Lev. 12.15, 18), por eso la referencia a la "presentación del Señor" que va asociada con la Purificación. En la actualidad se mantiene la tradición de iniciar la Eucaristía con la procesión de las candelas. De ahí también el nombre de Virgen de la Candelaria. Es una fiesta de gran tradición. Ya se celebraba en Jerusalén en el siglo V, y en la liturgia romana a partir del siglo VII. En la reforma del Vaticano II ha pasado a ser una fiesta del Señor "La Presentación del Señor en el Templo," en lugar de ser una fiesta de la Virgen "La Purificación de María."

34. No quiero acabar este capítulo sin hacer mención a otras dos obras que se han puesto en correlación con ésta de Calderón por su temática religiosa. Se trata de la *Vida y muerte del santo Fray Luis Bertrán* de Gaspar Aguilar (1608), y *La batalla de los dos: Comedia de San Luis Beltrán, primera parte de su vida* (s.f.) de Francisco de la Torre y Sevil. Como sus títulos ponen de manifiesto, las dos son comedias de santo escritas para ensalzar los milagros de San Luis Beltrán, uno de los primeros santos que vivió y predicó en América. Se trata de piezas de muy poca calidad literaria donde los indios son mero trasfondo para destacar las proezas evangélicas y el apostolado del protagonista. En el tercer acto de *La batalla de los dos* la comedia nos mezcla las andanzas indianas de doña Inés en búsqueda de don Fernando, con los engaños del demonio que se encuentra en los ídolos amerindios. El santo no tiene que esforzarse mucho para que los indios se bauticen y lo reconozcan como "dios en la tierra." Al final, el demonio cae derrotado por el religioso, quien no acepta ninguna de sus tentaciones. Por su parte, la obra de Gaspar Aguilar, un tanto más compleja, representa a un indio instruido, "buen salvaje" y preparado para la doctrina. San Luis se ha desplazado a América para destruir todos los ídolos indios y desterrar el demonio de esas latitudes, predicando a Dios y bautizando a cientos de infieles. El indio que aparentemente entiende de "alma," "cielo," "pecados" y "religión" (115–20) pone a prueba el poder de ese Dios que le intentan inculcar. Es así que San Luis se salva milagrosamente del envenenamiento al que lo someten los indios para una mayor gloria de la omnipotencia divina. Tras tres milagros como éste los indios se someten convencidos por quien en esta comedia ha buscado ser mártir en un mundo peligroso y exótico como el americano. Sorprendentemente, Laferl (194, 204) piensa que en el fondo esta obra pone en marcha una utopía que critica la práctica colonial existente, ya que presenta al espectador la alternativa de que la evangelización se podía llevar a cabo de forma pacífica mediante sencillos misioneros. En este sentido, el crítico pone la pieza en correlación con el auto de las *Cortes de la muerte*, obra que en su opinión critica la conquista en su conjunto. A mi modo de ver, la comedia sustenta la ideología contrarreformista, e inculca la obediencia

Notas a la página 249

a la Iglesia apoyando los principios y prácticas monárquico-absolutistas. Lo que queda claro es que como ha dicho Rípodas Ardanaz: "A la luz de estas comedias, los peninsulares hubieron de enriquecer esa imagen de América con la convicción de que en ella también había santos" ("Visión" 142). En resumen, en las dos comedias los indios no funcionan más que como estereotípicos idólatras para así elevar la labor evangelizadora del santo, facilitar sus milagros y predicar de camino al auditorio.

Conclusión

1. A este respecto, recientemente, y en ciertos casos desde posturas ancladas en la teoría postcolonial, algunos críticos vienen defendiendo que estas obras de teatro desde un punto de vista ideológico son "polifónicas" o "multivocales" al escenificar el encuentro entre españoles e indios, entre los conquistadores y las víctimas de la conquista. En otras palabras, se arguye, como es el caso de Susan Castillo, que los textos dramáticos proveen un espacio donde "radically divergent cultures [...] struggle for supremacy" y como resultado de este contacto se produce un "'jumbling up' of ideologies, political systems and cultural practices" (2) ["culturas radicalmente divergentes [...] luchan por la supremacía" y como resultado de este contacto se produce un "'vuelco y mezcla' de las ideologías, sistemas políticos y prácticas culturales"]. Es decir, Susan Castillo piensa que las voces indígenas representadas en estos dramas corresponden o son representativas de las perspectivas nativas propiamente. Nada más lejos de lo que realmente estos textos representan. Me remito a citar los muy atinados comentarios de Gladys Robalino al hacer la reseña del libro de Susan Castillo: "Sin embargo, haría falta cuestionar la calificación de ciertos personajes y segmentos dramáticos como representativos de las voces y las perspectivas nativas puesto que, exceptuando el caso de Guamán Poma, dichas voces no sólo estarían intermediadas sino que pueden ser calificadas como construcciones y artefactos culturales europeos que encubrirían antes que representarían al Otro. Dicha polifonía podría darse cuando este teatro es representado y consumido en el Nuevo Mundo, o cuando es traducido a lenguas indígenas, o cuando estamos hablando de teatro evangélico en contacto directo con comunidades indígenas. Entonces, la agencia vernácula produciría la entrada de otras voces. El reconsiderar la ideología, el lugar de enunciación y el punto focal de la mano que 'transcribe' (inventa) la 'voz indígena' permitiría profundizar en el alcance funcional de estos textos" (515).

Obras citadas

Abraham, James T. *Los españoles en Chile: A Distributed Multimedia Edition*. Disertaciónn U of Arizona, 1998. Ann Arbor, MI: ProQuest/UMI, 1998. DA9829332.

———. "The Other Speaks: Tirso de Molina's *Amazonas en las Indias*." *El arte nuevo de estudiar comedias: Literary Theory and Spanish Golden Age Drama*. Ed. Barbara Simerka. Cranbury, NJ: Bucknell UP, 1996. 143–61.

Acosta, José de. *De procuranda indorum salute*. Ed. L. Perena. Madrid: CSIC, 1984–87.

———. *Historia natural y moral de las Indias*. Ed. José Alcina Franch. Madrid: Historia 16, 1987.

Aguilar, Gaspar. *Vida y muerte del santo Fray Luis Bertrán*. Valencia: Pedro Patricio Mey, 1608.

Amiel, Charles, ed. Introducción a su edición de *El siglo pitagórico y vida de don Gregorio Guadaña*, de Antonio Enríquez Gómez. París: Hispanoamericanas, 1977.

Andrés, Christian. *Visión de Colón, de América y de los indios en el teatro de Lope de Vega*. Acta Columbina 7. Kassel, Alemania: Reichenberger, 1990.

———. *Visión de los Pizarros, de la conquista del Perú y de los indios en el teatro de Tirso de Molina*. Acta Columbina 10. Kassel, Alemania: Reichenberger, 1991.

Antonucci, Fausta. "El elemento cómico en las comedias de Lope de Vega sobre la conquista española de nuevos mundos." Arellano, Pinillos, Serralta y Vitse 33–39.

———. "El indio americano y la conquista de América en las comedias impresas de tema araucano (1616–1665)." *Relaciones literarias entre España y América en los siglos XVI y XVII*. Ed. Ysla Campbell. Ciudad Juárez: U Autónoma de Ciudad Juárez P, 1992. 21–46.

———. *El salvaje en la comedia del Siglo de Oro: Historia de un tema de Lope a Calderón*. Pamplona: RILCE, 1995.

Arellano, Ignacio. *Historia del teatro español del siglo XVII*. Madrid: Cátedra, 1995.

Arellano, Ignacio, Mª Carmen Pinillos, Frédéric Serralta y Marc Vitse, eds. *Studia Aurea: Actas del III Congreso de la AISO*. Vol 2. Pamplona–Toulouse: GRISO–LEMSO, 1996.

Obras citadas

Ávila, Gaspar de. *El gobernador prudente. Dos comedias famosas y un auto sacramental, basados principalmente en "La araucana" de Ercilla*. Ed. José Toribio Medina. Santiago: Imprenta–Litografía "Barcelona," 1915–17. 1–113.

———. *El gobernador prudente. Parte XXI de los mejores ingenios de España*. Madrid: Joseph Fernández de Buendía, a costa de Agustín Verges, 1663. 138–72.

———. *El valeroso español y primero de su casa. Dramáticos contemporáneos a Lope de Vega*, Vol. 1. Ed. Ramón de Mesonero Romanos. Biblioteca de Autores Españoles 43. Madrid: Rivadeneyra, 1857.

Baader, Horst. "La conquista de América en la literatura española: Mito e ilustración." *Romanische Forschungen* 90 (1978): 159–75.

Bakhtin, Mikhail. *Problems of Dostoevsky's Poetics*. Trad. R. W. Rotsel. New York: Ardis, 1973.

Bataillon, Marcel. *Erasmo y España: Estudios sobre la historia espiritual del siglo XVI*. México: FCE, 1950.

Baudot, Georges. *Utopía e historia en México: Los primeros cronistas de la civilización mexicana (1520–1569)*. Madrid: Espasa-Calpe, 1983.

Belmonte Bermúdez, Luis, et al. *Algunas hazañas de las muchas de Don García Hurtado de Mendoza, marqués de Cañete*. Biblioteca de Autores Españoles 20: *Comedias de Don Juan Ruiz de Alarcón y Mendoza*. Colección hecha e ilustrada por Juan Eugenio Hartzenbusch. Madrid: Rivadeneyra, 1852. 487–508.

Bender, Kenneth Edmund. *Representation of the Other in Three Plays by Lope de Vega*. Disertación, U of California, Riverside, 2001. Ann Arbor, MI: Pro-Quest/UMI, 2002. DA3034689.

Benedetti, Thomas. "The Noble Triumph of Cortés: *El valeroso español y primero de su casa*." Mujica, Voros y Stroud 3–12.

Beutler, Gisela. "Pedro Calderón de la Barca: *La aurora en Copacabana*." *Archivum Calderonianum: Texto e imagen en Calderón*. Ed. Manfred Tietz. Stuttgart: Franz Steiner, 1998. 63–74.

Brioso Santos, Héctor. *América en la prosa literaria española de los siglos XVI y XVII*. Huelva: Publicaciones de la Diputación Provincial, 1999.

———. "La figura del *indiano* teatral en el Siglo de Oro español." Reverte Bernal y de los Reyes Peña 423–34.

———. Introducción a *América en el teatro español del Siglo de Oro*. Número especial de *Teatro* 15 (2001): ix–xxxvii.

———. "*El Nuevo Mundo descubierto por Cristóbal Colón* de Lope de Vega y los 'malos españoles' de Azorín." *Philologia Hispalensis* 11 (1996–97): 343–47.

———. "Lo peor de ambos mundos: Dos entremeses *americanos* de Luis Quiñones de Benavente y Vicente Suárez de Deza." *Teatro* 15 (2001): 227–50.

Brito Díaz, Carlos. "Canarias y América: El mundo aborigen en dos piezas teatrales de Lope de Vega." Reverte Bernal y de los Reyes Peña 409–21.

Brotherton, John. "Lope de Vega's *El Nuevo Mundo descubierto por Cristóbal Colón*: Convention and Ideology." *Bulletin of the Comediantes* 46.1 (1994): 33–47.

Buezo, Catalina. "El arca del Nuevo Mundo: Un artificio escénico del teatro breve barroco." *Teatro* 6–7 (1994–95): 81–91.

Buscaglia-Salgado, José F. *Undoing Empire: Race and Nation in the Mulatto Caribbean*. Minneapolis: U of Minnesota P, 2003.

Calancha, Fray Antonio de la. *Crónica moralizada del Orden de San Agustín en el Perú*. Lima, 1653.

Calderón de la Barca, Pedro. *La aurora en Copacabana*. Ed. Ezra S. Engling. London: Tamesis, 1994.

———. *La aurora en Copacabana*. Ed. Antonio Pagés Larraya. Buenos Aires: Hachette, 1956.

Campos, Jorge. "Lope de Vega y el descubrimiento colombino." *Revista de Indias* 9.37–38 (1949): 731–54.

Cañadas, Iván. "Nation, Empire and Local Community in Lope de Vega's Peasant Drama and *El Nuevo Mundo descubierto por Cristóbal Colón*." *Journal of Iberian and Latin American Studies* 8.2 (2002): 81–92.

Cañas Murillo, Jesús, ed. *Hazañas de los Pizarros (Tres comedias)*. Introd. Gregorio Torres Nebrera. Mérida: Editora Regional de Extremadura, 1993.

Cao, Antonio F. "Mitología, mito y desmitificación en las obras americanas de Lope de Vega." Criado de Val, *Literatura* 484–92.

Carey-Webb, Allen. "Other-Fashioning: The Discourse of Empire and Nation in Lope de Vega's *El nuevo mundo descubierto por Cristóbal Colón*." *Amerindian Images and the Legacy of Columbus*. Ed. René Jara and Nicholas Spadaccini. Hispanic Issues 9. Minneapolis: U of Minnesota P, 1992. 425–51.

Carrasco, Félix. "América en el imaginario colectivo del Siglo de Oro." *Encuentros y desencuentros de culturas: Desde la Edad Media al Siglo XVIII*. Asociación Internacional de Hispanistas, Vol. 3. Ed. Juan Villegas. Irvine: U of California, 1994. 79–92.

Carvajal, Gaspar de. *Relación del nuevo descubrimiento del famoso río Grande de las Amazonas*. Ed. Jorge Hernández Millares. México: FCE, 1955.

Obras citadas

Carvajal, Micael de, y Luis Hurtado de Toledo. *Auto de las Cortes de la Muerte. Escena XIX.* Ruiz Ramón, *América* 259–68.

———. *Auto de las Cortes de la Muerte. Romancero y cancionero sagrados: Colección de poesías cristianas, morales y divinas sacadas de las obras de los mejores ingenios españoles.* Biblioteca de Autores Españoles 35. Ed. Justo de Sancha. Madrid: Rivadeneyra, 1872. 1–41.

Case, Thomas E. "El indio y el moro en las comedias de Lope de Vega." Mujica, Voros y Stroud 13–21.

Castells, Isabel. "'Suele amor trocar con Marte las armas': La conquista erótica y militar del Nuevo Mundo en tres comedias de Lope de Vega." *Anuario Lope de Vega* 4 (1998): 87–96.

Castells, Ricardo. "From *Crónica* to *Comedia*: Catholic Evangelization and Indigenous Oral Traditions in the Inca Garcilaso and Calderón." *Bulletin of the Comediantes* 46.2 (1994): 257–71.

———. "Oro e idolatría en *El Nuevo Mundo descubierto por Colón* de Lope de Vega." *Neophilologus* 84.3 (2000): 385–97.

Castillo, David R. "Colón, Las Casas, Gandavo, Soares, Nóbrega en el país de las maravillas." *Romance Languages Annual 1997*. Vol. 9. Ed. Jeanette Beer, Patricia Hart y Anthony J. Tamburri. West Lafayette, IN: Purdue Research Foundation, 1998. 424–28.

Castillo, Moisés R. "La honorable muerte de un bárbaro en *Arauco domado* de Lope de Vega." *Theatralia: Revista de Poética del Teatro* 6 (2004): 49–76.

———. "Lope de Vega, inventor de América: *El Nuevo Mundo descubierto por Cristóbal Colón*." *Bulletin of the Comediantes* 54.1 (2002): 57–90.

———. "El secreto de Vitoria y sus silencios." *Romance Languages Annual 1996.* Vol. 8. Ed. Ben Lawton, Jeanette Beer y Patricia Hart. West Lafayette, IN: Purdue Research Foundation, 1997. 397–403.

———. "La tragedia moral en el absolutismo de *La Estrella de Sevilla*." *Bulletin of the Comediantes* 50.1 (1998): 59–77.

Castillo, Moisés R., y Bradley J. Nelson. "The Theologico-Political Program of António Vieira in the Context of Baroque Guided Culture." *Romance Languages Annual 1997*. Vol. 9. Ed. Jeanette Beer, Patricia Hart y Anthony J. Tamburri. West Lafayette, IN: Purdue Research Foundation, 1998. 429–37.

Castillo, Susan P. *Colonial Encounters in New World Writing, 1500–1786: Performing America.* London: Routledge, 2006.

Obras citadas

Castro, Américo. "Sobre lo precario de las relaciones entre España y Las Indias." *Cervantes y los casticismos españoles*. Barcelona: Alfaguara, 1966. 313–38.

Chamanadjian, Lucía. "La visión matizada del Nuevo Mundo en *El Nuevo Mundo descubierto por Cristóbal Colón*, de Lope de Vega." *Anuario Lope de Vega* 4 (1998): 97–105.

Chang-Rodríguez, Raquel. "Santo Tomás en los Andes." *Revista Iberoamericana* 53.140 (1987): 559–67.

Chaunu, Pierre. *La expansión europea (Siglos XII al XV)*. Barcelona: Labor, 1972.

Cifuentes Aldunate, Claudio. "Caupolicán: Creación y recreaciones de un mito." *Versants* 4 (1983–84): 59–76.

Claramonte, Andrés de. *El nuevo rey Gallinato y ventura por desgracia*. *Comedias* de Claramonte. Ed. Mª del Carmen Hernández Valcárcel. Murcia: Edición de la Academia Alfonso X el Sabio, 1983. 175–286.

Cobjec, Joan. *Read My Desire: Lacan against the Historicists*. Cambridge: MIT P, 1994.

Cobos, Mercedes. *Las Indias Occidentales en la poesía sevillana del Siglo de Oro*. Sevilla: U de Sevilla, 1997.

Cohen, Walter. *Drama of a Nation: Public Theater in Renaissance England and Spain*. Ithaca, NY: Cornell UP, 1985.

Colón, Cristóbal. *Textos y documentos completos*. Ed. Consuelo Varela. *Nuevas cartas*. Ed. Juan Gil. Madrid: Alianza, 1992.

Comisión Episcopal Española de Liturgia. *Liturgia de las horas: Diurnal, laudes, hora intermedia, vísperas y completas*. Barcelona: Coeditores Litúrgicos, 1990.

Corominas, Juan M. "Las fuentes literarias del *Arauco domado*, de Lope de Vega." Criado de Val, *Lope* 161–70.

Correa, Juan Antonio. *Pérdida y restauración de la Bahía de Todos los Santos. Parte treinta y tres de comedias nuevas, nunca impresas escogidas de los mejores ingenios de España*. Madrid: Joseph Fernández de Buendía, 1670.

Cortés, Hernán. *Cartas de relación*. Ed. Mario Hernández. Madrid: Historia 16, 1985.

Cotarelo, Emilio. "Luis Vélez de Guevara y sus obras dramáticas." *Biblioteca de la Real Academia Española* 4.18 (1917): 137–71, 269–308, 414–44.

Obras citadas

Criado de Val, Manuel, ed. *Literatura hispánica, Reyes Católicos y Descubrimiento. Actas del congreso internacional sobre literatura hispánica en la época de los Reyes Católicos y el Descubrimiento.* Barcelona: PPU, 1989.

———, ed. *Lope de Vega y los orígenes del teatro español: Actas del 1 Congreso Internacional sobre Lope de Vega.* Madrid: EDI–6, 1981.

Cro, Stelio. "The New World in Spanish Utopianism." *Alternative Futures* 2.3 (1979): 39–53.

de Armas, Frederick A. "Fashioning a New World: Lope de Vega and Claramonte's *El nuevo rey Gallinato.*" *Critical Essays on the Literatures of Spain and Spanish America. Anejo Anales de la Literatura Española Contemporánea.* Ed. Luis T. González del Valle y Julio Baena. Boulder, CO: Society of Spanish and Spanish-American Studies, 1991. 1–10.

———. "*Oikoumene*: La geografía híbrida de *El rey Gallinato* de Andrés de Claramonte." *Teatro* 15 (2001): 37–48.

———. "Xerxes and Alexander: Dreams of America in Claramonte´s *El nuevo rey Gallinato.*" *The Dream and the Text: Essays on Literature and Language.* Ed. Carol Schreier Rupprecht. Albany, NY: SUNY P, 1993. 265–83.

de la Nuez, Sebastián. "América en una obra dramática de Lope de Vega: 'El Nuevo Mundo descubierto por Colón.'" *Teatro del Siglo de Oro: Homenaje a Alberto Navarro González.* Ed. Víctor García de la Concha, Jean Canavaggio, Theo Berchem y María Luisa Lobato. Kassel, Alemania: Reichenberger, 1990. 455–86.

de la Torre y Sevil, Francisco. *La batalla de los dos: Comedia de San Luis Beltrán, primera parte de su vida.* S.l., s.f. Manuscrito que se encuentra en la Bibioteca Nacional de Madrid, número 16.350.

Dellepiane de Martino, Ángela B. "Ficción e Historia en la trilogía de los Pizarros de Tirso." *Filología* 4 (1952–53): 49–168.

———. *Presencia de América en la obra de Tirso de Molina.* Madrid: Revista Estudios, 1968.

de Paco, Mariano. "Andrés de Claramonte y Gaspar de Ávila: Visión de las Indias." *Murgetana* 86 (1993): 131–44.

de Pedro, Valentín. *América en las letras españolas del Siglo de Oro.* Buenos Aires: Sudamericana, 1954.

———. "Homenaje a Lope de Vega del Instituto Nacional de Estudios de Teatro: Lope de Vega diviniza a Caupolicán." *Revista de Estudios de Teatro* 6 (1963): 5–14.

Díaz Balsera, Viviana. "Araucanian Alterity in Alonso de Ercilla and Lope de Vega." Mujica, Voros y Stroud 23–36.

Obras citadas

Díaz del Castillo, Bernal. *Historia verdadera de la conquista de la Nueva España*. Ed. Miguel León-Portilla. Madrid: Historia 16, 1984.

Díaz y de Obando, Clementina. "El Nuevo Mundo en la gesta romancera (Siglo XVI)." Criado de Val, *Literatura* 201–09.

Dille, Glen F. "America Tamed: Lope's *Arauco domado*." *New Historicism and the Comedia: Poetics, Politics and Praxis*. Ed. José A. Madrigal. Boulder, CO: Society of Spanish and Spanish-American Studies, 1997. 111–28.

———. *Antonio Enríquez Gómez*. Boston: Twayne, 1988.

———. "Antonio Enríquez Gómez: Alias Fernando de Zárate." *Papers on Language & Literature* 14.1 (1978): 11–21.

———. "El descubrimiento y la conquista de América en la comedia del Siglo de Oro." *Hispania* 71.3 (1988): 492–502.

———. Estudio introductorio a *Las palabras a los reyes y gloria de los Pizarros*, de Luis Vélez de Guevara. Ed. William R. Manson y C. George Peale. Newark, DE: Juan de la Cuesta, 2004. 13–48.

———. "The Plays of Cervantes, Lope, Calderón and the New World." *La Chispa '87 Selected Proceedings*. Ed. Gilbert Paolini. New Orleans: Tulane UP, 1987. 89–97.

Dixon, Victor. "Lope de Vega and America: *The New World* and *Arauco Tamed*." *Renaissance Studies* 6.3–4 (1992): 249–69.

———. "Lope de Vega, Chile and a Propaganda Campaign." *Bulletin of Hispanic Studies* 70.1 (1993): 79–95.

Elliott, J. H. *The Old World and the New, 1492–1650*. Cambridge: Cambridge UP, 1972.

Elliott, J. H., and Jonathan Brown. *A Palace for a King: The Buen Retiro and The Court of Philip IV*. New Haven: Yale UP, 1980.

Engling, Ezra S., ed. Introducción a su edición de *La aurora en Copacabana*, de Pedro Calderón de la Barca. Ed. con introd. y notas. London: Tamesis, 1994.

———. "*La aurora en Copacabana*: A Calderonian Tapestry." *Bulletin of the Comediantes* 43.1 (1991): 133–45.

Enríquez Gómez, Antonio. Ver Zárate y Castronovo, Fernando de.

Ercilla y Zúñiga, Alonso de. *La araucana*. Vol.1 y 2. Ed. Marcos A. Morínigo e Isaías Lerner. Madrid: Castalia, 1979.

Ettinghausen, Henry. "The News in Spain: *Relaciones de sucesos* in the Reigns of Philip III and IV." *European History Quarterly* 14 (1984): 1–20.

Fernández, Teodosio. "La imaginación americana en el teatro de Tirso de Molina." *Edad de Oro* 10 (1991): 87–95.

Obras citadas

Fernández-Shaw, Carlos M. "América en Lope de Vega." *Cuadernos Hispanoamericanos* 161–62 (1963): 675–97.

Fichter, William L. "Lope de Vega's *La conquista de Cortés* and *El Marqués del Valle*." *Hispanic Review* 3 (1935): 163–65.

Fisch, Jörg. *Die europäische Expansion und das Völkerrecht: Die Auseinandersetzungen um den Status der überseeischen Gebiete vom 15. Jahrhundert bis zur Gegenwart*. Stuttgart: Steiner, 1984.

Flasche, Hans. "Perspectivas de la locura en los graciosos de Calderón (*La aurora en Copacabana*)." *Nueva Revista de Filología Hispánica* 34.2 (1985–86): 631–53.

Flint, Weston. "Colón en el teatro español." *Estudios Americanos* 22 (1961): 165–86.

Florit Durán, Francisco. "América en la *Historia General de la Orden de la Merced* de Tirso de Molina." *Edad de Oro* 10 (1991): 97–104.

Franco, Ángel. *El tema de América en los autores españoles del Siglo de Oro*. Madrid: Nueva Imprenta Radio, 1954.

Friede, Juan. "La censura española del Siglo XVI y los libros de historia de América." *Revista de Historia de América* 47 (1959): 45–94.

———. "Las Casas and Indigenism in the Sixteenth Century." *Bartolomé de Las Casas in History: Toward an Understanding of the Man and His Work*. Ed. Juan Friede y Benjamin Keen. DeKalb: Northern Illinois UP, 1971. 194–97.

Ganelin, Charles, ed. Introducción a su edición de *La infelice Dorotea*, de Andrés de Claramonte. London: Tamesis, 1987.

García Álvarez, César. "La filosofía neoplatónica en *La aurora en Copacabana*, de Calderón." *Academia* 2 (1982): 71–106.

———. "Las fuentes de *La aurora en Copacabana* de Calderón de la Barca." *Revista Chilena de Literatura* 16–17 (1980–81): 179–213.

García Blanco, Manuel. "Alusiones al chocolate en el teatro español clásico." *Correo Erudito* 4 (1946): 176–77.

———. "Tirso de Molina y América." *Cuadernos Hispanoamericanos* 17 (1950): 243–58.

———. "Voces americanas en el teatro de Tirso de Molina." *Boletín del Instituto Caro y Cuervo. Muestra antológica 1945–1985*. Vol. 1: *Lingüística*. Ed. Rubén Páez Patino. Santa Fe de Bogotá: Inst. Caro y Cuervo, 1993. 566–85.

García Lorenzo, Luciano, ed. *Calderón: Actas del Congreso Internacional sobre Calderón y el teatro español del Siglo de Oro*. Vol. 1. Madrid: CSIC, 1983.

Obras citadas

Garelli, Patrizia. "Lope de Vega y la conquista de América: Teatro y opinión pública." *Actas del Coloquio: Teoría y realidad en el teatro español del siglo XVII, La influencia italiana.* Ed. Francisco Ramos Ortega. Roma: Instituto Español de Cultura y de Literatura de Roma, 1981. 289–96.

Gilman, Stephen. "Lope de Vega and the 'Indias en su ingenio.'" *Spanische Literatur im Goldenen Zeitalter.* Ed. Horst Baader y Erich Loos. Frankfurt: Vittorio Klostermann, 1973. 102–16.

Gilson, Etienne. *La filosofía en la Edad Media: Desde los orígenes patrísticos hasta el fin del siglo XIV.* Madrid: Gredos, 1982.

Gleeson O'Tuathaigh, Marie. "Tirso's Pizarro Trilogy: A Case of Sycophancy or Lese-Majesty?" *Bulletin of the Comediantes* 38.1 (1986): 63–82.

Gómez-Moriana, Antonio. "Narration and Argumentation in the Chronicles of the New World." Jara y Spadaccini 97–120.

Gómez-Tabanera, José M. "Bestiario y paraíso en los viajes colombinos: El legado del folklore medieval europeo a la historiografía americanista." *Encuentros y desencuentros de culturas: Desde la Edad Media al Siglo XVIII.* Asociación Internacional de Hispanistas. Vol. 3. Ed. Juan Villegas. Irvine: U of California, 1994. 68–78.

González de Bustos, Francisco. *Los españoles en Chile.* Valencia: Imprenta de Joseph de Orga, 1665? 1–36.

———. *Los españoles en Chile: Parte veinte y dos de Comedias Nuevas escogidas de los mejores ingenios de España.* Madrid: Andrés García de la Iglesia, a costa de Juan Martín Merinero, 1665. 1–24.

González Echevarría, Roberto. "America Conquered." *Yale Review* 74 (1985): 281–91.

———. *Celestina's Brood: Continuities of the Baroque in Spanish and Latin American Literature.* Durham: Duke UP, 1993.

Green, Otis H. "Notes on The Pizarro Trilogy of Tirso de Molina." *Hispanic Review* 4.3 (1936): 201–25.

Greenblatt, Stephen. *Marvelous Possessions: The Wonder of the New World.* Chicago: U of Chicago P, 1991.

Hamilton, Bernice. *Political Thought in Sixteenth-Century Spain: A Study of the Political Ideas of Vitoria, De Soto, Suárez, and Molina.* Oxford: Clarendon, 1963.

Hamilton, John Ward. *Dos obras de Lope de Vega con tema americano.* Auburn, AL: Auburn UP, 1968.

Obras citadas

Hamilton, John Ward. "Las relaciones personales de Lope de Vega con el Nuevo Mundo." *Romance Notes* 8 (1966–67): 260–65.

Hanke, Lewis. *Aristotle and the American Indians: A Study in Race Prejudice in the Modern World*. Bloomington: Indiana UP, 1959.

———. *La lucha por la justicia en la conquista de América*. Trad. Ramón Iglesia. Buenos Aires: Sudamericana, 1949.

Harris, Max. "A *Marrano* in Montezuma's Court: An Oblique Reading of *La conquista de México* by 'Fernando de Zárate.'" *Bulletin of the Comediantes* 43.1 (1991): 147–61.

Heathcote, A. A. "*La araucana*: Ercilla and Lope de Vega." *Hispanic Studies in Honour of Frank Pierce*. Ed. John England. Sheffield: U of Sheffield, 1980. 77–89.

Heliodoro Valle, Rafael. *Santiago en América*. México: Santiago, 1946.

Hermenegildo, Alfredo. "Discurso encomiástico y espacio de lo maravilloso: Signos de adramaticidad en *Amazonas en las Indias* de Tirso de Molina." *Dramaturgia española y novohispana: Siglos XVI–XVII*. Ed. Lillian von der Walde y Serafín González García. México: U Autónoma Metropolitana, Iztapalapa, 1993. 29–46.

———. "Espacio ancilar e inserción dramática: *Todo es dar en una cosa*, de Tirso de Molina." *Relaciones literarias entre España y América en los Siglos XVI y XVII*. Ed. Ysla Campbell. Ciudad Juárez: U Autónoma de Ciudad Juárez P, 1992. 125–36.

———. "Funciones dramáticas del personaje ancilar: *Todo es dar en una cosa*, de Tirso de Molina." *Criticón* 60 (1994): 77–92.

Hernández Araico, Susana. "La alegorización de América en Calderón y Sor Juana: *Plus Ultra*." *Rilce* 12. 2 (1996): 281–300.

Hernández Valcárcel, Mª del Carmen, ed. Introducción a su edición de *Andrés de Claramonte: Comedias*. Murcia: Edición de la Academia Alfonso X el Sabio, 1983. 9–129; 175–286.

Hesse, Everett W. "Calderón's Popularity in the Spanish Indies." *Hispanic Review* 23 (1955): 12–27.

Hill, Joan M. *Calderón's "La aurora en Copacabana": A Figural Interpretation*. Disertación, U of Kentucky, 1976. Ann Arbor, MI: Pro-Quest/UMI, 1977.

Hind, Emily. "The Illegitimate Invention: Andrés de Claramonte's *El nuevo rey Gallinato*." *A Society on Stage: Essays on Spanish Golden Age Drama*. Ed. Edward H. Friedman, H. J. Manzar y Donald D. Miller. Iberian Studies 23. New Orleans: UP of the South, 1998. 105–15.

Iniesta Cámara, Amalia. "Evangelización e idolatría: Una historia de religaciones." Martínez Cuitiño y Lois 633–40.

Obras citadas

Jara, René, y Nicholas Spadaccini, eds. *1492–1992: Re/Discovering Colonial Writing.* Hispanic Issues 4. Minneapolis: Prisma Institute, 1989.

Jáuregui, Carlos, ed. Introducción a su edición de la Escena XIX de las *Cortes de la Muerte* en *Querella de los indios en las 'Cortes de la Muerte' (1557) de Michael de Carvajal.* México: U Nacional Autónoma de México, 2002.

Jáuregui, Carlos, y Edward H. Friedman. "Introducción: Teatro colonial Hispánico." *Bulletin of the Comediantes* 58.1 (2006): 9–30.

Jensen, Julio. "Historicidad e hibridación en *Amazonas en las indias.*" *Actas del XIV Congreso de la Asociación Internacional de Hispanistas II: Literatura española, siglos XVI y XVII* (2001). Ed. Isaías Lerner, Robert Nival y Alejandro Alonso. Newark, DE: Juan de la Cuesta, 2004. 299–309.

Kant, Immanuel. *Kritik der reinen Vernunft / Crítica de la Razón Pura.* Trad. Pedro Ribas. Madrid: Alfaguara, 1978.

Keen, Benjamin. "The European Vision of the Indian in the Sixteenth and Seventeenth Centuries: A Sociological Approach." *La imagen del indio en la Europa moderna.* Sevilla: CSIC, 1990. 101–16.

Kirschner, Teresa J. "Desarrollo de la puesta en escena en el teatro histórico de Lope de Vega." *Revista Canadiense de Estudios Hispánicos* 15.3 (1991): 453–63.

———. "Encounter and Assimilation of the Other in *Arauco domado* and *La araucana* by Lope de Vega." *Christian Encounters with the Other.* Ed. John C. Hawley y Erick Langer. New York: New York UP, 1998. 33–43.

———. "Enmascaramiento y desenmascaramiento del discurso sobre el 'indio' en el teatro del 'Nuevo Mundo' de Lope de Vega." *Relaciones literarias entre España y América en los siglos XVI y XVII.* Ed. Ysla Campbell. Ciudad Juárez: U Autónoma de Ciudad Juárez P, 1992. 47–64.

———. "Exposición y subversión del discurso hegemónico en pro de la conquista en *El Nuevo Mundo* de Lope de Vega." *El escritor y la escena.* Ed. Ysla Campbell. Ciudad Juárez: U Autónoma de Ciudad Juárez P, 1993. 45–58.

———. "El 'velo' del sueño y de la imaginación en el teatro histórico-legendario de Lope de Vega." *El mundo del teatro español en su Siglo de Oro: Ensayos dedicados a John E. Varey.* Ed. J. M. Ruano de la Haza. Ottawa Hispanic Studies 3. Ottawa, ON: Dovehouse, 1989. 197–212.

Lafaye, Jacques. *Quetzalcóatl y Guadalupe: La formación de la conciencia nacional en México.* Trad. Ida Vitale. México: FCE, 1977. 253–88.

Obras citadas

Laferl, Christopher F. "América en el teatro español del Siglo de Oro." *El teatro descubre América: Fiestas y teatro en la Casa de Austria (1492–1700)*. Ed. Andrea Sommer-Mathis, Teresa Chaves Montoya, Christopher F. Laferl y Friedrich Polleross. Trad. Társila Reyes Sicilia. Madrid: Mapfre, 1992. 167–269.

Las Casas Bartolomé de. *Apologética historia sumaria*. Ed. Vidal Abril Castelló. Madrid: Alianza, 1992.

———. *Brevísima relación de la destruición de las Indias*. Ed. André Saint-Lu. Madrid: Cátedra, 1992.

———. *Historia de las Indias de Nueva España e islas de tierra firme*. Ed. Diego Durán. México: Consejo Nacional para la Cultura y las Artes, 1995.

Lauer, A. Robert. "Caupolicán's Bath in Pedro de Oña's *Arauco domado* and Its Dramatic Treatment in the Spanish Comedia of the Golden Age, with Special Reference to Ricardo de Turia's *La bellígera española*, Lope de Vega's *El Arauco domado*, and Francisco de González Bustos's *Los españoles en Chile*." *Homenaje a José Durand*. Ed. Luis Cortest. Madrid: Verbum, 1993. 100–12.

———. "La conquista de Chile en el teatro español del Siglo de Oro." *El escritor y la escena II*. Ed. Ysla Campbell. Ciudad Juárez: U Autónoma de Ciudad Juárez P, 1994. 95–103.

———. "The Iberian Encounter of America in the Spanish Theater of the Golden Age." *Pacific Coast Philology* 28.1 (1993): 32–42.

Leavitt, Sturgis E. "Lope de Vega y El Nuevo Mundo." *Mapocho* 1 (1963): 225–30.

Lee, Mónica L. *De la crónica a la escena: Arauco en el teatro del Siglo de Oro*. Disertación, U of British Columbia, 1993. Ann Arbor, MI: Pro-Quest/UMI, 1994. DANN85390.

Leonard, Irving A. "Notes on Lope de Vega's Works in the Spanish Indies." *Hispanic Review* 6 (1938): 277–93.

———. "A Shipment of *Comedias* to the Indies." *Hispanic Review* 2 (1934): 39–50.

———. "El teatro en Lima, 1790–1793." *Hispanic Review* 8 (1940): 93–112.

Léry, Jean de. *Viagem à terra do Brasil*. Trad. y notas Sergio Milliet. São Paulo: Itatiaia, Universidade, 1980.

Lerzundi, Patricio C. *Arauco en el teatro del Siglo de Oro*. Valencia: Albatros, Hispanófila, 1996.

———. *La conquista de Chile en el teatro del Siglo de Oro*. Disertación, CUNY, 1979. Ann Arbor, MI: Pro-Quest/UMI, 1979.

Obras citadas

Lohmann Villena, Guillermo. *El arte dramático en Lima durante el virreinato*. Madrid: Escuela de Estudios Hispano-americanos de la Universidad de Sevilla, 1945.

———. "Francisco Pizarro en el teatro clásico español." *Arbor* 5 (1946): 425–34.

———. "Las fuentes de inspiración de una obra teatral de Calderón de la Barca sobre el Perú." *Fénix* 22 (1972): 69–73.

———. *Las ideas jurídico-políticas en la rebelión de Gonzalo Pizarro*. Valladolid: U de Valladolid, 1977.

López de Gómara, Francisco. *La conquista de México*. Ed. José Luis de Rojas. Madrid: Historia 16, 1987.

———. *Historia general de las Indias*. Biblioteca de Autores Españoles 22. Madrid: Atlas, 1946.

MacCormack, Sabine. "Antonio de la Calancha: Un agustino del Siglo XVII en el Nuevo Mundo." *Bulletin Hispanique* 84 (1982): 60–94.

———. "*La aurora [en] Copacabana* de Calderón: La conversión de los Incas a la luz de la teología, la cultura y la teoría política españolas del siglo XVII." García Lorenzo 503–10.

———. "From the Sun of the Incas to the Virgin of Copacabana." *Representations* 8 (1984): 30–60.

Madrigal, José A. *La función del hombre salvaje en el teatro de Lope de Vega, Tirso de Molina y Calderón de la Barca*. Disertación, U of Kentucky, 1973. Ann Arbor, MI: Pro-Quest/UMI, 1974.

Maravall, José Antonio. *La cultura del Barroco*. Barcelona: Ariel, 1983.

———. *Estado moderno y mentalidad social*. Siglos XV–XVII. Madrid: Revista de Occidente, 1972.

———. *Teatro y literatura en la sociedad barroca*. Madrid: Seminarios y Ediciones, 1972.

March, Kathleen N. "La visión de América en *La aurora en Copacabana*." García Lorenzo 511–18.

Mariscal, George. "Bartolomé de las Casas on Imperial Ethics and the Use of Force." *Reason and Its Others: Italy, Spain, and the New World*. Ed. David Castillo y Massimo Lollini. Nashville: Vanderbilt UP, 2006. 259–78.

———. "Symbolic Capital in the Spanish *Comedia*." *Renaissance Drama* 21 (1990): 143–69.

Martinengo, Alessandro. "Los cronistas de Indias y la construcción teatral de *El Nuevo Mundo descubierto por Cristóbal Colón* de Lope de Vega." *Teatro* 15 (2001): 5–20.

Obras citadas

Martínez Chacón, Elena. "Una comedia 'chilena' de Lope de Vega." *Mapocho* 5 (1965): 5–33.

Martínez Cuitiño, Luis, y Elida Lois, eds. *Actas del III Congreso Argentino de Hispanistas "España en América y América en España,"* 1992. Buenos Aires: U de Buenos Aires, 1993.

Martínez Torrón, Diego. "Acerca de una fuente de *El Brasil restituido* de Lope de Vega." *Estudios de literatura española.* Barcelona: Anthropos, 1987. 54–76.

———. "Valores informativos en el teatro de Lope de Vega: La fuente de *El Brasil restituido.*" Criado de Val, *Lope* 151–60.

Mas i Usó, Pasqual, ed. "Alejandro Arboreda: Práctica teatral y difusión religiosa en América." Reverte Bernal y de los Reyes Peña 481–94.

———. *El más divino remedio y Aurora de San Ginés. Dos versiones.* De Alejandro Arboreda. Kassel, Alemania: Reichenberger, 1997.

Maurel, Serge. *L'univers dramatique de Tirso de Molina.* Poitiers: U de Poitiers, 1971.

Mayberry, Nancy K. "The Role of the Warrior Women in *Amazonas en las Indias.*" *Bulletin of the Comediantes* 29.1 (1977): 38–44.

———. "Tirso's Use of Myths and Symbols in Part I of The Pizarro Trilogy." *Kentucky Romance Quarterly* 22.2 (1975): 235–45.

Mazur, Oleh. "Lope de Vega's Salvajes, Indios and Bárbaros." *Iberoromana* 2 (1970): 260–81.

———. *The Wild Man in the Spanish Renaissance and Golden Age Theater: A Comparative Study including the Indio, the Bárbaro and Their Counterparts in European Lores.* Disertación, U of Pennsylvania, 1966. Ann Arbor, MI: Pro-Quest/UMI, 1966; Villanova U/UMI, 1980.

McAlister, Lyle N. *Spain and Portugal in the New World 1492–1700.* Minneapolis: U of Minnesota P, 1984.

McGrath, David. "El diablo y la idolatría en la comedia del Nuevo Mundo." *Teatro* 15 (2001): 143–64.

McKendrick, Melveena. *Woman and Society in the Spanish Drama of the Golden Age: A Study of the "mujer varonil."* London: Cambridge UP, 1974.

Medina, J. T. *Historia de la literatura colonial de Chile.* 2 vols. Santiago: Imprenta de la librería de El Mercurio, 1878.

———, ed. Introducción a su edición de *Dos comedias famosas y un auto sacramental, basados principalmente en "La araucana" de Ercilla.* Santiago: Imprenta–Litografía "Barcelona," 1915–17.

Obras citadas

Mejías-López, William. "Principios indigenistas de Pedro de Oña presentes en 'Arauco domado.'" *Quaderni Ibero-americani* 73 (1993): 77–94.

———. "La relación ideológica de Alonso de Ercilla con Francisco de Vitoria y Fray Bartolomé de Las Casas." *Revista Iberoamericana* 61.170–71 (1995): 197–217.

Melczer, William. "Ercilla's Divided Heroic Vision: A Re-evaluation of the Epic Hero in 'La Araucana.'" *Hispania* 56.1 (1973): 216–21.

Menéndez Pelayo, Marcelino. *Estudios sobre el teatro de Lope de Vega*. Vol. 5. Ed. Enrique Sánchez Reyes. Madrid: CSIC, 1949. 306–25.

Mignolo, Walter. "Literacy and Colonization: The New World Experience." Jara y Spadaccini 312–45.

Milhou, Alain. "Die Neue Welt als geistiges und moralisches Problem (1492–1609)." *Handbuch der Geschichte Lateinamerikas* Vol. 1: *Mittel-, Südamérika und die Karibik bis 1760*. Ed. Horst Pietschmann. Stuttgart: Klett-Cotta, 1994. 274–96.

Minián de Alfie, Raquel. "Lope, lector de cronistas de Indias." *Filología* 11 (1965): 1–21.

———. "Las mujeres indias en la '*Trilogía de los Pizarros*' en Tirso de Molina." Martínez Cuitiño y Lois 687–93.

Miramón, Alberto. "El Nuevo Mundo en el universo dramático de Lope de Vega." *Revista de Indias* 28 (1968): 169–77.

Miró Quesada Sosa, Aurelio. *América en el teatro de Lope de Vega*. Lima: sin editorial, 1935.

———. "Calderón de la Barca y el Perú: *La aurora en Copacabana*. Discurso pronunciado en el acto de homenaje a don Pedro Calderón de la Barca en el tricentenario de su muerte." *Boletín de la Academia Peruana de la Lengua* 16 (1981): 85–122.

———. *Cervantes, Tirso y el Perú*. Lima: Huascarán, 1948.

———. "Gonzalo Pizarro en el teatro de Tirso de Molina." *Revista de las Indias* 2ª época, 5.14 (1940): 41–67.

Molina, Tirso de [pseud. de Gabriel Téllez]. *Trilogía de los Pizarros: Amazonas en las Indias. Obras dramáticas completas*. Tomo 3. Ed. Blanca de los Ríos. Madrid: Aguilar, 1946–58. 697–734.

———. *Trilogía de los Pizarros: La lealtad contra la envidia. Obras dramáticas completas*. Tomo 3. Ed. Blanca de los Ríos. Madrid: Aguilar, 1946–58. 735–92.

Obras citadas

Molina, Tirso de [pseud. de Gabriel Téllez]. *Trilogía de los Pizarros: Todo es dar en una cosa. Obras dramáticas completas.* Tomo 3. Ed. Blanca de los Ríos. Madrid: Aguilar, 1946–58. 645–96.

Morínigo, Marcos A. *América en el teatro de Lope de Vega.* Buenos Aires: Universidad–Instituto de Filología, 1946.

Morley, S. Griswold, y Courtney Bruerton. *Cronología de las comedias de Lope de Vega.* Madrid: Gredos, 1968.

Mujica, Barbara, Sharon D. Voros y Matthew D. Stroud, eds. *Looking at the "Comedia" in the Year of the Quincentennial.* Proceedings of the 1992 Symposium on Golden Age Drama at the University of Texas, El Paso, 18–21 Mar. 1992. Lanham, MD: UP of America, 1993.

Muldoon, James. *The Americas in the Spanish World Order: The Justification for Conquest in the Seventeenth Century.* Philadelphia: U of Pennsylvania P, 1994.

Muñoz González, Luis. "Perspectiva dualista en el *Arauco domado* y en *La araucana* de Lope de Vega." *Acta Literaria* 17 (1992): 77–90.

Navarro Cordón, Juan Manuel, y Tomás Calvo Martínez. *Historia de la Filosofía.* Madrid: Anaya, 1982.

Neale-Silva, Eduardo. "The New World in the Spanish *Comedia.*" Disertación, U of Wisconsin, 1935.

Nóbrega, Manuel da. *Cartas do Brasil e mais escritos.* Coimbra: U de Coimbra, 1955.

Oelman, Timothy. "The Religious Views of Antonio Enríquez Gómez: Profile of a Marrano." *Bulletin of Hispanic Studies* 60.3 (1983): 201–09.

O'Gorman, Edmundo. *La invención de América: El universalismo de la cultura de occidente.* México: FCE, 1958.

Oña, Pedro de. *Arauco domado.* Colección de incunables americanos, siglo XVI, Vol. 11. Madrid: Cultura Hispánica, 1944.

Pagden, Anthony. *The Fall of Natural Man: The American Indian and the Origins of Comparative Ethnology.* Cambridge: Cambridge UP, 1982.

Pagés Larraya, Antonio, ed. *La aurora en Copacabana,* de Pedro Calderón de la Barca. Ed. anotada. Estudio preliminar de Ricardo Rojas. Buenos Aires: Hachette, 1956.

———. "Bailes y mojigangas sobre el Nuevo Mundo en el teatro español del Siglo XVII." *Cuadernos Hispanoamericanos* 109.326–27 (1977): 246–63.

———. "El Nuevo Mundo en una obra de Calderón." *Cuadernos Hispanoamericanos* 170 (1964): 299–319.

Paracelso, Teofrasto. *Tres tratados esotéricos*. Madrid: Luis Cárcamo, 1977.

Parker, Alexander A. *Los autos sacramentales de Calderón de la Barca. The Allegorical Drama of Calderón*. Trad. Francisco García Sarriá. Barcelona: Ariel, 1983.

———. "The New World in the *Autos Sacramentales* of Calderón." *Aureum Saeculum Hispanum. Beiträge zu Texten des Siglo de Oro*. Ed. Karl-Hermann Körner y Dietrich Briesemeister. Wiesbaden: Franz Steiner, 1983. 261–69.

Parlakian, Nishan. "Lope de Vega's Christopher Columbus Play (Re)Discovered." *Columbus*. Ed. Anne Paolucci y Henry Paolucci. Whitestone, NY: Griffon, for Council on Nat. Lits., 1989. 36–41.

Pastor, Beatriz. "Silence and Writing: The History of the Conquest." Jara y Spadaccini 121–63.

Pellicer, Rosa. "La 'maravilla' de las Indias." *Edad de Oro* 10 (1991): 141–54.

Pérez-Pisonero, Arturo. "'Querer ser' y 'deber ser' en *Amazonas en las Indias* de Tirso de Molina." *Hispanic Essays in Honor of Frank P. Casa*. Ed. Robert A. Lauer y Henry W. Sullivan. Ibérica 20. New York: Peter Lang, 1997. 165–72.

Pizarro y Orellana, Fernando. *Varones ilustres del Nuevo Mundo*. Madrid: D. Díaz de la Carrera, 1639.

Posner, Nancy. *Retaking Brazil: Glimpsing Ideology in Two Golden Age "Comedias" (Lope and Correa)*. Disertación, U of California, Santa Barbara, 1996. Ann Arbor, MI: Pro-Quest/UMI, 1997. DA9717396.

Quint, David. *Epic and Empire*. Princeton, NJ: Princeton UP, 1993.

Rabasa, José. "Utopian Ethnology in Las Casas's *Apologética*." Jara y Spadaccini 263–89.

Rallo Gruss, Asunción. "Las Misceláneas: Conformación y desarrollo de un género renacentista." *Edad de Oro* 3 (1984): 159–80.

Rama, Ángel. *La ciudad letrada*. Hanover, NH: Ediciones del Norte, 1984.

Ramos Gavilán, Fray Alonso. *Historia del célebre santuario de Nuestra Señora de Copacabana y sus milagros y la invención de la Cruz de Carabuco*. Lima: Gerónimo de Contreras, 1621.

Obras citadas

Real Academia Española. *Diccionario de la Lengua Española.* 21ª ed. Tomos 1 y 2. Madrid: Espasa-Calpe, 1992.

Reichenberger, Kurt. "América y los indianos en el teatro de los Siglos de Oro." *Las Indias (América) en la literatura del Siglo de Oro: Homenaje a Jesús Cañedo.* Ed. Ignacio Arellano. Kassel, Alemania: Reichenberger, 1992. 91–105.

Remón, Alonso. *El español entre todas las naciones y clérigo agradecido* (1ª parte). Jaén: Pedro de la Cuesta, 1629. 1–44.

Rennert, Hugo A. "Notes on the Chronology of the Spanish Drama." *Modern Language Review* 2.4 (1907): 331–41.

Révah, Israel S. "Un pamphlet contre l'Inquisition d'Antonio Enríquez Gómez: La seconde partie de la *Política Angélica* (Rouen, 1664)." *Revue des Études Juives* 131 (1962): 83–168.

Reverte Bernal, Concepción, y Mercedes de los Reyes Peña, eds. *II Congreso Iberoamericano de teatro: América y el teatro español del Siglo de Oro.* Cádiz: U de Cádiz, 1998.

Reynolds, Winston A. *Hernán Cortés en la literatura del Siglo de Oro.* Madrid: Nacional, 1978.

Ríos, Blanca de los, ed. Introducción a su edición de las *Obras dramáticas completas* de Tirso de Molina. 3 vols. Madrid: Aguilar, 1946–58.

Rípodas Ardanaz, Daisy. "Presencia de América en la España del seiscientos: El culto a la Virgen de Copacabana." *Páginas sobre Hispanoamérica Colonial: Sociedad y Cultura.* Buenos Aires: PHRISCO–CONICET, 1995. 47–78.

——. "Presencia de América en la España del XVII." *Historia de España, Menéndez Pidal.* Dir. José María Jover Zamora. Tomo 27. Madrid: Espasa-Calpe, 1999. 783–816.

——. "Visión de América en el teatro de santos indianos aurisecular." *Teatro* 15 (2001): 129–42.

Rivera-Pagán, Luis N. "A Prophetic Challenge to the Church: The Last Word of Bartolomé de las Casas." 2003. http://www.lascasas.org/Rivera_Pagan.htm.

Robalino, Gladys. Reseña de *Colonial Encounters in New World Writing, 1500–1786: Performing America,* de Susan P. Castillo. *Bulletin of the Comediantes* 58.2 (2006): 513–15.

Rodríguez Cacho, Lina. "Del silencio y la curiosidad sobre América en las Misceláneas." *Edad de Oro* 10 (1991): 167–86.

Rodríguez Casado, Vicente. "Lope de Vega en Indias." *Escorial* 12 (1943): 249–64.

Obras citadas

Rodríguez López-Vázquez, Alfredo. "Hispanoamérica en el teatro del Siglo de Oro: *El nuevo rey Gallinato y ventura por desgracia* de Andrés de Claramonte." *Teatro* 15 (2001): 49–63.

Roig, Adrien. "Visión del Brasil por Lope de Vega en la comedia *El Brasil restituido*." *La Torre* 1.2 (1987): 227–49.

Rojas Garcidueñas, José, y José Juan Arrom, eds. *Tres piezas teatrales del virreinato*. México: Instituto de Investigaciones Estéticas, U Nacional Autónoma de México, 1976.

Romano García, Vicente. "La utopía democrática del Padre Las Casas y la defensa de los indios." *Espacio geográfico/espacio imaginario: El descubrimiento del Nuevo Mundo en las culturas italiana y española. Actas del Congeso Internacional, Cáceres, 5–7 de Mayo de 1992*. Ed. María de las Nieves Muñiz Muñiz. Cáceres: U de Extremadura, 1993.

Romanos, Melchora. "La construcción del personaje de Caupolicán en el teatro del Siglo de Oro." *Filología* 26.1–2 (1993): 183–204.

———. "Proyección y construcción de la imagen de América en la literatura española del Siglo de Oro." *Signos* 25.31–32 (1992): 129–36.

Romera Castillo, José. "Los entremeses y el descubrimiento de América." *Las Indias (América) en la literatura del Siglo de Oro: Homenaje a Jesús Cañedo*. Ed. Ignacio Arellano. Kassel, Alemania: Reichenberger, 1992. 107–26.

Romero Muñoz, Carlos. "*La conquista de Cortés*, comedia perdida (¿y hallada?) de Lope de Vega." *Studi di Letteratura Iberoamericana offerti a Giuseppe Bellini*. Ed. María Teresa Cattaneo, Carlos Romero y Serafín Silvana. Roma: Bulzoni, 1984. 105–24.

———. "Lope de Vega y 'Fernando de Zárate': *El Nuevo Mundo* (y *Arauco domado*) en *La conquista de México*." *Studi di Letteratura Ispano-americana* 15–16 (1983): 243–64.

Rose, Constance H. "Las comedias políticas de Enríquez Gómez." *Nuevo Hispanismo* 2 (1982): 45–55.

———. "Cortés y la conversión de los indios en *La conquista de México* de Antonio Enríquez Gómez." *La Torre* 8.31 (1994): 399–411.

———. "El diablo vestido de plumas." Reverte Bernal y de los Reyes Peña 471–80.

Rowland, Michael L. "Christian Archetypes and Divine Time in the New World: Calderón's *La aurora en Copacabana*." *Kentucky Romance Quarterly* 15.3 (1968): 255–66.

Ruano de la Haza, José María. "Las dudas de Caupolicán: *El Arauco domado* de Lope de Vega." *Theatralia* 6 (2004): 31–48.

Obras citadas

Ruano de la Haza, José María. "Las máscaras de Cortés: *La conquista de México*, de Fernando de Zárate." *Bulletin of the Comediantes* 58.1 (2006): 189–205.

Ruano de la Haza, J. M., y John J. Allen. *Los teatros comerciales del Siglo XVII y la escenificación de la comedia.* Madrid: Castalia, 1994.

Ruffner, Sydney Jackson. "The American Theme in Selected Dramas of the Golden Age." Disertación, U of Southern California, 1953. Microfilm.

Ruiz Ramón, Francisco, ed. y introd. *América en el teatro clásico español: Estudio y Textos.* Pamplona: Eunsa, 1993.

———. *Celebración y catarsis (Leer el teatro español).* Murcia: U de Murcia, 1988.

———. "El héroe americano en Lope y Tirso: De la guerra de los hombres a la guerra de los dioses." *El mundo del teatro español en su Siglo de Oro: Ensayos dedicados a John E. Varey.* Ed. J. M. Ruano de la Haza. Ottawa Hispanic Studies 3. Ottawa, ON: Dovehouse, 1989. 229–48.

Salles-Reese, Verónica. "The Apostle's Footprints in Ancient Perú: Christian Appropriation of Andean Myths." *Journal of Hispanic Philology* 16 (1992): 185–93.

Sánchez, Alberto. "Ante un centenario: 'El Brasil restituido' de Lope de Vega." *Revista de Cultura Brasileña* 1 (1962): 203–15.

Sánchez, José. *Hispanic Heroes of Discovery and Conquest of Spanish America in European Drama.* Chapel Hill–Madrid: Estudios de Hispanófila–Castalia, 1978.

Sebastián, Santiago. "El indio desde la iconografía." *La imagen del indio en la Europa moderna.* Sevilla: CSIC, 1990. 433–55.

Sepúlveda, Juan Ginés de. *Demócrates segundo, o de las justas causas de la guerra contra los indios.* Ed. Angel Losada. Madrid: CSIC, 1984.

Shannon, Robert M., ed. Introducción a su edición de *El Nuevo Mundo descubierto por Cristóbal Colón, de Lope de Vega / The New World Discovered by Christopher Columbus.* Ed. Crítica y Bilingüe. Ibérica 34. New York: Peter Lang, 2001.

———. "The Isolation of America: The Ideological and Poetic Purpose of Misrepresentation." *Teatro* 15 (2001): 21–34.

———. "The Staging of America in Golden Age Theater: Scenery, Costumes, Special Effects." Mujica, Voros y Stroud 53–66.

———. *Visions of the New World in the Drama of Lope de Vega.* New York: Peter Lang, 1989.

Obras citadas

Shergold, Norman D., y John E. Varey. *Representaciones Palaciegas, 1603–1699: Estudios y documentos*. Fuentes para la Historia del teatro en España 1. Londres: Támesis, 1982.

Simerka, Barbara A. "'That the Rulers Should Sleep without Bad Dreams': Anti-Epic Discourse in *La Numancia* and *Arauco domado*." *Cervantes* 18 (1998): 46–70.

Simson, Ingrid. "La función de la alegoría en las comedias de temática americana en el Siglo de Oro." *Teatro español del Siglo de Oro: Teoría y Práctica*. Studia Hispanica 7. Ed. Christoph Strosetzki. Frankfurt: Vervuert–Iberoamericana, 1998. 305–21.

———. "Poder y amor en *La aurora en Copacabana* de Calderón." *Archivum Calderonianum: Deseo, sexualidad y afectos en la obra de Calderón*. Ed. Manfred Tietz. Stuttgart: Franz Steiner, 2001. 167–79.

Solenni, Gino. *Lope de Vega's "El Brasil restituido" together with a Study of Patriotism in His Theater*. New York: Instituto de las Españas en los Estados Unidos, 1929.

———. "On the Source of *El Brasil restituido*." *Revista de Estudios Hispánicos* 1.2 (1928): 168–69.

Solórzano Pereira, Juan de. *De indiarum jure*. Estudio preliminar por Miguel Angel Ochoa Brun. Madrid: Atlas, 1972.

Soufas, Teresa S. "Rhetorical Appropriation: Lope's New World Play and Canonicity." *Hispanic Review* 67.3 (1999): 319–31.

Souto Alabarce, Arturo, ed. Introducción a su edición de *Teatro indiano de los Siglos de Oro*. México: Trillas, 1988.

Spencer, Forrest Eugene, and Rudolph Schevill. *The Dramatic Works of Luis Vélez de Guevara: Their Plots, Sources and Bibliography*. Berkeley: U of California P, 1937.

Staden, Hans. *Duas Viagens ao Brasil, arrojadas aventuras no século XVI entre os antropófagos do Novo Mundo*. Trad. Guiomar de Carvalho Franco. São Paulo: Universidade, 1942.

Stallybrass, Peter, y Allon White. *The Politics and Poetics of Transgression*. Ithaca, NY: Cornell UP, 1986.

Sten, María. "Los avatares de Colón (Lope de Vega, Rousseau, Claudel, Kazantzakis)." *Cuadernos Americanos* 6.3.33 (1992): 48–77.

Suárez de Figueroa, Christoval. *Hechos de Don García Hurtado de Mendoza, quarto marqués de Cañete*. Madrid: Imprenta Real, 1613.

Sullivan, Henry W. "La misión evangélica de Tirso en el Nuevo Mundo: La Inmaculada Concepción de María y la fundación de los Mercedarios." *El mundo del teatro español en su Siglo de Oro: Ensayos dedicados a John E. Varey*. Ed. J.M. Ruano de la Haza. Ottawa Hispanic Studies 3. Ottawa, ON: Dovehouse, 1989. 249–66.

Obras citadas

Sullivan, Henry W. *Tirso de Molina and the Drama of the Counter Reformation*. Amsterdam: Rodopi, 1981.

Tadman, Barbara J. "Juan Juárez Gallinato: An Edition of 'El nuevo rey Gallinato y bentura por desgracia' by Claramonte from the Unpublished Ms. 15.319 in the Biblioteca Nacional with a Study of the Historical and Literary Background of the Theme." Unpublished MA thesis, U of London, May 1957.

Teresa de Jesús, Santa. *Obras completas*. Edición, transcripción, Introducción y notas de (Padre) Efren de la Madre de Dios y Otger Steggink. 8ª ed. Biblioteca de Autores Cristianos 212. Madrid: Católica, 1986.

Toda Oliva, Eduardo. "Arauco en Lope de Vega." *Nuestro Tiempo* 17 (1962): 48–71.

Todorov, Tzvetan. *La conquista de América: La cuestión del otro*. Trad. Flora Botton Burlá. Madrid: Siglo XXI, 1987.

Torres Nebrera, Gregorio, introd. Cañas Murillo 11–74.

Turia, Ricardo de. *La bellígera española*. Ruiz Ramón, *América* 141–205.

———. *La bellígera española. Dos comedias famosas y un auto sacramental, basados principalmente en "La araucana" de Ercilla*. Ed. José Toribio Medina. Santiago: Imprenta–Litografía "Barcelona," 1915–17. 115–251.

———. *La bellígera española*. Ed. Patricio Lerzundi. Valencia: Albatros, Hispanófila, 1996.

Urdanoz, Teófilo, introd. Vitoria, *Obras* 1–107.

Urtiaga, Alfonso. *El indiano en la dramática de Tirso de Molina*. Madrid: Revista Estudios, 1965.

Urzáiz Tortajada, Héctor. "La imagen de las Indias en el teatro breve del Siglo de Oro." *Teatro* 15 (2001): 199–223.

Valbuena Briones, Ángel. "*La aurora en Copacabana*." *Perspectiva crítica de los dramas de Calderón*. Madrid: Rialp, 1965. 309–13.

———. "La fuente agustina de *La aurora en Copacabana*." *Calderón y la comedia nueva*. Madrid: Espasa-Calpe, 1977. 213–30.

———. "La visión del mundo incaico en el teatro de Calderón." *Arbor* 98.383 (1977): 39–53.

Vázquez Fernández, Luis. "Impacto del 'Nuevo Mundo' en la obra de Tirso de Molina." *Relaciones literarias entre España y América en los Siglos XVI y XVII*. Ed. Ysla Campbell. Ciudad Juárez: U Autónoma de Ciudad Juárez P, 1992. 89–123.

Obras citadas

———. *Tirso y los Pizarro: Aspectos histórico-documentales.* Trujillo (Cáceres), España: Fundación Obra Pía de los Pizarro; Kassel, Alemania: Reichenberger, 1993.

Vega Carpio, Félix Lope de. *La araucana. Dos comedias famosas y un auto sacramental, basados principalmente en "La araucana" de Ercilla.* Ed. J. T. Medina. Santiago: Imprenta–Litografía "Barcelona," 1915–17. 255–92.

———. *Arauco domado por el excelentísmo señor D. García Hurtado de Mendoza. Obras de Lope de Vega publicadas por la Real Academia Española.* Tomo 12. Madrid: Sucesores de Rivadeneyra, 1901. 600–37.

———. *El Brasil restituido. Obras de Lope de Vega publicadas por la Real Academia Española.* Tomo 13. Madrid: Sucesores de Rivadeneyra, 1902. 77–106.

———. *El Nuevo Mundo descubierto por Cristóbal Colón. Obras de Lope de Vega 24: Crónicas y leyendas dramáticas de España.* 5ª sección. Biblioteca de Autores Españoles 215. Ed. Marcelino Menéndez Pelayo. Madrid: Atlas, 1968. 122–73.

———. *El Nuevo Mundo descubierto por Cristóbal Colón, comedia de Lope de Vega Carpio.* Ed. J. Lemartinel y Charles Minguet. Lille: Presses Universitaires de Lille, 1980.

———. *El Nuevo Mundo descubierto por Cristóbal Colón,* de Lope de Vega. Ruiz Ramón, *América* 269–330.

———. *El Nuevo Mundo descubierto por Cristóbal Colón,* de Lope de Vega. Shannon, *Nuevo Mundo/New World.*

———. *El Nuevo Mundo descubierto por Cristóbal Colón. Obras de Lope de Vega publicadas por la Real Academia Española.* Tomo 11: *Crónicas y leyendas dramáticas de España.* 5ª sección. Madrid: Sucesores de Rivadeneyra, 1900. 343–80.

Vega García-Luengos, Germán. "Las hazañas araucanas de García Hurtado de Mendoza en una comedia de nueve ingenios: El molde dramático de un memorial." *Edad de Oro* 10 (1991): 199–210.

Vélez de Guevara, Luis. *Las palabras a los reyes y gloria de los Pizarros.* Colección Schaeffer, tomo 34 (Biblioteca de la Universidad de Friburgo). S. l, s. f.

———. *Las palabras a los reyes, y gloria de los Pizarros.* Copia de microfilm, s. p. U of California, Berkeley. S. l., s. f.

———. *Las palabras a los reyes y gloria de los Pizarros.* Ed. William R. Manson y C. George Peale. Estudios introductorios de Glen F. Dille y Miguel Zugasti. Newark, DE: Juan de la Cuesta, 2004. 103–205.

Obras citadas

Vélez de Guevara, Luis. *Las palabras a los reyes y gloria de los Pizarros.* Suelta conservada en la British Library, signatura 11728g6.

Ventades, Roberto Alejandro. "América en los autos sacramentales de don Pedro Calderón de la Barca." Martínez Cuitiño y Lois 966–72.

Viñas Mey, Carmelo. "La visión de América en el teatro de Tirso de Molina." *Estudios Americanos* 1 (1943): 119–22.

Vitoria, Francisco de. *Obras de Francisco de Vitoria. Relecciones teológicas.* Ed. crítica del texto latino, versión española. Introducción general e introducciones con el estudio de su doctrina teológico-jurídica por Teófilo Urdanoz. Madrid: Católica, 1960.

———. *Political Writings.* Ed. Anthony Pagden y Jeremy Lawrance. Cambridge: Cambridge UP, 1991.

Von Kügelgen Kropfinger, Helga. "El indio: ¿Bárbaro y/o buen salvaje?" *La imagen del indio en la Europa moderna.* Sevilla: CSIC, 1990. 457–87.

Warshawsky, Matthew. "A Spanish Converso's Quest for Justice: The Life and Dream Fiction of Antonio Enríquez Gómez." *Shofar: An Interdisciplinary Journal of Jewish Studies* 23.3 (2005): 1–24.

Weiner, Jack. "La guerra y la paz espirituales en tres comedias de Lope de Vega." *Revista de Estudios Hispánicos* 17.1 (1983): 65–79.

———. "La incorporación del indígena a España según tres dramaturgos del Siglo de Oro." *En busca de la justicia social: Estudios sobre el teatro español del Siglo de Oro.* Potomac, MD: Scripta Humanística, 1984. 39–67.

———. "Judías y cristianos en *El Brasil restituido* (1625) de Lope de Vega." *Proceedings of the Ninth World Congress of Jewish Studies,* Jerusalem, 4–12 Aug. 1985. Division B, Vol.1. Jerusalem: World Union of Jewish Studies, 1986. 159–66.

Whalen, Edna Sofía. *Edición crítica del "Arauco domado" de Lope de Vega.* Disertación, U of Iowa, 1972. Ann Arbor, MI: Pro-Quest/UMI, 1973.

White Navarro, Mary Gladys. "El drama americano de Calderón: Mesianismo oficial y estrategias de dominación." *Revista de Crítica Literaria Latinoamericana* 19.38.2 (1993): 115–22.

———. *The Imaginary Space of America in the Golden Age Drama.* Disertación, Stanford U, 1989. Ann Arbor, MI: Pro-Quest/UMI, 1990.

Zamora, Margarita. *Language, Authority and Indigenous History in The "Comentarios Reales de los Incas."* Cambridge: Cambridge UP, 1988.

Obras citadas

Zárate y Castronovo, Fernando de. *La conquista de México*. Ruiz Ramón, *América* 207–58.

———. *La conquista de México*. *Parte XXX de comedias nuevas y escogidas de los mejores ingenios de España*. Madrid: Domingo García Morras, 1668. 228–59.

Zavala, Iris. "Representing the Colonial Subject." Jara y Spadaccini 323–48.

Zizek, Slavoj. "How Did Marx Invent the Symptom?" *Mapping Ideology*. Ed. Zizek. London: Verso, 1994. 296–331.

Zugasti, Miguel. "La alegoría de América en el teatro barroco español hasta Calderón de la Barca." Reverte Bernal y de los Reyes Peña 449–69.

———. "Andanzas americanas de Pedro Ordóñez de Ceballos en dos comedias del Siglo de Oro." *Teatro* 15 (2001): 167–96.

———. "Estudio Crítico" a su edición de *La "Trilogía de los Pizarros" de Tirso de Molina*. 4 vols. Trujillo (Cáceres), España: Fundación Obra Pía de los Pizarro; Kassel, Alemania: Reichenberger, 1993.

———. Estudio introductorio a *Las palabras a los reyes y gloria de los Pizarros*, de Luis Vélez de Guevara. Ed. William R. Manson y C. George Peale. Newark, DE: Juan de la Cuesta, 2004. 49–86.

———. "La imagen de Francisco Pizarro en el teatro áureo: Tirso, Vélez de Guevara, Calderón." *Las Indias (América) en la literatura del Siglo de Oro: Homenaje a Jesús Cañedo*. Ed. Ignacio Arellano. Kassel, Alemania: Reichenberger, 1992. 127–44.

———. "*Las palabras a los reyes y gloria de los Pizarros*: Comedia olvidada, que no perdida, de Luis Vélez de Guevara." *Luis Vélez de Guevara y su época. Actas del IV Congreso de Historia de Écija*. Ed. Piedad Bolaños Donoso y Marina Martín Ojeda. Sevilla: Ayuntamiento de Écija–Fundación El Monte, 1996. 299–311.

———. "Pegú o Perú: Espacio imaginario y espacio real en *El nuevo rey Gallinato* de Claramonte." *Loca Ficta: Los espacios de la maravilla en la Edad Media y Siglo de Oro*. Ed. Ignacio Arellano. Biblioteca Áurea Hispánica 26. Madrid: Iberoamericana–Vervuert, 2003. 439–58.

———. "Propaganda y mecenazgo literario: La familia de los Pizarros, Tirso de Molina y Vélez de Guevara." *Teatro, historia y sociedad: Seminario internacional sobre teatro español y novohispano del Siglo de Oro*. Ed. Carmen Hernández Valcárcel. Murcia: U de Murcia–U Autónoma de Ciudad Juárez, 1996. 35–52.

———. "Notas para un repertorio de comedias indianas del Siglo de Oro." Arellano, Pinillos, Serralta y Vitse 429–42.

Índice alfabético

Abraham, James, 27, 168, 260, 290n26
Acosta, José de, 7, 271n36, 282n1, 318n24
Aguilar, Gaspar, 28, 115, 268n24, 306n3, 321n34
Agulló, Antonio, 267n20
Agustín, San, 10, 39, 271n36
Algunas hazañas de las muchas de Don García Hurtado de Mendoza (nueve ingenios)
    amor metafísico, 91
    anti-épica, 92
    autoría, 116
    Caupolicán-Pedro, 123–24
    deshonra, 125
    evangelización, 118, 123–24
    función laudatorio-apologética, 115, 119–20
    oráculo indio, 118
    unidad, 116
Allen, John J., 47
Almagro, los, 157, 179, 190, 311n3. *Ver también* Almagro, Diego de Pizarro, Francisco, 71, 303n31
Almagro, Diego de. *Ver también Arauco domado* (Lope)
    personaje ficcionalizado, 126, 128–29, 157, 182, 189–91, 204, 228–29, 301n26, 303n30, 311n3
    personaje histórico, 74, 166, 190
Alvarado, Pedro de, 208, 213, 301n26, 307n11
América, 3–4, 10–11, 13–33, 35–36, 41–44, 46–48, 272n39, 272n4.
    Ver también figuras alegóricas: América
    censura, 18
    fenómeno, 3

Imperio, 4
romance, 22–23, 266n19
semiológica, 3
tema americano, 13, 17–20, 22–23, 26–27, 31, 261n4
América en el teatro de Lope de Vega (Miró Quesada Sosa), 26
América en el teatro de Lope de Vega (Morínigo), 14, 26
América en las letras españolas del Siglo de Oro (de Pedro), 26
"American Theme in Selected Dramas of the Golden Age, The" (Ruffner), 265n12
Amiel, Charles, 306n8
Andrés, Christian, 276n9, 299n11
Antonucci, Fausta, 8, 9, 91, 107, 125, 126, 136, 304n35
araucana, La (auto) (Lope de Vega), 89, 90, 124
araucana, La (Ercilla). *Ver* Ercilla, Alonso de
Arauco domado por el excelentísimo señor D. García Hurtado de Mendoza (Lope de Vega)
    antropofagia, 81
    La araucana (Ercilla), 73–75, 80–82, 89–90, 93
    Arauco domado (Oña), 74
    Caupolicán-Cristo, 89–90, 94, 96, 286n14
    cristianismo, 93–94
    mitificación, 259n19
    patriotismo, 92
    Razón, 80
    sincretismo, 93
    subalternidad, 91–92
    visión apologética, 90, 95, 258n15, 287n17, 288n18

Índice alfabético

Arauco domado (continuación)
    visión crítica, 78, 92–93, 95, 288n18
Arboreda, Alejandro, 312n5
Arellano, Ignacio, 291n29
Aristóteles, 38, 271n36, 297n2, 314n14
    esclavitud natural, 269n28, 270n35
    ley natural, 315n14
    Santo Tomás Aquino, 269n28
aurora en Copacabana, La
    (Calderón de la Barca).
    Ver también Aristóteles
    antítesis, 231
    apología, 232, 243–45, 318n25
    comedia hagiográfica, 223, 312n6
    cosmovisión calderoniana, 314n9
    cristianismo, 312n5
    derecho natural, 236, 319n28
    disfraz, 313n9
    evangelización, 223, 229, 236, 239, 243, 245, 320n31
    hibridez, 235
    ideología contrarreformista, 234–35, 260n22
    Idolatría (figura alegórica), 224, 226, 229–30, 232–33, 235, 238–39, 241–42, 254
    idolatría, 318n25, 319n29, 320n31
    imaginación, 228
    indio monstruo, 233–34, 260n22
    marianismo, 240, 319n29
    mesianismo político-cristiano, 318n25
    metalingüística, 231
    milagros, 232
    modelos discursivos, 223
    Pizarro, Francisco, 311n4
    Plan Providencial, 238, 313n8
    purificación-conversión, 244, 313n8
    razón natural, 317n23
    Santo Tomás Aquino, 240
    Santo Tomás el apóstol, 237, 238
    traducción, 241
    verosimilitud, 223
Auto de la oveja perdida
    (anónimo), 11
Avendaño y Vilela, Francisco de, 294n36
Ávila, Gaspar de, 22, 27, 32, 76, 96, 114, 120, 268n24, 284n6, 288n20, 288–89n21, 289n22, 304n37, 305n2, 308n16, 309n16, 310n16. *Ver también gobernador prudente, El*
Azorín [*pseud.* de José Augusto Trinidad Martínez Ruiz], 275n4

Baader, Horst, 18–19, 265n14
Bacon, Francis, 7
Baeza, Andrés de, 28, 292n35
Bakhtin, Mikhail, 207, 221
barbarie, 8–9, 14, 42, 262n6
    indio-bárbaro, 1–9, 11, 24, 29, 32–33, 35, 38–40, 42, 45–46, 74, 249–52, 262n6, 266n17, 269n25, 291n30, 293n35
    Algunas hazañas de las muchas de Don García Hurtado de Mendoza, 115, 119
    Amazonas en las Indias (Tirso de Molina), 169, 172–73, 175
    Arauco domado (Lope de Vega), 79, 80–81
    La aurora en Copacabana (Calderón), 318n27
    La bellígera española (Turia), 110

Índice alfabético

El Brasil restituido (Lope de Vega), 151
La conquista de México (Zárate y Castronovo), 305n3
Los españoles en Chile (González de Bustos), 129, 131–32, 137
El gobernador prudente (Ávila), 96, 102
La lealtad contra la envidia (Tirso de Molina), 185, 187, 190
El Nuevo Mundo (Lope de Vega), 49–50, 56, 58–62, 68, 70–71, 275n5
El nuevo rey Gallinato (Claramonte), 137, 139, 142–43, 145, 291n30, 293n35
Las palabras a los reyes (Vélez), 190–92, 196–97, 200
iconografía, 266n17
salvaje, 5–9, 24, 26, 34, 36, 38–39, 262nn6–8, 279n19, 293n35. *Ver también* conquista de México, *La*: discurso jurídico-teológico
buen salvaje, 321n34. *Ver también* Las Casas, Bartolomé de
homosexualidad y sodomía, 279n19
tradición greco-romana, 262n7
barroco, 1, 3–4, 6, 9, 12–13, 22, 28, 31, 33, 40, 42, 47–48, 50, 252
contradicción, 2–4, 31, 33, 40, 271n36
cultura dirigida, 48, 270n30. *Ver también* Maravall, José Antonio
honor, 178, 233
ideología, 1, 31, 36–37
sistema de valores, 50, 136
sistema monárquico señorial, 3, 50, 59, 119, 169, 237, 250, 252
asimilación, 59
absolutismo monárquico, 3, 5, 26, 33, 164, 229, 245, 249, 322n34
conservadurismo, 15, 30, 33, 50, 59, 71, 95
teatro, 3, 13, 28, 40, 48, 269n25, 313n6
teatro de evangelización, 47
teatro realista, 269n25
Bataillon, Marcel, 17
batalla de los dos, La. *Ver* de la Torre y Sevil, Francisco
Baudot, Georges, 18
Belmonte Bermúdez, Luis, 13, 27, 76, 115–16, 125, 268n24, 289n24
bellígera española, La (Turia)
comedia
de enredo, 107–08, 110, 114
histórica, 107
de honor, 110
de santos, 113
denuncia, 107, 111–12
humanismo, 115
mitología, 110
temor, 289n21
visión celebradora, 27, 57, 76, 96–98, 103, 104, 106–08, 111–14, 140, 268n24, 286n10, 289n23
Beltrán, San Luis, 27, 292–93n35, 321n34
Bender, Kenneth Edmund, 27, 277n14, 280n27
Benedetti, Thomas, 308n16, 309n16
Beutler, Gisela, 311n1, 317n22, 319n29
Bonilla, Adolfo, 303n30

351

Índice alfabético

Brasil restituido, El (Lope de Vega)
  antisemitismo, 150, 295n38
  antropofagia, 152, 295n39
  india (Brasil), 151–52
  discurso laudatorio, 153
  honra, 153
  re-conquista, 154–55. *Ver también* figuras alegóricas
Brioso Santos, Héctor, 20–21, 253, 266nn15–16, 267n21, 269n25, 275n4
Brito Díaz, Carlos, 276n8
Brotherton, John, 275n5
Bruerton, Courtney, 273n2, 283n3, 284n6
Buezo, Catalina, 265n15
Buscaglia-Salgado, José F., 266n17

Calancha, Fray Antonio de la, 44, 239, 316n19
Calderón de la Barca, Pedro, 8, 13, 20, 25–26, 32, 40–41, 47, 184, 215, 223, 225–31, 233–39, 241, 243–45, 250–52, 260, 261n4, 263n8, 266n18, 268n24, 310n1, 311nn1–4, 311–12n5, 313nn8–9, 314n10, 315n16, 315n18, 316nn18–19, 317n22, 319nn28–29, 320nn31–32, 321n34
  alegoría, 316n18
  comedia de santo, 321n34
  Iglesia Católica, 320n33
  Las Indias, 312n5
  pensamiento
    tradición augustiano-platónica, 320n32
    San Buenaventura, 320n32
  poeta de la evangelización, 315n16
  Santo Tomás el apóstol, 316n19

Calvo Martínez, Tomás, 314n14
Campanella, Tomaso, 9
Campos, Jorge, 53, 273–74n3, 277n15
Cañadas, Iván, 49
Cañas Murillo, Jesús, 158, 296n1
Cao, Antonio, 277n14, 287n16
Carey-Webb, Allen, 2, 4, 29, 49, 52, 57–58, 252, 255n1, 257n9, 257n12, 258n14, 260n23, 261n4, 277n16
Carrasco, Félix, 317n19
Carvajal, Fray Gaspar de, 170, 299n12
Carvajal, Micael de, 10, 13, 186, 263n10, 268n24, 299n12, 299n14
Case, Thomas, 14, 43, 55, 92, 94, 151, 272n39, 280n28, 294n36
Castellanos, Juan de, 170, 282n1
Castells, Isabel, 56
Castells, Ricardo, 277n15, 311n2, 313n8, 318n24
Castillo, David R., 281n30, 318n30
Castillo, Moisés R., 270n31, 271n36
Castillo, Susan, 49, 322n1
Castro, Américo, 21
Castro y Belvis, Guillén de, 76, 116, 125, 268n24
Cervantes, Miguel de, 21, 28, 92, 234, 260n22, 265n12, 287n15, 297n3
Chamanadjian, Lucía, 276n12
Chang-Rodríguez, Raquel, 316n19
Chaunu, Pierre, 265n13
Cicerón, 9
Cid, El, 17, 66, 182, 303n31
Cieza de León, Pedro, 266n17, 274n3, 318n24
Cifuentes Aldunate, Claudio, 92–93
Cinthio, Giraldo, 297n3

Índice alfabético

Claramonte, Andrés de, 25, 73, 136–37, 142–46, 148, 259n20, 268n24, 290–91n28, 291n30, 292n33, 292n35
Cobjec, Joan 31
Cobos, Mercedes, 21
Cohen, Walter, 52, 256n9, 275n7
Colón, Cristóbal
   personaje ficcionalizado, 49–53, 55, 62–66, 68–69, 71, 139, 152, 164–65, 196, 198, 210, 216–17, 248, 275n6, 276nn11–12, 279n19, 280n24, 281–82n34, 303nn31–32, 305n2, 308n14
   personaje histórico, 14, 16, 25, 41, 43–45
Colón, Fernando, 274n3
colonización, 2, 3, 16, 19, 28–31, 34–38, 40, 44. *Ver también* re-conquista
comedia(s), 1, 2, 5, 6
   asimilación (catálisis), 2, 4, 6, 28. *Ver también* indio
   complementariedad discursiva, 2–3
   subgéneros
      comedia de capa y espada, 13, 15
      comedias de indio (también indianas o de tema americano), 5, 13, 20–21, 28, 30–32, 261n4
         —conversión, 44
         —culpa, 261n4
         —epopeya laudatoria, 73, 155
         —evangelización, 24, 32, 43, 46–47
      comedia de honor, 6. *Ver también* honor
         —código del honor, 2–3, 6, 29, 32–33
         —drama de honor, 12, 40
      comedia de santo, 6, 12, 15, 17
   corral de comedias, 5, 13
   drama de la contrarreforma, 12, 264n11, 321n34
   función
      apologética, 29, 31, 33, 40, 261n4
      catártico-conjuradora, 261n4
      crítica, 29–31, 33, 41–43, 46–47
      encomiástica, 12
      de entretenimiento, 265n11
      proyecto ideológico, 3, 5, 15, 24, 30, 33, 42
      lucha paradójica (híbrida), 264n11
      mito nacional, 265n11
      novedad, 269n25
      polifonía, 322n1
      re-conquista, 43
      representación, 268n24, 274n3
      sistema monárquico-señorial, 5
      subversión, 3, 29, 31, 256n9
conde del Basto, Francisco de Tapia y Leyva, 76, 116, 268n24
conquista de México, La (Zárate y Castronovo)
   América (figura), 310n16
   antropofagia, 305n3
   código del honor, 221
   cristianismo-contrarreformista, 215
   culpa, 310n16
   discurso jurídico-teológico, 221
   doble discurso (Bakhtin), 207, 213–16, 221
   escritura, 308n14
   evangelización, 215, 217, 219
   Inquisición, 307n10
   judaísmo, 307n10
   lengua, 219

Índice alfabético

conquista de México, La (continuación)
máscaras, 221
mitología, 207
El Nuevo Mundo (Lope de Vega), 209–11, 214
santa cruzada, 305n2
tensión católico-protestantista, 309n16
El valeroso español y primero de su casa (Ávila), 308n16
visión crítica, 213–14, 216, 218, 221
visión patriótico-celebradora, 213, 215, 218, 220, 306n9, 309n16
construcción sujeto español, 255n2, 260n23
guerra evangelizadora, 270n35
Corominas, Juan M., 75, 90, 283n3, 284nn6–7
Correa, Juan Antonio, 27–28, 150, 267n23
Cortes de la muerte (Carvajal), 10, 26, 42, 186, 249, 268n24, 302n28, 321n34. *Ver también* Carvajal, Micael de
Cortés, Hernán
  personaje ficcionalizado, 139, 161–62, 164–65, 196–98, 207–21, 297n4, 298n6, 302n27, 303n32, 305n2, 306n3, 307nn11–12, 309n16, 310n16
  personaje histórico, 14, 16, 22–23, 27, 207, 264n10, 303nn31–32, 304n37, 305n2, 308nn14–16
Cotarelo, Emilio, 302n29
Cueva, Juan de la, 13, 262n7

de Armas, Frederick A, 73, 137, 143, 147–48, 259n20, 290–91n28, 291nn29–30, 292n33
de Escobar, Bartolomé, 107, 282n1, 284n6, 290n28
de Góngora Marmolejo, Alonso, 107, 282n1
De Indis (Vitoria), 34, 38, 270nn33–34, 271n36. *Ver también* Aristóteles; Vitoria, Francisco de
de la Nuez, Sebastián, 273–74n3, 280n24
de la Torre y Sevil, Francisco, 28, 268n24, 321n34
de León, Fray Luis, 44, 317n19
de Léry, Jean, 269n27
de los Reyes Peña, Mercedes, 272n41
de Madeiros Correia, João, 294n36
de Paco, Mariano, 147, 308n16, 310n16
de Pedro, Valentín, 26, 89, 288n18, 295n40, 315n16
del Arco y Garay, Ricardo, 286n11
Dellepiane de Martino, Ángela B., 158, 168, 181, 189, 297n3, 298n8, 299n11, 299n13, 301n22
Díaz Balsera, Viviana, 91, 258n16, 287n18
Díaz del Castillo, Bernal, 306n3, 308n15, 309n16
Díaz y de Obando, Clementina, 22, 266n19
Dille, Glen F., 14, 17, 21, 32, 49, 53–54, 95, 193, 213–15, 257n11, 259n19, 274n4, 276n10, 299n11, 303n31
Dixon, Victor, 57, 75–76, 90, 94, 257n13, 258n15, 277n15, 281n34, 283n3, 284n6
Don Quijote (Cervantes), 287n15

Índice alfabético

Dos comedias famosas y un auto sacramental, basados principalmente en "La araucana" de Ercilla (Medina), 13, 26, 107, 116, 150, 167, 288n20, 289n23, 290n26, 308n16, 322n34. *Ver también* Medina, J. T.
Durán, Diego, 44, 316n19

Echenique, Bryce, 19
Elliott, J. H., 13, 295n40
Engling, Ezra S., 223, 311n1, 314n9
Enríquez Gómez, Antonio (Zárate y Castronovo), 207, 213–15, 221, 268n24, 305n1, 306n8, 307n10. *Ver también* Zárate y Castronovo, Fernando de
Erasmo de Rotterdam, 187
Ercilla, Alonso de, 11, 73–78, 80–82, 84, 87, 89–90, 92–94, 96, 99, 104, 107, 110–12, 116, 125–26, 129, 133–35, 155, 248, 268n24, 273n2, 273–74n3, 277n13, 282n1, 283–84n5, 284nn6–7, 286nn12–13, 287n16, 287–88n18, 288n20, 289nn21–22
La araucana y el indio, 286n12
español entre todas las naciones y clérigo agradecido, El. *Ver* Remón, Fray Alonso
españoles en Chile, Los (González de Bustos)
amor bárbaro, 132
comedia de enredo, 126–27, 129–30
comedia histórico-novelesca, 126
deshonra, 127
drama apologético, 126
disfraz, 131
figuras alegóricas, 135
honra, 131–33
indio-perro, 290n27
metáfora, 133
orden, 135
sistema de valores barroco, 136
Esquilo, 9
Estrabón, 9
Ettinghausen, Henry, 267n20
Examen Sacrum (anónimo), 11

Fernández de Moratín, Leandro, 274n4
Fernández de Oviedo, Gonzalo, 7, 44, 66, 86, 248, 273–74n3, 277n15, 279n19, 316n19
Fernández, Teodosio, 172
Fernández-Shaw, Carlos, 13–14, 95, 278n17, 294n37
Fichter, William L. 209, 268n24, 306n4
figuras alegóricas
América, 22, 27, 41, 193, 196, 266n18, 285n9, 304n37
Apolo, 151
Demonio, 45, 151
didactismo, 41
Fama, 151
Herejía, 151
Idolatría, 22, 30, 41, 47, 63, 65, 68, 212, 229–30, 257n13, 272n40. *Ver también aurora en Copacabana, La*
Monarquía, 151
Providencia, 41, 43, 47, 50, 65–66, 193, 208, 213, 257n13. *Ver también Nuevo Mundo, El*
Religión, 41, 47, 65
Virgen, 41
Fisch, Jörg, 316n19
Flasche, Hans, 317n20
Flint, Weston, 50

355

Índice alfabético

Florit Durán, Francisco, 183, 301n23
Franco, Ángel, 26, 45, 129, 150, 154, 276n12, 278n17, 286n11, 289n21, 294n36, 306n9
Friede, Juan, 18, 271n37
Friedman, Edward H., 249, 273n1

Ganelin, Charles, 290n28
García Álvarez, César, 311n2, 314n12, 319n29
García Blanco, Manuel, 299n11
García de la Iglesia, Andrés, 135, 290n26
Garelli, Patrizia, 288n19
Gilman, Stephen, 14, 19, 52, 73, 84, 150, 256n7, 276n12, 285n9, 286n13
Gilson, Etienne, 69
Gleeson O'Tuathaigh, Marie, 166, 298n9
gobernador prudente, El (Ávila)
  anacronismos, 289n22
  buen salvaje, 97
  discurso apologético-moralizante, 101
Gómez-Moriana, Antonio, 37
Gómez-Tabanera, José M., 281n30
González de Bustos, Francisco, 27, 41, 76, 100, 108, 126–27, 129–31, 133–35, 199, 268n24, 284n6, 289n22, 290n26
González de San Nicolás, Fray Gil, 284n5
González Echevarría, Roberto, 233–34, 260, 308n14
Gracián, Baltasar, 21
Green, Otis H., 158–59, 166–67, 169–70, 267n21, 297n3, 298nn7–8
Greenblatt, Stephen, 281n30
Guamán Poma de Ayala, Felipe, 308n14, 318n24, 322n1

guerra justa, 271n36
Guerreiro, Bartolomeu, 294n36
Guerrero, Gonzalo, 306n3

Hamilton, Bernice, 271n36
Hamilton, John Ward, 14, 278n17, 284n6, 294n36
Hanke, Lewis, 18, 58, 271n36
Harris, Max, 207, 213–15, 221, 306n8
Heathcote, A. A., 286n14
Heliodoro Valle, Rafael, 301n24
Hermenegildo, Alfredo, 167, 169, 297n3
Hernán Cortés triunfante en Tlaxcala (Jacinto Cordero), 268n24
Hernández Araico, Susana, 266n18
Hernández Valcárcel, Mª del Carmen, 25, 291nn28–30
Herrera, Jacinto de, 76, 116, 268n24, 303n30
Hesse, Everett W., 312n5
Hill, Joan Mary, 26, 313n8
Hind, Emily, 147
Historia de la literatura colonial de Chile (Medina), 26. *Ver también* Medina, J. T.
Homero, 9
honor, 1–7, 12, 29, 32–33, 40, 46. *Ver también conquista de México, La*: discurso jurídico-teológico
honra, 4, 56–59
indio-honorable, 2–3, 5, 7, 29, 32, 40, 46, 269n25, 275n5, 278n18. *Ver también* indio
Algunas hazañas de las muchas de Don García Hurtado de Mendoza, 119, 121
Amazonas en las Indias (Tirso de Molina), 171, 175, 182
Arauco domado (Lope de Vega), 79, 96, 286n10

Índice alfabético

La aurora en Copacabana
  (Calderón), 224, 232
La bellígera española
  (Turia), 110
Los españoles en Chile
  (González de Bustos), 131
El gobernador prudente
  (Ávila), 96, 103–04
La lealtad contra la envidia
  (Tirso de Molina), 185,
  187, 190
El Nuevo Mundo (Lope de
  Vega), 2–3, 5, 28, 32,
  49–50, 56–59, 71
El nuevo rey Gallinato
  (Claramonte), 136, 141,
  144
Las palabras a los reyes
  (Vélez), 190
Todo es dar en una cosa
  (Tirso de Molina), 163
india-honorable, 79, 146, 224
Honorio, 7
Horacio, 9
Hurtado de la Vera, Pedro [pseud.
  de Pedro Faria], 262n7
Hurtado de Mendoza, Don García,
  marqués de Cañete,
  73–76, 80–81, 88–90,
  95, 97, 99, 101, 104,
  107, 111, 115, 117, 126,
  283nn4–5, 288nn20–21,
  289n22, 289n24,
  303n31, 311n3
Hurtado de Toledo, Luis, 10, 186,
  268n24

idolatría, 11, 30, 36, 42–43, 45,
  272n40
Inca, Garcilaso, 170, 223, 278n19,
  297n3, 298n8, 301n21,
  303n30, 308n14, 313n8,
  318n24
indio
  amerindio, 1–2, 5–6, 9–11,
  20, 27–28, 31–34, 36,
  38, 40, 42, 45, 272n38,
  293n35
anomalía, 28
canibalismo, 269n27
capital simbólico, 5
catálisis (asimilación), 4, 6,
  28
contrarreforma, 263n10
conversión, 249
desestabilización del sistema,
  262n5
dialogismo, 262n4, 322n1
iconografía, 266n17
ideología imperial, 1
idolatría, 11, 30, 36, 42–43,
  45
indias y españolas, 290n25
nuevo cristiano, 5, 33, 36, 44
nuevo súbdito, 3–4, 6–8, 32,
  35, 37, 39, 42, 45–46
Otro, 1, 3–5, 27, 30, 38, 40, 46,
  262n4, 272n39, 291n30,
  322n1
purificación, 5
Uno, 3–5, 291n30
violencia, 1, 4–5, 11, 19, 36,
  42. Ver también Vitoria,
  Francisco de
Iniesta Cámara, Amalia, 277n13

Jáuregui, Carlos, 249, 264n10
Jensen, Julio, 169, 300n20

Kant, Immanuel, 70
Keen, Benjamin, 271n37
Kirschner, Teresa J., 2, 29, 49, 52–
  53, 59, 95, 247, 259n18,
  278nn18–19, 279n22
Küpper, Joachim, 316n19

Lafaye, Jacques, 315n17
Laferl, Christopher F., 17, 41,
  42, 48, 108, 115, 126,
  135, 179, 251, 263n10,
  272n42, 321n34
Lanini, Pedro, 28

Índice alfabético

Las Casas, Bartolomé de, 10, 17–18, 34–39, 44, 53, 58, 60, 79, 87–88, 179, 212, 237–39, 248, 250, 270n29, 271nn36–37, 274n3, 279nn19–20, 284n5, 302n28, 306n9, 316n19
  colonización, 36
  Ilustración, 270n30
  indio como potencia, 37, 46
  providencialismo, 35
  proyecto colonial, 40
  proyecto lascasiano, 35–36, 38, 44
  utopía, 35
  violencia, 35
Lauer, A. Robert, 56, 74–75, 91, 247, 276n8, 285–86n10, 302n29
Leavitt, Sturgis E., 295n38
Lee, Mónica L., 26, 80, 107, 114, 116, 282n1, 283n3, 284n6, 286n12, 287n14, 288n18, 290n25
Lemartinel, Jean, 273n2, 279n21
Leonard, Irving A., 268n24, 272n41, 274n3
Lerzundi, Patricio C., 26, 107, 108, 111–12, 116, 119, 126, 282n1, 283n3, 285n8, 288n20, 289n23, 308n16
Lohmann Villena, Guillermo, 223, 268n24, 272n41, 300n17, 302–03n29, 311nn2–4, 317n22
López de Gómara, Francisco, 7, 37, 57, 248, 257n13, 273–74n3, 277n15, 281n34, 297n3, 306n3, 308n15, 309n16
Loubayssin de la Marca, Francisco, 282n1
Ludeña, Fernando de, 76, 116, 268n24
Lutero, Martín, 187, 309n16

MacCormack, Sabine, 316n19, 318n26, 319n31
Madrigal, José A., 8–9, 262–63n8
Maior, John, 270n35
Manrique, Jorge, 176
Maravall, José Antonio, 3–4, 12, 31, 252, 269n25, 313n6
March, Kathleen, 312n6, 317n23, 320n31
Mariño de Lobera, Pedro, 107, 282n1, 284n6, 286n13
Mariscal, George, 5, 31, 36, 255n2, 256n8, 269n26
Martinengo, Alessandro, 273–74n3
Martínez, Fray Alonso, 271n36
Martínez Chacón, Elena, 189, 283n3
Martínez Torrón, Diego, 150, 154, 294n36, 295–96n40
Mártir de Anglería, Pedro, 274n3
mas divino remedio y Aurora de San Ginés, El (Arboreda), 312n5
Mas i Usó, Pasqual, 312n5
Maurel, Serge, 297n3
Mayberry, Nancy, 167, 296n2
Mazur, Oleh, 6–8, 251, 255n3, 256nn4–5, 262nn6–8
McAlister, Lyle N., 271n36
McGrath, David, 30, 45, 292n35
McKendrick, Melveena, 131, 167
Medina, J. T., 13, 26, 98, 102, 107, 116, 150, 167, 283n3, 285n9, 288n20, 289nn22–23, 290n26, 308n16
Mejía, Pedro de, 23, 283n5
Mejías-López, William, 283n5
Melczer, William, 288n18
Mendoza, los, 12, 75, 100, 102, 122, 155, 259n19. *Ver también* Hurtado de Mendoza, Don García
Menéndez Pelayo, Marcelino, 89, 116, 273n3, 274–75n4, 283n3, 286n14, 293n36

358

Índice alfabético

Menéndez Pidal, Ramón, 22
Mignolo, Walter, 308n14
Milhou, Alain, 316n19
Minguet, Charles, 273n2, 279n21
Minián de Alfie, Raquel, 186, 273–74n3
Mira de Amescua, Antonio, 76, 116, 268n24
Miramón, Alberto, 278n17
Miró Quesada Sosa, Aurelio, 26, 92, 153, 166, 170, 267n21, 274nn3–4, 278n16, 297n3, 298n8, 299n11, 311n1
Molina, Tirso de [pseud. de Gabriel Téllez], 13, 18, 20, 25, 27, 30, 32, 40–41, 157–67, 170–71, 173–75, 177–79, 181–90, 195, 198, 204, 260n21, 261n4, 263n8, 296nn1–2, 297n3, 298nn6–7, 298n9, 299nn11–13, 300n20, 301n21, 301n23, 301n25, 301n27, 302n28, 303nn30–31, 305n2, 309n16, 310n16, 311n3
Molinos, Miguel de, 39
Moreto, Agustín, 28, 266n18
Morínigo, Marcos A., 9–12, 14, 26, 46, 148, 259n20, 278n17, 302n29, 305n2
Morley, S. Griswold, 273n2, 283n3, 284n6
Muldoon, James, 271n36
Muñoz González, Luis, 287n16

Narváez, Pánfilo de, 209, 217, 220
Navarro Cordón, Juan Manuel, 314n14
Neale-Silva, Eduardo, 26
Nebreda y Acosta, *Valdivia en Tucapel*, 282n1
Nelson, Bradley J., 271n36

New World in the Spanish Comedia, The. Ver Neale-Silva, Eduardo
Nóbrega, Manuel da, 272n38
nueve ingenios (nueve autores), 76, 115, 116, 268n24, 284n6, 289n24. Ver también *Algunas hazañas de las muchas de Don García Hurtado de Mendoza*
Nuevo Mundo descubierto por Cristóbal Colón, El (Lope de Vega)
  comedia hagiográfica, 276n12
  conversión, 276n12
  drama de honor, 49, 51–52, 56–57, 62, 71
  drama revisionista, 257n10
  epistemología tomista, 69
  honra, 58
  Las Casas, 57–58, 60
  subversión, 59, 256n9, 278n19
  poema épico dialogado, 275n4
  Providencia, 50, 54, 62–66
nuevo rey Gallinato y ventura por desgracia, El (Claramonte)
  actitud imperialista, 291n30
  alma, 145–46
  antropofagia, 142
  asimilación, 148
  comedia de enredo, 136
  crítica, 147
  elementos mitológico-proféticos, 291n33
  y *El español entre todas las naciones y clérigo agradecido* (Remón), 292n35
  exaltación conquistadora, 138, 147
  héroe español, 148
  hibridez monstruosa, 137, 148
  igualdad, 137
  incomunicación, 144

Índice alfabético

nuevo rey Gallinato (continuación)
  y *El Nuevo Mundo* (Lope de Vega), 290n28
  raza, 293n35
  sexualidad aberrante, 143
  Tierra de Promisión, 138
  violencia, 144
Núñez Cabeza de Vaca, Álvar, 274n3
Núñez de Balboa, Vasco, 208
Núñez de Pineda y Bascuñán, Francisco, 282n1
Núñez Vela, Blasco, 171, 177, 180

O'Gorman, Edmundo, 65–67, 281n29
Ockham, Guillermo de, 38–39
Oelman, Timothy, 306n8, 307n10
Oña, Pedro de
  personaje ficcionalizado, 138–39, 140–45, 149, 268n24, 273nn2–3, 277n13, 282n1, 283n5, 284nn6–7, 285–86n10, 288n20, 289nn21–22
  personaje histórico, 74–76, 84, 90, 101–02, 105, 107, 116, 126, 133–35, 155, 248
Ordóñez de Ceballos, Pedro, 27, 74, 292–93n35
Ovidio, 84

Pagden, Anthony, 35, 262n5, 270n33
Pagés Larraya, Antonio, 223, 232, 265n15, 311nn1–3, 316n19
palabras a los reyes y gloria de los Pizarros, Las (Vélez de Guevara)
  América (figura), 193, 196
  antítesis barroca, 195
  bárbaro idolatra, 191
  buen salvaje, 201
  Pizarro, Francisco, y Fernando Pizarro, 193, 304n33

providencialismo, 303n31
visión apologética, 196–97, 202, 204
visión crítica, 193, 204
Palma, Ricardo, 279n19
Paracelso, Teofrasto, 34
Parker, Alexander A., 223, 311n1, 311n5, 315n18, 320n32
Parlakian, Nishan, 276n12
Pastor, Beatriz, 308n14
Paz, Octavio, 234
Peale, C. George, 302n29
Pellicer, Rosa, 281n30
Pérez-Pisonero, Arturo, 166, 298n10, 300n20
Pizarro(s), los, 12, 16, 22, 25, 40, 137, 157–58, 162, 166–67, 169–70, 180, 182, 189–90, 193, 198, 203–04, 304nn34–35, 311n3
  familia
    Gonzalo (personaje ficcionalizado), 159–63, 165–81, 183, 189–90, 300n20, 303n30
    Fernando (personaje ficcionalizado), 55, 157, 182–83, 187–93, 196, 198–99, 201, 203–04, 301n26, 303nn30–31
    Francisco (personaje ficcionalizado), 157–64, 174, 188, 190–96, 198–204, 223–25, 228–29, 240, 298n7
    Francisco (personaje histórico), 71, 303n31
Pizarro, Juan Hernando, 158, 298n8
Pizarro y Orellana, Fernando, 170, 181, 297n3, 298n8, 301n21, 302n29, 303n30
Platón, 145
Plinio, 7
Posner, Nancy, 27, 150, 152, 294n36

Índice alfabético

Quint, David, 288n18

Rabasa, José, 270n30
Rallo Gruss, Asunción, 267n20
Rama, Ángel, 308n14
Ramos Gavilán, Fray Alonso, 44, 223, 239, 316n19
re-conquista, 43–45, 280n28, 248, 252
    conquista, 3–4, 6, 29–33, 45, 48
    teología, 8, 40
    teatro, 15
    providencialismo, 33, 35, 44, 280n28
    violencia, 19
    obras
        Arauco domado (Lope de Vega), 82
        La aurora en Copacabana (Calderón), 230, 238, 242
        La bellígera española (Turia), 106
        El Brasil restituido (Lope de Vega), 152, 154–55
        La conquista de México (Zárate y Castronovo), 212–13, 220
        Los españoles en Chile (González de Bustos), 131, 133
        El gobernador prudente (Ávila), 106
        La lealtad contra la envidia (Tirso de Molina), 188–89, 303n3
        El Nuevo Mundo (Lope de Vega), 63–65, 71, 280n24
        Las palabras a los reyes (Vélez), 198, 204–05, 303n31
        Todo es dar en una cosa (Tirso de Molina), 165
Reichenberger, Kurt, 266n16, 307n12

Rejaule y Toledo, Pedro. V*er* Turia, Ricardo de
Remón, Fray Alonso, 27, 74, 155, 268n24, 292–93n35
renacimiento, 8–9, 26, 33, 40, 62, 67, 70. *Ver también* Vitoria, Francisco de
    discursos jurídico-teológicos, 3, 6, 10, 13, 29, 33, 40–42, 48, 269n25
    Amazonas en las Indias (Tirso de Molina), 166, 171, 173
    La conquista de México (Zárate y Castronovo), 207, 221
    Los españoles en Chile (González de Bustos), 134–35, 157
    El gobernador prudente (Ávila), 101, 105, 157
    El Nuevo Mundo (Lope de Vega), 49–50, 58, 157
    El nuevo rey Gallinato (Claramonte), 146, 157
    Las palabras a los reyes (Vélez), 195–96, 204
    Todo es dar en una cosa (Tirso de Molina), 157
re-nacimiento, 9
Rennert, Hugo A., 289n24, 294n36
Retaking Brazil: Glimpsing Ideology in Two Golden Age "Comedias" (Posner), 27. *Ver también* Posner, Nancy
Révah, Israel S., 215, 306n8
Reverte Bernal, Concepción, 272n41
Reynolds, Winston A., 305n2
Ríos, Blanca de los, 166, 168–69, 296n1, 298n7, 301n21
Rípodas Ardanaz, Daisy, 21, 24, 253, 266n15, 319n29, 322n34
Rivera-Pagán, Luis N., 270n29
Robalino, Gladys, 322n1

Índice alfabético

Rodríguez Cacho, Lina, 23–24
Rodríguez Casado, Vicente, 54, 79, 86, 152, 281n33, 294n37
Rodríguez López-Vázquez, Alfredo, 137, 291n29, 291n31
Roig, Adrien, 153–54, 294n36, 295n39
Romano García, Vicente, 270n30
Romanos, Melchora, 96, 118, 283n3, 288n19, 288n21, 290n26
Romera Castillo, José, 266n16
Romero de Cepeda, Joaquín, 262n7
Romero Muñoz, Carlos, 77, 207, 209, 213–14, 221, 273–74n3, 305n1, 306n5
Rose, Constance H., 215–16, 305n1, 306n8
Rowland, Michael L., 272n40, 313n8
Ruano de la Haza, J. M., 47, 216, 221, 287n15, 291n29
Rueda, Lope de, 11
Ruffner, Sydney Jackson, 2, 11, 13, 26, 107, 116, 265n12, 267n21, 290n26, 303n30, 306n9
Ruiz, Diego, 294n36
Ruiz de Alarcón, Juan, 13, 19, 76, 116, 125, 268n24
Ruiz Ramón, Francisco, 2, 29–30, 91, 159, 168, 183, 186, 188, 217, 247, 261n4, 279n21, 289n23, 302n29, 305n1, 310n16

Saavedra Guzmán, Antonio, 282n1
Sahagún, Bernardino de, 44, 316n19
Salles-Reese, Verónica, 239, 316n19
Sánchez, Alberto, 295n38
Sánchez, José, 17
Sánchez Galque, Andrés, 266n17
Sánchez Rojas, José Manuel, 282n1
Sannazaro, Jacopo, 285n9
Santisteban Osorio, Diego, 282n1, 284n6
Santullano, Luis, 23
Schaeffer, Adolf, 302n29
Schevill, Rudolph, 302n29, 303n30
Scoto, Duns, 38, 270n35
Sebastián, Santiago, 266n17
Séneca, 9
Sepúlveda, Juan Ginés de, 10, 34, 36, 38–39, 57–58, 71, 175, 179, 257n12, 269n27, 270n35
   esclavitud, 34
   indio-homúnculo, 34
   indio sin alma, 34
Shannon, Robert M., 15, 17, 26, 56, 134, 245, 273nn2–3, 275n4, 277n15, 283n3, 285n9, 294n36, 294–95n37
Shergold, Norman D., 289n24
Simerka, Barbara, 92, 258
Simson, Ingrid, 17–18, 41, 251, 314n13, 316n19
Solenni, Gino, 294n36
Solórzano Pereira, Juan de, 10, 40, 271n36
Soufas, Teresa S., 49, 53, 257n10, 257
Souto Alabarce, Arturo, 19, 23, 302n28
Spencer, Forrest Eugene, 302n29
Stallybrass, Peter, 1
Sten, María, 282n34
Suárez de Figueroa, Christoval, 21, 90, 101–02, 107, 116, 120, 248, 282n1, 284n6, 286n13, 288n20,

Índice alfabético

Sullivan, Henry W., 12, 185, 256n6, 264n11, 296n1, 305n40

Tadman, Bárbara J., 73, 290–91n28, 291n30
Tapia y Leyva, Francisco de. *Ver* conde del Basto
Téllez, Gabriel. *Ver* Molina, Tirso de
tema de América en los autores españoles del Siglo de Oro, El (Franco), 26.
V*er también* Franco, Ángel
   teodicea judeo-cristiana, 313n8
   Nuevo Mundo, 2, 8–10, 13–14, 17–23, 26, 34–35, 37, 39–41, 43, 45–46, 299n11. *Ver también* América
Trilogía de los Pizarro
   Amazonas en las Indias (Tirso de Molina)
     alma, 299n14
     amazonas, 168–69
     amor, 167, 169, 172, 174, 180–81
     antropofagia, 299n14
     código de honor, 166, 171, 173
     código jurídico-teológico, 166
     discurso crítico, 166, 177
     discurso encomiador, 170, 173, 177
     discurso evangelizador, 171
     discurso político-americano, 300n20
     héroe trágico, 169
     humanización, 174
     paternalismo cristiano-lascasiano, 174
     producción social pre-capitalista, 169
     sistema monárquico-señorial, 169
     verdadera historia, 166
   lealtad contra la envidia, La (Tirso de Molina)
     asimilismo religioso e institucional, 301n2
     conquista santa, 188
     Comentarios Reales, 182
     cristianismo, 302n28
     drama genealógico, 302n29
     exaltación, 183, 187
     Fuenteovejuna, 186
     metáfora, 184
     Pizarro, Fernando, 182
     providencialismo, 188
     reprobación, 183, 186, 189
   Todo es dar en una cosa (Tirso de Molina)
     antropofagia, 299n14
     comedia de capa y espada, 159
     comedia de indio discurso laudatorio, 158, 164–65
     drama de honor, 159
     Pizarro, Francisco, 158, 296n2, 297n3
     Pizarro, Gonzalo, 158
     héroe trágico, 159
     legitimación de la conquista, 165
Toda Oliva, Eduardo, 76, 81, 284n6, 285n9, 287n16
Todorov, Tzvetan, 4, 54, 65, 261n2
Toledo y Osorio, Fadrique, 294n36
Tomás Aquino, Santo, 39, 69, 269n28, 271n36, 314n14
   pensamiento, 69–70
   tomismo, 39, 240
Tomás el apóstol, Santo, 44, 237, 238, 315n17, 316n19

Índice alfabético

Torquemada, Antonio de, 23, 267n20
Torres Nebrera, Gregorio, 158, 296n1
Turia, Ricardo de [*pseud. de* Pedro Rejaule y Toledo], 27, 57, 76, 97, 99, 103–04, 106–08, 110–11, 114–15, 261n4, 268n24, 289n23

Ulises, 110, 198, 304n38
Urtiaga, Alfonso, 266n16, 299n11
Urzáiz Tortajada, Héctor, 265n15, 304n35
Usigli, Rodolfo, 116

Valbuena Briones, Ángel, 224, 239, 310n1, 311nn1–2, 313n8, 316n19
valeroso español y primero de su casa, El (Ávila), 22, 27, 265n12, 304n37, 308n16, 310n16. *Ver también* Ávila, Gaspar de
Varey, John E., 289n24
Vázquez Fernández, Luis, 158, 190, 297n3, 299n13
Vedia, Enrique de, 13
Vega Carpio, Félix Lope de, 2, 4, 13–14, 18, 25, 27, 31–33, 41, 43, 45, 47, 49–71, 73–96, 250–52, 256n9, 257n10, 257n13, 258n15, 259n19, 262nn6–7, 264n10, 267n21, 268n24, 272n39, 273–74n3, 274n4, 275nn4–6, 276nn8–9, 276n12, 277nn13–15, 278nn16–18, 278–79n19, 279n21, 279n23, 280n24, 281n32, 281–82n34, 282n2, 282–83n3, 283n5, 284n6, 285n9, 286nn10–11, 286nn13–14, 287nn15–17, 288n19, 289n21, 289n24, 290n25, 290n28, 293n36, 294n37, 295nn37–38, 296n40, 305n41, 305nn1–2, 306nn3–5, 308n15, 313n7
alegoría, 276n12
americanismos, 278n17
anticolonialismo, 288n19
crítica, 276n9
moro e indio, 272n39
principio de indefinición deliberada, 276n8
Vega García-Luengos, Germán, 116, 125, 223, 283n3, 284n6, 289n24
Vélez de Guevara, Luis, 22, 25, 32, 76, 116, 155–58, 190, 198–99, 201–02, 204, 268n24, 290n27, 302n29, 303n30
Ventades, Roberto Alejandro, 312n5
Vida y muerte del santo Fray Luis Bertrán (Aguilar), 28, 115, 268n24, 321n34
Vieira, António, 10, 152, 271n36, 310n16
Villegas, Diego de, 76, 116, 268n24
Viñas Mey, Carmelo, 184, 188, 301n25
violencia, 4, 11, 16, 19, 36, 255. *Ver también* Las Casas, Bartolomé de
purificación, 5
Virgilio, 285n9, 288n18
Vitoria, Francisco de, 6, 10, 34, 36, 38–40, 44, 270n35, 271n36
colonización, 34, 36, 38, 235. *Ver también* Zamora, Margarita

Índice alfabético

teoría renacentista vitoriana-
lascasiana, 3, 6, 68, 74,
87, 250
niño vitoriano, 40, 187, 203
guerra justa, 39, 271n36
niño, 3, 6–7, 33, 38–40
potentia/actus, 39
proyecto evangelizador, 38–39
tomismo, 39
Vives, Juan Luis, 39
Von Kügelgen Kropfinger, Helga,
266n17

Warshawsky, Matthew, 307n10
Weiner, Jack, 57, 93, 275n6,
276n12, 280n27, 295n38
Whalen, Edna Sofía, 125, 283n3
White Navarro, Mary Gladys, 26,
263n10, 287n17, 311n2,
318n25, 319n29
White, Allon, 1
*Wild Man in the Spanish
Renaissance and Golden
Age Theater, The. Ver*
Mazur, Oleh
Williams, Raymond, 28
Worthies, Nine, 282n34

Zamora, Margarita, 270n34
Zárate, Agustín de, 170, 274n3,
297n3, 298n8
Zárate y Castronovo, Fernando
de [*pseud. de* Antonio
Enríquez Gómez], 27, 29,
54, 57, 76, 170, 207, 209,
211–14, 216–19, 221, 249,
268n24, 274n3, 278n19,
280n23, 297n3, 298n8,
305nn1–2, 306n3, 306n5,
306–07n9, 307n12,
308n15
Zavala, Iris, 308n14
Zizek, Slavoj, 261n3
Zugasti, Miguel, 16–17, 20–22, 30,
136–37, 158–59, 164,
167–68, 198, 253, 266n18,
268n24, 290n28, 291n30,
292n35, 296n1, 297n3,
298nn7–8, 299n13,
302n29, 303n30, 304n37,
308n16, 311n4
Zurita, Jerónimo, 297n3

Sobre el autor

Moisés R. Castillo es natural de Granada, España, y trabaja en Trinity College, Hartford. Ha publicado artículos sobre todo en teatro del Siglo de Oro en revistas como *Bulletin of the Comediantes* o *Theatralia: Revista de Poética del Teatro*. En la actualidad su investigación se centra en la representación de las figuras del amerindio, judío y musulmán en el teatro del barroco.

About the Author

Moisés R. Castillo, Trinity College, Hartford, is a native of Granada, Spain. He has published articles on Golden Age theater in journals such as *Bulletin of the Comediantes* and *Theatralia*: *Revista de Poética del Teatro*. His current research focuses on the representation of Amerindians, Jews, and Muslims in the theater of the Spanish Baroque.

Indios en escena, de Moisés R. Castillo, interconecta desde una perspectiva socio-histórica los campos de Colonial y Barroco dentro del hispanismo para analizar catorce comedias del Siglo de Oro que representan al amerindio no como "Otro" sino como vasallo del imperio. El autor defiende que estos dramas revelan las flagrantes contradicciones entre dos de los discursos ideológicos más importantes de la época en el momento en que ambos coinciden en el escenario: el discurso del honor y el jurídico-teológico. Dichos discursos intentan asimilar al amerindio para que sirva a los intereses del estado y de la iglesia respectivamente. Estas comedias continuamente subrayan algo que es paradójico desde una perspectiva contemporánea, el hecho de que una persona sea considerada un salvaje y tenga honor al mismo tiempo. El amerindio ha de convertirse en "nuevo vasallo" para la Corona, algo que se encarga de poner de manifiesto el discurso del honor en el teatro. En este sentido, el indio aparece como caballero honorable, capaz de hablar perfecto español y con el coraje militar de un peninsular. Sin embargo, el amerindio es representado simultáneamente como un bárbaro, o como un salvaje niño, en términos vitoriano-lascasianos, que necesita la intervención redentora de la iglesia para hacerse adulto y salvarse en Dios. En definitiva, estas obras explicitan el esfuerzo que tiene que realizar el sistema monárquico-señorial para integrar y asimilar al indio, al tiempo que revelan las contradicciones filosóficas que la ideología del Barroco tiene que desplegar para asegurarse la obediencia de sus súbditos. Por tanto, Castillo defiende que este teatro propaga el concepto del "amerindio" como "vasallo con honor": arquetipo teatral de los dramas de honor; y como un "Otro" bárbaro e idólatra, siguiendo un modelo de representación que se haya vinculado a las cruzadas religiosas y a las empresas evangélicas.

"Un estudio exhaustivamente investigado que ilumina la imagen, religiosamente fluctuante y políticamente influenciada, de los nativos del Nuevo Mundo y también de los españoles en el 'teatro de conquista' del Teatro del Siglo de Oro Español."
—Bonnie Gasior, California State University, Long Beach

www.ingramcontent.com/pod-product-compliance
Lightning Source LLC
Chambersburg PA
CBHW052140300426
44115CB00011B/1455